文献分类法主题法导论

（修订版）

马张华　侯汉清　薛春香　编著

國家圖書館出版社
National Library of China Publishing House

图书在版编目(CIP)数据

文献分类法主题法导论(修订版)/马张华,侯汉清,薛春香编著. --北京:国家图书馆出版社,2009.12(2016.7重印)

ISBN 978-7-5013-4082-8

Ⅰ.文… Ⅱ.①马…②侯…③薛… Ⅲ.①分类法—概论②主题法—概论 Ⅳ.G254.11 G254.21

中国版本图书馆CIP数据核字(2009)第150259号

书　　名	文献分类法主题法导论(修订版)
著　　者	马张华　侯汉清　薛春香　编著
责任编辑	王　涛　王炳乾
出　　版	国家图书馆出版社(100034　北京市西城区文津街7号) (原书目文献出版社　北京图书馆出版社)
发　　行	010-66114536　66126153　66151313　66175620 66121706(传真)　66126156(门市部)
E-mail	nlcpress@nlc.cn(邮购)
Website	www.nlcpress.com——→投稿中心
经　　销	新华书店
印　　装	北京玥实印刷有限公司
版　　次	2009年12月第1版　2016年7月第2次印刷
开　　本	880毫米×1230毫米　1/32
印　　张	13.75
字　　数	280千字
书　　号	ISBN 978-7-5013-4082-8
定　　价	50.00元

目　录

第一章 导 言

一、信息资源的组织和内容检索途径

当今的社会是一个信息社会。其特点是:一方面,随着现代科学技术的迅速发展,各种媒体的文献信息急剧增加;另一方面,计算机技术与通信技术的结合使用,进一步加快了信息处理和传输的速度;与此同时,信息的生产以及信息资源的有效开发利用在社会发展中占有越来越重要的位置,成为社会发展的关键因素之一。越来越多的人认识到,在信息爆炸的时代,"原始信息本身并不能产生价值",只有将其加以有效的组织,按特定的需要集中和揭示,才能产生价值。[①] 而要使数量巨大、种类多样的文献信息资源得到有效使用,就必须采用相应的文献控制方法进行处理和组织。知识组织正是信息资源有效开发利用的关键之一。

在现代文献中,知识组织一词,具有多种含义。广义的知识组织,能涵盖人类对知识、信息组织化、系统化的各种不同类型的活动,甚至可以包括文章的写作。某一专门领域中的知识组织,则往往有其特定的含义,如人工智能中的知识组织,是指建立一种能反映人类知识结构的推理机制。文献信息资源管理中的知识组织,主要是指以文本及各种类型的信息源为对象,根据使用的需要,通过对其内容特征等的分析、选择、标引、处理,使其成为有序化集合的活动,[②]因此亦可称为信息组织或信息资源组织。这一活动目的是为了对信息资源进行有效的开发利用。在当前,一般是在文献处理的基础上,通

---

① Best, D. The Fourth Resource: In formations and its management. Hampshire. Gower House, 1995:84

② http://www.db.dk/bh/lifeboat_ko/CONCEPTS/knowledge_organization.htm

过编制或建立各种类型检索系统,多层次、多角度地对信息资源进行有效的组织和揭示。

文献处理是对现代文献进行多层次、多角度组织和揭示的基础。其基本做法是:①对文献进行描述。包括:文献著录或编写题录,对文献外部特征进行描述,用于确认文献;②对文献内容进行浓缩。包括编写内容提要或文摘,以便用户能迅速了解文献内容,选择使用;③提供检索点。主要是确定检索内容及可检信息,以便据此对文献信息进行有序化组织。文献著录中描述的文献特征,如:著者名、文献名、出版机构名等,均可作检索点。同时也可以在对主题内容进行分析的基础上确定相应检索标识,包括分类号和主题词。在计算机检索系统中,文摘和提要中的语词亦可以作为检索依据。在完成文献处理的同时,一方面,将文献本身纳入文献库,按一定的方式加以组织;另一方面,将文献处理的结果,即文献记录,组织成相应的检索工具。

文献组织是信息资源组织的重要形式,但它与文献记录亦即检索工具的组织是不同的。以图书馆和文献中心为例,将文献按一定方式进行组织,可以提供一种直接使用文献的检索途径,但同时也会受到文献实体的限制。例:一图书馆如选择按内容之间关系组织文献,就不能同时按照作者或文献名等对文献进行组织;在按内容之间关系组织时,对于同时具有两种以上内容的文献,通常只能按其中一种排列,无法同时按其它内容加以组织;此外,为了方便读者使用,某些文献如工具书、特定对象的文献如以儿童读物、盲人读物等往往需要单独组织;为了合理利用空间,不同媒体的文献,如光盘、录音带、缩微品等一般是分别组织的;这些情况都会造成同一内容文献的分散。至于期刊、报纸中文献的内容,就更无法在文献组织中揭示了。而文献记录作为文献的替代物,则不必考虑文献的载体形式,可以方便地按统一的方式,从多个角度、多种层次组织检索工具和系统,因此检索工具对信息资源的揭示作用更加充分,对信息资源的使用更加重要。

根据对文献信息资源中不同对象和层次揭示的需要,目前文献检索体系是一个由目录、索引以及机读数据库等多种形式的检索工具组成的完备的系统。

传统的目录、索引是经过长期发展建立起来的,从不同层次、不同角度对文献揭示的系统。其中,文献目录是以各种媒体的文献单元为对象,对其进行揭示、报道的工具,包括文献收藏目录和书目。前者以一个或多个文献单位收藏的文献为对象加以揭示;后者则以某一领域、地域或时限内出版的文献为对象进行组织,为用户提供较为全面的文献信息。索引则是以文献或文献集合中包括的信息内容为其揭示对象的工具,分为期刊论文索引、书后索引等。它一般可以给用户提供某一内容、特征的查找线索,其揭示深入到文献所包含的信息单元,将其与目录结合,就构成了对不同层次文献信息的有效揭示体系。

机读数据库是一种依托现代计算机技术,以机读形式建立的检索系统。数据库通常由某种同类记录按照一定的方式组织而成。按照数据的性质,传统的机读数据库通常可以分为文献数据库和非文献数据库两类。文献数据库包括书目数据库和全文库,书目数据库通常收录文献目录或索引数据,是手工文摘索引刊物和文献目录的机读形式;全文库则收入文献全文或部分原文数据,用户可以从多种形式入手查阅文献原文。非文献库则包括事实数据、数值数据、图像数据等多种类型的数据。机读数据库一般数据完备,检索手段先进,并可以通过联机方式查找使用,受到广泛的欢迎。上世纪 90 年代来出现的网络搜索引擎,则可以看作是机读数据库的一种特殊形式。网络搜索引擎以网络资源为对象,它不仅包括各种类型的网络文本资源,而且还包括聊天室、BBS、网上即时播报等动态资源以及音频、视频资源等,并可以通过超文本链接的方式直接访问网络信息资源本身,是目前发展最为迅速、使用面广的检索工具。

为了满足用户的不同需要,上述各种检索工具在对文献信息进行多层次揭示的同时,一般均提供多种检索途径,方便用户从不同角度检索查找。

根据所依据的文献检索特征,信息资源组织和检索的途径大致可以分为两种类型:

一类检索途径直接来自文献的外部特征,可以据以查找一种或数种文献。常用的包括:责任者名、文献名、机构名、出版地、出版社、标准书号、专利号、档案号、文献登录号等。这类途径通常可以通过已知的文献特征,得到明确的查找结果。有的特征,如标准书号、专利号,可以据以查出相应的特定文献;其他特征,如责任者名、文献名等,一般可将文献范围缩小到便于查检的数量。与此同时,还可以通过数种特征的组配进行查找,如通过出版者与出版时间、文献名与出版者等的组配,查找特定文献。此外,还有一种根据文献的引证关系建立的文献检索途径。这种方法将文献写作过程中引用的文献作为组织检索系统的依据,编制引文索引,供用户从引证关系入手对文献进行检索。这一途径也可以通过文献提供的数据直接进行编制。

另一类检索途径则来自文献的主题内容,包括分类法和主题法两种形式。分类法以表达文献内容的标记符号为标识,主题法直接以表达文献内容的语词为标识,分别依据主题之间关系或主题字顺的方式提供检索途径。使用此类途径进行检索,不必预先了解具体的文献特征,可以直接从所需要的主题内容入手进行查检。例如,在主题检索系统中,可以直接使用"信息管理"一词进行检索,获取论述该主题内容的有关文献。同时还可以根据"信息管理"这一概念与其他主题词的联系,进行相关内容文献的查找。

从上面的介绍可以看出,上述两类检索途径的特点是不同的,前一种途径可供用户从已知文献数据的角度进行查找,后一类途径则可以根据用户的需要,从需要的主题内容出发对文献进行检索。比较而言,前一种途径可以迅速、准确地查找特定文献,但需要预先掌握确切的数据;后一种途径则不必事先了解相应的数据,用户不仅可以根据使用需要直接检索特定主题内容的文献,而且还可以通过系统中主题内容之间的联系,扩大或缩小检索范围,进行相关文献的查找,有利于信息资源的开发利用,是更为重要的检索途径,因而受到广泛的重视。本书将主要对后一类检索途径的理论方法进行介绍。

二、信息组织与检索语言

如前所述,主题内容角度的检索途径是信息组织中一种依据其内容特征加以组织与揭示的方法。由于这一方法依据的对象为文献主题内容,因此国外有人将其概括地称为主题途径(subject approach);又因为这种方法一般需要对主题内容进行归纳、分析,在概括为类的基础上进行的,因此也将其统称为广义的分类法;此外,还有人因这一方法的操作过程是与主题分析密切联系的,因而把它称为主题分析(subject analysis)。

与其他检索途径相比,内容检索途径对文献处理的不同之处在于:首先,其揭示的对象不是外在的形式,而是文献内容,因此不能简单从文献外部特征中选取,必须根据检索需要,通过对文献内容的分析、选择,概括出文献论述的事物对象,再以一定的标识,如主题词或分类号集中加以表达;其次,在赋予标识的同时,还必须通过对标识的组织,将文献记录组织成有序的信息检索系统,在这一系统中,每一个标识亦即文献集合有其固定的位置,能够以各种方式显示出不同主题内容之间相互联系,从而使用户不仅可以通过这一系统对特定主题内容的文献集合进行查找,并可以根据这一系统扩大或缩小检索范围,进行相关内容的查找。要达到这一目的,通常必须根据一定的知识结构预先建立起一个标识系统或组织标识系统的规范。因此,在实际操作中,从内容角度进行组织往往是按照预先确定的概念标识系统或规则,对文献内容进行分析和处理的,通过对文献赋予系统规定的相应标识,将文献纳入这一标识系统。用户使用时,一般也需按照该系统的要求,将其信息需求转换成一个或多个标识,再通过与检索系统中标识的相符性比较,实施文献检索(见图1-1)。

从上面的分析可以看出,从内容角度进行组织实际上具有两重含义:

其一,信息组织方法。即是一种通过依据文献主题内容或特征,将文献组织为相应检索系统的方法。这种方法一般依据一定的信息标识系统处理文献、组织检索工具,包括存储与检索两个方面。在存储阶段,通常需要通过主题标引操作,在文献主题内容提炼的基础上,以一定的词表或分类表为工具,将主题分析的结果转换成相应标识,纳入文献库或检索系统。用户检索时,则依据该检索系统的特点,首先将检索提问转换成相应标识,再根据系统提供的途径进行匹配查找。

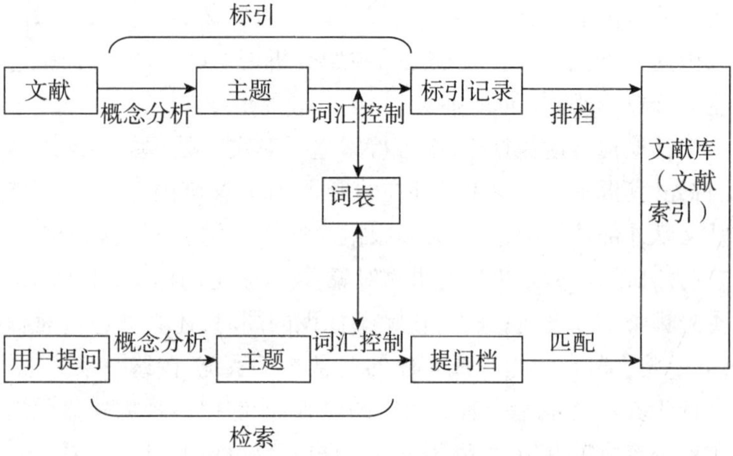

图1-1 信息组织与信息检索语言

其二,信息组织语言。通常指标引语言(indexing language)或情报检索语言(information retrieval language)。这是一种由表达文献主题概念及其相互关系的词汇及规则组成的人工语言系统。这一语言系统是根据检索系统的特点,按照使用需要和对知识关系的理解预先确定的,它是信息组织的体现,也是文献标引和检索的依据。从国内对这两个术语的限定看,除了它们的侧重点有所区别外,其基本内容并没有本质不同。从本书讨论的内容重点而言,使用标引语言这一术语可能是更适合的。但考虑到国内对检索语言一词接受的普遍程度,本书在下面对相应内容统一采用情报检索语言或检索语言一词加以表达。

如同自然语言一样,检索语言由词汇和语法两部分组成。其中,词汇集是检索语言的主体,一般用于对所使用的词汇及其相关性进行规定,是文献存储和检索的语言保障。其表现形式是各种词表,包括分类表或标题表、叙词表等。所谓语法,则是分类标引和主题标引的规则系统,它们规定词汇集的使用方法,是文献标引必须遵守的规范。自由标引属于自然语言应用,不属于受控语言标引。

一般来说,无论是作为信息组织方法还是检索语言,一般都具有以下特点:

①采用概念标识对文献内容进行类聚和描述;

②从一定的角度出发组织和集中文献;

③根据系统的需要,揭示主题概念之间的相关性;

④对复合主题的标引和检索的方法加以规定;

⑤以一定方式排序,提供检索途径。

内容检索途径作为从内容角度对知识进行组织和揭示的方法,历来是文献信息资源组织化、结构化的基本手段,对它的研究是与社会需要和技术改进密切联系的,也是与知识的发展以及人们对知识之间关系的了解相一致的。随着现代信息技术发展的日益推进,其研究受到社会的广泛重视,研究领域也在不断扩大。在目前情况下,其研究领域一般包括下述内容:

①信息组织基本理论方法的研究,包括词汇控制理论、分类理论、概念逻辑理论、文献主题结构层次理论等的研究;

②信息组织的发展及其类型的研究;

③类表、词表的基本理论及方法研究,包括结构原理、性能、特点、编制及管理的技术方法等的研究;

④各种类型类表、词表研究,包括各种综合性类表、词表研究,专业性类表词表研究等;

⑤标引理论与技术的研究,包括各种标引方式、类型研究以及各种文献、主题类型标引方法的研究等;

⑥信息检索工具研究,包括各种手工检索系统、计算机检索系统的构成、技术方法等的研究;

⑦计算机技术在信息整序领域应用的研究,包括词表的自动编制、自动赋词标引等;

⑧自然语言在信息检索中应用的研究,包括各种自然语言标引和检索的方法,汉语自动标引和检索的方法等;

⑨检索语言在联机系统和网络环境中的应用研究等。

与检索语言密切联系的一个新出现的术语是知识组织系统(knowledge organization system,简称 KOS),该词试图包含所有类型组织信息和促进知识管理的词表,除包括传统的术语表、规范文档、分类表、各种类型的检索语言外,还包括一些具有较少传统性的表,例如语义网络和本体(ontology),知识组织系统这一术语的提出,显然是为了便于将相关内容作为一个整体加以讨论,但由于涉及的范围太广,为便于介绍,本书前九章主要集中于检索语言有关内容的讨论,第十章对知识组织系统的知识有专门的阐述。

三、信息组织的发展

无论在我国还是在国外,文献信息组织都经历了长期的发展历史。[①②]

1. 古代

从现存的资料看,我国最早用于文献组织的文献分类体系是公元前 6 年刘向、刘歆编制的《七略》。该分类系统设有辑略、六艺略、诸子略、诗赋略、数术略、方技略等七略,除去其中辑略为序外,实际上根据当时学术发展状况将图书分为六个大类,构成六分体系。

我国古代使用最久的分类体系是四分法。这一分类体系始于西

① 北京大学图书馆学情报学系图书分类编写组.图书分类.北京:书目文献出版社,1990:211-255

② 侯汉清,马张华.主题法导论.北京:北京大学出版社,1991:5-7

晋荀勖编制的《中经新簿》,后经过历代调整,将所有文献分为经、史、子、集四部,部下再分出细目,逐步成为我国封建社会占主导地位的书目分类体系。

根据考古发现,国外分类法的使用,最早可以追溯到公元前6世纪亚述王朝的巴尼拔图书馆。该图书馆将其文献目录概略地分为人间和天上两类,其下进一步区分出子类。①

古希腊时期柏拉图和亚里士多德都曾提出过自己的知识分类体系,如:亚里士多德将人类的知识分为理论哲学(逻辑学、物理学、数学、形而上学)、实践哲学(伦理学、经济学、政治学)、创造哲学(诗学、修辞学、艺术)。这一分类体系对后世文献分类法中学科的划分有深刻影响,但没有发现直接将该体系用于文献组织的记录。现存最早的西方古代文献分类法的记录,则是罗马时代卡里马科斯在公元前2世纪为亚历山大图书馆编制的分类目录。该目录共分为六类,依次为:诗人、立法者、哲学家、史学家、修辞家、演说家、其他(包括医学家、数学家、杂家)。

中世纪早期欧洲的图书馆大多是以宗教观点组织藏书的,后期对世俗文献有的也以当时的课程为基础进行分类,如分为三艺和四艺。三艺为:语法、逻辑和修辞;四艺为:算术、几何、天文和音乐。

与此同时,另一种信息组织方法——字顺主题法也逐步发展。主题法的早期发展最早可以追溯到我国古代类书的编制和西方13、14世纪的圣经语词索引。这些检索工具直接使用自然语言中的字、词作标目,按字顺次序查检,具备了主题法的基本要素。

2. 近代

近代以后,西方学术逐步进入发展时期,文献分类法作为文献组织方法也变得种类繁多。这些分类法虽然不可避免地受到神学及各种社会思潮的影响,但随着学科的分化逐步展开,这一时期,形成了

① Shabahat Husain. Library Classification Facets and Analyses. New Delhi: Tata McGraw-Hill Publishing Company Limited, 1993: 14

以当时的学术发展为基础的文献分类体系。其中最典型的是格斯纳的《世界书目》以及培根的知识分类体系在文献分类体系中的运用。

格斯纳(1516-1565)编制出版的《世界书目》是欧洲第一部大型书目。该书目的第二卷按分类编排,分为21大类,250个细目。此书将学校教学的科目和新知识如光学、历史、地理、技艺等收入类目体系,将图书分类与学科分类相结合,较好反映了当时的科学发展水平,对欧洲分类法的发展具有重大影响。

英国哲学家培根是16-17世纪之间一位热心提倡实验科学的哲学家。他提出的知识分类体系从人类的心理特征出发,将人类的知识分为三类,即:历史(记忆知识)、诗歌(想象知识)、哲学(理性知识),并在其下分出细纲。培根的这一分类体系后来曾被用于18世纪狄德罗编制的法国百科全书的组织,17、18世纪不少图书馆和藏书家也依据它来编制图书分类目录,后来美国图书馆学家杜威编制的著名图书分类体系也来源于此。

此外,这一时期的一些文献分类法还同时探索了各种分类技术,如标记符号、类目索引等,所有这一切,为现代分类法的发展奠定了基础。

这一时期主题法领域的进展是18世纪后出现的主词索引和字顺分类目录。主词索引直接在书名中抽取主词即自然语言形式的关键词作为文献主题标目,对以后标题目录的编制具有直接影响。字顺分类目录则是为解决分类体系中类目查找问题,将字顺方法与分类体系结合,在每一级类目下以字顺方式排列同位类目,并逐步演变为将类目直接按主题字顺方式编排,从另一个方面为主题目录的发展开辟了道路。

3. 现代

第一部现代意义上的文献分类法,是1876年美国图书馆学家杜威编制出版的十进分类体系,即《杜威十进分类法》(Dewey Decimal Classification,简称DDC)。该分类法根据现代图书馆的使用需要,建立起一个结构完备、等级分明的分类体系。类表以单纯数字为标记并配有详细的相关索引,用户可以直接从语词着手,以字顺方式对类号进行查找；同时改革图书排架方法，将原来采用的固定排架改为依据类号进行相关排列，统一了图书和目录的组织。随着 DDC 的使用和不断修订完善，一批有影响的综合性文献分类法相继产生，如：克特的《展开式分类法》，奥特勒、拉封丹的《国际十进分类法》（Universal Decimal Classification，简称 UDC）、《美国国会图书馆图书分类法》（Library of Congress Classification，以下简称 LCC）、布立斯的《书目分类法》（Bibliographic Classification，简称 BC）等。我国 20 世纪 20、30 年代出现的众多图书分类法基本上也是这一影响下的产物。

现代主题法原则的确立，则是以 1876 年克特的《字典式目录条例》为标志的。该条例在传统主词款目和字顺分类目录的基础上，明确规定了标题的意义和处理方式，进而制订了标题选择和使用的一系列原则和方法，包括：语词的选择和处理，同义词的处理，词间关系的揭示以及标引中专指性、直接性原则的采用等，从而完成了字顺分类法向字顺主题法的转变。其后出现的《美国图书馆协会标题表》和《美国国会图书馆标题表》（Library of Congress Subject Headings，以下简称 LCSH）正是这一理论原则指导下出现的现代标题法的典型代表。

现代文献分类法、主题法发展中的一个重大突破，是 1933 年印度图书馆学家阮冈纳赞《冒号分类法》（Colon Classification，简称 CC）的发表及以后对分面分类理论的逐步发展完善。经过英国分类法研究小组的研究和推广，阮冈纳赞的分析兼综合的分类理论，对现代分类法主题法发展产生了巨大影响。在分类领域，出现了分面理论研究的热潮，出版了一系列专业分面类表；同时，这一理论也广泛应用于传统列举式分类法的修订，甚至进行分面改造，如《布立斯书目分类法（二版）》（Bliss Bibliographic Classification Second Edition，简称 BC2）就是将列举式分类法彻底分面改造的典范。

分面理论在主题法领域应用的一个突出的例子，则是元词法及叙词法的发展。20 世纪 50 年代初，美国陶伯以字面上不能再分的词汇单元——元词作标识，以字面组配表达文献主题，最早在主题法中采用了组配方法,并结合于比孔卡等设备的使用,开创了在检索阶段匹配检索的后组式检索方式。叙词法则是对元词法的完善和改进,这种方法以概念组配代替字面组配,对文献的揭示更加准确;同时广泛汲取其他方法的技术优点,使其成为一种语义相关、属性相关的严密的词汇系统。与此同时,组配方法在标题法中的使用也逐步增加,出现了越来越多的自由浮动复分标题,增加标题法通过组配表达文献主题的能力。

进一步推进文献分类法主题法发展的另一个因素,则是20世纪60年代初计算机技术的发展及其在文献领域的使用。计算机的数据处理能力使得叙词表广采各家之长的系统优势得以充分发挥,逐步取代标题法,成为文献检索中主要方法。同时,计算机的使用也进一步揭示了分类系统与主题系统的联系,1969年,英国分类法研究小组的叙词表专家艾奇逊首次研制出最早的分类主题一体化词表——分面叙词表,创造了分类法与主题法结合的形式。这种形式吸取两者之长,实现了两者的兼容,成为分类法主题法的一种新的形式。

计算机使用的另一个进展则是自然语言检索系统的兴起。20世纪50年代初,美国卢恩首先将计算机用于关键词索引的编制。其后,随着电子文本的大量出现,直接使用文本中的语词检索的全文检索系统迅速增长;自动标引、自然语言与受控语言结合的混合系统等迅速发展,出现了自然语言与受控语言并驾齐驱的局面。

分类法主题法领域的最新进展,是20世纪90年代以来在网络资源组织和检索中的一系列应用和探索。分类领域新出现的一种典型形式,是以“Yahoo! 主题指南”为代表的网络分类检索工具。这类系统放弃以学科为中心的传统组织方式,代之以以主题为中心的实用分类体系,采用多维划分多元展开的方式,通过重复反映充分揭示相关主题,同时发展了多种灵活揭示的方式,为电子环境下分类法的应用和发展提供了新的思路。主题法领域的努力成果则是大型关键词搜索引擎的建立,这类系统不仅将文本检索的方法应用于网络环境,而且将多种因素,如链接因素、用户应用因素等结合,改进检索效果，同时将词汇控制、知识关系应用于检索系统，结合采用各种自动分类技术，提供多种检索优化形式，改进检索系统的应用，使得关键词检索技术成为网络检索的主流。与此同时，各种新的形式与探索层出不穷，从简单的用户关键词标引基础上形成的自由分类法，到以推理和组织发现为目标的、知识关系揭示更加充分的 ontology，极大拓展了信息组织研究和应用的领域。同时，各种检索语言之间的联系和兼容的探索和试验也在逐步拓展。

从目前的情况看，就现代文献分类法主题法领域的发展而言，一般具有以下特点：

①在新的形式不断出现的同时，多种类型同时并存。技术环境的变化、处理对象的扩大以及参与主体的增加，使得新的检索形式，诸如自由分类法、多媒体资源的内容检索、动态自动聚类等不断涌现。但与此同时，已有的分类法、主题法类型并没有被取代。总体而言，现存的多种分类法主题法类型，各有其使用对象和领域，各种方法基本上独立存在，平行发展。

②各种技术方法相互渗透。分类法主题法的各种类型、技术方法各有其优点，也有其不足，为了实现整体功能的最佳化，分类法、主题法的各种类型或方法往往相互交叉借用、取长补短，出现了多种方法结合使用的各种形式。

③与现代技术的发展联系密切。现代分类法主题法的发展是建筑在现代技术的基础之上的。现代信息技术的发展，无论是计算机使用，联机系统及网络环境的形成等，无不推动着分类法主题法领域的迅速发展和变化。

四、检索语言的类型

按照其依据的组织机制，检索语言可以区分为分类法、主题法两种基本类型。

分类法是以分类号码为检索标识，按照文献内容之间的相互关系加以组织的信息检索系统。分类法系统包括等级列举式分类法、分面组配式分类法、列举—组配式分类法等不同类型。这些类型尽管在分类体系的构成方式上有所不同,但都是按照内容关系为依据,通过对概念的逻辑划分和系统排列建立体系的。

主题法是直接以语词表达信息内容,以字顺或其他方式加以组织的信息检索系统。主题法系统包括传统的标题法、元词法、叙词法和关键词法等。这些类型尽管在词汇选择、使用方式等方面存在着不同,但都是直接从语词出发对文献信息进行组织和检索的。

分类法、主题法之间既存在区别,又是相互联系、相互渗透的。如:分类表中通常包括字顺索引,叙词表中一般也收有按照分类原则编制的范畴索引,而在现代分类主题一体化词表中,分类法和主题法两种形式则达到了高度的融合。

根据其在检索阶段标识组配的特点,检索语言可以区分为先组式、后组式两种类型。

先组式是指在检索以前,复杂主题的标识在系统中就已经按一定方式组配好了的一种检索系统。各种传统分类法主题法类型,例如列举式分类法、标题法均使用先组方式;组配分类法、叙词法等也可以在标引阶段组成先组式标识,编制先组式检索工具。先组式检索系统可以按照系统确定的方式对相关主题内容的文献进行浏览,但只能按已确定的标识次序和预先组配好的主题成分检索,无法根据检索者要求临时进行调整。

后组式指检索前,复杂主题的标识在检索系统中是以基本概念的形式独立存在的,实施检索时,才根据检索提问进行组合。各种具体的检索语言类型中,元词法、叙词法一般比较适合于后组式检索系统的使用,分面组配式分类法就其特点而言也具有应用于后组式检索的能力。后组式的特点是,可以根据检索需要,用检索主题对象中的任何一个词汇亦即概念标识入手进行检索,通过组配对检索内容灵活进行调整等。但由于后组式检索系统的标识是以基本概念的形式存放的,不适宜用来对文献进行系统浏览。

依据其所用标识是否进行控制,检索语言可以分为受控语言和自然语言两种。

受控语言指依据特定词表或类表揭示文献信息的组织方法。各种分类系统、标题法、叙词法以及后期的元词法等均属于这一类型。它们的共同特点是，标引和检索均依据预先确定的检索词表对主题概念进行转换，从而可以通过词表对文献内容的规范表达和相互关系的揭示来改进检索效果。

自然语言，亦称非控语言，是直接使用文献或用户检索使用的自然语言语词进行组织的方法。这种方法包括关键词法、自由标引、自动抽词标引、人机结合抽词标引以及经过自然语言文本检索等，早期的元词法也属于这一类型。这类整序法的特点不需要使用受控词表，但一般仍需要遵守一定的文献标引规则或检索措施，以改进使用效果。

为了综合两者之长，在这两种方法使用的过程中存在着多种受控检索系统与自然语言检索系统结合的形式，如在使用词表的同时结合使用自然语言标引和检索，在自然语言标引的基础上结合一定的控制词表进行后控检索等。

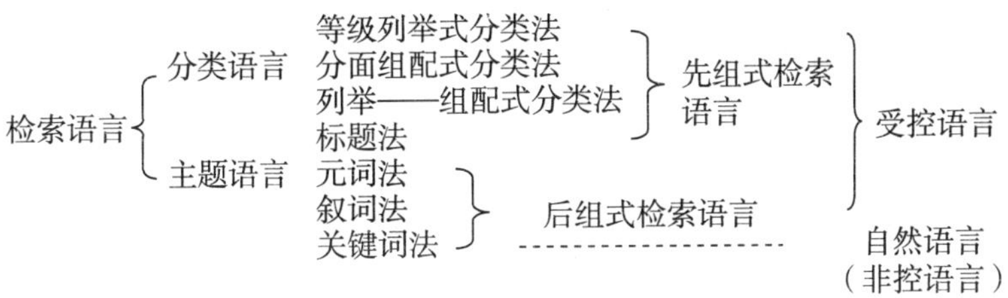

图1-2　检索语言类型

此外，根据涉及的专业范围，检索语言可以分为综合性检索语言、专业性检索语言；依据处理对象分为文献、图书、档案、标准、期刊、报纸等不同类型的检索语言等。

上述检索语言的各种类型，是按照不同的角度对信息组织进行划分形成的，其中，按照不同组织原理区分的检索语言类型是目前实践中使用最广、最基本的形式。本书对内容途径组织和检索方法的介绍将以分类法、主题法为主线进行。

第二章 检索语言原理

第一节 情报检索中的词汇控制必要性

文献分类法和主题法作为检索语言，一般是在自然语言的基础上，根据检索系统的要求，通过词汇控制实现的。英国检索语言专家D. J. 奥斯汀在介绍其保留上下文索引系统（PRECIS）时，曾结合图2-1说明其基本工作原理，[①]一定程度上描述了情报检索语言词汇控制的对象和特点：

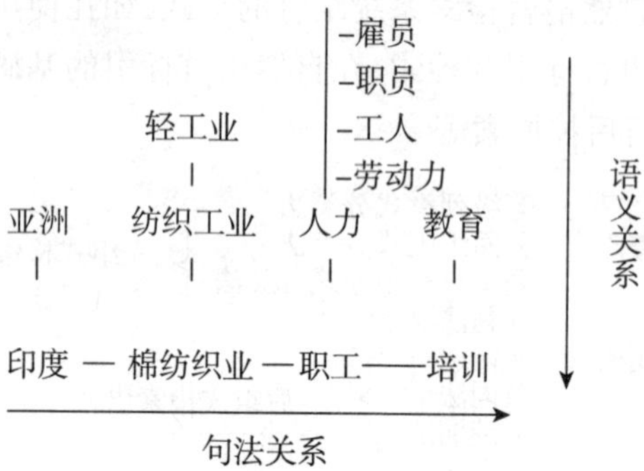

图2-1 检索语言词汇控制示意图

数据来源：D. 奥斯汀，J. A. 迪戈儿．保持原意索引系统（PRECIS）．见：科技文献检索教学参考材料，北京大学图书馆学系情报学教研室，1981：96-109

上图概要显示了依据检索语言进行检索操作的基本方式。检索语言的基本成分是表达主题概念的词汇，其形式可以是类目也可以

① D. 奥斯汀，J. A. 迪戈儿．保持原意索引系统（PRECIS）．见：北京大学图书馆学系情报学教研室．科技文献检索教学参考材料．1981：96-109

是主题词。从上图可以看出，检索系统在使用这些词汇从内容角度检索时，语词之间存在着两种基本关系，其一是语义关系，其二是句法关系。语义关系指词汇之间语义上的联系，如图2-1中，纺织工业与棉纺织业之间、人力与职工之间是上位概念与其所属的下位概念之间的关系；雇员、职员、工人等与职工之间的关系为同义词、准同义词之间的关系，这类关系与具体文献无关，是词汇之间固有的、先天存在的，通常在类表、词表编制时加以显示，用以改进相关文献的揭示。句法关系是指将主题词或基本类目成分组织成表达文献主题的检索语句时建立的关系，它是根据所标引和检索文献的主题内容特征后天确定的。如上图中，印度、棉纺织业、职工、培训等四词之间的关系，即是因对该文献的标引而形成的，一般应依据一定的造句规则加以处理。因此，要建立有效的检索系统，必须在自然语言的基础上，根据检索需要对词汇关系及其使用方式进行必要的控制。

一、词汇控制的要求

所谓词汇控制，是指根据文献标引和检索的需要，对自然语言中的词汇进行选择、规范、揭示其相关性及使用方式等的活动。

正如自然语言不能没有词汇一样，检索语言也不能没有检索词汇。检索词汇是检索语言的基本构成要素，是文献标引和检索的基本依据。在检索语言的两大基本类型中，文献分类语言的词汇是类目，由类目名称和相应标记组成；主题语言的词汇是主题词，直接选自自然语言。虽然两者形式不同，但作为一种人工语言，本质上都是根据文献存储和检索的需要建立的概念标识系统。两者的词汇，都是对一定内容特征的文献集合的表述，是文献组织中划分出来的大大小小类目的代表。一般都要求在对词汇严格选择的基础上，通过对词汇之间语义关系的揭示，建立起一个按照层次等级展开的概念体系，并确定使用规范。这样，就可以利用语义之间的联系，明确标识的含义，并依据这一系统，灵活进行主题的表达和调整，满足从内容角度检索的各种需要。而要实现这一目标，一般需要在自然语言的基础上对词汇进行控制。

对自然语言进行词汇控制是自然语言与检索语言的差异决定的。自然语言作为一种人际交流和思维的工具,其词汇具有使用灵活、表达性强等特点,但与检索语言的需要相比,含义不够精确,缺乏明确的结构,词汇量也过大。自然语言中,语词与概念不是一一对应的,存在着大量一词多义、一义多词及词义含糊现象等;自然语言词汇之间的关系往往具有不确定性和多元性,很难适合检索系统显示概念间联系的要求。此外,过大的词汇量,必然会给词汇的加工、管理增加困难。因此必须根据检索系统要求,对词汇进行选择和处理,加以控制。

分类语言、主题语言对词汇控制主要有以下要求:①

(1)单义性。即消除自然语言中一词多义、一义多词现象,使概念与语词一一对应,基本上作到一个概念只用一个语词表达,一个语词只表达一个概念。

(2)准确性。所使用的语词及其对文献表达应含义明确,具有科学、准确、通用的特点,不容许出现词义含糊的现象。

(3)适用性。应当适用于组织检索工具的需要,符合用户使用习惯和文献状况,对词汇形式、长度、词汇专指度、词汇组配方式等,均应根据实际使用需要加以规定。

(4)相关性。应当根据用户需要,选择和规定词汇之间的联系,通过对相关性的揭示,使得语词之间建立起一个严密的语义网络。依据它,可以限定词义空间、明确词义,同时,可以利用它进行扩检、缩检或改变检索范围等,自由进行相关文献的检索。

(5)形式化。作为人工语言,其对复合主题的组配表达等,应具有一致性、规律性,并适合检索系统识别、处理和进行各种方式的操作。

(6)兼容性。词汇及其语义网络的建立应尽可能规范。专业词

① 侯汉清.论情报检索中的词汇控制.情报学报,1991(4):305-311

表、类表的词汇应尽可能与综合性词表及所从属的多学科词表、专业词表兼容；不同综合性、多学科性词表之间在词汇选择、词间关系揭示等方面也宜统一，以方便不同系统之间的互换。

二、词汇控制的范围

分类语言、主题语言的词汇控制主要包括以下几个方面：

(1)词量控制

词量控制是为了使词汇适合标引和检索的需要，便于管理和处理。自然语言词汇数量巨大，如果不加选择地全部照搬，必然会使系统过分庞大，增加使用的困难。因此必须根据文献标引和检索的需要，对自然语言词汇进行精选和处理，使它保持在一定的限度以内。常用的词量控制方法有下列两种：其一，是以一个宽泛的上位词，代替若干专指的下位概念，如在标引跑车、山地车等自行车类型时，用自行车直接标引代替，从而减少了标引词的数量。其二，是通过表示单元概念语词的组配，表达复合概念，代替直接收入词组，以减少词量。在此情况下，词表一般应多收组配功能较强的基本词汇。例如，可使用生物学、化学、实验等基本词，标引生物化学、化学实验、生物学实验、生物化学实验等多个复合概念。

(2)词类控制

词类控制目的是从词类的角度对词汇集合作出限定，从总体上控制、排除与标引和检索无关的词汇。自然语言中的词类很多，如汉语就包括名词、动词、形容词、副词、连词、介词、叹词等多种，检索语言必须根据标引和检索的需要对词类严格控制。按照对文献主题内容揭示的要求，检索语言一般只使用名词或名词性词组，只有必要时才收入少量起修饰作用的形容词，但在名词性词组中，也不排斥使用介词、连词、数量词等。词类控制，也有控制词量的作用。比较而言，组配式检索语言词汇简练，对词类的控制也比较严格，传统检索语言形式，涉及的词类相对宽泛，应注意结合检索语言的类型有针对性地进行词类控制。

(3)词形控制

词形控制是为了使得一个概念只用一个语词表达,并使语词的形式适合使用的要求,包括:同义词、准同义词、词形的选择和规范等。同义词之间以及不同书写形式之间的控制,主要是为了实现一义一词的目的,将相同内容文献集中在同一标识之下。准同义词之间的控制,如近义词、反义词以及泛指词与专指词等,一般取其中之一代替相近或相关词,实际上带有对类聚层次限定或专指程度控制的作用。此外,还应对词汇形式,如不同书写形式、词序、各种符号、词长等作出规定,使其适合标引要求。在主题法系统中,对同义词、准同义词等的优选处理一般通过参照方式解决,在确定标引词的同时,将不使用的词作为查找正式标引词的入口,指向相应的使用词。由于主题系统中,语词形式直接影响排检位置,因此对词形的限定一般有严格的规定。分类系统中,类目的组织是按照概念关系确定的,类名采用的词汇对概念的组织没有直接作用,通常只选用相应的语词作类名;有关的同义词、准同义词或包含的小主题名一般只收入分类法索引,以便从各种不同的词入手查找类目,对词形的控制也不如主题法严格。但随着机读类表的发展,为了便于直接在类表的基础上生成主题词表,目前对分类法词形控制的要求也日益严格。

(4)词义控制

指通过对语词的限定,克服自然语言词汇中存在着的模糊性、多义性现象,使词义明确,一个语词表示一个概念。自然语言中存在着大量的一词多义、词义含糊现象,例如"模特儿"一词在文学、绘画、时装表演等不同领域含有不同的意义,又如"计算机设计"一词既可理解为以计算机为工具进行设计,又可理解为以计算机为对象进行设计等不同内容。对这类情况,自然语言一般是通过上下文对词义加以限定的。检索语言作为一种人工语言,通常以词汇作为标引和检索的单元使用,要求语词简练,含义准确,必须对词义进行严格控制,采用适合的手段予以解决。词义控制的常用措施有:通过加限义词明确其使用范围,以加注方式对其含义、涉及的范围等进行补充说明等,此外也可以通过词间关系的揭示,根据其与相关词的关系对词义加以限定,从而使语词能明确表示概念,不因为语义不清而造成标引、检索的障碍。

(5)词间关系控制

揭示词汇之间的各种联系,使其成为一个语义相关的系统,这是检索语言的基本要求之一。目的是明确词义,满足检索时扩检、缩检、改变检索方向等需要。检索语言中,词汇之间的联系,主要包括等同关系、等级关系、相关关系三种类型。等同关系即为前面所述的同义、准同义关系。等级关系主要为属种关系、整部关系。相关关系则为按前两种关系处理的词汇以外含义相近或相关的词汇之间的各种联系,如事物与其使用的工具、材料等,一般应根据检索系统的特点和需要,对各类关系加以选择、确定、控制。

主题法系统中,词间关系的控制在字顺系统中是通过设置参照的方式实现的,传统主题法同时还采用倒置、副标题等形式集中相关资料。随着现代技术的发展,现代主题法系统除了对参照系统进行完善外,同时还建立多种词汇索引系统,如等级索引、范畴索引、轮排索引、双语种索引等,通过将词汇按不同方式重复编排,分别从等级关系、学科范畴、共同的语词成分等角度加以集中,揭示词汇之间的联系,供用户从不同角度使用,并逐步将分类系统引入主题法,以改进对词间关系的显示。

分类法对词间关系的揭示主要是通过等级结构或层次结构方式实现的,通过按照类目之间关系的组织,分类法系统将主题之间从属、并列、相关等联系全面展示,同时将参照作为揭示类目之间主要联系之外一种补充。在按照词汇即类目之间关系建立系统的同时,为固定次序,分类法一般通过一个号码系统来进行标志,以确定特定概念在系统中的位置。此外,为了能便于用户使用,还为类目表编制索引,从类名指向分类号,提供从主题字顺方式对类目的查找途径。

无论主题法还是分类系统,对词间关系的揭示都是需要根据使用需要确定的,不可能也没有必要揭示主题之间所有的联系。

(6)专指度控制

专指度是指检索词与文献主题概念的切合程度,是影响检索语言标引质量的一个重要因素。较高的专指度有助于提高检索的准确度,满足用户对特定主题文献的查找,但过度专指也会造成词量过大,增加标引和检索的难度,造成文献分散,影响检全率,同时也会增加系统的管理费用。因此,应当通过检索语言加以控制。

常用提高专指度的措施有:①扩大专指词的选用;②扩大收词范围,改进收词的完备性;③增加类表或标题的级数或组配的级别;④允许采用自由词补充标引;⑤提高词汇的先组度等。

降低专指度的方法主要有:①合并近义词,用含义接近的词代替;②采用上位词置代,以比较宽泛的词标引过度专指的概念;③减少类表或标题级数或组配级别等;④以组配形式代替先组词等。上述情况中的第①、②两种,一般应同时为被代替的词设置参照,将近义词与专指词作为检索入口,指向相应标引词。

专指度控制的关键是适度,一般应根据文献数量及其分布、用户检索需求等为依据加以确定。

(7)先组度控制

所谓先组度,是指检索词汇的先组程度,包括是采用先组方式还是后组方式,以及词表中先组词的使用情况。检索语言对复合概念的标引,可以通过表达单元概念的语词的组配实现,也可以直接以先组词亦即词组的形式加以标引。词组的使用数量决定着控制词汇的先组程度。现代检索语言大多采用组配方式,在组配的同时收入一定数量的词组。这是由于过度采用组配方式,有可能出现错误组配关系,影响标引和检索的准确度,此外也会影响常用主题概念词间关系的揭示。如:用“橡胶”与“工业”组配,会形成工业用橡胶和橡胶工业两种含义。直接采用先组词就可以避免上述问题,并且可以根据需要,建立起橡胶工业与相关语词的联系。但过多采用先组词,会造成词量增加,提高标引的难度,同时在不能使用截词技术的系统中,还会减少检索入口,影响检全率,因此应当将先组词保持在一定数量以内。一般情况下,使用频率较高的常用词组,各检索系统均直接收入。当使用单词组配有可能造成二义性时,也直接选用复合词。主题语言通常会对词组的收录情况作出明确规定,以便将先组度控制在适当的范围。

(8)句法控制

所谓句法控制,是指根据文献标引和检索的需要,通过一定的组词造句的规则,对检索语词的组合方式作出规定。文献检索系统对文献的标引和检索是通过检索语句进行的。检索语句可以由一个表示基本概念的标识构成,也可以由两个或多个标识的组合构成。例如,在主题检索系统中,“金属材料锻造”这一主题,须使用“金属材料”和“锻造”两个主题词的组合加以表达;又如“计算机控制人造卫星”这一主题,须使用“计算机”、“控制”、“人造卫星”三个主题词的组合表达。检索语句中语词之间形成的关系,称为句法关系。句法关系涉及到检索内容的表达,并对文献具有一定的组织作用。检索语言作为一种人工语言,其句法往往应根据标引和检索的需要作出规定,比自然语言的句法具有更强的规范化、形式化的特点。常用的形式包括:

规定引用次序,在复合主题标引和检索时,明确各个主题因素的组合次序;

添加辅助符号,包括逻辑组配符号、关系符号、联系符号、职能符号等,用以揭示组配的关系类型或联系强度;

使用轮排、倒置、插入等方式,改进检索系统显示的灵活性等。

句法控制可以克服自然语言句法中词汇组合多样带来的资源分散问题,通常是与检索语言的组配方式以及使用的设备条件等密切联系的,随着计算机和网络的广泛使用,句法控制的形式日益受到重视,目前仍在继续发展和探索之中。

三、分类法、主题法词汇控制的不同特点

分类法、主题法词汇控制内容相似,但也存在着差异,应根据各自特点有侧重地予以解决。

(1)要求不同

分类体系中,其基本单元为类目,由分类标记和类名组成。其控制的形式是:概念——类名——标记。以类名表达概念,以分类标记代表类目的标识,表示其排列次序及其他关系。因此,可以将分类法理论分为概念、语词、标记三个层面。由于语词面主要用以对概念系统进行表达,本身不直接用来排检,因此,对类名术语的词汇选择,以表达类目含义为主要目的,对语词的控制不如主题法严格,同时还应根据使用需要进行号码的编制,按照系统对概念关系显示的不同需要,确定标记方式。但随着计算机在检索语言编制中的使用,现代分类法的类目体系往往可以通过机械系统的处理直接编制类目索引或分类主题一体化词表,其语词控制的要求相对提高。

主题法系统中,其基本单元为主题词。其控制的形式为:概念——自然语言语词——主题词。无论是自然语言语词,还是主题词,都既有概念的表述作用,又是排检的依据,因此对它们的控制,不仅包括词义控制,词形控制的要求也远比分类法严格。

(2)控制特点不同

分类体系作为一种系统的方法,词间关系控制是其词汇控制的重点。分类体系的特点是以类目之间关系作为主要检索途径,可以按一定的线索完整显示一个主题领域的等级、并列、相关等各种关系,同时以类目参照作为补充揭示手段,在各种检索途径中对词间关系的整体性控制能力较强。此外,分类法通常按照系统的特点和需要进行同义控制和词义控制,如分类体系中的类目通常只需选择一个规范的语词作类名,必要时才根据情况同时收入同义词或该类所包括的小主题名称;对词义的限定,则主要通过分类体系对词义空间的限定进行,必要时再以注释说明作补充。

与分类法不同，主题法以字顺为主要途径，由于字顺接近的词之间并不必然存在语义联系，它对词汇的控制是以主题词为独立单元进行的，一般只能通过参照系统或必要的限定、注释予以解决。因此，它对词间关系的揭示，往往是分散的、局部的，不如分类法完整、系统；对词形、词义的控制，以参照、限定等为其主要控制方式。随着分类法、主题法结合的日益密切，一些分类主题一体化系统往往通过两者的结合改进对词汇的控制，但字顺主题部分仍然根据需要有选择地保持原有控制特点。

(3)程序不同

分类法的核心是分类体系的建立、类目关系的确定。从理论上讲，分类体系的建立有两种形式，其一是从总到分，通过层层划分的方式得到；其二是采用类聚的方法，从分到总逐级类集。虽然一些分面类表的编制，也常常通过对基本概念进行类集、划分，从组织分面开始，但习惯上，特别是在传统的等级列举式分类法的编制上，一般是采用从总到分的方式，按照一定引用次序，逐级建立等级系统，然后再进一步选择词汇、确定类名。因此，分类语言对词汇控制的惯常程序是，先建立概念系统，再规定术语、确定标记。阮冈纳赞因而明确将他的分类理论划分成三个层面：概念面、语词面、标记面。

主题法的操作程序尽管也离不开对词汇的分类处理，但对词汇控制的程序一般是在确定主题领域和范畴的情况下，先根据文献保证和用户保证的原则选择词汇，然后再对词汇进行分类处理，加以控制的，因此主题法的控制程序恰好与分类法相反，即：首先从词汇收集开始，再在系统化的基础上进一步对词间关系进行处理。

尽管分类语言与主题语言对词汇处理特点有上述不同，但这两者的词汇处理范围基本上是一致的；此外，随着分类主题一体化词表的出现，两种检索系统所具有的功能互补、形式上可以相互转换的特点，使得分类法、主题法这两大检索系统对词汇控制的差异正在逐步缩小。

第二节　词汇控制和检索效率

一、检索效率是词汇控制的出发点

词汇控制的目的是为了有效进行标引和检索,提高检索效率。检索效率是词汇控制的出发点和归宿,也是对词汇控制进行评价和调整的依据。一般认为,检索效率涉及多种因素,包括:检全率、检准率、响应时间、检索费用等各种要求。其中,检全率、检准率是评价检索效率的两个最基本的指标。

所谓检全率,亦称查全率、命中率,是指通过检索系统检出的与某一检索提问相关的文献数与检索系统中与该提问相关的实有文献总数之比,可用下式表示:

$$\text{检全率} = \frac{\text{检出相关文献量}}{\text{系统相关文献总量}} \times 100\%$$

上述公式中,检出的相关文献量为检出文献量排除不相关文献数量后得到的数值;系统相关文献总量为已检出相关文献数与未检出相关文献数量之和。如一数据库中共有 30 篇相关文献,在实施检索时检出其中的 21 篇,则检全率为 21/30,即 70%。检全率表明检索系统避免相关文献漏检的能力,是评价检索系统效率的一个重要参数。保持较高的查全率是检索系统的一个基本目标。

与检全率相对应的另一个指标是检准率。所谓检准率,亦称查准率、相关率,指通过检索系统检出的与某一检索提问相关的文献数与检出文献总数之比,可用下式表示:

$$\text{检准率} = \frac{\text{与某一检索提问相关的文献数}}{\text{检出文献总数}} \times 100\%$$

假设上述提到的检出 21 篇相关文献的检索中,检出的实际文献数量为 42 篇,则检准率为 21/42,即 50%。检准率表示检索系统排除与检索提问无关文献的能力。提高检准率可以节省用户分离无关文献所花的时间,对提高检索系统的实际使用效果具有重要作用。因此,检索系统一般均采取各种措施,保持适用的检准率。将检全率与检准率结合使用,就可以比较客观地显示系统的检索效率。

一般认为,检全率与检准率之间是一种互逆关系(见图2-3)。检全率高,必然会检出一些内容关联程度较低的文献,从而影响系统的检准率;反之,提高检准率,要求排除与检索提问相关程度较低的文献,必然会影响检全率。如何使检索系统保持适当的检全率与检准率,以及允许用户根据检索需要选择和调整检全率和检准率,是保持检索系统效能的重要内容。一般应根据检索系统的特点及用户的需求确定。

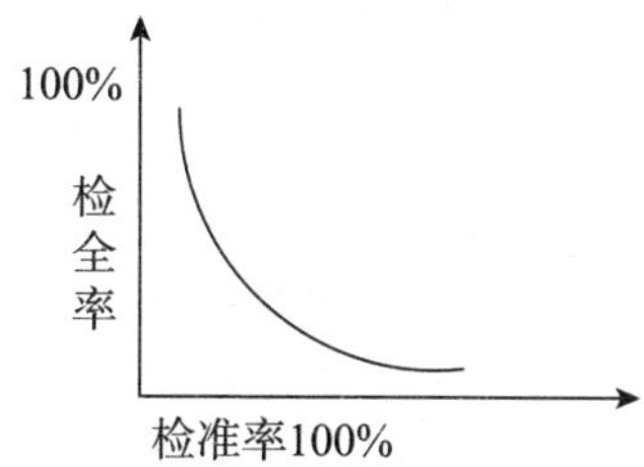

图2-3　检全率、检准率反比关系示意图

检索实践表明,用户检全率和检准率的要求是与检索系统的特点和用户的不同需求或检索的不同阶段相联系的。如相对而言,规模有限的检索系统,对检全率有较高的要求,检准率则相对不那么重要;但在文献数量较大的数据库中,随着检出文献量的增加,对检全率的需求往往让位于检准率。例如,在网络检索中,当数据检出量动辄高达数万条时,检全率如何几乎可以忽略不计,如何保证较高检准率、有效揭示用户最需要的文献成为检索的关键。其次,不同的用户对象检索需要是不同的,一个从事科研项目的用户往往要求详尽收集各种与其项目有关的较为完备的资料,以便可以在充分掌握已有研究进展和水平的基础上开始其研究,要求系统有较高的检全率;而对了解特定内容或事实进行检索的用户,则着眼于具体资料或数据的获取,要求检索系统能有较高的检准率。此外,同一用户在不同阶段对检全率、检准率的要求也是不同的。例如,在研究开始的学科调查阶段,研究项目的用户要求对某一专题及相关领域的情况有较全面了解,需要有较高检全率,但随着研究的深入,对项目研究内容及切入点的逐步确定,需要有针对性地对相应内容进行深入研究,要求精选典型文献仔细阅读,此时就要求有较高的检准率。

从上面的分析可以看出,检索系统对检全率和检准率的要求,一般是与检索系统的性质、任务、服务对象的要求以及文献集合的规模等多种因素联系的,应根据需要提供各种选择的可能。

二、词汇控制对检索效率的影响

检索系统的检索效率是与诸多因素如文献特征、设备条件等相关的,词汇控制是其中的一个方面。

词汇控制与检索系统的效率是密切相关的。从目前情况看,词汇控制的各种措施对检全率、检准率的影响(见表2-1)可以分为以下情况:

词汇控制中常用的检全措施包括:词类控制,词形控制,同义控制,准同义控制,降低词表的先组度、专指度,截词检索等。多数检全措施具有降低标引和检索的专指度的特点,如词类控制主要从词类角度排除不适合标引需要的词,对入选词的范围加以限制;准同义控制将近义词、反义词、下位词以特定的上位或相近概念代替,以概括或相关的语词进行标引等。这类措施有助于降低标引和检索的难度,同时,也可以将涉及该专指主题的总论性文献或相关文献检出,但检全一个主题概念的文献,必然会在同时影响检准率。例如,将便携式计算机文献使用"微型计算机"一词进行标引,在检索便携式计算机文献时,须在微型计算机文献中逐一查检才能检出,必然会影响检准率,但在微型计算机的文献中,除专论便携式计算机的文献外,也会包括一定数量涉及该主题的总论性文献,因而可以提高检全率。上述检全措施中,词形规范、同义词规范的作用是加强对概念表达的规范和一致,目的是以一种标识表示一个概念,没有增加标引的专指度,不会对检准率造成消极影响。

表2-1　词汇控制措施对检索效率的影响

词汇控制措施	提高检全率	提高检准率
词类限定	+	
词量控制	+	
提高先组度		+
提高专指度		+
词形控制	+	
同义词优选	+	
准同义词控制	+	
等级关系控制	+	+
相关关系控制	+	+
截词	+	
组配		+
引用次序		+
轮排	+	
联号		+
职能符号		+
关系符号		+
加权	+	+

词汇控制中常见的检准措施包括：词义控制、提高先组度、增加词汇完备程度、增加专指词等。这类措施可以改善检索系统对文献主题的标引精度，提高检准率，但同时也会增加标引的难度，降低标引的一致度，影响检索系统的检全率。例如，在标引便携式计算机的文献时，直接使用专指词进行标引，检索时就可以直接检出该内容文献，提高检准率。但使用专指词过多，必然会增加系统词量以及相关专指概念之间的区分难度，影响标引的准确性，降低系统的检准率。同时专指标引也必然会使一些总论性或相关文献被排除在外，从而影响检索系统的检全率。

除上述控制手段外，各种句法手段，包括：引用次序、联符、职能符号、关系符号、加权等，一般也都具有通过明确主题概念之间的句法关系,排除不符合检索要求的组配关系,提高检索的准确度等作用。但这类手段一般会增加标引和检索的难度,提高系统的费用,如使用联符、职能符号、加权等,就必须增加相应的辅助符号,并须使用职能符号表、权值表等工具。因此有时也往往通过其他手段代替,如通过使用先组词、副标题等方式代替职能符号的使用。

在各种检索措施中,词间关系控制有助于同时提高检全率、检准率。这类控制通过揭示语词之间的联系,提供选择检索的能力,可以改善检索系统的灵活性,为用户提供了通过词间关系进行扩检、缩检、改变检索方向的能力,提高了检索系统的整体效能。标引者和用户可以通过系统揭示的联系,逐步缩小其检索范围,提高检准率;同时,也可以根据实际检索情况,利用词表对相关概念的揭示,扩大相关文献的查找,提高检全率。因此,如何根据系统的特点,恰当揭示词汇之间的关系,是改进检索系统效率的重要手段。此外,在句法手段中,加权检索虽然就其本质而言是一种检准措施,但它的使用可以同时增加文献标引深度,改善了系统的灵活性,因此也可以将其视为可同时加强检全率、检准率的措施。

从上面的分析可以看出,各种词汇控制措施的作用和效果是不同的,必须根据检索系统的特点进行。检索系统在使用各种词汇控制措施时一般应考虑以下因素:

(1)文献保证原则。所谓文献保证,即是指应依据文献的数量、特点进行词汇控制。检索系统处理的对象是文献,词汇的选择、处理以及句法措施应根据文献数量、内容特征进行,如文献数量多、内容专指,则类目或主题词就相对详尽。多数情况下,当一内容具有相当数量文献时,就应该增加设置相应的标识,并通过系统显示或建立词间关系揭示其联系,为用户使用提供便利,同时,适当增加检准措施。否则,类目或主题词可相应概略,减少检准措施。

(2)用户保证原则。所谓用户保证,即是指根据用户使用需要进行词汇控制。不少学者认为,用户保证原则比文献保证原则更加重要,这一观点有一定道理。检索系统是为用户服务的,如词汇控制不符合用户的检索要求和使用习惯,必然会影响检索系统的使用效果。因此检索系统在词汇控制中应有意识地以用户的检索需要和使用特点为依据,采取相应的词汇控制手段。如根据用户检索的专指度以及对文献主题使用的方式,对标引的专指度进行必要调整,并在词间关系控制中对相关内容进行有效的揭示等。为了达到这一目的,有条件的系统往往将用户的检索提问作为词汇收集的来源,用以调整词表专指度或将同义词、准同义词收入词表,增加检索入口,提高系统的易用性。许多检索系统在进行词间关系控制时,一般都重视根据多数用户的使用需要对相关概念的揭示作出选择。

(3)与设备条件相适应。词汇控制是通过一定的设备条件发生作用的,只有与设备条件的特点以及软件功能等保持一致,才能取得较好的实际效果。一般情况下,机检系统的词汇选择可适当专指、完备,收入较多的入口词,以便可以从不同词汇入手进行查找;同时,通过屏幕显示的方式,从不同角度对词间关系加以揭示,并可根据需要使用各种句法手段,例如截词检索、逻辑组配检索以及必要时采用联符、职符、加权、词位检索等,使系统具有较强的检索能力;手工检索系统收入的词汇则可相应概略,保持相宜的组配等级。当分类法同时用于组织文献时,还应兼顾文献组织的需要对标记进行必要调整,使其有较好适用性。

(4)应尽量取得费用和效果的平衡。检索系统的各种性能以及性能与费用效益之间的关系是相对的。关键是根据各种关系确定适合的度。例如,高专指度可以节省用户的时间,但必然会增加标引和词表管理的费用,过高的专指度还会影响标引的一致性,从而影响检准率;低专指度则可以降低标引难度和词表管理费用,但专指度过低,用户须花费较大精力进一步筛选不符合要求的文献。因此应根据系统检全率、检准率的整体要求,结合系统的费用情况对专指度作出规定。对词间关系控制、句法手段的采用等,亦应在检索系统性能要求和费用情况综合平衡的基础上加以确定,以便在可能的费用条件下,取得较好的使用效果。

(5)重视词汇控制技术方法的改进完善和使用。随着检索系统的变化和研究进展,词汇控制的技术方法不断改进完善,各种新的方法不断出现。要有效进行词汇控制,必须善于结合现有条件和使用环境,通过对各种技术方法的借鉴融合,不断改进。如:在机检的条件下,分类方法与主题方法的结合使用,多种索引方法的结合使用等,使得检索系统得以在现有设备条件下,通过各种方法的结合,达到最佳性能效果。同时,还应根据现代文献检索系统的发展变化,探索词汇控制的各种使用方法和可能性,包括其在自然语言检索系统中的使用方法,如:通过将同义控制用于自然语言检索系统中,增加检索系统的检全率,选择使用一定的句法控制手段增加检准率等,使之达到最佳的检索效果。此类情况以后在电子文献的检索中使用将更加普遍,具有较大实用价值。

从上面的分析可以看出,词汇控制的目的,是在自然语言的基础上,通过对词汇的选择、处理以及词间关系控制的各种措施改进检索系统效率。它是根据检索系统的文献情况、用户需求、设备条件及发展水平进行的。

受控系统的主要问题是:不仅受控词表的编制需要花费较多的人力物力,而且使用经过词表控制的标识进行标引,存在着文献处理速度慢、费用高、容易出现转换失误、影响标引的质量等问题,很难满足现代文献使用的需要。因此,随着计算机技术在文献检索中的应用和电子文献数量的逐步增加,文献检索系统逐步出现了自然语言化的趋势,涌现出大量自然语言检索系统。这类系统,不使用控制词表,不进行语义关联处理,或者直接使用文献中的关键词进行标引,或不进行标引,直接结合计算机系统,使用文献中的语词进行检索,已经发展成为与传统的受控检索系统并存的一种应用形式,受到社会的广泛关注。有关自然语言与受控语言的利弊以及自然语言检索系统中词汇控制方法的使用等问题,本书将在第九章讨论。

第三章　文献分类法

第一节　分类法概述

一、文献分类法的意义

文献分类法是分类方法在文献组织领域的应用，要了解文献分类法，必须对类和分类有一个基本的了解。

所谓类，是指一组具有某一共同属性的事物对象的集合。它可以是具体的事物对象，如计算机、汽车发动机；也可以是抽象的现象、概念，如市场经济、数理逻辑。在文献分类法中，类，又称为类目，是指一组具有某一共同属性的文献集合。例：文献分类法中的计算机类或市场经济类，是指以计算机、市场经济为研究对象的文献集合。类目是分类体系的基本构成单元，是按照分类对象的特性进行分类的结果。

所谓分类，广义而言，是指根据事物的属性进行区分和类聚，并按照其相互关系进行组织的活动。分类是人类思维的基本形式，是人们在对事物属性进行识别的基础上，对事物对象系统化、条理化，据以认识世界的基本方法。一般认为，分类活动包括两个基本方面，其一，是根据事物的属性区分或分组，将具有相同属性或特征的事物对象集中在一起，将不具有这些属性或特征的事物区分开来；其二，是按照区分出来的事物对象集合的关系确定类目的位置，并在这些类中进一步按照其相同点和相异点进行区分和组织。例如，在生物领域中，人们根据生物的不同特性，将各种生物按其形态分为微生物、植物、动物、人类等基本门类，并按照各种生物进化的程序加以排列，同时对这些门类还可以按其相同点和相异点进行区分和组织，例如:可以将动物按其特征,进一步区分为无脊椎动物和脊椎动物等,并可以在其下进一步区分出详细类目,从而形成一个根据生物门类之间的关系,按照等级和次第逐步展开的系统。

分类的应用十分广泛,不仅应用于日常生活的各个方面,而且也应用于科学研究和知识组织的各种领域。文献分类正是分类方法在文献领域的应用的结果。所谓文献分类,是指根据文献内容的学科属性和其他特征,将各种类型的文献分门别类地、系统地组织和揭示的方法。

文献分类一般具有以下特征:

其一,是按照文献内容特征的相互关系加以组织的。文献分类是分类方法在文献组织中的应用,是按照文献内容特征之间的关系组织成系统的。主题法虽然也是从主题内容的角度对文献进行揭示的,但它对主题内容之间的联系往往因为主题名称的不同而被分散。文献分类法则可以依据信息资源的内容、特征,通过区分和类聚,将具有相同属性或特征的文献集中在一起,将具有不同特征或属性的文献区分开来,同时将各种门类的文献按照类目之间的远近亲疏,组织成的一个具有等级性、次第性的系统。通过它,用户可以按照知识之间关系,对特定内容特征的文献进行查找,并可以依据类目之间的联系,扩大或缩小查找范围,由此及彼地进行相关资料的检索。

其二,一般是以学科和专业为中心集中文献的。文献主题内容之间的联系是多方面的、多维的。文献分类法作为一种从内容角度揭示文献的方法,一般只能有选择地揭示其主要联系。由于到目前为止科学发展主要是以学科和专业为中心,而不是以事物对象为中心进行的。为了适合用户从学科的角度查找文献的习惯,目前的文献分类体系一般总是首先将知识领域划分成传统学科,例:哲学、历史、艺术,以及各门科学,如数学、物理学、化学、天文学等,然后再在其下进一步展开,构成以学科、专业为中心的类目体系。有关一事物对象的文献,在分类体系中则是分散的。例如,与“茶”有关的各方面的文献,如茶的种植、茶的焙制、茶的贸易等在文献分类体系中是按照研究的学科角度分散在农业、轻工业、经济等有关门类的。

其三，是以一定标记符号作为排序工具的。类目体系是按照类目之间的关系建立的，但是人们无法单凭记忆加以使用。为了类目体系得以有效使用，现代文献分类体系一般均以一定的标记系统表示类目的相对位置或相互关系。这一标记系统通常由有序的符号如数字或字母组成，其特点是简短、明了，排序性好，利用它作为排检依据，可以按照类目体系方便地对文献和检索工具进行系统组织和揭示，从而充分发挥分类法在文献信息组织中的作用。同时，以数字或字母作为标记，通用性比较好，不受语言、国别的影响，可以超越国界使用。标记符号的不足是比较抽象，必须结合类名加以使用，从而在一定程度上影响了分类法的使用效果，在电子环境下也可以不直接在检索界面上显示，增加其应用的直接性。

其四，通常通过类目索引提供从语词字顺角度的查找途径。依据类目体系进行查找，要求用户根据知识之间关系进行，由于信息分类涉及的内容范围广泛，而且一些分类工具往往会根据应用的需要对类目之间关系进行调整，必然会给用户的实际使用增加困难。类目索引通过将类名按字顺排列，在每个类名后指向相应的分类号，可以方便用户对类目的查找。一些类目索引并通过对排列方式的改进，集中一个主题的相关类目，用以改进类目关系的揭示，使其成为分类体系的一个不可缺少的构成部分。

其五，主要是用于对文献进行组织和揭示的。这包括组织文献分类排架和编制分类检索工具两个基本的方面。分类排架可以将文献按照其内容之间的关系组织成一个有机系统。通过它，文献单位可以使用开架方式，供读者按照知识关系查找所需要的学科门类，并进行由此及彼的浏览，便利用户直观、方便地使用文献。其他的组织形式，如按文献形式、排架位置、到馆先后等由于无法揭示文献内容之间的联系，均不适宜供读者开架借阅。分类检索工具则是一种按照文献内容之间关系系统揭示一定范围文献状况的检索系统，包括分类目录、索引等，其形式不仅包括卡片式、书本式等手工方式，也可以用于机检系统。与分类排架相比,分类检索工具不受文献的限制,可从多个角度对文献内容进行揭示;也不受具体单位文献收藏的限制,可以对某一领域的文献情况作出完整的反映,是读者查找文献,文献单位工作人员向用户推荐文献、解答读者参考咨询的必要工具。

在分类排架和编制分类检索工具的基础上,文献单位一般还可以进行以下工作,如:进行各种分类统计工作;有针对性地进行藏书补充工作,促进藏书建设工作;分析各门类文献的流通工作状况,改进文献流通业务;系统收集有关领域的文献资料、编制参考书目等。

此外,分类方法还可以广泛用于建立网上检索工具以及各种应用,包括如:可以用来对网上数据库的相关文献进行组织,编制跨库检索工具;可以成为对套录的文献重新进行组织的工具;可以利用它作为媒介语言,用作不同检索系统之间的转换依据等。

二、文献分类法的类型

为准确、一致、有效地组织和揭示文献信息,文献分类一般应依据一定的工具,这一工具就是文献分类语言,亦称为文献分类法。文献分类法一般是指根据类目之间关系组织起来的,并配有一定标记符号的类分文献的工具。由于文献分类法的体系通常是以列表的形式加以体现的,人们习惯上也将其称为文献分类表。文献分类法是进行文献分类工作的依据,是文献机构组织文献和检索工具的基本条件,文献分类法的质量,直接影响文献分类工作的效果,受到广泛的重视。

文献分类法按照其编制方式,通常可以区分为等级列举式、分面组配式、列举—组配式三种。

等级列举式分类法是一种传统的分类法类型,亦称列举式分类法、枚举式分类法,它是一种将所有的类目组织成一个等级系统,并且采用尽量列举的方式编制的分类法。这种分类法通常将类目体系组织成一个树状结构,结构中的每次划分都使用一个特定的区分标准,按照划分的等级层次,依次列出详尽的专指类目,并在以线性形式显示时，以缩格表示类目的等级关系。由于这种分类法通常是依据传统的知识分类体系编制的，人们习惯上也将其称为体系分类法。例如：在采用列举方式的文献分类法中，对文学作品的展开一般首先区分国别，然后再按文学体裁，时代进行区分，按照从总到分的方式逐级列举，并使用相应标记固定其次序。其形式如下：

I　　文学
I12　　中国文学
I121　　诗歌
I121.2　　古代
I121.5　　近代
I121.7　　现代
…………

从上面的例子可以看出，等级列举式分类法的特点是：

(1)根据用户使用需要，按学科、专业有层次地揭示文献，类目展开比较系统；

(2)采用等级列举方式，将分类结构加以完整显示，类目体系概括、直观，易于把握、便于使用；

(3)标记符号简短、明了，号码单纯，适合于用来组织文献分类排架，也可以用于组织分类目录等。

列举式分类法的不足是：①采用列举方式往往无法满足确切分类的需要，不能充分揭示现代文献中大量存在的复杂主题和细小专深主题；②列举式类表的等级结构、单线序列和先组式标记，使类表具有一定的凝固性，不能根据需要随时改变、调整检索途径，不能进行多角度检索；③列举式类表的静态结构具有一定的拘束性，难以与科学的发展保持同步，必须经常修订，对类表管理的要求较高；④大型等级列举方式的分类法一般类目详尽、篇幅较大。

等级列举式分类法是目前使用最为普遍的一种分类法类型。著名的等级列举式分类法有：美国的DDC，LCC，我国的《中国图书馆分类法》（以下简称《中图法》）等。

分面组配式分类法是一种为克服等级列举式分类法的不足,适应现代文献标引和检索的需要发展起来的分类法类型。这种分类法放弃详尽列举的方式,而代之于以简单概念组成复合类目的方式。其基本思想是:任何复合主题,都可以分解为相应的单元概念,同样,也可以通过相应单元概念的组合加以表达。根据这一特点,分类法编制时,没有必要详尽列举所有主题,只要在类表中按照范畴列出各种基本概念,并分别配予相应号码;使用时,先分析文献主题,根据主题分析的结果,通过相应概念的组配表达文献主题,以各个概念标识的组合,表示该主题在分类体系中的次序。例如,在文学类中,可根据文学作品标引涉及的特征,分解成以下分面,按范畴设置基本概念,并配予相应标记,形式如下:

地区分面	体裁分面	时代分面
E1　中国	D1　诗歌	C1　古代
E2　朝鲜	D2　戏剧	C2　近代
E3　韩国	D3　小说	C3　现代
E4　日本	D4　散文	C4　当代
……	……	……

上表只是分面组配式类表的样例,可以看出,类表中只有按照范畴设置的基本概念,使用时,需要先分析文献的内容和特征,然后利用表中概念进行组配标引。如上表文学大类的标记为Ⅰ,在使用上表标引时,"中国现代诗歌"这一文献可根据其涉及的主题因素,标引为:Ⅰ E1D1C3。

分面分类法的特点是:

(1)可以通过基本概念的组配,充分揭示现代文献中的复合主题,对文献内容进行专指标引;

(2)分面标记具有较强的表达性,可以表达出主题成分所属的分面,便于根据不同需要,调整组配次序,进行多元检索,例如:可以将上述标记轮排,提供从不同角度检索的途径;

(3)对科学的发展具有较强的适应性,可以通过组配方式,表达新产生的复杂主题，有利于与科学的发展保持同步；

(4)类表的篇幅较小，便于控制、管理、增补、修订等。

分面类表的不足是：①分面类表的类目体系是隐含的，不如等级列举式分类法直观；②标记符号须通过组配才能得到，标引难度较高，要求分类人员有较高的专业素养；③分面标记的成分往往比较复杂，号码冗长，不适宜用于组织文献排架，主要用于组织检索工具。

著名的分面组配式分类法有印度图书馆学家阮冈纳赞创制的CC，英国分类法研究小组改编的BC2等。

列举—组配式分类法则是一种在详尽列举式类表的基础上，广泛采用各种组配方式编制的分类法，亦称半分面分类法。这种分类法由于以列举式类表为基础，具有一定的直观性，同时广泛采用组配方法，基本上可以达到分面类表同等标引水平。但其列举式类表的管理修订工作，需要较大的工作量；同时类目之间的组配需要使用多种辅助符号，标记复杂、冗长，是其不足。著名的列举组配式分类法有欧洲各国使用的UDC，苏联的《图书馆书目分类法》(ББК)等。

此外，文献分类法还可以依据不同的标准，区分出不同的类型，如根据其涉及的学科范围不同，分为综合性分类法、专业分类法；根据其适用的文献类型，分为图书分类法、期刊分类法、标准文献分类法、专利分类法、报纸分类法、资料分类法、网络分类法；根据其类分的文献集合的规模，分为大型分类法、中小型分类法等。

三、学科分类与文献分类

几乎所有目前使用的综合性文献分类法，都是首先将知识领域划分为学科，然后再进一步依据其他属性进行区分和组织的。文献分类法的编制为什么要以学科为中心？它与学科分类有什么联系呢？

所谓学科，是关于客观世界中特定事物对象的本质特征和规律的知识体系。按照研究方法和对象之间的联系和区别进行划分，并确定其在整个体系中的位置，就构成学科分类体系。学科分类体系是知识分类体系的一种类型，它与科学分类是密切联系的。科学分类依据特定的原则,确定知识门类区分和组织的总体性框架。但在科学分类向纵深发展时,它实质上表现为学科分类。因为,学科是科学的个体。科学一词在表示知识系统的不同领域时,是在学科的意义上使用的。

文献分类以学科分类为基础,主要有两个原因,其一,文献分类是以文献主题内容之间的关系进行的,应符合知识之间关系的系统性。学科分类体系正是按照知识关系的内在规律性建立的,以学科分类为基础,可以更好地反映知识之间的联系,更有利于文献的系统揭示和使用;其二,一门科学通常是指得到承认的研究领域的一个或一组主题,具有自身的专门方法、专业工作者和著作,大专院校为其设置相应的系或课程,并设有专业组织以及专门的信息服务机构等。因此,以学科设置为基础,有利于文献的实际使用。正是由于上述原因,现代文献分类法基本上都是依据当时的学科分类水平或体系编制的。如 DDC 实质上是在培根的知识分类体系的基础上,按照当时的学科水平构建的。BC 的编制,更是明确遵循科学上、教育上一致同意的原则,以科学界、教育界共同承认的知识门类作为文献分类法编制的基础。布立斯提出的这一原则得到了文献分类界的普遍认同。随着现代科学技术的发展,新的学科不断形成,出现了众多的学科系统和门类,对学科之间关系的了解也逐步深入。据估计,目前的学科数量一般在 5000 到 6000 之间。根据对学科研究和管理的需要,各国编制了不少学科分类体系。我国也在 1992 年发布了名为《学科分类与代码》的国家标准。可以毫不夸张地说,目前对知识分类的研究,主要是在学科层面上进行的,学科分类已成为科学发展研究的一个重要内容,同时也为文献分类法的编制提供了有利条件。

从目前情况看,现代学科分类体系的建立,一般是依据一定的原则,按照实际研究中形成的方法和使用需要进行的。

首先,学科分类体系的建立,一般都要依据一定的原则。如我国的《学科分类与代码》依据的是恩格斯提出的客观、发展原则。即学科分类体系的建立,应当按照学科研究的客观对象为基础,依据外部世界不同运动形式的发展次序，按照从简单到复杂、低级到高级的次序加以组织。

其次，目前对学科门类的划分是按照不同知识形式及涉及的现象结合进行的。英国学者米尔斯认为，按照划分依据的不同，学科应该分为基本学科和各个独立的子学科①。他认为，严格意义上的基本学科部门，如哲学、科学、历史、艺术等，反映着不同的知识形式或看待现象世界的不同方式。虽然它们考虑的现象在某种程度上是相同的，但哲学家、科学家、历史学家、艺术家使用的概念体系和方法是不同的、相互独立的。例如：科学、哲学、艺术、历史等对同一现象的判断都从属于各自的领域，不能作为相互讨论的依据。但基本科学之下的学科的划分，则表现为方法与特定现象的结合，如物理、化学、生物学是采用科学方法对现象的不同层次——能量、中子、原子、分子、有机体等研究的结果；音乐、绘画、雕刻则是把相同的方法用于声、像、三维形式的结果。同时，在目前的学科划分中，一学科对另一学科现象的处理，通常是归入被处理的学科门类的。例如，教育哲学通常归入教育科学、农业史归入农业科学等，而不是按照处理的方法归入哲学和历史。因此目前的学科体系，基本上是依据研究方法和现象等多种因素确定的。

此外，学科分类体系的建立一般还应当重视实用性，根据科学研究和管理的需要加以处理。如在揭示学科系统性的同时，反映学科研究的现状，适当突出新兴学科的位置，合理处理交叉学科和横断学科的设置，结合使用需要确定展开层次和采用的形式等。

显然，明确以学科分类为基础，对于充分利用学科分类的已有成果，使分类法合理系统地编制是十分必要的。特别在处理专门领域学科之间关系时，尤其如此。

当然，文献分类法也可以按研究的事物对象为中心加以编制。

---

① Mills, J. Broughton, V.. Bliss Bibliographic Classification 2nd ed: Introduction and Auxiliary Schedules. Butterworths, 1977: 36.

如英国布朗的《主题分类法》就是一个典型的例子①。该分类法以事物为中心建立类目体系,将各个知识门类有关一事物的类目集中在事物对象之下,但从学科的角度看则是分散的。由于这一分类体系不符合用户使用习惯等原因,终于逐渐为其他分类法取代。此后,60年代初,英国分类法研究小组在探讨综合性分面分类法的体系时,曾试图以事物为中心编制分面类表,提出按物理实体、化学实体、多种成分结合的无生命实体、人工制品、生物实体、人、精神产品的序列加以组织,将学科分散在各个研究的实体之下。但因为这一组织方式不符合人们使用文献的习惯,后来被迫放弃②。因此,目前文献单位实际使用的综合性分类法都不是以现象为中心编制的。

文献分类法在以学科分类为基础编制时,应当注意汲取学科分类领域的研究成果。但它们之间也存在着不同,不能完全照搬。文献分类与学科分类的差异至少有以下方面:

其一,对象不同。学科分类的对象为某一主题或一组主题领域,是按照不同的研究方式以及其现象确定的,比较单纯;

文献分类的对象是文献,既有其内容方面,又有其形式、用途等方面,涉及的因素比较复杂,与学科分类存在着诸多差异:

在内容范围上,文献分类比学科分类涉及的范围更广、更深、更复杂。一方面,一种文献往往有可能同时涉及两门或多门学科;另一方面,文献中除了学科层次的内容以外,还包括具体事物、专门理论和技术方法,以及国家、地区、时代、人物等具体内容,比学科分类复杂和专指;

除著作内容外,文献分类还需要涉及到以下问题的处理,包括:文献类型,如手册、书目、索引、词典等;著作体裁,如:诗歌、小说、散

---

① 可参阅:刘国钧. 西方主要图书分类法评述. 长春:吉林人民出版社,1980:106-132

② Foskett, A. C.. The Subject Approach to Information Retrieval, 4th ed. London: Clive Bingley, 1982:227-235

文、戏剧等；媒体形式，如拓片、缩微品、光盘、磁带等；使用需要，如对本身具有研究价值的历史文献，需要作为特藏，单独收藏保管；对于供特定对象使用的文献，如，儿童读物、盲人读物、特定对象人群的读物等，也需要根据使用需要加以专门处理，比学科分类的对象多样。

其二，功能不同。学科分类的任务是根据其研究对象，明确学科的划分及其相互关系，确定每门学科在学科分类体系中的位置，目的是用以制订科学研究计划，建立科学研究机构和确定科学管理体制，正确设置专业以及进行不同门类之间的协调等，也可以作为各种具体应用，如文献分类、行业分类等的基础；

文献分类法的任务是组织文献，为各种类型的文献编制分类检索工具，以及在机检系统中作为文献信息的处理手段，如对下载的网络信息进行分类管理等。

其三，形式不同。学科分类体系由于主要是为了表示学科的划分和相互关系，其形式比较自由，可以采用线性列表形式，也可以根据对学科关系表达的需要，以其他形式表示，例如，采用方框图、树形图等，以二维、三维的图形形式加以表示，并可以根据对学科关系的理解，自由调整；

文献分类体系根据组织和揭示文献的需要，一般则要求将类目体系排列为单一的线性形式，无论是列举式分类法还是分面组配式分类法，最终都必须归结为线性次序；同时，还需要以一定的标记符号对类目之间的关系进行表达，以便可以使其作为文献标引和检索的工具有效地加以使用；此外，文献分类体系作为文献组织的工具，由于文献处理具有累积性的特点，一般要求相对稳定，以免造成返工，给实际工作带来问题。

总之，由于文献分类是依据文献内容之间的关系进行组织和揭示的，因此，文献分类必须依据学科分类为基础进行；但因为文献分类的对象是文献，而不是单纯的学科内容本身，文献分类不能等同于学科分类，必须根据文献的特点和使用的需要加以处理。

第二节　分类法结构剖析

文献分类法主要是通过类目体系的系统排列进行词汇控制的。各种文献分类法虽然在编制方式上存在着差异,但其基本的组成成分是相同的,大体上是由类目体系、标记符号、说明与注释、类目索引四部分组成的。要了解文献分类法,必须对这四个方面有一个概要的了解。

一、类目体系

1. 类目体系的组成

类目体系,又称类目表,是一个根据类目之间的关系组织而成的一览表。类目体系是文献分类法的主体,是分类语言对词汇和词间关系进行控制的主要依据。一般是从用户使用的需要出发,以知识分类为基础,按照文献分类的实际需要建立的。通常是在基本部类的基础上,由基本大类、简表、详表、复分表组成。其中,基本大类、简表、详表构成类目表的主表;复分表,又称附表,是一种结合主表使用的辅助表。下面本书主要依据等级列举式分类法,同时适当结合分面组配式分类法的特点,对类目表的结构组成作一个概要的介绍。

(1)主表

①基本部类。是文献分类法为了合理展开而作的最基本、最概括的划分。基本部类的排列次序称为基本序列。基本部类及其序列是整个分类法展开的基础,一般是根据文献分类法使用的需要,遵循一定的知识分类体系建立的。

我国综合性文献分类法目前采用的基本部类,通常是依据毛泽东关于知识问题的论述①,将知识门类分为哲学、社会科学、自然科学三大部类;同时根据马列主义思想的指导作用和文献分类本身的

① 毛泽东．毛泽东选集．北京:人民出版社,1967:773-774

需要，增设马列主义、毛泽东思想和综合性图书两大部类，构成基本序列如下：

马列主义、毛泽东思想

哲学

社会科学

自然科学

综合性图书

我国现代文献分类法，如《中图法》、《中国科学院图书馆图书分类法》（简称《科图法》）等均采用此基本序列；《中国人民大学图书馆图书分类法》（简称《人大法》）将其中的马列主义、毛泽东思想和哲学设为总结性科学，其序列本质上与五大部类并无不同。

国外的文献分类法一般也均根据各自对学科领域极其关系的理解，确定相应的基本部类。如 DDC 就其实质而言，是在理性知识、想象知识、记忆知识三大部类的基础上展开其分类体系的；BC 则将其基本部类依次划分为哲学、科学、历史以及技术和艺术四大门类。

基本部类是整个文献分类法展开的基础。因此，如何根据现代科学技术的发展合理设置基本部类，受到文献分类界广泛关注。基本部类在类表中一般不单独列出。

②基本大类。又称基本大纲。是文献分类法列出的第一级类目，也是分类体系展开的起点。基本大类通常是在基本部类的基础上，根据学科发展情况和文献标引需要确定的，主要应作好类目的设置和序列两个方面。

大类的设置通常是与文献数量、学科发展水平以及人们对学科领域划分的认识密切联系的，力求作到类目划分均衡、数量合理。早期的综合性文献分类法，如 DDC，由于当时学科发展状况的局限，基本大类只设置了十个类目，比较概略。此后编制的综合性分类法，逐步增加了大类设置数量，一般均以传统学科领域为依据，将基本大类保持在 20 个左右。如《中图法》设置了 22 个大类，各个基本大类的规模和文献处理数量相对也比较均衡；CC 的基本大类数量一度曾达到 42 个,但由于大类过多不利于标记分配以及影响用户对分类法的整体把握,因此,在第七版中,将其明确规定为 26 个大类。这一事实说明,基本大类的设置也不宜划分过细。

大类序列的关键,是能否较好反映各知识门类之间的联系。国外文献分类法一般根据从总到分的次序,将综合性大类置于首位,然后展开具体类目。早期的分类法,如 DDC,对大类关系的揭示未引起足够重视,在大类序列中,将语言和文学这两个密切联系的类目分开设类;在社会科学和历史之间插入了自然科学、技术科学等门类,割裂了相关学科之间的联系。其后的分类法,如 LCC、BC 等,在基本大类的排列上均注意了对类目之间关系的揭示,一般都将内容相关的门类集中设置。我国现代文献分类法基本大类的序列,通常则是在五大部类的基础上,将马列主义、毛泽东思想设为第一个大类,同时在类目的序列中贯穿从总到分的原则,注意将联系密切的类目集中设类。例如《中图法》将自然科学的类目体系按照从简单到复杂、从低级到高级的次序排列;在社会科学门类中,政治、法律、军事等上层建筑的类目,语言、文学、艺术等内容密切联系的类目均采用接近设类的办法(见表3-1)。

由于基本大类的设置和序列是整个分类法展开的起点,许多文献分类学者对基本大类的设置十分重视,进行过许多研究。但也有人认为,基本大类只是类目体系的初步划分,对检索的影响不大,关键是大类下分类体系的展开是否合理,应将重点放在各专业领域类目体系的建立上。

③简表。是由分类表的基本类目组成的表,亦称为基本类目表。通常于基本大类下展开一、二级形成,是一个承上启下的表。简表的作用是:其一,帮助用户迅速了解整个分类法的类目结构,以便通过它的引导,方便地在详表的相应门类中查找适合的类目;其二,供中小型文献单位或专业文献单位中非专业文献标引时使用,在此情况下,对已使用简表部分,不得同时再使用详表标引。DDC 的简表由其前三级类目组成,共 1000 个类目;《中图法》第三版的简表约有 1500

表3-1　国内外四部综合性分类法基本大类对照表

《杜威十进分类法》(DC)	《美国国会图书馆图书分类法》(LCC)	《布列斯书目分类法》(BBC)	《中国图书馆分类法》
计算机科学、信息、综合性著作 哲学和心理学 宗教 社会科学 语言学 自然科学 技术科学 美术 文学 历史	总类 哲学、心理学 历史:辅助科学 历史:世界史 历史:美洲史 地理、人类学 社会科学 政治 法律 教育 音乐 美术 语言、文学 科学 医学 农业 技术 军事科学 海军 书目及图书馆学	总类 哲学和综合科学 物理学 化学 天文学、地质学、地理学 生物学 动物学 人类学 心理学 教育 社会科学 社会政治史 宗教 应用社会科学、社会福利 政治学 法律 经济 艺术总论 审美性、娱乐性艺术和娱乐 语言和文学 目录学、版本学、图书馆学	马克思主义、列宁主义、毛泽东思想 哲学、宗教 社会科学总论 政治、法律 军事 经济 文化、科学、教育、体育 语言、文字 文学 艺术 历史、地理 自然科学总论 数理科学和化学 天文学、地球科学 生物科学 医药、卫生 农业科学 工业技术 交通运输 航空、航天 环境科学、安全科学 综合性图书

多个类。下面为《中图法》简表的片断：

Q　　生物科学

　1　　普通生物学

　10　　生命的起源

　11　　　生物演化与发展

1 3　　生物形态学
1 4　　生物生态学
……

分面分类法通常在基本大类下列出基本类和分面公式,以帮助用户了解各基本类下涉及的类目范畴及其组配次序,类似等级列举式分类法中的简表。如:CC7 图书馆学类下的分面公式为:

2,　　[1P1],　[1P2];[1MP1]:[1E]
图书馆学,[图书馆],[部分];[性质]:[活动]

④详表。是由详细列出的子目组成的类目体系。详表是文献分类法的主体和正文,是类分文献的真正依据。在等级列举式分类法中,详表由逐一列举的子目组成,并通过缩格等方式显示其等级或并列关系。在组配式分类法中,其详表则是由详细规定的组配规则和按范畴设置的单元概念表组成,可以依据标引规则,以组配方式标引文献主题。要了解类目表,通常应在了解类目体系的构建方法的同时,弄清类目之间存在的基本关系类型、它们的表现形式,以及对分类实践的影响,有关内容详见本章第三节。

(2)复分表

复分表亦称副表、辅助表、共性区分表,指将主表中按同一标准对类目划分产生的一系列相同子目抽出,单独编列,供主表有关类目共同使用的表。

在主表展开时,不少类目的进一步区分往往需要采用相同的划分标准,并得到相同的子目。例如:各国政治、各国经济、各国军事、各国文化概况等,在按国家进一步区分时,均可分出相同的地区类目:

世界
中国
亚洲各国
　东亚
　东南亚
　南亚
　西亚

非洲各国

……

欧洲各国

……

又如，中国经济史、中国军事史、中国文化史、中国政治制度史等类目下，在按时代进一步区分时，均可区分出相同的子目如下：

原始社会

奴隶社会

　三代

　春秋

封建社会

　战国

　秦、汉

　三国

　……

半封建、半殖民地社会

社会主义社会

为了增强类表的细分程度，缩小类表的篇幅，文献分类法一般将这些共性子目抽出，单独编列成表，供有关类目进一步区分时共同使用。复分表是分面组配的一种基本使用形式。利用复分表处理共性复分问题的作用主要是：

①有助于缩小类表的篇幅。可以使类表在较小篇幅的情况下，达到较大的细分程度。

②有助于加强类表的伸缩性。可以根据类表的需要，通过增加或减少复分表的使用，调整细分程度，改进类表的灵活性。

③有助于增强类表的规律性。如采用统一方式对共性子目进行编列，并配置相同号码，可以使类目体系的列举更加一致，增加类目的助记性。

复分表通常可按其使用范围，分为通用复分表、专类复分表两类。其中，通用复分表又称为共同区分表，是一种供整个文献分类法有关类目共同使用的表。各个综合性文献分类法对通用复分表的设置不尽相同。常用的通用复分表有:标准复分表、地区复分表、时代复分表等。其中,标准复分表国内亦称总论复分表,是一种通用主题和文献形式复分表,通常收入适用于整个分类体系的通用性主题,如理论、方法、历史、现状、机构、团体、会议、教育与普及等,以及常用文献形式,包括文献类型、媒体类型等有关类目。此外,不少文献分类法还设有语种复分表、世界种族、民族复分表、人员复分表、机构复分表、环境复分表等多种类型。专类复分表则是一种只适用于某一基本大类或专门学科的复分表,一般设置于相应门类之中。现代文献分类法一般都根据各类需要设有多种数量的专类复分表。DDC 还将一些专类复分表,如文学复分表、语言表等与通用复分表集中设置于一处,以强调其重要性,其中的文学复分表设有 A、B、C 三个,供文学类的有关类目共同使用。分面分类表由于其分面序列本身具有供复分使用的功能,因此不再设置专类复分表。

除使用复分表外,文献分类表也常采用仿分形式处理共性区分问题。所谓仿分,是指利用某一类的子目作进一步细分的依据。类表中一组性质相近的类目出现共性子目时,为缩小类表的篇幅,文献分类法通常在总论性类目或较前的类目下详列子目,供有关类目仿照复分。仿分可以起专类复分表的作用。各种分类法,包括分面组配式分类法常采用这一形式。有些分类法,如 DDC,还规定某些类目可以仿全部类表复分。

复分表作为在主表基础上采用的一种辅助区分手段,使用时一般应注意:①不能单独使用,必须结合主表类目使用;②应按类表中有关复分表使用的规定进行;③各文献单位可以根据需要对复分表的使用加以必要的调整或限定,但一旦确定,就应严格遵守,不得随意变动,以保持复分表使用的一致性。

2. 类目体系的建立

类目体系是由众多的类目按照相互关系组织而成的类目集合。类目体系的建立可以有两种方式:其一是采用归纳的方法,从一般到个别,根据个体属性的相同点集合成类,并按照这一方式,逐步将小类聚合成大类，建立起类目体系；其二是采用划分的方法，从总到分，从一组概略的类目出发，通过层层划分实现。不管是采用何种方法，结果是相同的，最终都是建立起一个依照层次、等级逐步展开的分类系统。根据多数文献分类体系编制实践和用户使用习惯，本书按照从总到分的方式予以讨论。

(1)类目的划分

类目的划分是指依据一定的属性对类目进行区分，生成一组子目的过程。类目划分是逻辑分类方法在文献组织中的应用，是类目体系建立的基本方法。

众所周知，文献分类体系是由众多的类目组成的。类目是文献分类体系的基本构成单元。类目，又称为类，是指一组具有相同属性的事物集合。在文献分类法中，通常是指一组内容性质上彼此相同的文献。例如：法律类是指以社会法律为研究对象的文献集合，图书馆学类是指以图书馆这一社会文化机构为对象的文献集合。通常情况下，类目是依据一定属性对事物区分和类集的结果，同时又是可分的。这是因为事物的属性是多方面的，同类文献之间在内容特征上既有联系，又存在着差异，因此是可以根据其属性进一步区分的。例：可以根据法律文献涉及的国别，分为中国法律、朝鲜法律、韩国法律、日本法律、英国法律、美国法律等。这种对类目的划分是可以连续进行的，如：在各国法律下，还可进一步根据其内容对象所属的部门加以区分，得到宪法、行政法、财政法、经济法、土地法、劳动法、民法、刑法、诉讼法等一组类目；在各部门法律下，再依据法律文献的性质，区分出法律理论、法律汇编、案例、解释、法律学习材料等。

在采用上述方式构建分类体系的过程中，用来作为划分依据的事物属性称为分类标准。分类标准决定产生何种性质的类目，规定着各个分类层次的展开质量，十分关键。为了有效地组织和揭示文献，文献分类法一般选择文献的本质属性或显著特征用作区分依据，通常以文献的内容的学科属性作为主要标准，必要时再以其他属性如地区、时代、著者等为辅助标准。

在类目体系建立的过程中，类目的划分一般须遵守相应的逻辑分类规则:其一,每次划分只使用一个标准,一般不得同时采用两个或两个以上的标准,如:当法律文献在依据法律涉及国别区分时,就不能同时使用法律部门或文献性质的标准进行区分;其次,划分应该穷尽,使得划分后子类之和与母类相等;其三,划分后各子类应相互排斥,界限分明,类目之间不应存在相互交叉现象。上述规则中,前两条是最基本的,因为如果每次只使用一个标准,划分后获得的子类必然会相互排斥,因此国外有的文献只着重强调前两条。①

文献分类法进行分类标准选择和贯彻逻辑分类规则的目的,是力图根据使用需要建立起一个有层次的类目体系,使得每一种有检索价值的内容或特征的文献,能够在这一分类系统中获得相应的位置,用户可以依据其需要,通过这一体系查检所需要的文献。比较而言,等级列举式分类法的类目体系是通过类表直接显示的,较为直观;分面组配分类法的分类体系则是隐含的,比较抽象。在类目划分过程中,等级列举式分类法由于类目展开受等级和篇幅等的限制,对类目的划分相对比较单纯,不可能如分面分类法那样广泛采用多层次、多角度的划分方法,部分类目的展开往往结合实用需要适当调整,存在着同时使用多个标准以及划分不尽等现象;分面组配式分类法对类目的划分则比较充分,通常是按照范畴,多角度、多层次地进行的,对逻辑划分规则执行得也比较严格。

现代文献分类法的实践表明,一个实用、有效的分类体系建立的关键,是如何在基本大类或特定学科、专业下按照使用需要,以一致、可以预见的方式展开类目体系,这涉及分类标准的引用次序、类目的排列次序、类名的确定等各个方面,下面分别予以讨论。

(2)引用次序

在列举式分类法中,引用次序是指分类体系展开过程中,类目划分标准使用的先后顺序;在分面组配式分类法中,引用次序则表现为

---

① Mills, J. Broughton, V.. Bliss Bibliographic Classification 2nd ed: Introduction and Auxiliary Schedules. Butterworths, 1977:35

复合主题中不同组面被引用的先后次序。例如,将“高等数学教学”这一主题按“高等教育—数学教学”的次序组配,即是指分类体系把有关各级课程教学的文献按“各级教育—课程”的次序加以引用。

分类标准使用的先后次序,决定着类目体系中复合主题的集中方式,是分类系统展开的中心问题之一。例如,上述引用次序,首先按学校等级对文献进行处理,可以在分类体系中将高等教育不同课程的文献集中在一起,但不同等级的数学文献,则是分散在各级教育之下的。相反,如果按“数学教学—高等教育”的次序加以组织,则首先将不同等级的数学教学文献集中在一起,而关于高等学校各门课程教学的文献,是分散在各门课程之中的。

在文献分类体系建立过程中,选择何种属性为分类标准以及按照何种次序加以引用,决定着类目体系展开方式,对分类体系的性能有直接影响。如法律文献在根据其特征建立分类体系时,可以按国家、法律部门、文献类型三种分类特征进行区分,其引用次序不同,则分类体系的集中方式也是不同的。

从图3-1可以看出,在第一个分类体系按照国家—法律部门—文献类型的引用次序组织类目,可以将一国各个部门各种类型法律文献集中在一起,但从法律部门、文献类型的角度看则是相对分散的;第二个分类体系按法律部门—国家—文献类型的引用次序建立类目体系,可以按法律部门集中文献,但从国家、文献类型的角度看也是相对分散的。从两个分类体系展开的特点看,第一个分类体系,可以方便对一国各种法律文献的选择使用,符合普通用户的实际使用习惯,比较适合于一般公共文献单位的实用需要;第二个分类体系,便于按照法律部门使用文献,有利于满足专业人员按法律部门研究时使用,适合于专业文献单位的实用需要。由此可见,引用次序决定着类目体系以何种方式集中文献以及提供什么样的检索途径,是与分类体系的性能和适用性密切联系的。关键是应根据用户的检索需求,结合文献主题领域的特点,确定适用的引用次序。

国家—法律部门—文献类型	法律部门—国家—文献类型
中国	宪法
宪法	中国
理论	理论
汇编	汇编
案例、解释	案例、解释
学习材料	学习材料
行政法	朝鲜
理论	理论
汇编	汇编
案例、解释	案例、解释
学习材料	学习材料
财政法	韩国
理论	理论
汇编	汇编
案例、解释	案例、解释
学习材料	学习材料
……	……
朝鲜法律	行政法
宪法	中国
……	……
行政法	朝鲜
……	……
韩国法律	财政法
宪法	中国
……	……
行政法	朝鲜
……	……
日本法律	经济法
宪法	中国
……	……
行政法	朝鲜
……	……

图3-1　引用次序对分类体系性能的影响

由于引用次序在类目体系建立中的重要作用，因此，对这一问题的研究受到国内外分类界的广泛重视。文献中可以作为分类依据的事物属性很多，包括内容属性及各种常见的显著特征。内容属性有学科、事物对象、种类、方面、部分、材料、性质、操作、工具、设备等，常见的显著特征包括体裁、国别、时代、形式、用途等，这些属性和特征都可以用来作为分类依据。根据用户对文献使用的需要，人们一般将文献的内容属性作为主要标准，将其他属性作为辅助标准。为了在分类法编制时合理进行划分依据的选择，各国分类界对分类法的引用次序进行过许多研究，提出了一系列通用的引用次序，比较著名的有印度图书馆学家阮冈纳赞的五个基本范畴，英国分类法研究小组维克利等学者提出的标准引用次序等。

阮冈纳赞将文献主题因素按其性质概括为本体、物质、动力、空间、时间五大基本范畴。其中，本体指事物对象本身，物质指构成事物的材料、成分或性能，动力指对事物的操作或处理，空间和时间分别为事物所在的地点或时间。阮冈纳赞认为，这五个范畴的引用，应依据具体性递减的次序进行，并按照这五个范畴的英文首字母确定其引用公式为：P M E S T，即一文献在涉及不同范畴主题特征时，依次按本体、物质、动力、空间、时间的次序加以引用。为适应各种复杂主题的标引，阮冈纳赞还进一步提出了层和轮的概念。同一范畴中，如主题特征不止一个，则可分析出二层本体、三层本体，二层物质、三层物质，用 P2、P3，M2、M3 表示。如动力后再出现本体、物质，则称为第二轮本体、第二轮物质，用 2P、2M 表示。采用这一方法，就可以对复合主题进行详尽确切的标引。例如，“合金对直升飞机起落架的加工”这一主题，可标引为：

直升飞机——起落架——加工——车刀——合金钢

P1　　　　P2　　　　E　　　　2P　　　　2M

英国分类法小组提出的标准引用次序则遵循目的性原则和依存原则。他们认为“在任何技术部门中，最终产品都是该主题领域的目的，也是用户查找的主要对象，应当以它为首要范畴”，其余分面则应依据依存原则,按照它们与主要分面的关系确定次序。① 同时根据科学技术领域的特点,维克利对阮冈纳赞提出的范畴进行了有层次的分析和详尽划分,提出其引用次序为:

物质(产品)—种类—部分—成分—性质—过程—操作—施动者或工具

这一引用次序实质上是对阮冈纳赞分面公式的修正和展开,被广泛用于专业类表的编制,在西方具有广泛的影响。但这些引用次序都是根据一般情况提出来的。从类表编制的实际需要看,关键是应结合各学科的具体情况和用户需要加以实施。一般可按下述方式进行:

①根据各主题领域的特点和用户检索需要,按用户检索的目的或主要对象确定主要标准或首要分面,将这一分面作为组织该学科文献的中心。例:工业技术领域一般可以以产品为主要标准或首要分面;生物领域一般可以以各种生物对象为主要标准或首要分面;教育领域一般可以以教育对象为主要标准或首要分面等。

②根据依存原则确定其余各种划分标准或分面之间的引用次序。即可在确定主要划分标准的同时,按照相互间的依存关系进一步确定相关分类标准或分面的引用,通常包括:先属后种,先事物整体、种类后方面、部分,先处理对象、再处理方法、后处理工具,先主题内容、后文献形式等次序。

③对特殊主题领域,应根据用户需要、该领域的特点,对引用次序加以确定。如社会科学各类应根据情况,将国别标准与内容标准结合使用;文学、艺术等门类应根据文学、艺术作品的特殊性,按照艺术类型、体裁等,结合国别(或语言)、时代、题材等进行区分;综合性文献则应以文献类型、国别、时代等作为基本依据。

一般情况下,文献排架以及传统的目录工具需要确定一个固定的引用次序,在这一次序中,各个复合主题都有其确定的位置。实践

---

① Mills, J. Broughton, V.. Bliss Bibliographic Classification 2nd ed: Introduction and Auxiliary Schedules. Butterworths, 1977:40

证明，在某些领域，不同用户对象对引用次序的要求是不同的，单一的引用次序无法满足不同用户的各种需要，总有其不足。正如前面法律类的例子显示的，对于法律文献，普通用户习惯于按国别对各种法律进行查检、使用；专业研究人员则较多地从法律部门的角度对法律文献进行研究。再如：对于文学类文献，按照体裁—国别—时代进行组织比较适合普通用户的用书习惯，而按照国别—时代—体裁则较符合专业人员的使用需要。因此，文献分类法的引用次序一般应根据文献单位的特点，按照多数用户的要求，有针对性地建立；同时可使用其他方式如索引、主题法等对被分类体系分散的内容从不同角度加以弥补。此外，在电子环境下，还应该利用超文本技术，逐步探索在传统的单线类表的基础上建立起多维检索系统的技术和方法。

(3)类目排列

包括同位类排列和不同引用次序类列的两个方面：

①同位类排列

所谓同位类，是指从同一个上位类区分出来的一组处于同等地位的子目。一组同位类，又称为一个类列。同位类排列是类目体系构建的一个基本内容，它规定并列类目之间的排列次序，是影响体系使用效果的一个重要内容。

为了使同位类的排列具有系统性、规律性和实用性，文献分类法中同位类的排列通常均按照类目内容之间的关系和实用需要进行。对于同位类的排列方法，国内外学者进行过许多讨论，提出过多种排列模式。常见的同位类序列方法如表3-3所示：①

① 刘国钧. 西方主要图书分类法评述. 长春：吉林人民出版社，1980：145-146

表3-3　常见同位类序列方法

	排列方式	实例
1	按时间先后顺序序列	例①:上古史—古代史—中世纪史—近代史—现代史;
		例②:开炉前操作—开炉、配料—冶炼过程操作—炉前操作—高炉停炉操作。
2	按事物进化顺序排	例:古生物学—微生物学—植物学—动物学—昆虫学—人类学。
3	按空间次序排	例①:水星—金星—火星—木星—土星—天王星—海王星—冥王星;
		例②中国—亚洲各国—非洲各国—欧洲各国—澳洲各国—美洲各国。
4	按逻辑次序排	例①:工业经济理论—工业部门经济理论—世界工业经济—中国工业经济—各国工业经济;
		例②:汽车理论—整车设计—汽车结构部件—汽车材料—汽车制造工艺—汽车试验。
5	按依存次序排	例:矿业工程—石油、天然气工业—冶金工业—金属学与金属工艺—机械仪表工业。
6	按惯用的次序排	例①:工人运动—农民运动—青年运动—妇女运动;
		例②:中医—西医—内科—外科—妇科等各种专科—外国民族医学—特种医学。
7	按实用顺序排	例:汉语—我国少数民族语言—常用外国语—按语系区分的其他外国语言
8	按字顺次序排	例:汽车材料—汽车结构部件—汽车理论—汽车试验—汽车制造工艺—整车设计。

上述排列方法中,所谓按事物进化顺序排,是指按照事物本身的发展形成过程的次序序列;按逻辑次序排,是指按从总到分、从一般到个别、从理论到应用的次序排列;按依存次序排,是指一主题的存在有赖于另一主题时,则该主题应排列在它依赖的主题之后;按惯用的次序排,即是按人们熟悉的、普遍采用的次序排列。在同位类排列

中，类表通常按照科学、教育中普遍采用的、得到广泛接受的次序排列，只有无明确排列次序或已有的常规次序不实用时，才根据实用需要加以排列或根据情况调整。如表中各种语言的排列，先排列我国的语言，对国外语言，先排列常用外国语，再按照语系排列其他语言，就是根据实用需要对常规次序加以调整的一个例子。至于字顺排列的方法，西方文献分类法往往在需要时用在低端子类的排列中，国外的网络主题指南也常用它排列同位类，国内分类法则较少使用此法。

除采用上述常用序列方法外，为了加强类目排列的规律性和可预见性，一般均重视相似类目排列的一致性和对应性。例如，大型列举式分类法在对各国或各时代的类目列举时均尽可能与地区表、时代表的类目保持一致。各门类中划分特征相近的类目，在类目设置和排列上也尽可能采用一致或接近的方式。例如下面为《中图法》生物科学相应门类之间采用的对应设类情况：

微生物的演化	动物演化和发展
微生物细胞学	动物细胞学
微生物遗传学	动物遗传学
微生物形态学	动物形态学
微生物生理学	动物生理学
微生物生物化学	动物生物化学
微生物生物物理学	动物生物物理学
微生物生态学和地区分布	动物生态学和动物地理学
微生物分类学（系统微生物学）	动物分类学（系统动物学）
应用微生物学	应用动物学（经济动物学）

要使同位类排列具有较好一致性和可预见性的方法之一，是在类表编制时重视通用排列结构的构建。通用复分表中的标准复分表或称总论复分表，通常包括常用主题与文献类型的类目，应尽可能通过对它们的合理排列，建立起各种常见类目的基本排列架构，供类表有关类排列时参考，以提高同位类排列的整体质量和规律性。

②不同引用次序类列的排列

分类体系中类目的排列除了与同位类的排列次序有关,还涉及不同引用次序的类列亦即分面之间的排列问题。类列之间的排列决定着类目体系展开过程中的整体组织方式,对类目体系的建立具有重要作用。这一问题不仅在分面组配式分类法中十分重要,在等级列举式分类法中也同样存在。

类列的排列次序与引用次序既有密切的联系,又是存在区别的。它们的区别在于,引用次序表示复合主题中组成成分之间的组配次序,排列次序则是指具有不同分面成分的复合主题在类目体系中的先后顺序,两者的含义是不同的。以一按字顺排列的人名录为例,一人名中姓与名之间的横向次序为引用次序,不同姓名之间的纵向次序,则为排列次序,可见,引用次序并不等同于排列次序。但是,另一方面,在文献分类法中,引用次序与排列次序又是密切联系的。这是因为,排列次序要求在保持从总到分的逻辑次序的同时,按引用次序中最先引用的分面集中,并随着组配次序逐步分散在后分面的主题概念。要作到这一点,必须在类目的排列中与引用次序保持一定的关系。分类法的实践证明,分类体系中不同分面之间的排列,不是按引用次序一致的方式加以序列的,恰恰相反,为了达到上述目的,不同类列之间的次序必须严格遵循与引用次序相反的顺序进行排列。国外将分面分类法中类列排列的这一现象称为倒排序列。①

下面,试以文学类为例,通过倒排和顺排两种方式的比较,说明分面排列采用倒排序列的必要性。在文学类的引用次序为"国别—体裁—时代"时,则两种排列方式的序列分别如图3-2。图中,各个序列的纵向次序为排列次序,每个序列中的横向次序为引用次序。从上述两种不同排列方式的类目序列可以看出,倒排序列采用与引用次序相反的排列次序,即在排列上,最先列出引用在后

① Mills, J. Broughton, V.. Bliss Bibliographic Classification 2nd ed: Introduction and Auxiliary Schedules. Butterworths, 1977: 41-44

的时代分面,然后再依次列出在该分面以前引用的体裁分面、国别分面;但从主题因素集中的情况看,最先引用的主题因素最为集中,在后引用的主题因素则是逐步分散的。如上面的倒排序列中,国家最为集中,形式其次,时代的文献最为分散。整个类目体系通过倒排方式保持了从总到分的序列。顺排序列按照引用次序排列各个分面,首先序列最先引用的国别分面,然后再依次列出体裁、时代分面,则无法在按最先引用主题因素集中的同时保持从总到分、从一般到具体的逻辑次序,其序列在逻辑上是混乱的,如图3-2中,"中国—诗歌—古代"这一专指类目,被排列在"诗歌"、"古代"之前。上述的例子说明,在分类体系中,引用次序决定一复

倒排方式的类目序列	顺排方式的类目序列
文学作品	文学作品
古代	中国
近代	中国—诗歌
现代	中国—诗歌—古代
诗歌	中国—诗歌—近代
诗歌—古代	中国—诗歌—现代
诗歌—近代	中国—小说
诗歌—现代	中国—小说—古代
小说	中国—小说—近代
小说—古代	……
……	诗歌
中国	诗歌—古代
中国—诗歌	诗歌—近代
中国—诗歌—古代	诗歌—现代
中国—诗歌—近代	小说
中国—诗歌—现代	小说—古代
中国—小说	……
中国—小说—古代	古代
中国—小说—近代	近代
……	……

图3-2　倒排方式与顺排方式比较

杂主题中主题因素的组配次序以及以何种主题因素为中心集中;排列次序则决定各种引用次序的复合主题在类目体系中的先后次序。为使类目体系按在前引用的主题因素集中的同时保持从总到分的序列,分类体系中各个类列的次序必须按与引用次序相反的顺序排列。

其实,所谓的倒排序列,实质上是在有关分面中省略了对综合性主题因素揭示的结果,如图3-2中排列在最前面的各代文学作品,实际上指多个国家、多种体裁的作品;排列其次的各种体裁如诗歌、小说等,则是指多个国家、跨时代的诗歌和小说。如将省略的主题因素加以补充,则上述分类体系的成分及其次序实际上为:

文学作品

(世界):(多种体裁):古代

(世界):(多种体裁):近代

(世界):(多种体裁):现代

(世界):诗歌:(跨时代)

(世界):诗歌:古代

(世界):诗歌:近代

(世界):诗歌:现代

……

中国:(多种体裁):(跨时代)

中国:(多种体裁):古代

中国:(多种体裁):近代

中国:(多种体裁):现代

中国:诗歌:(跨时代)

中国:诗歌:古代

……

在补充了略去的表示上位概念的主题因素后,就可以更加清楚地看出倒排序列中贯彻的从总到分的原则。

从目前类表编制的情况看,在不同类列的排列上,组配分类法一般均通过直接采用倒排类表或通过标记的方式，严格贯彻倒排原则。在等级列举式分类法中，不同类列之间的排列，主要也是按照倒排方式进行的。虽然等级列举式分类法的使用者不易感觉到这一原则的存在，同时，列举式分类法对倒排原则的贯彻也不如分面类表彻底，但这一原则就总体而言是贯穿在整个列举式分类体系之中的。了解这一原则，无论对于类表的编制还是使用，都是十分重要的。

(4)类名的确定

类名是文献分类体系中表达类目概念的名称，它规定类目的含义和范围，是分类语言中表示类目概念的词汇单元。文献分类法的类名通常使用单词或词组，用以表达学科、专业、事物对象及其方面等，如物理学、半导体、摄影技术等。此外，在等级列举式分类法中，还常常会出现由几个内容上存在着联系的学科或涉及事物的方面、操作等的短语组成的类目名称。如高压与高温物理学，分子的性质及其测定等。类名在分类体系中通常只起表达该类目含义的作用，但由于现代类表常常在类目体系的基础上，通过计算机处理直接编制类目索引或叙词表，因此对类名控制的要求正在变得越来越严格。

一般认为类名的选择具有以下要求：

①科学。即类名应使用能准确反映其含义，被广泛接受的名词术语，语词严谨、明晰、完整，一般不再同时收入其同义词、近义词、俗称等。但近年来，为便于通过计算机转换直接编制对应的叙词表或索引的需要，一些现代分类法往往同时有选择地收入一词的各种同义词等，但多数对收入类表的语词数量仍有较严格的限制。

②简明。即所使用的词汇应简短、明了，尽量使用精炼的术语，避免冗长、拖沓。在列举式分类法中或按倒排方式编制的组配式类表，通常均略去子类或子分面的上位概念，只记录区别于上位类的子类的概念，其表述的含义可结合其上位类的概念加以了解。如：

文学评论
　　戏剧
　　诗歌

小说

……

③确切。即语词应能准确反映类目的内容含义,贴切揭示类目概念的内涵和外延,避免使用模棱两可、词义含糊的词。当使用类名无法确切揭示类目范围时,应通过类目注释加以补充说明。

从上面对类名的选择可以看出,由于分类语言中的类名并非标识,对词汇的选择以及词形控制的要求不如主题法严格。类目作为分类体系中的概念单元,其含义及关系是通过类目体系加以展示的,除了类名和必要的注释外,对分类体系中类目的含义及词间关系的控制,主要是依靠类目体系的系统展示,通过类目的从属、并列、相关等方式来加以揭示的,必须结合对类目之间关系的了解加以把握。

(5)类目之间的关系及其形式

虽然等级列举式分类法与分面组配式分类法类表的形式有所不同,但两者最后完成的分类体系就其实质而言是一致的。下面以《中图法》生物类的类目体系为例,对文献分类法中类目之间的关系及其形式作一概要分析:[1]

Q　生物科学
Q1　　普通生物学
Q2　　细胞生物学
Q93　　微生物学
Q94　　植物学
Q941　　　植物演化与植物发展
Q942　　　植物细胞学
Q943　　　植物细胞遗传学
Q944　　　植物形态学
Q945　　　植物生理学

---

① 北京大学图书馆学情报学系图书分类编写组编．图书分类．北京:书目文献出版社,1990:9-15

Q945[.8] 植物病理学

宜入 S432.1(属农业大类)

Q946 植物生物化学

Q947 植物生物物理学

参见 Q6 生物物理学

Q949 植物分类学(系统植物学)

Q949.1 孢子植物(隐花植物)

Q949.2 藻类

Q949.3 菌类

Q949.4 种子植物(显花植物、有胚植物)

Q95 动物学

Q98 人类学

从上例可以看出,分类体系在结构上具有以下特点:

类目体系是按照类目之间的内在联系组织起来的,它反映的是一种系统关系,也称为族性关系,能够比较充分地显示一个学科或专业领域中知识门类及其关系的全貌;

通过等级、并列等各种方式显示类目之间的各种联系,包括:从属、并列、交替、相关关系等;

以直单线方式排列,以满足文献组织和检索的使用需要。

下面概要分析文献分类体系中类目之间的各种基本关系的表现形式与特点。

①从属关系

从属关系是指类目体系中一个类与其直接区分出来的子类之间的关系。在这一关系中,被区分的类,称为上位类,亦称母类;区分出来的类,被称为下位类,又称为子类。如上例中,生物科学与普通生物学、细胞生物学、微生物学、植物学等之间即为从属关系。从属关系类目的基本特点是:在具有上下位类关系的类目中,上位类必然包括下位类的外延即范围;下位类必然具有上位类的属性。因此,在文献分类实践中,一文献如能分入某类,就必然同时符合上位类的属性。

在类目体系展开的过程中,上、下位类是相对的。例如,植物学是生物学的下位类,同时又是植物细胞学的上位类。通过连续划分形成的一系列具有从属关系的类目,称为类链或类系(chains of class)。如上例中,“生物科学—植物学—植物分类学—孢子植物”就属于一个类系。同一类系中类目之间的关系均为从属关系。在一个类系中,随着类目体系的深化,各个类目之间是一个依次增加内涵、减少外延逐步限定的过程;反之,则是依次减少内涵、增加外延的概括过程。在等级列举式分类法中,类系的起点通常为基本大类。根据类系中类目划分的等级,人们习惯上将从属关系的各级类目分别称为一级类目、二级类目、三级类目等,等级列举式分类法大多采用缩格及大小字体等形式加以表示。按照概念关系的性质,从属关系的类目主要包括属种、整部、方面等类型。

属种关系主要用于对生物、事物及其概念的类型进行区分,如上例中,植物分类学与孢子植物、藻类、菌类、种子植物、显花植物等类目之间的关系就是属种关系。

方面关系通常用于一学科或主题与有关的各个内容方面、事物与其材料、性能等,例:

F40　工业经济理论
F401　　工业结构和所有制形式
F402　　工业计划与管理体制
F403　　工业建设与发展
F404　　工业劳动与工资、劳动生产力
……　　……

整部关系用于揭示事物对象的整体与部分,包括生物系统与器官、行政区划等,例:

4　西北地区
41　　陕西省
42　　甘肃省
43　　宁夏回族自治区

44　　青海省

45　　新疆维吾尔自治区

此外,类目体系还常通过使用类聚词,如设置"一般性问题"类,与有关下位类之间建立联系。

这样,通过对上述几方面关系的揭示,使得一主题领域的关系得以完整地展示。

②并列关系

并列关系通常指类目体系中同位类之间构成的关系。如前所述,所谓同位类,是指由同一个上位类区分出来的、处于同等地位的一组类目。如上例中,植物的演化与发展、植物细胞学、植物遗传学、植物形态学、植物生理学、植物病理学、植物生物化学、植物生物物理学均为同位类。同位类之间由于都带有上位类的属性,具有相互联系的一面;它们之间又各有自己的特有属性,即种差,因此又是相互排斥的。文献分类时一般应根据同位类的种差,判定类目的含义和确切范围,正确归类。类目体系中处于相同等级但不属于同一上位类的一组类目,则称为同级类。同级类由于不一定属于同一上位类,类目之间往往并没有同位类所具有的那种联系,应加以区别。

同位类通常是依据某一特定的划分标准对上位类进行区分形成的,但在等级列举式分类法中,划分规则的执行并不彻底。有时为了减少类目的划分层次,往往根据文献特点和使用需要,同时采用两个或多个划分标准对同一上位类进行区分,从而造成部分外延的交叉重合。例如下面为摘自《中图法》文学类的类目:

中国文学作品

　诗歌
　散文
　戏剧
　小说
　报告文学
　散文

} 按体裁设置的类目

民间文学
儿童文学 } 按作者或使用对象设置的类目
少数民族文学

上例中,民间文学、儿童文学、少数民族文学等与前面的各体文学作品存在着交叉。对于这类情况,一般应根据列类特点及有关说明,明确各类目的含义和范围,确定并列类目之间的区分界限,正确归类。

③交替关系

交替关系是指类目体系中为具有多种从属关系的知识门类设置的使用类目与相应交替类目之间的关系。

学科之间的关系是错综复杂的,存在着多维性。在文献分类体系中,一些知识门类往往具有多重从属关系,同时隶属于两个或两个以上的学科。如例中的植物病理学既从属于植物学,又是农业科学的组成部分;又如,生产力与生产关系理论、国家理论等,既是哲学门类中历史唯物主义的构成成分,同时又分别是政治、经济门类的基本理论。为了充分揭示主题之间的联系,保持学科体系的完整性,同时又不至于分散同一内容的文献,对于这类多重从属类目,文献分类法一般在其线性序列中各有关类目的相应门类下分别设置类目,同时规定其中的一个类目为使用类目,其余类目则用"[ ]"括起,注明"宜入××"或"××入××",用于引向使用类目。这一不用作类分文献的类目,称为交替类目。交替类目与相应使用类目之间形成的关系,即为交替关系。

交替类目是分类体系处理多重从属关系与类目体系单线排列这一矛盾的主要方法。它的设置既有利于完整体现一事物的多方面联系,方便用户从不同角度查找该类目;同时又便于使用单位按文献分类的实际需要选择使用,使分类法具有一定的灵活性。交替类一般不用于类分文献,在分类检索工具中通常以建立参照的方式指向使用类目,满足用户从不同角度检索的要求。在类目表使用时,如用户不准备采用类表规定的使用类目,只要把交替类目下的交替符号删去,将其加在原使用类目上,并将原使用类目下的细目移至新确定的使用类目下,即可调整相关类目的位置。

④相关关系

相关关系指类目之间除从属、并列、交替等方式以外的其他联系。知识之间的联系是多方面的,文献分类体系的线性序列在揭示类目之间主要联系的同时,往往分散了其他一些联系。为了使类目体系中分散了的联系能得以反映,分类体系通常以类目参照的方式来加以补充揭示。类目参照一般用于内容上存在着密切联系,但在分类体系中被分散了的类目之间,以互逆的方式在相关门类下注明。如前例中,植物生物物理学既是植物学的下位类,又与生物物理学具有密切联系,类表通过在类下设置类目参照的方法,对被分类体系分散了的类目联系加以揭示。

类目参照可以使得类目之间关系的揭示更加充分,是分类体系完备地揭示类目之间联系的一种重要措施。在使用实践中,标引员可以通过它,了解相关类目之间的差异,确切归类,检索者可以利用它扩大查找范围,检索相关资料。

上述四种类目关系类型中,从属关系、并列关系揭示类目体系展开的主要线索,反映了类目的纵向联系;交替类、类目参照则是对类目体系显示的主要关系的补充,揭示被类目体系所分散了的横向关系。通过两者的结合,文献分类法按照类目之间关系建立起纵横交叉的、严密而又实用的分类系统。

二、标记符号

标记符号,亦称分类号,是文献分类法中用于表示类目的代号。分类号具有固定类目次序,显示类目之间关系的作用,是文献分类法的重要组成部分。文献分类法的类目体系是按照类目之间的相互关系确定的,但类目之间的关系类型多样,数量巨大,人们无法凭记忆来确定类目的相对位置。要使文献分类法成为一个实用工具,需要有一种符号系统来固定类目的相对位置,表示类目之间的相互关系。分类号就是这样一种辅助标识系统。使用分类标记是现代文献分类法充分发挥效用的基本需要。通过分类标记,可以将分类体系有效地用于组织文献收藏和建立分类检索工具。当然,分类标记的使用也会给类目体系带来限制。这主要表现在:类目体系一旦配置号码,就要受到号码的约束,不能随意改变类目的先后位置;如果配号方法使用不当,类目体系的扩充增补就有可能受到号码系统的限制,从而影响分类体系的发展。因此,分类号的配置应当根据分类体系的特点和需要进行,并应力求将分类号对类目体系的限制降到最低的限度。

1. 分类号的要求

分类标记通常是由具有固定次序并为人们普遍熟悉掌握的符号系统如数字、字母及相应的辅助符号组成。一般应符合以下要求:

(1)简明性。即要求号码简短明了、次序清楚、易读、易写、易记、易于排检、易于输入电子计算机,适合实际使用的需要。文献分类法作为文献收藏和编制分类检索工具的依据,其分类标识是文献排架、借阅和归架的依据,须反复使用。如分类号冗长、复杂,必然会影响藏书组织和流通工作的效率。其中,尤其是组织藏书排架,要求分类号码最好能标注在书脊上,号码简短是重要条件。实现号码简明性的措施主要有:只使用一种顺序性强的符号系统,不用或少用辅助符号,尽可能合理均衡地配置号码,根据文献情况适当降低类目揭示深度,采用非表达性标记或局部放弃标记的表达性等。

(2)表达性。指分类号不仅能表达类目的先后次序,而且能揭示类目的结构特点。结合不同编制方式的类目体系,类号的表达性大体有两种类型:其一,是能表达类目体系的等级性,揭示分类体系中类目的从属、并列关系;其二,能表达类目的分面结构,显示复合主题的组配成分。第一种主要采用层累标记制方式,适用于等级列举式分类法;后者一般采用分面标记制,适用于分面组配式分类法。表达性标记有利于对类目结构的揭示,机检系统可以通过它对类目体系进行等级显示、扩检、缩检以及组配检索等,但过分强调标记的表达性会使得号码变长、成分复杂,从而影响标记的简明性。

(3)容纳性。又称扩充性,指标记系统能根据发展的需要,为类目体系的各种增补变动配予恰当的号码。标记符号的容纳性是由分类体系的动态性决定的。随着现代科学技术的发展，各种新科学、新事物、新问题、新方法不断涌现，人们对文献分类规律的认识也随之深化，使文献分类体系也处在不断发展变化完善之中，需要及时增补新类目，对原有类目体系进行各种修订、调整，标记系统应当能根据类目体系发展的需要，在相应位置上，以相应的方式对任何类系、类列中的类目增补、插入和细分加以标示。加强容纳性的方法包括：采用小数制，使用各种打破等级标记限制的灵活标记形式，增设各种不同于原来使用的符号系统的辅助符号等。

(4)助记性。即帮助记忆的能力。标记符号作为类目的代表，比较抽象。标记的助记性有利于加强号码的易用性，改善检索效果。使标记具有助记性的方法主要包括：对分类体系中同一含义的子目，配予相同的号码；在复分或组配中以一致的辅助符号，进行关系揭示等。

上述各种性质中，简明性、容纳性和表达性之间是存在冲突的。分类标记的设置，一般应在充分保证容纳性的情况下，根据分类体系的任务，处理好简明性与表达性的关系。

2. 号码种类

号码种类是根据号码组成成分，对分类标记进行区分的一种方式。按照号码组成成分，分类标记可以分为单纯号码、混合号码两种。由一种具有固定次序的符号系统组成的号码，称为单纯号码。由两种或两种以上具有固定次序的符号系统组成的号码，称为混合号码。单纯号码最常用的有数字和字母两种。单纯数字号码标记简明，易于排检，使用普遍，具有国际通用性，但基数较小，在使用表达性标记的情况下，当下位类目的划分超过10个时，通常须使用两位数字表示一次划分，从而使号码变长。单纯字母标记基数大，对同样数量的类目进行标记时，可以使号码相对较为简短。在使用层累标记制的情况下，大多可以用一位字母表示一次划分，但字母标记的排检不如数字迅捷，使用也不如数字普遍，是其不足之处。相对而言，使用单纯数字号码的分类法较多，如我国的大型文献分类法《科图法》、美国的DDC等均使用单纯数字标记。采用单纯字母标记的多为专业分类法,如英国分类法研究小组的《伦敦教育分类法》等。混合号码通常由数字、字母结合使用,目的是取长补短,同时汲取两种符号的长处。混合号码一般以字母标志基本大类或二级类,其余以数字为标记,必要时也可再在标记末端适当采用字母标识。我国的《中图法》、美国的LCC等大型文献分类法均采用混合号码。

单纯号码和混合号码一般还可以使用各种任意符号,如:":"、"="、"()"等作辅助符号,以增加标记的表达性。

3. 编号制度

编号制度是指号码组成的方式。分类标记一般可以分为顺序标记制、层累标记制、顺序—层累标记制、分面标记制等基本类型。

(1)顺序标记制。一种只表示类目相对排列次序的编号方式。即按照类目在分类体系中的次序依次配予顺序号码,号码只表示类目的先后次序,不显示类目的等级或其他关系。这种标记制度可以根据类目数量较均衡地分配号码,标记简短,容纳性强,但不能揭示类目体系的结构,无法在机检系统中通过标记按等级显示机读文档。如美国LCC采用的就是顺序标记制。尽管全表共有40万个类目,但多数类目仍保持在两位字母和四位数字以内,以便供文献排架使用。例如,以下即为LCC采用的顺序标记:

H　　社会科学
HD　　经济史:农业及工业
HD101-2200　　土地与农业
HD101-1130　　一般问题
HD1141-1399　　土地
HD1405-2200　　农业
HD2321-9999　　工业
HD4801-4890　　劳动
HD4906　　工资

(2)层累标记制。一种能显示类目等级关系的编号方式。一般按照类目划分等级配置相应位数号码，即一级类目用一位号码表示，两级类目用两位号码表示，其余以此类推；同位类再顺序配予号码。号码不仅可以反映类目次序，并可以根据标记的位数判断出类目的等级。这种标记制度可以揭示类目的等级结构，能够在机检系统中通过标记逐级显示分类体系，但如类目划分等级较深，会造成号码过长。此外，当同位类数量较多，超过号码的基数，如数字标记一次划分超过10个时，就无法严格按等级编号，必须采用一定的扩号办法，如使用后面介绍的八分法、双位制等解决。我国的《中图法》基本上采用层累标记制，如：

X　环境科学、安全科学
X5　环境污染及其防止
X50　一般性问题
X503　环境污染的危害
X503.2　对生物的危害
X503.23　植物
X503.231　农作物

（3）顺序—层累标记制。一种同时采用顺序和层累标记方式的标记制度。其目的是，同时汲取两者优长，使标记既能具有较强的简明性和充分的容纳性，又能够获得一定的表达性。例如《科图法》的标记系统前两位数字采用顺序制，用于标示基本大类和二级、三级类目，两位数字后，用小圆点隔开，其后使用层累标记制。下面即为《科图法》标记制度的例子。

71　工程技术
75　金属学、物理冶金
75.6　铁碳合金
75.63　合金钢
75.633　工具合金钢
76　冶金学
78　机械工程、机器制造

79　　各部门专用机械

(4)分面标记制。一种能够揭示类目组配结构的标记方式。这种标记制度采用特定的符号或组配方式表示复杂主题各个主题因素所属的分面,使号码不仅能够揭示类目的次序和等级,而且能够显示类目的分面结构。常见的分面标记采用分段组合的方式,即通过分面符号的使用,使其成为一种由若干具有独立性的节段组成的分段组合号码,可用来进行轮排或以组配方式检索。

如 CC 中,文献"大学图书馆期刊编目"标引为:2,34;46:55。其中,"2"表示图书馆学,",34"为高等学校,";46"为期刊,":55"为编目,辅助符号","、";"、":"为分面指示符,分别表示本体、材料、动力三个不同分面。

又如维克利编制的《土壤学分类法》中,文献"黄褐土的灌溉"标引为:9if4f。其中:"9if"表示黄褐土,"4f"表示灌溉,数字 9 和 4 为分面指示符,分别表示土壤种类和土壤加工两个不同的分面。

这种分面标记的优点是其表达性及由此带来的可组配性,从而可以充分揭示文献主题,并进行轮排和组配检索。其不足是号码成分复杂,标记冗长,排序性差,很难适应文献排架的需要。

为了克服分面标记的上述不足,也有一些系统放弃使用分面辅助符号,通过号码配置方式的改进来实现标记组配,其中最典型的是回溯标记制。这种标记方式结合倒排类表,直接将标志类表中在前分面的号码作分面指示符,利用在后分面号码配置时预先留下的空号进行组配,通过标记中的字顺颠倒表示新分面的引进,显示类目的组配结构。如下面摘自 BC2 的类目即为按回溯标记的要求配置的:[①]

J　　教育

JB　　教育管理

JK　　课程

① Mills,J. Broughton,V.. Bliss Bibliographic Classification 2nd ed:Introduction and Auxiliary Schedules. Butterworths,1977:75-81

JM 小学

JMN 预备学校

上述类表是按倒排原则序列的。表中的 JB、JK、JM 分属不同分面。在给 JM 的子类配号时,为了预先为在前分面留下空号,第一个子目“预备学校”使用的号码为大于 M 的值 N。因此 JM 在利用在前分面配号时,可以将在前分面的号码直接加在 JM 后,标示复合主题。例如:小学课程的号码为 JMK、预备学校课程管理为 JMNKB。回溯标记一般可以通过标记中号码之间出现的次序颠倒区分不同分面。如:在 JMNKB 中,K 在字顺表中的位置在 N 之前,B 又在 K 之前,据此可以断定 K 和 B 均来自不同的分面。

回溯标记制号码单纯,顺序性强,可同时用于组织文献和编制检索工具。它与倒排类表结合,可以简化组配程序,方便组配的进行。其不足是,采用这一方法时,由于在后分面的子目需为在前分面预留号码,必须采用基数较大的号码。此外,回溯标记的形式比较固定,不便于灵活改变类表的引用次序,不能直接使用它进行轮排或多元检索。

4. 标记技术

为了使标记系统在具有表达性的同时保持容纳性和简明性,分类标记一般还采用以下各种标记技术:

(1)预留空号法。即根据学科发展情况,在号码配置时,预先留下一些空号,供类目增补时使用。如下面《中图法》类目的号码配置即使用了预留空号法。

Q91 古生物学

Q911 普通古生物学

Q913 微体古生物学

Q914 古植物学

Q915 古动物学

Q919 应用古生物学

(2)八分法。亦称扩九法。即在层累数字标记中,当同位类超过 10 个,不足 18 个时,前 9 位以 0—8 表示,在 9 后面用两位数字表示一次划分,用于解决同位类的号码配置问题。例如下述《中图法》类目的号码配置即使用了八分法。

R77　　眼科学
R771　　眼的一般性疾病
R772　　纤维膜疾病
R773　　眼色素层(葡萄膜)疾病
R774　　视网膜及视神经疾病
R775　　眼压及青光眼
R776　　晶状体与玻璃状体疾病
R777　　眼附属器官疾病
R778　　眼屈光学
R779.1　　眼的损伤与异物
R779.6　　眼外科手术学
R779.7　　小儿眼科学
R779.9　　热带眼科学

(3)双位制。即在数字层累制标记中,当同位类超过18个时,用两位数字表示一次划分,以解决号码的扩充问题。例如下述《中图法》类目的号码配置即使用了双位制。

TQ11　　基本无机化学工业
TQ12　　非金属元素及其无机化合物化学工业
TQ13　　金属元素的无机化合物化学工业
TQ15　　电化学工业
TQ16　　电热工业、高温制品工业
TQ17　　硅酸盐工业
TQ2　　基本有机化学工业
TQ31　　高分子化合物工业(高聚物工业)
TQ32　　合成树脂与塑料工业
TQ33　　橡胶工业
TQ34　　化学纤维工业

TQ35　　　纤维素质的化学加工工业

TQ41　　　溶剂与增塑剂的生产

(4)借号法。层累标记制中使用的一种灵活借用上位类或下位类的号码配置方法。通常在上一级号码较宽裕时,用上级号码标示下级类目,在下级类目超过10个但超过不多时,根据情况,借用9以外的下级号码进行扩充或借用其他同级标记,使号码配置更加灵活。如《中图法》第三版"G4 教育"的号码配置中,曾为下级类目借用了上位标记,以缩短号码:

G4　教育

G5　　世界各国教育事业

G6　　各级教育

G7　　各类教育

又如下述《中图法》类目的号码配置中,"G8 体育"灵活借用了下位类标记,"S791.24 松"则借用了邻近的同级号码,分别用以扩号:

G8　　体育

G80　　体育理论

G81　　世界各国体育事业

G818　　运动场地与设备

G819　　体育运动技术(总论)

G82　　田径运动

G83　　体操运动

G84　　球类运动

G85　　武术及民族形式体育

G86　　冰上及雪上运动

G87　　其他体育运动

G89　　文体活动

S791.24　松

S791.241　华山松

S791.242　短叶松

S791.243　白皮松
S791.244　加勒比松
S791.245　赤松
S791.246　湿地松
S791.247　红松
S791.248　马尾松
S791.249　卵果松
S791.251　西黄松
S791.252　辅射松

(5)字母标记法。即在数字标记中,以类名的首字母为标记,标示和排列下一级类目。此类方法一般只限于类表的最后一级类目。美国 LCC 中经常采用此法。

此外,文献分类法中还广泛使用各种辅助标记,用于增加标记的灵活性、表达性。

通过以上各种标记技术的使用,使标记体系具有更大的灵活性、适应性,使得分类标记可以根据类目体系发展和实际使用的需要,灵活地加以配置。

三、说明、注释和类目索引

1. 说明与注释

说明与注释是对分类法体系结构及使用方法的说明性文字,通常包括:编制说明、大类说明和类目注释三种形式。说明与注释是帮助用户理解和使用分类体系的不可缺少的组成部分,是衡量分类体系质量的重要依据。

(1)编制说明

编制说明亦称序论,是对整个文献分类体系的纲要性说明。内容包括该分类法所依据的理论基础和编制原则、分类体系特点、号码制度以及基本使用方法等。要从整体上把握分类法的特点,必须首先详细阅读编制说明。

(2)大类说明

大类说明是对各个基本大类的纲要性说明。内容包括该基本大类的内容范围、类目展开特点或分面结构以及相关的分类规则等。大类说明有助于用户充分了解各类的体系结构及与相关知识门类的关系,是了解各类分类方法的重要依据。在进行文献分类前一般应注意熟悉大类说明。

大类说明一般收于每个基本大类之前或集中收录于使用说明之中。如《中图法》的大类说明集中于《〈中图法〉使用手册》之中,《中国图书资料分类法》(简称《资料法》)第二版则将大类说明列于每个大类之前。国外分类法中,DDC 从第 20 版开始,直接将标引手册收入分类法。

(3)类目注释

类目注释是对类目的补充说明。主要是借以对类目含义、范围及与其他类的关系进行控制,指明使用方法,保证分类的一致性。下面以《中图法》为例,简要分析类目注释的类型。

①指示类目涵义和内容范围。

例一:Q2　细胞学

总论入此;专论某种生物细胞的著作入有关各类。

例二:S422　水灾

防洪、避淹、排水入此。

②指示本类与其他类的关系。包括指示交替类目、类目参照以及参考有关类的处理方法等。

例一:[B035]　国家理论

宜入 D03。

例二:O212　数理统计

参见 C8。

例三:A42　毛泽东单行著作

见 A12 注。

③指示分类方法。包括指示类目复分、仿分、特殊分类规则、给

号方法等。

例一:TN　无线电电子学、电信技术

依总论复分表分。

例二:F823/827　各国货币

以世界地区表分,再依下表分。

例三:F326.4　渔业、水产业

仿 F326.2 分

例四:U448　各种桥梁

如遇多主题因素文献,入前面编列的类。

如《铁路钢筋混凝土斜拉桥》入 U448.13。

④指示同类书排列方法。

例一:D622　全国人民代表大会会议及其文件

依会议届次排。

例二:K825　各科人物传

以下各科人物传记,包括总传和分传,其中分传按被传人姓名排(或按被传人姓名编号)。

⑤说明修订情况。

例一:{G5}　世界各国教育商业

(停用,4 版改入 G51)

例二:{X}323　污染控制规划与管理

(停用;4 版改入 X32 有关各类)

说明与注释有利于提高分类法的实际使用价值,改进分类法的易用性。随着文献分类法的发展、各种分类技术的广泛应用,分类法的说明与注释日益受到重视,一些著名的文献分类法均以不同方式加强和改进对说明与注释的编制。如:《中图法》除编有详细的类目注释外,另编有配套的使用手册。国外分类法中,DDC 的说明与注释十分详尽,自 20 版后,并将原单独编制的使用手册收入分类法,作为类表的一个组成部分,并用参照的方式揭示有关规则与相关类目的联系。此外,其他分类法如 LCC、CC 等一般均有详细的说明文字。

2. 类目索引

类目索引亦称分类表索引，是一种按主题字顺方式，从主题名称指向分类号，帮助分类人员使用类目表的工具。

分类表是以知识分类为基础，按照类目之间的关系组织起来的，使用时，通常也需要按照类目之间关系进行查找。由于分类体系涉及的知识门类繁多，类目关系复杂，在进行专指类目查找时，一般只有对各知识门类的学科关系有一定了解，同时又熟悉类表的具体设置特点的情况下才能够找到，普通用户往往很难做到。对于一些同时涉及几个门类的复合主题，即使对类表熟悉的人，也需要经过辗转查找才能找到，给用户使用造成困难。类目索引则通过将类目体系的系统排列转变成字顺排列，从类名指向分类号，从而可以通过字顺系统找到相应的分类号，克服类目查找的困难。同时，按类名及主题名称字顺排列，也有助于集中一主题分散在各个学科门类的相关材料，便于从主题事物的角度进行查找。

类目索引根据其不同特点，主要分为直接索引、相关索引等。

(1)直接索引

直接索引是将分类表中类目名称，包括其同义词及注释中包括的小主题名等按字顺排列，于每一索引条目后注上相应的分类号码，从而可以从类名出发查找对应的类号。例如我国《人大法》的索引就属于直接索引。分面分类表的索引亦属于此类索引，这类索引不收入组配后形成的复合主题，只收入类表收录的单元概念及其同义词，其后指向分面标记。下面为《人大法》直接索引的例子：

工业	12. 1321
工业中毒预防	14. 1131
工业分布	464
工业分析	13. 427
工业气体	15. 1251
工业化学	15. 12

直接索引的编制比较简单，只能从已知主题查找对应类号，不能

揭示与一个主题相关的类目之间的联系,使用价值不如相关索引。

(2)相关索引

相关索引是一种不仅可以从类名查找对应的类号,而且可以集中在分类表中被分散了的一主题各方面类目的工具。这种索引除采用直接索引的方法外,还采用倒置、按学科集中等形式,将一个主题各个方面的类目都集中在一起。下述《中图法》索引中的条目就是按相关索引的要求编制的:

力学	O3
,波动	O913.1
,材料	TB301
,地质	P55

又如,下述DDC索引中的条目则是将同一内容对象的类目集中的结果(以下条目保留原书次序):

人员管理	658.3
行政部门	658.407
图书馆	023
博物馆	069.63
公共部门	350.1
中央政府	351.1
地方政府	352.0051

相关索引的编制比直接索引复杂,但可以集中一主题在类目体系中被分散了的相关事项,比直接索引用途大。

此外,一些分类法还通过与主题法结合,发展了标题索引、叙词索引、关键词索引等索引形式。如LCSH的不少标题配置了LCC的号码,可以从这些标题出发查找该分类法类号;又如UDC的不少门类均编有对应的叙词表,可以从叙词出发查找和使用类目。在此情况下,标题表、叙词表既是一种标引和检索的工具,同时又是一种分类法索引。我国在《中图法》类目与《汉语主题词表》(以下简称《汉表》)叙词对应的基础上编制的《中国分类主题词表》(以下简称《中分表》)

也属于此类情况,该词表在第五章介绍。

随着计算机在分类法编制中的使用逐步发展,分类法索引编制的计算机化以及备有详尽索引的机读分类表正在成为一种发展趋势。机读分类表的类目索引一般远比书本式充分、多样,如 DDC 电子版就准备有多个索引,除可以直接使用类目名称及其同义词、类目注释中的小主题名进行查找外,还可以分别使用有关的标题词、关键词等进行查找。

类目索引是文献分类法的重要组成部分,但只是分类表的辅助工具,一般不能直接根据索引分类。必须在查核类表的基础上,根据其在类目体系中的位置和关系,在明确其确切含义的基础上才能正确归类。

第三节　《中国图书馆分类法》评介

一、由来与发展

《中图法》是在我国文化部社会文化事业管理局的支持下,由北京图书馆倡议,集中全国 36 个大型文献单位的力量共同编制的一部大型综合性文献分类法。1973 年 3 月编出初稿,以试用本形式印行,名为《中国图书馆图书分类法》,1975 年出版第一版,并陆续为全国图书馆和文献单位使用,1999 年第四版时改为《中国图书馆分类法》。

《中图法》的编制广泛吸取了建国后文献分类法编制的成功经验,其中,尤以《中小型图书馆图书分类表草案》(简称《中小型表》)和第一次编制的《中国图书馆分类法》(简称《大型法》)影响最大。《中小型表》是 1956 年由文化部社会文化事业管理局组织图书馆工作者和图书馆专家共同讨论编制的,1957 年 8 月作为试行草案公布。该分类法率先使用五大部类,采用以汉语拼音字母和阿拉伯数字结合的标记符号,以层累方式编号,并使用了现代分类法的多种理论方法。《中小型表》以后,1959 年,北京图书馆在文化部文化事业管理局的领导下,组织全国图书馆的力量,进行了《大型法》的编制。《大型法》在类表编制中很大程度上继承了《中小型表》的理论与方法,并结合实际使用需要,提出了类表要适用于图书和资料的分类,能类分古今中外图书,适用于各类型图书馆。于 1963 年出版下册,包括自然科学、综合性图书两个部类及通用辅助表;1966 年 3 月公布上册的油印本,包括:马列主义、哲学、社会科学三个部类。后因文化大革命而中断。《中图法》正是在体系结构和编制技术上借鉴吸收上述两部分类法的基础上编制完成的。①

《中图法》问世以来,除根据本身使用的需要定期修订外,还进行了不同版本和配套产品的编制,逐步形成了以《中国图书馆分类法》为中心的版本系列,包括:根据文献分类的需要,由中国科技情报研究所等编制出版的《中国图书资料分类法》(简称《资料法》);根据中小型图书馆分类的需要,由黑龙江省图书馆等在《中国图书馆分类法》节略本的基础上编制出版的《中国图书馆分类法·简本》;根据类分专门文献需要编制的《中国图书馆分类法·期刊分类表》和《中国图书馆分类法·儿童图书馆、中小学图书馆版》;在《中国图书馆分类法》类目与《汉语主题词表》主题词对应的基础上,编制出版的《中国分类主题词表》(简称《中分法》);根据专业文献单位的需要,进行了以《中国图书馆分类法》类目为基础的专业分类法的编制,如《中国图书馆分类法·教育专业分类表》、《中国图书馆分类法·农业专业分类表》等;此外,还编写出版了使用《中国图书馆分类法》的辅助工具,如《中国图书馆分类法(第二版)索引》、《〈中国图书馆分类法〉〈资料法〉第四版使用手册》等。《中图法》主要版本及出版时间见表 3 -2。

《中图法》目前在我国得到广泛使用,据统计,约有 90% 以上的

---

① 史永元. 史永元论文选集. 成都:成都东方图书馆学研究所出版,1988:46-71

图书情报单位使用《中图法》,我国集中编目部门均将《中图法》作为主要分类依据。2001 年出版了《中图法》(第四版)电子版,2002 年、2005 年分别出版了《资料法》(第四版)、《中分表》的电子版,为了方便与用户的交流,目前并建有专用的网站。①

表3-2　《中图法》主要版本一览表

类表名	使用对象	版次及出版时间			
		1 版	2 版	3 版	4 版
《中国图书馆分类法》	大型馆	1975	1980	1989	1999
《中国图书资料分类法》	文献资料	1975	1983	1989	2002
《中国图书馆分类法(简本)》	中小型馆	1975	1980	1991	
《中国图书馆分类法 · 期刊分类表》	期刊	1987	1993		
《中国图书馆分类法 · 儿童图书馆、中小学版》	儿童馆、中小学馆	1991			
《中国分类主题词表》	图书资料	1994			

二、类目体系

《中图法》类目体系是一个层层展开的分类系统。其基本大类以科学分类为基础,结合文献分类的需要,在五大部类的基础上展开,序列如下:

马克思主义、列宁主义、毛泽东思想……A　马克思主义、列宁主义、毛泽东思想、邓小平理论

哲学……B　哲学、宗教

社会科学……C　社会科学总论

D　政治、法律

① http://clc.nlc.gov.cn

E　军事
F　经济
G　文化、科学、教育、体育
H　语言、文字
I　文学
J　艺术
K　历史、地理
自然科学……………………………………N　自然科学总论
O　数理科学和化学
P　天文学、地球科学
Q　生物科学
R　医药、卫生
S　农业科学
T　工业技术
U　交通运输
V　航空、航天
X　环境科学、安全科学
综合性图书………………………………Z　综合性图书

从上面的类目设置可以看出,根据文献分类的实际需要,分类表将社会科学部类扩充为9个基本大类,自然科学部类扩充为10个大类。在哲学与社会科学类目的划分上,《中图法》根据哲学与逻辑学、心理学等哲学专门学科的关系,将其保留在哲学大类之中,同时,根据哲学与宗教的渊源,将宗教与哲学作为一个类组设置。社会科学领域中,政治、经济、文化是三个重要的组成部分。根据政治、经济与哲学的联系,《中图法》在社会科学总论之后,首先列出政治、法律大类以及与政治有密切联系的军事大类,其后序列经济类,然后再序列有关文化事业的类目,以及语言、文学、艺术等,最后为系统研究和阐述人类社会过程的历史科学及与其密切相关的人文地理。自然科学部分中,分类表按基础科学和应用科学分别设置类目。基础科学部分遵循从简单到复杂、从低级到高级的次序排列。首先列出研究自然界最基本、最普遍的规律的数理科学和化学，其次列出研究天体物质和人类物质环境——地球的一组科学：天文学、地球科学；再列出以有机物质的生命现象为基础的生物科学。应用科学的排列中，首先列出与生物科学有密切联系的医药、卫生和农业科学，其后再序列工业技术门类，其中，交通运输、航空航天根据学科发展分别设为基本大类，列于工业技术之后；并将环境科学、安全科学作为保护人类生态环境、维护人体安全的综合性科学设为一个独立大类。

《中图法》在基本大类的基础上，根据各类文献的特点，遵循从总到分、从一般到具体、从理论到实践的方式逐级展开，逐步形成一个等级分明的类目体系。

根据哲学、社会科学内容及其发展与国家、时代具有密切联系的特点，哲学、社会科学领域各类在多数学科的理论方法之后，对涉及各国情况的类目，一般按国家序列，然后再按其他标准分类，时代的区分则通常在国家之后视需要进行。对于哲学、社会科学理论领域中出现的各种学术流派的著作，一般视需要编列类目加以反映。同时在"总论复分表"中设有相应的观点区分号" -08"，供必要时加以区分，但对其他著作，不再区分观点。

自然科学各类中，基础科学一般按研究对象划分，根据对象的性质，依据从总到分、从简单到复杂的次序序列；技术科学和应用科学类目的编列通常先列出分别适用于农、医及工程技术领域的基本理论或技术科学，然后再按对象列出各具体部门，并按先总后分的方法，先按一般性问题，再以具体对象的理论技术等的次序设类。对自然科学各类国家与时代的区分，仅限于学科史、现状或内容与地域、时代有关的少数类目。

为了使文献分类法适应现代文献分类的特点以及我国文献分类的实际需要，《中图法》在类目设置中采用了多种处理方法。

(1)重视对新学科、新技术的反映，在不影响类目系统性的情况下，适当突出其级位。例：在社会科学总论部分设置 C93 管理学、

C96 人才学等;自然科学部分中,除将环境科学、劳动保护科学单独设类外,还及时设置 N94 系统论、Q81 生物工程、TP18 人工智能理论等,将它们编列在较显著的位置,以适应学科发展的需要。

(2)根据实用需要,对部分知识门类局部集中。例如:部分放弃按学科列类的方式,将生物学中与各种农作物有关的生物学类目,归入农业科学大类中的各种农作物类;将工业技术门类中的农机制造类等,归入农业科学大类的农业机械类,使农业科学大类不少类目相对集中,以满足多数文献单位的实用需要。

(3)重视交叉关系类目处理中的规律性、灵活性及适用性。具有交叉关系的类目,是指学科和知识门类之间相互渗透形成的多重相关、多重隶属关系,包括交叉学科、边缘科学等。对这类类目关系,《中图法》除规定按研究对象所属的学科归类外,一般还揭示其相关联系,并提供各种选择的可能,包括:编制交替类目,编制类目参照,规定互见分类方法,通过注释指明集中和分散的方法等。

(4)根据文献处理的需要多重列类。所谓多重列类,即在同一划分阶段,同时采用几个标准对上位类概念进行划分,从而获得几组并列的同位概念。采用这种方式,可以从不同属性方面对文献进行标引和检索。例:对"U448 各种桥梁"类,类表同时采用用途、结构、材料、形式、桥面位置等标准加以区分列类,并明确规定在一文献同时具有多种属性时的处理办法。这类处理使类表具有从多角度处理文献的能力,分类更加准确,并具有分面组配的潜在能力。

(5)双表列类。即根据文献单位对类目体系的不同需要,编制选择类表。例:根据不同文献单位对法律文献组织的不同需要,《中图法》第三版为法律类编制了两个分类体系。第一表 D9 按先国家、后法律部门展开,供一般文献单位使用;第二表 DF 按照先法律部门、后国家加以组织,以适应专业文献单位对法律文献组织和使用需要,从而使类表具有更大的灵活性和适用性。

三、辅助表

《中图法》的辅助表包括多种通用复分表和专类复分表。

《中图法》的通用复分表共有八个，依次为：①总论复分表，②世界地区表，③中国地区表，④世界时代表，⑤中国时代表，⑥中国民族表，⑦世界种族与民族表，⑧通用时间、地点复分表。

上述通用复分表中，总论复分表实际上为通用主题和通用文献类型复分表，收入各种通用性主题类型和文献类型，原则上可以根据需要使用于全表的各级类目。总论复分表使用时，各馆通常应明确其使用方法，规定其使用的范围或复分表中具体使用的部分。例如，可规定只适用于主表前三级类目或规定只使用复分表中的某些类目，如可视需要选用其中的 -09 历史、-6 文献类型复分类目等。凡主表中已设有专类或可使用专类复分表或仿分加以标引时，不得使用此表。如社会科学总论、自然科学总论各类已列出了总论复分表列举的类目，在此情况下，就不应再使用此复分表。

其他通用复分表的使用，通常按有关类目下的注释确定。其中，地区复分表在《中图法》中分为世界地区复分表和中国地区复分表两种，世界地区复分表同时收入自然区划、按语言划分的区域以及行政区划，中国地区复分表收入中国各行政区，通常可按类目下注释的规定使用。当类目注释规定先按世界地区表分，中国再按中国地区表分时，对中国地区的复分，应先在世界地区表查出中国的号码，然后再加上中国地区表的号码。资料收藏较多的文献部门，如需扩大各种通用复分表的使用范围，通常须添加相应的辅助符号。

除通用复分表外，《中图法》还编有 58 个专类复分表，供各类细分时组配使用。此外，《中图法》还大量采用仿分的方法以及使用关联符号进行类间组配等，复分表、仿分及类间组配的使用，大大缩小了类表篇幅，增加了类表对主题的揭示能力以及标引和检索的规律性。

四、标记符号

《中图法》采用汉语拼音与阿拉伯数字结合的混合号码,通常以一个大写字母标志一个大类。在工业技术大类中,为适应工业部门分类的需要,采用双字母方式标示其二级类。其余类目均采用数字标志,所有数字按小数对待。为使号码醒目,规定每三位一点。

《中图法》的配号制度基本上遵循层累标记制的原则,但为了同时满足标记对类目容纳性、简短性的要求,在号码配置上通常采用各种灵活标记方法,包括:八分法、双位制、借号法、预留空号法、字母标记法等。各种方法的使用不拘泥于形式,比较灵活。同时,注意号码配置的助记性、对应性。例如:在整个分类法中,凡涉及地区划分的号码,一般均与地区复分表保持一致。

除上述字母、数字标记以外,《中图法》还采用下述几种辅助符号:

(1)"a",推荐号,供马列经典作家的著作在各类重复反映时使用,排列于相同号码之前。如《列宁论图书馆》标引为 A267,互见号为 G25a,该互见号应排于 G25 之前。

(2)"—",总论复分号,为总论复分表号码的组成部分,带总论复分号的标记排列于相同的主类号之后,下一分类号之前。如G25-61 排于 G25 之后,G250 之前。

(3)"/",起符号,此类号只表明下接类号涉及的范围,不作实际标引的分类号使用。如 F13/17 表示各国经济概况的号码范围应在3-7之间。

(4)"[ ]",交替类号,用于指示交替类目,此号码不供实际标引使用,在须对交替类目进行调整,将其改为使用类目时,应将此号删去,并在对应的原使用类目上标上此符号。

(5)":",关联符号,用于两个类目之间的组配。在《中图法》中,通常依据主表有关类目的注释,在按某一类目下相对集中的资料进一步排序时使用。如 O29:TP 表示数学在自动化技术中的应用。《资料法》用户除依据类目注释使用外,还可根据需要自行规定使用范围。

(6)“( )”,国家区分号,通常在分类法未要求区分国家的情况下,供收藏文献较多的单位扩大地区复分的范围时使用。如“中国天然气的管道运输”的号码为 TE832(2)。

(7)“ = ”,时代区分号,通常在分类法未注明以时代区分的情况下,供具体文献单位扩大时代复分表的使用范围时使用。如“90 年代以来无线电航向仪表研究进展”的号码为 V241.61 =5。

(8)民族区分号“ “ ” ”,在分类法未要求进行民族区分时,供扩大民族区分表应用范围使用。如“美国印第安人风俗习惯”的号码为:K897.123“710.1”。

(9)“ < >”,通用时间、地点区分号,用于区分国家、地区、时代以外的空间、时间概念。如“秋季温度预报”的号码为:P457.3 <113 >。

此外,《中图法》还备有联合符号“ + ”用于表示两个类目的并列关系。

图3-2为《中图法》电子版的界面。

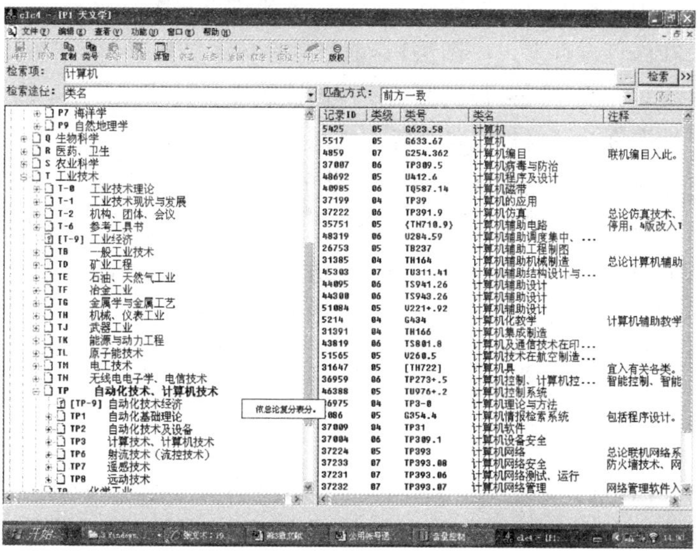

图3-2　为《中图法》电子版界面示例

五、管理

文献分类法的管理是使类表跟上时代发展,保证分类体系活力的重要措施。一个有效的文献分类法必须具有健全的管理。《中图法》经过一个时期的探索,目前已建立起比较完备的管理系统。

在管理机构上,《中图法》目前采用二级管理方式。第一级,《中图法》编委会。其成员由参加编制分类法单位的代表组成,负责确定类表发展方针和全面修订,并在北京图书馆设置分类词表组,其职能是集中用户意见,负责类表日常修订工作;第二级,专业分委员会,负责该学科类表的修订组织工作和以《中图法》为基础的专业分类法的编制工作。

在管理方式上,对类表的日常维护由北京图书馆词表组负责,1993 年起定期出版《〈中图法〉与文献分类信息简报》公布修订信息,2000 年建立了《中图法》网站,沟通与用户联系;全面修订则由编委会组织各科专家定期进行,通常 6—8 年进行一次。

在修订方针上,《中图法》目前坚持在体系结构基本不变的情况下对类表充实、完善,强调编制使用的连续性、稳定性,对标记的变动持谨慎态度。同时规定各个版本之间,保持基本体系结构一致,将其区别限制在类目划分深度、组配方法的使用上。如《资料法》本为适应文献资料分类需要,在提供国家、地区、民族、时代等多方面复分可能的同时,并采用多种辅助符号,以适应多途径检索的需要。为了使得不同版本之间某些彻底修订类目的使用能有一个过渡,《中图法》有选择地采用了设置双表的形式。

六、简评

《中图法》是我国图书馆界共同努力的结果,是在广泛汲取建国以来国内编制的文献分类法的理论和实践经验的基础上形成的,具有以下特点:

(1)大类体系合理,符合现代文献分类的特点。全表以学科为中心建立分类体系,整个分类体系在五大部类的基础上展开,大类设置数量合理,基本上反映了现代科学发展的现状和文献状况;类目的排列上,将内容上有联系的类目接近设置,能较好揭示类目之间的联系。

(2)类目体系的展开具有较强系统性、适用性。整个类表按照从总到分、从一般到个别、从低级到高级、从理论到实践展开,有较强的规律性;类表展开适度,在依据文献保证原则的同时,照顾到科学的发展动向和不同部门之间的平衡,一般控制在6级左右,兼顾文献组织与检索的需要。

(3)重视类表的灵活性。为了使分类体系能够适合不同文献单位的实际使用需要,类表在保持类目体系展开的规律性的同时,广泛采用各种技术手段,为交叉学科、边缘学科等提供了各种选择的可能,包括:设置交替类目、类目参照,编制选择类目、双表列类等,用户可以根据文献单位的实际使用需要加以选择。

(4)追求编号技术的最佳结合。类表采用字母和数字结合的混合号码,以层累标记制方式配号,力图使类号简短明了、层次清楚;同时广泛使用八分法、双位制、借号法等灵活标记手段,在改进类号容纳性的同时,对号码长度进行控制,并设置多种辅助符号,供需要时组配使用,重视类号的助记性,以使标记系统达到最佳效果。

(5)发展了适合各种规模和对象的文献收藏的配套产品。不仅有不同文献规模、不同对象的分类表,而且进行了专业类表的编制,并完成了在《中图法》、《汉表》对应标引基础上编制的《中分表》,为我国文献标引和检索的一致和规范提供了必要条件。

(6)管理健全,建立起了比较完备的管理系统,有分工明确的管理机构,日常维护和定期修订结合的管理方式,明确、一贯的修订方针,从而可以保证《中图法》可及时跟上科技发展和标引实践的需要。

(7)建立起功能完备的电子类表形式。电子版包括单机版、网络版两种形式,在《中图法》第四版基础上开发,可提供方便的浏览功能、检索和统计功能,实用评注功能,通用编目接口等,为分类法的电子化应用提供了基本条件。此外,该分类数据还在《中分表》电子版作为其主要构成部分结合主题词表的数据进行各种显示和应用。

《中图法》发展中有待探讨改进的问题主要是:

(1)部分类目体系仍存在一些问题。如个别门类中的分类标准的使用次序存在着与整个分类体系不一致的问题,有待进一步调整;个别门类类目设置以及与相关部门之间的关系仍有待进一步完善和明确。例如,哲学理论的类目设置及与世界哲学的关系就属于后一类情况。

(2)通用复分表的完善改进。目前通用复分表中未设置语种、人员复分表等,地区表、时代表均按世界、中国分别编制,存在着设置分散、类目不够充分等问题,亟需研究改进。

(3)分类法系列中不同类表之间的协调。《中图法》系列中不同类表分类对象不同,分类要求也存在着不同。如何在基本体系一致的情况下,根据不同文献单位或文献对象的特点,合理处理好各个版本之间的不同要求,是一个仍有待于进一步解决的问题。例如,以文献检索为主要目标的《资料法》,如何在现有基础上进行适度分面改造,以增加对文献主题的组配标引能力;如何处理好综合性类表与专业类表之间的不同要求等,将是今后《中图法》长期面临的一个课题。

(4)电子类表仍然有不少可以改进之处。如类目索引的进一步完备和纳入,与分类使用手册的结合等。此外,如何在传统单线类表的基础上建立起适合电子环境下检索使用的多维化的分类结构,使之类目关系揭示完备,能从多个角度对信息资源加以集中展示和浏览检索,仍然有很长的路要走,有待进一步努力。

此外,《中图法》第四版在类目体系、标记符号、类目注释等的显示方面均有较大变动,如类目体系上,将《中图法》类目与《资料法》类目在同一表中设置,对只在《资料法》中出现的类目以辅助符号"+"加以区分;将标记符号从原来的分段显示改为完整显示;在主表注释中对类目的调整、变动加以说明;并结合建立机读词表的需要,在类表中增设了复分表的辅助识别标志等。此外,还扩大了组配复分方法的使用范围。上述变动的实际使用效果,仍有待在文献标引实践中检验。

第四章　主题法

第一节　主题法概述

一、主题法的意义

分类法以外另一种从内容角度标引和检索文献的方法是主题法。所谓主题，通常指文献论述的对象，包括事物、问题、现象等。经过选择，用来表达文献主题的语词，称为主题词。所谓主题法就是直接以表达文献主题的语词作检索标识、以字顺为主要检索途径、通过参照系统等方法揭示词间关系的标引和检索文献的方法。

虽然目前各国采用的主题法存在多种形式，但一般都具有下述特征：

其一，都是以特定的事物、问题、现象，即主题为中心集中图书资料的。主题法不像分类法那样，需要受学科体系的限制，而是直接从主题对象的角度揭示图书资料的。以论述茶的文献为例，在分类法中，关于茶的种植、茶的焙制、茶的贸易等主题，一般应按学科分别归入农业科学、工业技术、经济等不同科学部门；而在主题法中，则不必考虑其学科性质，可以直接在“茶”这一主题下予以揭示。

其二，都是直接以语词作为检索标识的。主题法不像分类法那样，以抽象的号码系统作检索标识，而是直接选用经过规范化处理的语词对文献进行标引的。例：“茶的焙制”这一主题，《中图法》的标引应为 TS272.4，而在主题法中，则可直接用“茶—焙制”加以标引。

其三，都是以字顺方式作为主要检索途径的。虽然根据揭示词义关系的需要，主题法也采用范畴、词族等方式组织主题词，但字顺方式始终是它的主要排检依据。在我国的主题检索系统中，通常是根据汉字特点，按照拼音结合笔画笔顺进行排检的。因此在使用主题法检索时,不必像分类法那样,必须预先了解主题词之间关系,只要知道检索对象的名称,就可以按相应的排检方式进行查找。

其四,一般都是通过详尽的参照系统等方式揭示主题词之间关系的。为克服字顺排列不能揭示主题词之间联系的局限,主题法发展了完备的参照系统,设有用、代、属、分、参等多种参照项,并备有词族索引、范畴索引、轮排索引等多种辅助索引,从而在主题词之间建立起充分的语义联系。

其五,主要是用来处理文献资料、编制各种检索工具及检索系统的。分类法通常同时用以组织文献排架和编制分类检索工具;主题法则一般不用于组织图书,只广泛用于组织各种检索工具,不仅可以利用它编制各类供手检使用的书目索引,同时也可以用来建立计算机检索系统,进行机械检索。

从上面的分析可以看出,主题法虽然也是从文献内容着手进行揭示的,但有着自身的规律和要求,是一种和分类法角度不同、特点各异的标引和检索的方法。

二、主题法的类型

主题法的类型可以有许多不同的划分方法,按照主题词的选词方式,习惯上可以分为标题法、元词法、叙词法、关键词法;按照其使用时组配的先后,可以分为先组式主题法和后组式主题法;按照其使用的标识是否受控,则可以分为受控主题法和自然语言主题法。

1. 标题法

标题法是最早出现的一种现代主题法类型。它是一种以标题词作为文献主题标识的标引和检索的主题法。所谓标题词,亦称标题,是指经过规范化处理的,用来标引文献的词或词组,通常为比较定型的事物名称。如“图书”、“图书馆”“图书分类”、“情报存储和检索”等都可以作为标题词。

标题法是一种在手工检索工具的基础上发展起来的,采用列举方式的主题法。常见的标题形式除单词标题、词组标题外,还大量采用在词表中预先就组配好了的标题，以及倒置标题等，通过这些形式，对一个主题对象的各个方面及其特称进行专指标引，并集中相关主题。如美国的 LCSH 使用以下基本标题类型：

Library （图书馆——单词标题）
English literature （英语文学——形容词词组标题）
Children in motion pictures （电影中的儿童——介词词组标题）
Literature and science （文学与科学——连词词组标题）
Chemistry, Organic （有机化学 ——倒置标题）
Reference books—Bibliography （参考书—书目——复分标题）
Cookery (Frozen food) （冷冻食品的烹调——带限定词的标题）

此外，现代标题表一般还通过设置副标表等方法对标题的复分作出规定。如 LCSH 设有通用复分表以及供特定范畴如人物、种族、团体、人名、地名、河流等使用的复分表，供相应的主题选择使用；同时以示范、举例等方法规定了在有限范围内进行组配的方法。

标题法对词间关系的揭示主要通过在标题词下设置参照的方式进行。早期主题法中使用的参照形式比较简单，只限于见参照和参见参照两类，用于揭示具有等同关系和相关关系词汇。但进入 20 世纪 80 年代后，一些标题表开始采用类似叙词法的参照系统。如 LCSH 自 1988 年开始也使用了类似叙词法的参照方式。

标题法作为最早的主题法类型，开创了现代主题法的最初形式，包括：标题的选择和确定方式、标题的形式、标题之间关系的揭示、标题标引过程中组配的使用形式等。标题法作为一种传统的主题法，其特点是：①采用列举式词表，形式直观；②定组式标题结构固定，含义明确；③按照词表列举的标题和副标题进行标引，操作简便。但采用列举方式，往往造成词表的收词量大、专指度相对不足、修订量大等问题，同时，大量采用定组式标题，只能从规定的组配顺序入手对其查找，无法从多因素、多角度进行检索，是其不足。目前，使用最广泛的标题表是美国国会图书馆编制的 LCSH。

2. 元词法

元词法是随着文献数量遽增、文献主题日益复杂的情况下为克服标题法的不足发展起来的主题法类型。它是一种以元词作为主题标识,通过字面组配的方式表达文献主题的主题法。

所谓元词,是指用来标引文献主题的、最基本的、字面上不能再分的语词。如"化学"和"经济"就属于元词,而"文献分类"和"主题标引"则可进一步分解成"文献"、"分类"、"主题"、"标引"。在元词系统中,文献主题的标引和检索通过单元词的组配进行。如在使用元词法的情况下,"化学文献的主题标引"这一主题,就可以通过"化学"、"文献"、"主题"、"标引"4 个单元词进行标引。

一般认为,使用单元词组配检索最早可以追溯到上世纪 30 年代末英国巴顿提出的比孔卡,比较系统地建立起元词法理论和方法体系,则是 1951 年陶伯的单元词卡系统。元词法的基本方法是:①

(1)以元词为文献主题检索标识。如一论述化学文献检索的文献可使用化学、文献、检索 3 个元词标引。

(2)以反记法记录。即为每一个元词制作一张卡片,以元词标识为中心记录标引该词的文献号,文献号为一文献在文献收藏集合中的所处位置的号码。

(3)按字顺组织检索系统。即将元词卡按元词标识的字顺排列,组成元词卡系统,以备查检。

(4)采用组配方式检索。通常选出所检索主题的元词卡,对相关卡片上的文献号进行目测比较,各卡上同时出现的文献号为检出对象。如在检索"化学文献检索"这一主题的文献时,须检出化学、文献、检索等元词卡,进行匹配查找。

元词法在 20 世纪 50 年代初曾为美国的一些政府和工业组织的文献单位采用,除应用于一般的卡片系统外,还使用于穿孔卡系统和

① Costello,J. C.. 单元词索引的原理、存在问题和解决办法. 见:北京大学图书馆学系情报学教研室. 科技文献检索教学参考材料. 1981:69-72

出版检索刊物。早期的元词系统一般不建立词表，不揭示词间关系，其词汇直接来自文献。但随着使用需要，逐渐放弃了这些做法，也编制起相应的词表。与标题法相比，元词法具有词表体积小、标引专指度高、便于从不同主题词角度检索等优点。元词法的不足是：直接性差。不适宜用于查找论述基本主题的文献，如不适宜对论述“经济”、“图书馆”等基本主题的文献进行查找。采用字面组配方法，在字面分解与语义分解不一致时，容易造成误差。例如，按字面组配，“雪崩二极管”应为“雪崩”和“二极管”进行组配，从而使文献归入与内容不相关的语词。此外，早期的元词法一般缺乏完善的参照系统，不利于满足族性检索的需要。

在主题法发展过程中，元词法率先探索了后组式检索方法，是后组式检索语言的先驱。元词法使用的反记法，是目前机械检索系统中倒排档的先声，后来为叙词法所采用。此外，元词法还广泛探索了后组式检索中的规律和问题，探索了联号和职号等辅助符号的使用方法以及对各种检索系统的适应性，为叙词法的发展和使用开辟了道路。元词法目前已为叙词法所取代。

3. 叙词法

叙词法是以从自然语言中精选出来的、经过严格处理的语词作为文献主题标识，通过概念组配方式表达文献主题的主题法类型。所谓叙词，国内亦称主题词，是经过规范化处理的，以基本概念为基础的表达文献主题的词和词组。

叙词法形成于 20 世纪 50 年代末，是在吸取元词法、标题法及分面组配式分类法等的优点的基础上发展起来的。1959 年美国杜邦公司编制了第一部叙词表。其后，随着计算机的应用，叙词表的编制迅速发展，使叙词语言成为受控检索的主要语种。到上世纪 90 年代末，国外的叙词表数量不少于千种，我国的叙词表也已超过 130 种，成为检索语言的主流。

叙词法与元词法的不同，主要是在吸收元词法的组配方式的同时，采用概念组配代替字面组配。概念组配与字面组配虽然都是通

过语词表达文献主题的,但两者存在着以下不同:

其一,语词的形式不同。元词法以字面上不能再分的语词为标识单元,容易影响其对文献主题内容的确切表达;叙词法以表达基本概念的语词为标识,既收元词,又收词组,对主题的表达更加准确。例如,在标引"猎户星座"这一主题时,元词法使用"猎户"、"星座"两个单元词组配,将内容标入概念上没有联系的标识;叙词法则可直接用"猎户星座"一词标引。又例如在标引"工业橡胶"这一主题时,元词法使用"工业"、"橡胶"两词组配,会出现工业橡胶、橡胶工业两种含义,不如叙词法直接以"工业橡胶"进行标引。

其二,组配的依据不同。元词法按照字面组配的方式对复合主题分拆和相加,操作简便,容易使标引结果一致,但往往会影响对概念的准确揭示;叙词法则依据概念关系对复合主题进行分解和组配,严格按逻辑关系加以处理,对主题的揭示较为确切。如"遗传药理学"这一主题,按照字面组配,可采用"遗传"和"药理学"加以组配,而依据概念组配,则应使用该主题构成的概念单元,以"遗传学"和"药理学" 进行组配,显然后者远比元词法的表达确切。

上述的不同使叙词法改进了元词法因字面组配造成的语义误差,使标引的质量得到改善,标引结果更加精确,虽然也在一定程度上增加了标引的难度。

在众多的检索语言中,叙词语言是一种结合计算机的使用,综合多种检索语言的检索方法的优点的基础上发展起来的检索语言(见表4-1)。除吸取元词法的后组式特点,将其字面组配改造成概念组配,叙词法还根据需要,广泛吸收多种检索语言的特点,用以构造叙词法的结构和方法体系,包括:采用标题法的参照系统,并加以完善;广泛吸收分类法的理论方法和关键词法的轮排方法,编制各种索引,通过改变编排方式,揭示词汇之间的联系,提供多种查找途径,包括:范畴索引、词族索引、轮排索引,直至直接引入分面分类表,编制各种形式的分类主题一体化词表,使其成为一种结构完备、功能丰富的检索语言。

表4-1　叙词语言对其他检索语言技术的吸收

其他检索语言	技术	叙词语言技术
体系分类法	学科分类 等级结构	范畴索引 词族索引
分面分类语言	分面组配	概念组配
标题语言	先组 见参照、参见参照	适当先组 用、代、属、分、参见参照
元词语言	字面组配 完全后组 反记法	概念组配 基本后组 倒排档
关键词语言	轮排技术	轮排索引

资料来源:侯汉清,马张华．主题法导论．北京:北京大学出版社,1991:101

叙词法采用组配方法,集多种检索语言的功能于一身,使其成为一种具备优越性能的现代检索语言,其特点如下:

(1)组配准确,标引能力强。叙词语言遵循概念组配的原则,避免了字面组配容易出现的误差和失真,从而能准确、专指地标引和揭示各种主题内容。

(2)结构完备,词汇控制严格。通过参照系统和各种索引,可以根据检索系统的需要对词汇进行有效控制。

(3)适合多途径检索,检索效率高。灵活组配方式以及对词间联系的充分揭示有利于满足多种检索要求,达到较好的检索效果。

(4)对检索系统的适应性强。叙词语言可以同时适用于标识单元和文献单元检索方式,既能较好适应计算机检索系统的要求,又能适应手工检索系统的需要。

叙词法的不足是:①词汇控制要求严格,词表编制和管理的难度大,需要花费较多人力、物力;②文献标引须在概念分析的基础上进行,标引规则较复杂,标引难度大,速度慢;③用户难以熟悉词表及标引规则,给使用带来不便。我国目前使用最广泛的叙词表为《汉语主题词表》。

除上述主题法类型外,还存在从属于自然语言类型的关键词法等。关键词法是随着计算机的出现,为适应索引编制自动化的需要而产生的主题法类型。这是一种直接以自然语言中未经控制或只作少量控制的语词为文献主题标识,通过对关键词的轮排的方式揭示文献主题的主题法。对关键词法的详细介绍见本书第九章。

上述几种按选词方式划分的主题法类型中,标题法属于先组式主题法类型,元词法、叙词法则均属于后组式主题法类型。后组式主题语言也可以按先组方式使用,在标引阶段根据揭示文献的需要,组成词串,如将叙词法用于手工检查工具中组织标题式目录,就属于这类情况。按照标识的受控情况,标题法、叙词法均为受控主题法,早期的元词语言和关键词法,则属于自然语言主题法。在各种主题法类型中,以叙词法发展最为充分,技术上最为完备,与计算机技术结合使用,取得较好的效果,因而在文献单位中使用也较为广泛。

三、主题法的特性

主题法作为一种从内容角度标引和检索文献的方法,具有以下显著特性:

(1)直接性。即直接使用与文献主题内容相对应的语词进行标引和揭示,而不是像分类法那样,需要按照概念之间的关系,采用层层判断、辗转查找的方式加以标引。例如,在分类法中,对一本介绍大熊猫的文献,一般须按生物学—动物学—哺乳纲—真兽亚纲的次序层层分解以确定类目,而主题法则不必对其上位概念进行层层揭示,可以直接使用对应的语词"大熊猫"进行标引。同时,主题法对文献主题的揭示也比较专指,一般可直接采用与文献主题内容相对应的语词进行标引,只有在文献主题过分专门、不符合该文献单位用户使用习惯时,才根据词表收词情况,适当采用含义较宽泛的上位词标引。

(2)规范性。即对同一主题对象只使用同一主题词标引。这是为了将同一主题概念的文献集中在同一主题词之下的需要。通常通过对一义多词现象的处理加以解决。一个主题概念如有多个同义词、异体词时，一般选择其中的一个词作正式主题词，其他的词不用来标引，只作为入口词，用来指引查找正式主题词。例如，电子计算机、计算机、电脑均表示同一对象，可根据使用习惯，将“电子计算机”作标引词，其他词只作入口词，指引查找标引词。同时，一致性也要求对一词多义现象加以控制，使一个词只表示一个概念，含义明确。例如，“教案”一词有两种含义，可通过下述限定加以明确：教案（教育）、教案（历史），后者指我国近代历史上发生的冲击或捣毁教堂的案子。

（3）组配性。通过组配方式表达文献主题是主题法标引和检索复杂主题的基本手段。从标题法到叙词法，主题法在组配的形式和使用的范围上都发生了巨大变化。标题法采用定组标题形式，通常只限于表示事物的标题词与表示方面的标题词之间的组配；叙词法则采用自由组配的方法，组配类型多样，除事物与方面的组配外，还包括并列概念之间的组配，事物与部分之间的组配等，通过这一方式，用以控制词量，以表示基本概念的语词，充分表达文献主题，并结合相应的设备条件，以适用的方式组织检索工具。我国在采用叙词法的情况下，手工检索工具多数采用先组方式，在标引阶段根据文献主题的情况确定标题；在机检系统中，则一般采用后组方式，直接将主题数据按机读格式输入，供检索阶段灵活组配。

（4）相关性。即根据使用需要有针对性地揭示主题词之间的联系。参照系统是主题法在字顺序列中揭示主题词之间相关性的基本手段。早期的标题系统中，参照系统比较简略，只设置见参照和参见参照，用来揭示等同关系和相关关系。现代主题法的参照系统一般包括多种参照项，从而在字顺系统中建立起一个语义关系网，可以通过它，从一个词出发扩大或缩小检索范围，进行相关词的查找。此外，叙词法还通过编制多种索引，多角度地揭示主题词之间联系，使主题法在字顺组织的同时，能进行各种相关文献的检索。

(5)通用性。与分类法相比,主题法以表达主题概念的语词作检索标识,用户可以根据检索的主题内容,直接用相应语词进行查找,比分类法使用分类号码直观,有较强的通用性。与此同时,主题法的编制一般都十分重视通用性原则。在主题词选择和规范中,主题检索系统一般都选择通用的语词作主题词。主题检索系统对通用主题词的选择,往往是与文献单位的特点和用户使用习惯相联系的。在综合性文献单位中,有时一个通用、广泛接受的流行术语往往比一个专门科学名词有更强的通用性。例如:在一般公共图书馆中,“酒精”一词就比“乙醇”更加通用,更适宜于作正式主题词。同时,要保持主题词的通用性,还必须根据人们用词习惯的变化,对主题词进行必要调整,以保持其通用性。

(6)动态性。即可以根据社会和科学技术的发展,及时对主题词进行增补、调整,这是保持检索系统有效性的重要条件。由于主题系统是按主题词字顺排列的,对主题词的增删,不会影响主题法的结构,可以随着科学技术发展和文献的实际情况,随时增补新词,删除和调整旧词。增补时,一般只须变动有关主题词的参照系统,并在主题词表各个部分中进行相应调整,即可完成。因此,主题法的动态性比较好,容易与科学技术的发展保持同步。

第二节　叙词语言的词汇控制

受控主题语言对文献的标引和检索是在词汇控制的基础上,依据一定的主题词表进行的。在各种不同的主题语言类型中,叙词语言的词汇控制广泛吸收其他检索语言有关词汇控制的各种手段和措施,形成了一套严密的技术方法。

叙词语言的词汇控制涉及叙词表编制、使用和管理各个方面。在词汇控制的各种类型中,叙词语言对词量和专指度的控制,主要是与词类控制、词形控制和先组度控制等相联系的。因此,下面结合国内外叙词表编制的实践以及相关标准，①②③对叙词语言的词类控制、词形控制、词义控制、词间关系控制和先组度控制等作一概要介绍。

一、词类控制

为了保证词汇的选择质量，叙词表对词汇类型、范围以及选择原则具有明确的规定。

1. 词类范围

叙词表选词以名词为主，必要时也收入少量形容词。按照反映事物概念的数量特点，叙词可以分为普通名词和专有名词两种。普通名词是组成叙词表的基本词汇，其选词范围通常包括：

（1）表示具体事物的名词术语，如商品、图书馆、玉米、棉花、车床、电子计算机等。

（2）表示事物材料的名词术语，如水泥、塑料、橡胶、人造纤维、感光材料等。

（3）表示事物性质、现象、状态、过程等方面的名词术语，如稳定性、导电性、老化、流通、疲劳、振动等。

（4）表示对事物的研究方法、工艺等方面的名词术语，如分析、调查、总结、数学模拟、热处理、焊接等。

（5）表示学科门类的名词术语，如经济学、人口学、物理学、化学、生物学、遗传学、分子生物学、环境科学等。

（6）表示文献类型的名词术语，如词典、百科全书、年鉴、期刊、手册、目录、索引、会议录等。

---

① 中华人民共和国国家标准 GB/T 13190-1991 汉语叙词表编制规则．中国标准出版社，1991

② National Information Standards Organization. ANSI/NISO Z39. 19-2005 Guidelines for the Construction, Format, and Management of Monolingual Controlled Vocabularies. http://www. niso. org/standards/resources/Z39-19-2005. pdf

③ ISO TC 46/SC 9/WG 8 N 10. Information and documentation-Thesauri and Interoperability with Other Vocabularies(SO/WD 25964-1). 征求意见稿 2008-0710

此外还包括度量人物、机构类型的术语,度量单位的术语,以及各种一般性词汇等。

专有名词用以表达某一特定的单一事物,叙词表一般有重点地选择其较为典型的、有较大研究和检索价值的专有名词,包括:自然地理区划名、政治区划名、机关团体名、人名、历史事件名、产品型号名、文献名等。

2. 词汇选择原则

为了保证词汇选择的质量,叙词的选择一般遵守下述原则:

(1)叙词的选择,应依据文献保证原则。通常应从文献标引的实际需要出发,选用各个领域文献中经常出现的,能够汇集一定文献量的主题词,并适当考虑各学科文献的现状及发展。

(2)选定的语词,应符合用户保证原则。即应选用在文献检索中具有一定使用频率的名词术语,对于表达新事物、新兴学科、新技术的语词,则应根据其现实需要及其发展情况,加以选用。

(3)语词的选择,应有助于语义的确切表达。收入的语词应概念明确,一词一义,符合科学性、通用性的特点。对于自然语言中的同形异义词、多义词,则通过限定的方法加以使用。

(4)语词的选择,应有助于组配的合理应用。收入的语词应既能发挥组配的优越性,又能兼顾词汇的专指性、准确性,为此应在收入单词的同时收入一定数量具有造词功能的词和词组。

(5)叙词的选择,应适合组织的需要。选定的词汇不仅应当在词形上符合汉语的构词特点,适合作为语词标识,并应尽量选用便于字面成族的词。

二、词形控制

词形控制主要指对异形同义词进行处理,使得同一主题内容的文献得以集中在同一语词形式之下;同时根据排检需要对语词形式及构成成分作出规定,以保证排列效果,方便检索。汉语叙词表的词形控制具体包括下列内容:

1. 规定语词形体

当一个汉字存在几种形体，如繁简体、异体或未正式公布的简体时，一律以通行的字体为标准。

2. 规定词序

所有叙词一般均采用自然语序，不使用倒置形式。例如：用“高校图书馆”，不用“图书馆，高校”；用“工程数学”，不用“数学，工程”。倒置形式通常可作为非叙词收入词表，用于指向相应叙词。

3. 规定外来语和数字的用法

一般情况下，外文名词术语均采用汉译名，但在外文名词术语更为通行时，也可直接选用。阿拉伯数字则可在必要时选用。例：FORTRAN 语言、A 射线、BCS 理论、铀 235 等。

4. 规定标点符号的用法

一般只在必要时使用括号、连线、小圆点等符号，其他标点符号除特殊情况外，概不使用。例：静态分析（经济学）、发射管（电子）、九·一八事变、气体—固体界面等均为正式主题词。

5. 同义控制

即对一义多词现象进行控制。一般选其中一个为叙词或称优选词，其余为非叙词亦即入口词。使之作到一义一词，集中同一主题的文献。同义控制用于下述情况：

（1）语义同义词之间。一般以较通用的词作正式叙词。

例：原子能工业（叙词）　　核工业（入口词）

太阳能水加热器（叙词）　太阳能热水器（入口词）

（2）学名与俗名之间。一般以学名为正式叙词。

例：玉米（叙词）　　包谷（入口词）

玉蜀黍（入口词）

农田基本建设（叙词）　　治水改土（入口词）

（3）新称与旧称之间。一般以新称为正式叙词。

例：逻辑（叙词）　　伦理学（入口词）

壮族（叙词）　　僮族（入口词）

(4)全称与简称之间。一般以全称作正式叙词。

例:北京大学(叙词)　　北大(入口词)

非洲统一组织(叙词)　　非统组织(入口词)

但有时全称过长或简称比全称更为通用,也可使用简称。

例:联合国教科文组织(叙词)　联合国教育、科学和文化组织(入口词)

(5)不同译名之间。一般以规范译名为正式叙词。

例:最后通牒(叙词)　　哀的美敦书(入口词)

激光(叙词)　　莱塞(入口词)

(6)产品型号与代号之间。专业文献单位一般选用产品的型号为叙词。

例:SS-1导弹(叙词)　　"飞毛腿"导弹(入口词)

(7)多元词与对应的组配形式之间。通常在多元词不适合用作优选词,但有可能为某些用户使用时使用,通常用以指向对应的组配形式。

例:国际货币制度+货币危机(叙词)　国际货币制度危机(入口词)

6. 准同义控制

所谓准同义关系,是指含义相近,或虽然含义不同但有一定联系,可以根据检索需要相互代替的语词之间的关系。准同义控制一般在有关概念文献数量较少的情况下使用,是借以控制词量和专指度的一种方法。包括:

(1)部分近义词之间。一般选其中较概括、通用的词作叙词。

例:殖民地(叙词)　　非殖民地(入口词)

重商主义(叙词)　　重商学派(入口词)

(2)部分反义词之间。一般选其中表示正面含义的词作叙词。

例:本质属性(叙词)　　非本质属性(入口词)

表面粗糙度(叙词)　　表面光洁度(入口词)

7. 上位词置代

上位词置代是指以含义宽泛的上位词代替一个或若干个专指的下位词。通常在专指概念标引和检索频率较低时使用,与准同义控制一样具有控制词量和专指度的作用。

例:散货船(叙词)　　运沙船(入口词)

食品保鲜剂(叙词)　　防霉保鲜剂(入口词)

果蔬保鲜剂(入口词)

营养保鲜剂(入口词)

8. 规定词长

为了使其适合排检和计算机检索的需要,一般应对字长作出规定,如《汉表》规定词长不得超过 14 个汉字,过长的语词可用简称或缩写等方法处理,使其保持在规定的长度以内。

三、词义控制

词义控制主要指对多义词、同形异义词以及词义含糊的语词进行处理,使其具有明确性和单义性。一般通过在叙词后加限义词或加注的方法予以解决。

1. 加限义词

主要是对自然语言中的同形异义词和多义词从词汇使用范围的角度加以限定,从而进一步明确词汇含义,使其具有单义性。同形异义词和多义词的特点是:同一字面形式的语词,在不同领域或上、下文中表达的是不同的概念。例如:“干扰”一词,可以指外界对人的生理心理的干扰,也可以指无线电波对电子设备的干扰。又如“黑旗军”一词,可以指广西刘永福领导的黑旗军,也可以指山东宋景诗领导的黑旗军。对这类情况,如果不加以处理,必然会造成标引和检索的混乱。根据这类词的特点,词表一般通过从学科专业、地域、时间的角度加以限定,明确其含义。

例一:干扰(心理学)

干扰(无线电)

例二:结构主义(心理学)

结构主义(语言学)

结构主义(哲学)

例三:黑旗军(广西)

黑旗军(山东)

例四:红巾军(北宋末年)

红巾军(元末)

例五:开罗会议(1943)

开罗会议(1977)

2. 含义注释

主要是对一些字面上比较含糊、容易混淆的叙词,对其含义或范围等所作的补充说明,以使其含义明确,不致引起误解。

例:侦察雷达

注:用于进行侦察的雷达

计算机分析

注:用计算机进行分析

商业规程

注:包括店规、柜台纪律

布鲁塞尔代表大会(1891)

注:第二国际二大

3. 用法注释

用于指明一词的用法,以确保该词在标引和检索中的使用能得以一致。

例:学院

注:用于高等专业学校与专业名称组配使用。

例:音乐学院用音乐+学院

4. 历史注释

主要用于记录叙词收入词表的时间及其变更情况,以便了解词汇发展变化情况以及词汇使用的沿革,以加强词汇标引和检索的延续性。如《教育资源叙词表(ERIC)》的叙词款目就使用了历史注释:

LIBRARY CATALOGS　　Mar. 1980

UF　　Dictionary catalogs (1968-1980)

Divided catalogs（1968-1980）

……

上例中，Mar. 1980 即为历史注释，表示此词启用时间为 1980 年 3 月，再根据 UF(代项)中 Dictionary catalogs 和 Divided catalogs 后的年代注释(1968-1980)，表明该两词为 1980 年前采用的叙词形式。根据上述说明，对 1968-1980 期间该内容的文献，可使用代项中的词进行查找，从而方便用户对历史文献的回溯检索。

上述控制形式中，后两种注释并非严格意义上的词义控制，但通过对词汇演变和用法的揭示，也有助于完整把握词义。

除了采用上述控制形式外，词义控制还利用参照系统等方法，通过确定一词与相关语词的联系或其所属学科范畴等，揭示其含义。

叙词表通常并不需要以定义的形式来明确优选词的使用方式。但如因为各种原因确定采用时，一般可为定义建立一个单独的注释字段。

四、词间关系控制

叙词法中的叙词是按字顺排列的，相邻叙词之间未必具有一定的关系或联系。叙词之间的关系主要是通过建立参照系统和编制各种索引等形式揭示的。其中，参照系统通过在叙词下设置参照项的方法，在叙词之间建立起一种反映主题词之间联系的语义网络，是对词间关系进行控制的主要形式。叙词之间的关系主要有三种：等同关系、属分关系和相关关系。按照国际、国内叙词表编制的相关标准，叙词表常用的参照符号如表4-2。

1. 等同关系

等同关系亦称同一关系、用代关系，指叙词与非叙词之间的关系。揭示等同关系有利于增加检索入口和根据检索系统需要对标引和检索的专指度进行控制。叙词表对等同关系使用“Y”、“D”两种符号加以表示。符号“Y”用于非叙词之下，用来指向对应的主题词；符号“D”用于正式主题词之下，用来指向相应的非正式主题词。对

表4-2 汉语及常用外国叙词表使用的参照符号

词间关系	参照符号含义	汉语用符号	英文用符号	国际通用符号
等同关系	用	Y	USE	→
	代	D	UF	=
	组代		UFC	&
等级关系	分	F	NT	>
	属	S	BT	<
	族	Z	TT	
	(属种)分		GNT	
	(属种)属		GBT	
	(整部)分		NTP	> P
	(整部)属		BTP	< P
	(集合与个体)个体		NTI	
	(集合与个体)集合		BTI	
相关关系	参	C	RT	-

等同关系的处理是在同义规范的基础上进行的,通常用于同义词或准同义词之间,一般应有参照和反参照。

例:原子能工业　　　　核工业

　　D 核工业　　　　　Y 原子能工业

　本质属性　　　　　非本质属性

　　D 非本质属性　　　Y 本质属性

等同关系除用于同义词、准同义词之间关系以外,还用于揭示组代关系,指示一专指的非叙词和对应的叙词组配形式之间的关系。

例:国际货币制度危机

　　Y 国际货币制度 + 货币危机

　国际货币制度 + 货币危机

　　D 国际货币制度危机

　货币危机 + 国际货币制度

　　D 国际货币制度危机

2. 等级关系

等级关系亦称属分关系，指表示上位概念主题词和下位概念主题词之间的一种关系。揭示等级关系有助于通过它扩大或缩小查找范围，提高族性检索能力。叙词表对等级关系设置“F”、“S”、“Z”3种符号。“F”为分项指示符，表示该项的主题词为款目词的下位词，“S”为属项指示符，表示该项主题词为款目词的上位词，“Z”为族首词符号，表示该项主题词为族首词。等级关系主要用于下述三种叙词之间：

其一，用在具有属种关系的叙词之间。在这种关系中，下位词表示的概念必然包含在上位词概念的外延之中，并且是其外延的组成部分。叙词表中，凡具有属种关系的叙词一般均按属分关系处理。

例：微电机

F　微型电源电机
　　微型控制电机
　　微型驱动电机
S　电机

上例中，微型电源电机、微型控制电机、微型驱动电机都属于微电机，并且是微电机的组成部分，同时，微电机又属于电机，并且是电机的组成部分。

其二，用于部分具有整部关系的叙词之间。整部关系不构成属种关系，但具有族性检索作用。整部关系的涉及面很广，根据检索系统的需要，综合性叙词表对整部关系的揭示主要包括下列方面：

(1)用于揭示地理位置中的整部关系。

例：东北非

F　埃及
　　利比亚
　　苏丹
S　北非

(2)用于揭示人体系统与器官以及某些事物中的整部关系。

例:中枢神经系统

F　脊髓

　脑

S　神经系统

(3)用于揭示组织机构及其分支中的整部关系。

例:联合国

F　国际法院

　联合国安全理事会

　联合国大会

　联合国经济及社会理事会

　联合国秘书处

　联合国托管理事会

(4)用于揭示学科之间的整部关系。

例:生物学

F　动物性

　昆虫学

　微生物学

　植物学

　……

按属分关系处理的整部关系的类型取决于实际检索需要。专业叙词表还可以根据需要将有关整部关系按属分关系处理。例:在汽车工程的叙词表中,可以把汽车及其组成按属分关系处理。

其三,用于部分集合概念与个体概念之间。这类关系揭示集合概念与其所涵盖的个体概念(或称实例)之间的联系,可以从集合概念的角度进行属性检索。

例:湖泊

F　洞庭湖

　镜泊湖

　鄱阳湖

太湖

微山湖

……

字顺表对等级关系的揭示一般采用下述做法：

(1)只反映正式叙词之间的等级关系，对相应非叙词不予收入。

(2)为了节省篇幅，一般只在字顺表中揭示最临近一级的等级关系及族首词；其中，族首词是一组具有等级关系的词中外延最广的词，通常是排检词族索引的依据，可通过它查找该词族索引。这种显示形式被称为平面式显示。

(3)当一个叙词同时从属于两个或多个上位词时，一般根据需要，将其同时收入该词的属项，并在相应的上位词下予以反映。

例：古典散文

S 古典文学

散文

3. 相关关系

相关关系亦称类缘关系，是叙词间除等同关系、等级关系之外语义相关的一种关系。相关关系是揭示叙词间各种主要联系、扩大检索范围、进行相关资料查找的重要手段，通常用符号“C”加以连接。相关关系涉及范围广、种类多、灵活性大，很难严格界定。从国内使用情况看，下述关系一般可根据需要建立相关关系：

(1)近义关系的叙词之间。

例：教育思想

C 教育理论

(2)反对或矛盾关系的叙词之间。

例：必要劳动

C 剩余劳动

(3)交叉关系的叙词之间。

例：对外贸易

C 国际贸易

分类

C 编目

(4)事物与其部分、成分的叙词之间。

例:分类表

C 分类号

(5)因果关系的叙词之间。

例:劳动生产率

C 生产合理化

(6)具有应用关系的叙词之间。

例:商业管理

C 商业规程

无损检验

C 无损探伤仪

(7)学科或研究领域与其对象、从事者之间。

例:林学

C 森林

美学

C 美

(8)具有影响关系的叙词之间。

例:凡尔赛条约(1919)

C 山东问题

二十一条(1915)

C 五四运动

(9)各种事物、产品与材料、性质的主题词之间。

例:磁性材料

C 磁性存储器

(10)理论、学派、组织、运动、事件与有关人物或团体之间。

例:不可知论

C 休谟

不结盟国家首脑会议

C　不结盟运动

(11)部分主题词还可以采用组代词的方法。

例:恢复外交关系

C　外交关系 + 正常化

巴拿马运河问题

C　巴拿马 + 美国 + 国际关系

相关关系的类型较多,很难严格界定。通常应在一词“作为标引词与另一词具有较强的提示作用”时,才作为相关关系处理。与等级关系相同,叙词表对相关关系的揭示只在正式主题词之间进行,二者作互逆参照,但并不严格。

五、先组度控制

按照选入叙词表时词汇的构成,词表的语词可分为后组词和先组词两种。后组词是以单一概念的语词形式收入词表的词,亦称为元词;先组词则是直接以复合概念的语词形式收入词表的词,亦称为词组。叙词语言中的先组度控制,通常指词表中收入先组词的数量。为了增加标引和检索的检准率,叙词法改变元词法只使用元词的作法,一般在收入元词的同时也收入词组。收入词组的另一个作用是有助于建立常用基本主题概念之间的关系。例如,“化学工业”的上位概念为“重工业”,有关的下位词包括“橡胶工业”、“塑料工业”、“合成工业”、“化肥工业”、“制药工业”等,揭示上述关系对相关资料的查找是十分有益的。这些主题概念之间的联系在使用元词“化学”与“工业”组配的情况下是无法建立的,只有在直接将“化学工业”等以先组词的形式收入的情况下才能揭示。但过多使用先组词会导致词量增加,提高词表的管理费用,并增加检索的复杂性。因此,关键是根据检索系统的特点和用户使用需要,确定词组选择标准。词组的选择是词表编制的难点之一。为了使主题词能够同时适应机检和手工检索的需要,在组配的同时兼顾标引的直接性、专指

性,根据相关国内外标准的规定,在叙词表编制中,下述情况一般直接选用词组:[①②]

(1)使用频率较高的常用词组,可直接入选。如:"环境工程"、"高等教育"、"工业政策"、"化学工业"等常用词组一般均直接选入词表。

(2)凡一词组分解后,可能产生二义性时,应直接选用词组。如"橡胶工业"分解后,以"橡胶"和"工业"组配,会形成"橡胶工业"和"工业橡胶"两个复合概念,因此应直接收入。

(3)凡一词组分解后其单词的含义会发生变化,应直接选用词组。如"燃料电池"、"猎户星座"二词分解后,"燃料"、"猎户"二词的含义发生变化,应直接选入。

(4)凡一词组分解后其中的一方失去意义,没有实际检索价值,应直接选用词组。如"剩余价值"、"台面二极管"二词分解后,"剩余"、"台面"两词没有实际检索意义,应直接选入。

(5)各专业领域内定型的专业术语,一般直接收入词表。如"国际贸易政策"、"新民主主义"、"情报检索语言"等,均直接选入。

(6)有标引价值的专有名词,一般直接使用。如"北京大学"、"天津图书馆"等,如采用组配标引,含义可能会发生变化。

不直接选用词组的情况包括:

(1)词表的核心领域之外的专指性词组。因为外围词组不能给检索带来太多益处,过多选用反而会增加词表体积和检索的复杂性。

(2)标引文献量过少的词组。缺乏文献保证限制了这类词组的实用价值,一般不予选用。

(3)可以分解成两个或多个交叉关系概念的语词组成的复合

① 中华人民共和国国家标准 GB/T 13190-1991 汉语叙词表编制规则. 中国标准出版社,1991

② ISO TC 46/SC 9/WG 8 N 10. Information and documentation-Thesauri and Interoperability with Other Vocabularies(SO/WD 25964-1). 征求意见稿 2008-0710

词。如:“高等师范教育”可分解成“高等教育”和“师范教育”两个表示交叉关系的语词,一般不直接选用。

(4)由事物与其部分、特点等构成的复合词。如“直升飞机驾驶舱”、“汽车发动机”、“水电站设计”、“模具加工”等。

(5)由专有名词如国家名、地区名、时代名、人名等与其他主题概念组成的复合词,如中国石油工业、李白诗歌创作等。但由专有名词与其他词组成的专门名称除外,如弗洛伊德误差、芬斯拉空间、阿贝尔扩张等应直接收入。

(6)由科学术语与文献类型名称组成的复合词。如:图书馆学词典、物理学会议录等。

六、词汇性能的测评

对叙词表词汇控制质量的评价涉及许多方面,一般应根据各项控制的实施情况并结合实际使用加以分析。但这些方法比较抽象,不容易把握。在对词汇控制质量评价的讨论中,兰开斯特等一些学者对词汇控制评价的内容以及测试方法进行了探讨,并提出了一系列词汇控制的评价指标,常用的词汇控制的评价指标有:[①]

1. 词量

即词表收入词汇的数量。这是衡量叙词表规模和词汇完备性的重要依据。叙词表一般应做到收词充分、适用,各个门类及范畴的词汇均衡,具有适当的专指度。通常可以按学科、范畴为单位,对词量加以统计,并在此基础上对数据进行分析。叙词表的词量通常应与词表涉及的学科范围、文献数量、先组度等密切相关。

2. 词汇的等同率(equivalence ratio)

指词表中非叙词与叙词的比例。这是测试入口词丰富程度的一项指标,表明词表对同义词、准同义词的控制状况。等同率高,可以

---

① Lancaster,F. W.. 情报检索词汇控制. 上海:同济大学出版社,1992:85-86

增加检索入口,提高词表的易用性,并在必要时对词汇的专指度加以控制,反之,有可能影响使用效果。国外20世纪80年代词表的等同率一般在50%到60%左右,部分词表的等同率接近或超过1。近年来叙词表的等同率有较大提高。比较而言,我国词表同期的等同率偏低。随着计算机的使用,叙词表的等同率将继续保持增长的趋势。

3. 参照度(accessibility measure)

指词表中一叙词接受参照数量的平均数。参照度也可表述为:

$$参照度 = \frac{分项词数 + 属项词数 + 参项词数}{叙词总数}$$

参照度表明词表中词汇之间的联系强度。国外学者认为,参照度的理想值在2—5之间。参照度过低,无法对词间关系进行必要的揭示,但过高的参照度有可能收入一些次要的词汇联系,给使用者增加负担。

4. 关联比(connectedness ratio)

指词表中至少有一个分项、属项或参项参照的叙词与叙词总数之比。关联比也可定义为:

$$关联比 = \frac{叙词总数 + 无关联词}{叙词总数}$$

关联比是测度一词表中无关联词数量的措施。它与参照度结合,可以显示词表中词汇之间的联系程度。无关联词是参照系统中无任何语义关系的词,对这类词的查找无法通过语义网络进行。因此,检索系统一般应尽可能增加关联比,限制无关联词的数量。

5. 清晰度

指含义明确的词汇在叙词总量中之比。清晰度可表述为:

$$清晰度 = \frac{叙词总量 - 语义含糊的词}{叙词总数}$$

这是判断词义控制水平的指标。语义含糊的词通常是指因缺乏必要范围注释、含义注释、限义词或词间关系而出现的无法判定其确切含义的词。词表一般应对容易引起误解的无关联词进行必要限定,使其含义明确,便于使用。国内一些词表,如《军用主题词表》,

还通过为叙词编制释义词典，改进术语的明确性。

6. 先组度

指词表中词汇的先组程度。一般可按先组词与叙词总数的比例加以测度。现代叙词表中先组词的数量一般保持在60%左右。先组度也可以按照叙词中包含的元词的数量，按二元词、三元词进行测算。兰开斯特认为，按照词表中包括的元词数量，英语、法语叙词表先组度的理想值在1.5—2.0之间。为保证标引的专指度，在减少组配误差的同时保持较强的灵活组配能力，先组词的数量应保持适当的比例。根据汉语特点，汉语叙词表的先组度测算，似可考虑用构成叙词的字数，如三字词、四字词等进行概算。

7. 词族及范畴规模

即词表中一词族涉及的等级层次以及在进行词汇分类显示时一范畴类目包含的词量。词族的等级决定于族首词的选择与等级关系的处理质量。为避免词族过于分散，一般应使多数词族的等级层次保持在一定的深度，并使等级关系的揭示相对比较均衡。划分范畴是按分类方式组织词汇的一种方式。兰开斯特认为一范畴的收词量保持在30—40个较为理想。国内的叙词表一般将范畴的规模保持在100个以内。范畴的规模与词汇选择的均衡程度、入口词的数量等也具有一定联系。

上述各项指标，是国内外用来对词汇控制进行评价的一些参数，可以在一定程度上作为词汇控制评价和改进的参考依据。这些数据只能从数量的角度，作为评估的参考依据，并不能完全等同于词汇控制的质量水平。例如：参照度只能对参照关系的强度进行测定，但不能对已有参照关系的处理准确程度作出判断，先组度也只能对词表的先组水平提供数据，无法作为判断已选入词表的先组词具体质量情况的依据。因此，对词汇控制的评价和改进，还必须在参考上述指标的同时，根据汉语特点，严格遵守词汇控制各个方面的规范。

第三节　叙词表的结构

主题标引和检索是依据一定的主题标引工具进行的。在各种主题标引工具中,叙词表使用较为普遍,发展最为充分,最具有典型性。

所谓叙词表,国内又称为主题词表。我国叙词标引的国家标准将其定义为"是一种将标引人员或用户的自然语言转换成规范化语言的术语控制工具;是概括各门或某一学科领域并由词义相关、语义相关的术语组成的可以不断补充的规范化词典"。

上述定义从词表的组成和功能两个方面对叙词表的特点进行了说明:

从其构成看,叙词表是由一定学科范围的表达事物概念的词汇集合;是通过各种方式对术语之间的各种词义联系进行显示的词汇系统;是可以随着使用的需要不断充入、完善、调整的动态词典;

从其功能看,叙词表是标引和检索的依据,标引人员和用户可以通过词表收入的规范词进行标引和检索,提高检全率和检准率。

作为一个规范化的词汇集合,叙词表通常是在对词汇进行严格控制的基础上,由按照一定的方式展开并且相互补充的部分组成的词汇系统。按照其显示方式,叙词表通常可以有字顺显示、系统显示、图形显示三种类型;按照各组成部分的性质,一个完备的叙词表一般可以包括字顺表、附表、辅助索引等。下面按照叙词表的显示方式逐一予以介绍。

一、字顺显示

1. 字顺表

字顺表是一种由众多叙词款目和非叙词款目按字顺排列的一览表。在传统的叙词表中,字顺表收词全面,揭示词间关系充分,被认为是叙词表的主体,故亦称为主表。

字顺表的构成单元称为叙词款目。叙词款目是由叙词及其相关语义关系项构成的独立排检单位,通常由款目词项、标记项、注释项、参照项等组成，包括正式叙词款目（通常亦直接称为叙词款目，见图4-1）和非叙词款目（见图4-2）两种。

Nongye zhengce——汉语拼音
叙词—— 农业政策　　05B——范畴号
Agricultural policy——英文译名
代项——　D　农业方针政策　——非叙词
分项——　F　副业政策
　　粮食政策　————下位词
　　林业政策
　　土地政策
　　畜牧业政策
　　渔业政策
属项——　S　经济政策　————上位词
族项——　Z　政策　————族首词
参项——　C　农村经济政策
　农业法令　————相关词
　农业发展路线

图4-1　《汉表》叙词款目样例

Nongye fangzhen zhengce ————汉语拼音
非叙词——农业方针政策　　05A——范畴号
Agricultural program and policy ——英文译名
用项——　Y　农业政策　——叙词

图4-2　《汉表》非叙词款目样例

从上面例子可以看出，款目词是一款目中起标目作用的词，它是叙词款目和非叙词款目的核心和款目排检的依据。汉语叙词表中，款目词项除款目词外，有的往往还包括汉语拼音和对应的外语译名。汉语拼音起帮助排检的作用；外文译名用于揭示其与双语种对照索引的联系。

标记项记录款目词的序号以及款目词所属范畴的号码。序号为叙词款目配置的顺序号，著录于款目之前，起加强词表各组成部分与字顺表联系的作用；范畴号表示该款目词所属的学科范畴，是查找范畴索引的依据。

注释项系款目词的补充说明,包括含义注释、历史注释及用法注释等,用于明确款目词的含义、用法和变动等。

叙词款目中的语义关系参照项则是字顺表揭示词间关系的基本手段,由有关的语义关系参照项组成。非叙词下只设用项,用于指向相应的叙词。叙词款目下一般根据语义情况依次设置代、分、属、族、参各项参照。

叙词款目参照项中,等级关系常见的显示方式之一,是收入该词直接上位词、直接下位词,如国外的《教育资源叙词表》(ERIC)。这种方法可以揭示与款目词直接相关的等级关系,同时篇幅也比较节省。为揭示与词族索引的联系,不少词表还在参照系统中增加了对族首词的显示,如《汉表》。

对等级关系显示的另一种方式是,在参照项中对等级关系进行完整显示。这种方式相当于将词族表并入主表,可以在减少词表组成部分的情况下完整揭示词汇的等级联系,加强词表的整体感,但会增加字顺表的篇幅。在采用此类显示方式时,大型词表通常在一般叙词下只作单级显示,只有在族首词下才采用全显示,如我国的《国防科学技术叙词表》、《农业科学叙词表》均采用这一方式。

字顺表的基本功能是供标引人员和用户按照字顺直接对叙词进行查找,并通过参照系统判定词汇含义,进行相关词的查检。由于字顺表收词充分,语义关系揭示全面,一般将其作为标引和检索的主要依据。

字顺表收入的叙词通常以普通叙词为主,同时也有选择地收录一定数量的常用专有叙词。为方便专有叙词的处理,大型叙词表往往也为某些特定类型的专有叙词编制专有叙词表。此外,为了缩小字顺表的篇幅,字顺表通常还采用编制字顺索引和入口词表的形式。字顺索引仅收入叙词、非叙词,除非叙词含有用项参照外,其余项目一概不收。入口词表是由非叙词单独编制的表,收入词表编制或标引中出现的按等同关系处理的非叙词(包括未收入词表的其他非叙词),用以增加检索入口、改进易用性。

2. 专有叙词表

专有叙词表,亦称附表,是将众多专有名词按字顺排列的表。专有叙词表是字顺表的重要组成部分,其作用是:①缩小主表的篇幅,使字顺表更加紧凑、简明;②具有分类显示的作用,可以方便用户从范畴出发对专门领域的叙词进行查检;③有利于对上述领域叙词及时管理或增补。

常用的专有叙词包括人名、地名、机构名、产品型号名等,词汇数量巨大,范围广。如何对专有名词进行有效控制,是叙词表编制中一个值得关注的问题。对专有叙词表的编制,各表并无统一模式,通常只将该词表中具有特殊处理需要的专有名词单独编表。如《汉表》设有"世界各国政区名称"、"自然地理区划名称"、"组织机构"和"人物"等专有叙词表;《铁路汉语主题词表》根据专业的特点或需要,设有地名、机构、型号、路名等专有叙词表。专有叙词表编制数量不宜过多,只有在确有必要时才编制,否则容易造成词表结构的分散,给使用带来不便。

专有叙词的款目结构和排列方式与字顺主表相近。这类叙词一般不收入范畴索引,因此其标记项中没有范畴号。

由于专有叙词数量大、涉及面广,一般词表很难收全,叙词表对专有叙词的一个常用处理办法,是采用表外控制办法,即不将需要使用的专有叙词收入词表或专有叙词表,而是采取选用权威文档或工具书的办法。如 LCSH 规定,凡涉及地名、人名、机构名等的标引,一律依据国会馆建立的人名、地名典据文档作为依据。又如,我国《新闻叙词表》规定,凡涉及国家、地区、人名、地名等,依据新华社出版的《英语姓名译名手册》、《世界地名译名手册》等标引。

3. 双语种索引

双语种索引是一种将全部叙词及非叙词与相应外语译名相互对应、按外文译名字顺排列的索引,是通过外文译名使用词表的辅助工具。双语种索引可以帮助使用者直接从外文着手检索外文文献,也可以促进国内外检索语言的沟通和转换,此外,还可以作为中外文对照的规范化术语词典使用。我国编制较多的为英汉对照索引。这类索引一般将每个叙词(包括正式叙词与非叙词)都尽量译成对应的英文术语。非叙词后以 Y 项列出相应的正式叙词。当一个汉语叙词有多个英语对应主题词时,则同时译出;一个英文名词同时对应几个汉语叙词时,也在该英文词下同时列出。

下面的例子选自《汉表》社会科学部分的英汉对照索引:

Subject
主语
主体
Subject analysis
主题分析
Subject catalogue
主题目录
Subject heading
标题法(Y 主题法)
Subject index
主题索引
Subject indexing
主题标引

二、系统显示

叙词表的系统显示是一种通过将叙词按照一定的关系加以组织,以满足标引和检索人员从各种不同角度查找叙词的辅助工具。在传统的叙词表中,系统显示形式主要包括范畴索引、词族索引、轮排索引等。

1. 范畴索引

范畴索引亦称分类索引、范畴表,是一种按照词汇所属学科或范畴编制的概略分类系统,是从分类角度查找叙词的辅助工具。

范畴索引主要有下述作用:①便于在标引和检索文献时从分类

角度查找与某一范畴有关的叙词。在找不到表达某一个概念的确切语词，无法从主表进行查找时，这一途径具有不可替代的作用。②可以作为类分文献的依据，必要时直接利用它编制概略分类检索工具。③是编制、修订词表时按类选词、确定词间关系，编制参照系统等必不可少的工具。

范畴索引的编制一般涉及以下内容：

(1)类目设置。范畴索引中类目的设置，一般以学科分类为基础，结合专业分类和词汇分类的特点进行。以《汉表》为例，在社会科学门类中，国际关系、文化事业、民族等均被设为一级类目；同时也适当根据词汇特点设类，如在不同学科和专业下设置相应的"一般概念"类，以收录类无专属的叙词，如《汉表》中设有"哲学一般概念"、"政治一般概念"等类目。类目的等级通常视词汇情况而定，多数词表只限于二级，我国的《汉表》划分至三级。

(2)类目的组织。范畴索引的类目组织大体有两种方法，其一，按类目内容关系组织，类似等级分类体系。其二，按类名字顺组织，即先将一级类目按字顺排列，再在同一级类目下按字顺序列二级类目。前一种方式便于按系统进行查找，我国词表大多采用这一方式；后一种方式可以从等级字顺角度查找，国外如 TEST 等词表使用此方式。无论采用何种排列方法，最低一级类下的叙词均按字顺排列。

(3)标记符号的确定。范畴索引的标记成分包括分别以字母、数字为基本成分的单纯号码和字母与数字结合的混合号码等种类。编号制度一般为层累方式，即以一个标记单元标示一次划分，号码既表示类目的次序，又可以表示类目划分的等级及联系。

(4)词汇处理。范畴索引通常收入字顺表全部款目词，包括叙词和非叙词。非叙词后保留 Y 项参照，直接指向相应的叙词。所有叙词、非叙词均按词义分入范畴索引中的相应类目，原则上一词一类。一范畴类目的词量，一般控制在 40—100 词左右。某些词如具有两个或两个以上范畴属性，或同时被两个或两个以上的专业作重点研究对象，也可同时在不同学科门类重复反映，如《汉表》中叙词

“矿业经济”根据其属性,同时归入“05HB 工业部门”和“05PB 矿业经济”两类。又如,主题词“社会制度”根据其属性,同时归入“02E 历史观”、“03BC 国家理论”和“12A 历史一般概念”三个门类。

例:《汉表》范畴索引中“07 文化事业”的部分类目结构如下:

07 文化事业 ——一级类目

07A 文化事业一般概念 ——二级类目

07B 社会文化工作

07J 图书馆

07JA 图书馆一般概念 ——三级类目

07JB 图书馆类型

版本图书馆

部队图书馆

藏书楼 } 按字顺排列的叙词

厂矿图书馆

大学图书馆

Y 院校图书馆

……

2. 词族索引

所谓词族,是指一组具有属分关系的叙词按族系关系组织的词汇集合。一族叙词中,外延最广的叙词称为族首词。将众多词族按族首词字顺组织编制的索引,称为词族索引,亦称等级索引。

词族索引的作用是:①可以从词族出发查词,便于利用词族索引对族系关系的揭示,扩大或缩小查找范围,改善标引和检索的效果。②在计算机检索系统中,自动进行上位词登录,满足族性检索的要求。③有利于通过等级关系限定词义。

词族索引对主题词的处理具有以下特点:

(1)收词范围。词族索引只收入词表中按属分关系处理的叙词,非叙词和未按属分关系处理的叙词一律不得收入。

(2)族首词的选择。一般选择外延较宽、具有族性检索意义的叙词作族首词。因外延太宽、内涵太浅而影响实际检索效果的语词均不能选作族首词。例如,范畴、学派、材料、设备、方法等外延太宽,检索意义不大,不宜选作族首词。相反,辩证法基本范畴、美学范畴、民族学学派、经济学派、语言学派、半导体材料、保温材料、切割设备、测量方法等能集中一定专业范畴内具有等级关系的主题词,因而可以选作族首词。

(3)词族规模。目前有两种处理方法:一种对词族的规模不作限制,对等级关系进行完整显示。另一种将规模过大的词族分设为几个词族,总词族和分词族均作为独立的词族分别排列;同时在总词族中将分词族的族首词以特定符号标示,或在参照项中显示。

(4)词族的显示。词族索引通常以词族为基本款目单元,国内常见的词族显示方式,是以族首词为款目词,其余的词按等级隶属关系,以小圆点(级点)为等级符号,依照从宽到窄的次序展开,同级词之间按字顺或先区分概念类型再按字顺排列,在后一种情况下,一般须插入分面标头,注明概念划分的标准。图4-3即为联合国粮农组织《农业多语种叙词表》词族款目的样例,词前的小圆点表示词汇所属的等级。

Processed products

· NT Fermented products

· · NT Alcoholic beverages

· · · NT Beers

· · · NT Ciders

· · · NT Liqueurs

· · · NT Spirits

· · · NT Wines

· · · · NT Champagne and sparkling wines

· · · · NT White wines

· · · · NT Rose wines

图4-3　AGROVOC 词族款目样例

(5)叙词处理。当一个叙词同时从属于两个词族时,一般在相应词族下同时予以反映,以便能从不同角度查找；少数叙词,按其属性可以从属于同一词族中的不同级别,必要时也容许对其重复反映。下面为《汉表》中一主题词同属于两个词族的例子:

发展速度

S　动态相对数

Z　统计分析

　　指标

3. 轮排索引

轮排索引,亦称轮排表,是将词表中的叙词按词素的字顺排列,含有同一词素的词组集中显示于一处的词汇表,这是一种按照字面成族的原理揭示叙词之间联系的辅助工具。

轮排索引的作用是:①增加检索入口,便于从词素角度出发查找词组,提高查词的速度。②将具有同一词素的叙词集中在一起,有助于用户通过判断,选择最为专指的叙词用于标引。③有助于利用词面成族的特点,发现遗漏的词汇或词间关系处理中存在的问题,以便加以改进。

轮排索引对叙词的处理特点如下:

(1)轮排索引的收词范围,可以只收词组叙词和非叙词,也可以收入全部叙词和非叙词,包括单词、词组。

(2)每个叙词根据其构成词素,确定轮排数量。例:"轻型载重汽车"可分别按"轻型"、"载重"、"汽车"等三个词素作入口,对条目进行轮排。

(3)轮排索引的显示方式大致有词外轮排、词内轮排、倒置轮排三种(见表4-3)。

表4-3　叙词轮排索引轮排形式样例

词外轮排	词内轮排	倒置轮排
标引　标引语言	标引语言	标引语言
分类标引	分类　标引	标引,分类
文献标引	文献　标引	标引,文献
叙词标引	叙词　标引	标引,叙词
主题标引	主题　标引	标引,主题
分类　分类标引	分类标引	分类标引
分类检索	分类检索	分类检索
分类语言	分类语言	分类语言
文献分类	文献　分类	分类,文献
检索　分类检索	分类　检索	检索,分类
检索语言	检索语言	检索,文献
文献检索	文献　检索	检索,语言
主题检索	主题　检索	检索,主题
文献　文献标引	文献标引	文献标引
文献分类	文献分类	文献分类
文献检索	文献检索	文献检索
叙词　叙词标引	叙词标引	叙词标引
叙词语言	叙词语言	叙词语言
语言　标引语言	标引　语言	语言,标引
分类语言	分类　语言	语言,分类
检索语言	检索　语言	语言,检索
叙词语言	叙词　语言	语言,叙词
主题语言	主题　语言	语言,主题
主题　主题标引	主题标引	主题标引
主题检索	主题检索	主题检索
主题语言	主题语言	主题语言

资料来源:侯汉清,马张华．主题法导论．北京:北京大学出版社,1991:129

三、图形显示

将叙词之间关系以二维图形式加以显示,称为图形显示,亦称词族图。采用此种方式,用户可以通过直观的图像,迅速了解词间的各种关系。最早采用词族图形式的是1963年由荷兰武装部队技术和情报中心编制的TDCK环型展示叙词表,此后,图形展示在欧洲出版的词表中得到广泛的使用。带有图形显示的词表通常由图示部分和字顺索引组成。

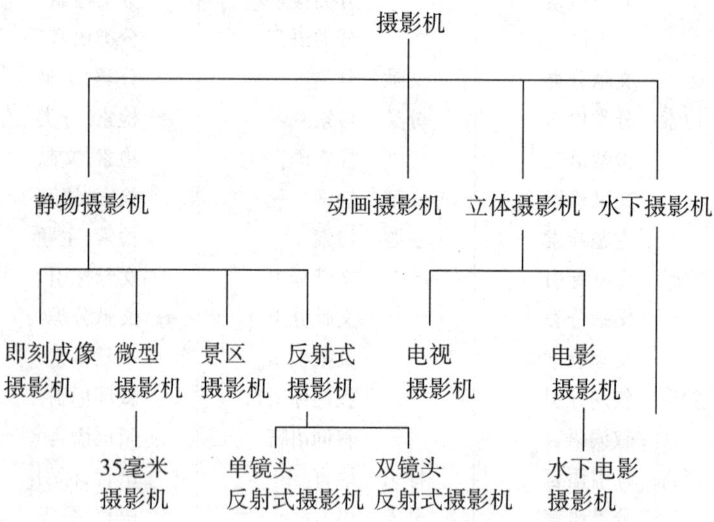

图4-4　树形结构图(引自《ISO 2788-1986 单语种叙词表编制与修订准则》。见:国际标准化组织．文献与情报工作国际标准汇编(续集2)．北京:科学技术文献出版社,1992:278)

图形结构存在着多种显示形式,传统词表中最常用的有树形结构图和箭头关系图。箭头关系图以族首词为中心,通过箭头揭示概念之间的联系。树形结构图则将词间关系根据其等级和相应联系按树形展开如图4-4。图中族首词"摄影机"处于最上部,其下依次列出相关的子项,每个子项再依次列出下位概念,如一棵倒长的树。在电子系统中,图形显示可以结合相应软件在词汇关系的基础上结合资源以及使用需要实时产生。图4-5即为计算机合成的“光合作用”概念图的样例。

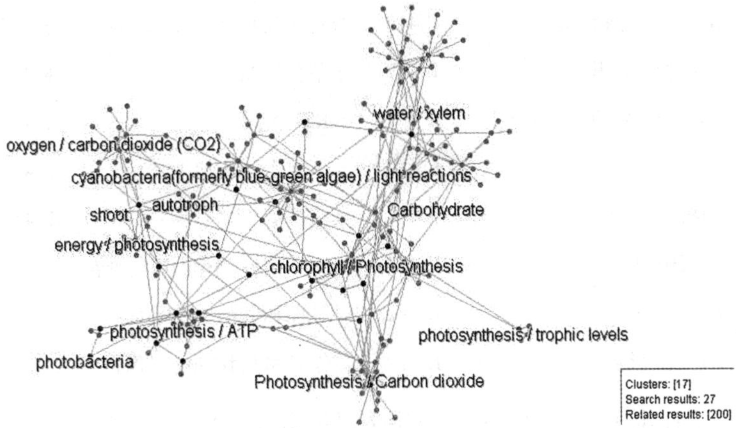

图4-5　光合作用概念图(引自:National Information Standards Organization. ANSI/NISO Z39.19-2005 Guidelines for the Construction, Format, and Management of Monolingual Controlled Vocabularies. http://www.niso.org/standards/resources/Z39-19-2005.pdf)

图形显示一般均须与字顺表结合使用。字顺表部分将全部叙词按字顺显示,并在其中注明有关的注释和相关事项。对于图形显示中未加以显示的相关事项,还应加以补充。例如,图4-4的树形结构图的字顺索引可显示为表4-4。

表4-4　树型结构的字顺索引款目

035 毫米摄影机	E 417	反射式摄影机	E 417
摄影机	E 417	单镜头反射式摄影机	E 417
RT　摄影术	R 562	立体摄影机	E 417
电影摄影机	E 417	静物摄影机	E 417
RT　电影	R 668	电视	R 685
电影	R 688	RT　电视摄像机	E 417

RT 电影摄影机	E 417	电视摄像机	E 417
潜水	T 473	RT 电视	R 685
RT 水下摄影机	E 417	双镜头反射式摄影机	E 417
即刻成像摄影机	E 417	水下摄影机	E 417
SN 摄影机直接生成照片		RT 潜水	T 473
陆地摄影机	E 417	水下电影摄影机	E 417
小型摄影机	E 417	景区摄影机	E 417
动画摄影机	E 417	SN 用多透镜聚焦,与胶卷平面相关的透镜平面可作一系列移动的摄像机	
摄影术	R 562		
RT 摄影机	E 417		

引自《ISO 2788-1986 单语种叙词表编制与修订准则》。见:国际标准化组织. 文献与情报工作国际标准汇编(续集 2). 北京:科学技术文献出版社,1992:278

上述字顺索引补充收入了树形结构中未包括的注释和相关关系,词后的号码为各词所属的词族号码,与图形显示构成一种相互补充关系。

四、叙词表的组成模式

以上概要介绍了叙词表的各个组成部分。就总体而言,叙词表的结构基本上是由上述三种显示方式组成的,但就一具体的词表而言,其结构组成须根据其本身的需要确定,并且是随着叙词表编制技术的发展而逐步变化的。早期的叙词表往往仅有一个字顺表或轮排表,结构和功能都比较单一。随着叙词表的不断使用和计算机使用的日益广泛,为了使其功能进一步完善,许多词表通过增加组成成分来改进其功能,这类叙词表通常以字顺表为主体,以系统表为辅助部分,结合编制多种辅助索引,如:范畴索引、词族索引、轮排索引等。其后,为了在功能完善的同时优化其结构,叙词表又逐步向功能完善、结构简明方面发展，包括将词族表、轮排表结合进主表，以分类表代替范畴表和词族表等。

从目前的使用情况看，叙词表的结构并无统一模式，呈现出多样化的趋势，并且是处在不断变化发展之中的，须根据自己的特点和需要确定其构成。一般认为，一部功能完善的叙词表至少应包括两部分：其一为字顺显示，其二为系统显示，包括如范畴表或分类表等。从实际使用现状看，目前叙词表采用的将两部分结合的形式大致有以下几种：

其一，由字顺表与一种系统显示形式结合。例如：由一字顺表分别与范畴索引、词族索引或轮排索引中的一种结合组成叙词表。

其二，字顺表与多种显示形式相结合。例如：由一字顺表同时与范畴索引、词族索引、轮排索引或其中的两种索引结合组成的叙词表。我国的叙词表一般还包括双语种对照索引，最常见的为英汉对照索引。

其三，字顺表与图形显示结合。图形显示起到词族索引的作用，字顺表则对图形显示中未涉及的关系进行补充显示，并提供字顺检索途径。

其四，字顺表与分类表相结合。包括以字顺表为主、分类表为辅，以分类表为主、辅以字顺索引等形式，也有一些分类叙词结合的词表同时设置有轮排索引等。

同时，在各个部分的组成上，也呈现一种多样化的趋势。如：将词族索引并入字顺表，将范畴索引与词族索引合并等；在字顺表与分类表结合的形式中，也存在着分面分类表、列举式分类表等多种分类显示形式。

上世纪 90 年代中期对国内 66 部专业叙词表的结构调查显示（见：蔡润．我国汉语专业叙词表的分析评价：北京大学信息管理系硕士论文，1996），由字顺表、范畴索引、词族索引结合的词表有 34 部，分类主题词表 8 部，将范畴索引与词族索引合并的词表 13 部，对主表中的等级关系加以全显示的有 11 部，同时其中采用英汉对照索引的48部,轮排索引2部。上述调查其有一定典型性,一定程度上反映出了叙词表结构多样化的特点。

上述词表的编制,形式多样,特点各异,很难确定何种形式性能最为优越,一般而言,词表的结构,应根据文献单位的设备条件、学科范围、收藏规模、用户对象等情况综合考虑。就词表的结构而言,一个好的词表应力求具备下述特点:

(1)功能完备。通过各个组成部分的结合,使词表具备该系统所需要的各种有效功能。

(2)各部分功能应相互补充。词表的各个组成部分的功能应是有效的,性能上是互补的,可以通过相互结合,组成一个完整的整体。

(3)结构简明。各个组成部分之间应避免重复,整个词表的结构应加强整体性,减少组成部分,力图在结构简明的同时达到功能完备的目的。

(4)编制和管理方便。词表的结构应便于编制,利于在保持原有系统的基础上进行及时增补、管理。

(5)易于掌握、便于使用。词表应易于理解,便于专业人员和终端用户使用。

总之,计算机的使用,为叙词表各个相关部分之间的结合使用增加了方便。如何根据系统的特点和需要建立起结构简明、功能完备、适合于实际使用需要的整体结构,目前仍在不断探索之中。

第四节　叙词表的编制与维护

一、叙词表的编制

叙词表的编制一般包括总体设计、选词、对词汇进行处理、编表、审核和试标引、传播与出版等步骤。

1. 总体设计

在叙词表编制以前,一般应首先根据文献单位的标引对象、设备条件和使用需要，对叙词表的总体要求作出规定。包括：

（1）确定词表的主题领域以及涉及的范围，以便可以根据涉及的范围对词汇进行选择和处理。一般情况下，中心主题领域是收词的重点，应做到词量充分；边缘学科门类，则可相对概略。

（2）确定词表的功能，确定其是供计算机系统使用，还是同时供编制手工检索工具；是严格的受控系统，还是与自然语言结合使用的系统。

（3）确定词汇的特点，明确收录的词汇是要求有较高专指度，还是可以比较宽泛；对词类、词形、词量以及词汇的先组度等有何规定等。

（4）规定词表的结构，是采用字顺显示结合传统的系统显示，还是字顺显示结合图形显示或分类显示等；同时，还应明确各个组成部分中款目的结构以及具体的组成成分。

（5）作好词表编制的准备工作，确定编表的方法、计划和步骤。其中，准备工作通常应包括人员准备、词汇资源的调研和准备，同时，还应根据需要和可能，作好词表编制软件的选择或编制工作。

在明确上述问题的基础上，就可以根据规定的要求进行词表的编制。

2. 选词

词汇的选择一般应根据词表涉及的主题或学科范围，依据文献保证和用户保证进行。词汇的选择一般有以下来源：

（1）参考词表。包括现有词表和分类表。可选择综合性叙词表或分类表的相应部分或相关的专业主题词表。其中叙词表的词汇收有同义词以及必要的词间关系处理，可直接收入。

（2）参考工具书。包括百科全书、词典、术语表等各种来源。这类工具书的词汇一般都比较规范，可以通过它们获取相应领域的标准词汇。

（3）参考检索刊物。如相应专业的文摘和索引期刊，可将其标引词作为选择依据，相应领域期刊数据库的关键词字段是较好的收词来源。

（4）文献浏览。专业文献是词表叙词的重要来源。特别是发展迅速的主题领域,尤其需要注意直接从文献中选词,浏览的文献除专著、期刊论文外,还应包括技术报告、小册子、会议录、专利、标准等。

(5)用户提问。包括分析用户检索中使用的提问记录,请用户或主题领域的专家提供常用的检索词汇,并请他们阅读词表、类表,为特定主题领域词汇、结构提供修订意见。

(6)如有词库,也可以直接从词库选词。由于词库一般包括必要的范围注释、词间关系处理等,是理想的词汇来源。

收集的词汇可以以卡片或机读形式记录,一般应包括定义、同义词、上下位词、相关词、术语来源、出现频率、词汇所属的类或主题领域等,以便进一步处理。对从词表或词库中抽取的词汇,还应考虑其关系是否适用,必要时可加以调整。记录中的各个项目,可在词汇处理的过程中逐步完善。

3. 词汇处理

词汇的处理,实际上在词汇选择过程中就已经开始。不管词表涉及的范围和最终的形式有何不同,词汇处理的基本方法一般都是:首先,划分学科或基本的主题领域,使同一学科或主题领域的词汇得以集中;其次,再在一个学科或主题领域内根据其特点确定基本范畴或分面,在分面之下对词汇之间关系进行分析和处理。采用这一方法,可以按领域或范畴了解收词情况,确定词汇的收集是否充分,各部分之间是否平衡,根据需要进行必要增补和调整;同时,将同一领域的词汇集中,有利于发现词间关系,对同义词、上下位词、相关词等进行处理。例如,在多学科词表编制时,可首先按专业门类集中词汇,如将图书馆学的主题词集中在一起;再按照其基本范畴,分别按本体(图书馆类型)、材料(文献载体形式)、操作(文献处理手段)、设备条件等,对词汇加以区分;然后再根据范畴对词汇进行增补、分析、处理,就十分方便。如通过将图书馆类型的词汇加以集中,就可以根据图书馆类型的实际标引需要,分析词汇收集情况,确定词间等同、等级以及相关关系等。经过上述分析,一般应能确定叙词记录中的各项数据,并以此作为生成词表的基础。分类主题一体化词表则还应根据其编制特点和要求，对同一范畴以及各相关范畴之间的词汇完整展开（详见第五章）。

在词间关系处理中，除采用上述方法外，还可以结合采用轮排等方法，将具有相同词素的词集中排列，帮助发现词间的联系。

4. 生成词表

根据上述处理结果，就可以根据词表组成结构，进一步生成完整的词表，包括字顺表、图形显示以及传统的系统显示，如等级索引、范畴索引、轮排索引等。在上述各个组成部分的建立过程中，族首词的选择须作出智力判断，应根据专业领域的检索需求加以确定，并应照顾到等级索引中不同词族之间的平衡；轮排索引中词素的切分，一般也需要根据汉语的特点进行人工干预。其余的工作，均为事务性劳动，可以依据词汇处理提供的数据完成。要求排列正确，等级分明，相关参照完整。这一工作由人工进行，工作量较大、耗时长、容易出错，有一定难度，但由计算机辅助处理，则十分方便。

5. 审核和试验

在生成词表的同时，应广泛征求专家意见，并对词表进行详细的审核，包括：审核对应款目的参照是否完备，同义词、准同义词的处理是否恰当，叙词的词形是否符合规范，字顺排列是否准确，词表的格式字体是否符合规定等。

在进行上述工作的同时，应使用草表进行试验，包括试标引和处理用户提问两个方面。通过应用试验、增补术语、调整参照关系，使其适合实际使用。同时，编写词表的编制说明，完成词表的编制。

6. 词表的传播与出版

一个词表的构成通常应包括编制凡例、各种显示方式的词表、使用手册等部分。当前词表的传播与出版形式种类多样，可以包括印刷型和电子型，后者包括联机交互型、独立软件包等，在目前条件下，电子形式应该优先考虑。同时，还应充分考虑专业人员和普通用户等的不同需求，分别提供不同的版本，如：供普通用户使用的只包括叙词，以及各种参照关系的通用版；供标引人员或者专家型用户使用的,包括详细的范围记录、标引说明、叙词历史信息等的专业版等。

二、叙词表的维护

叙词表作为动态词表,要求根据文献标引的需要,随着学科领域的发展及时修订增补。因此,要保证词表的使用效果,词表的维护十分关键。一般情况下,在检索系统或数据库发展初期,词表的词汇会随着文献标引的进行,出现较高的增长,并在一段时间后达到相对稳定;但如该学科主题领域发生急遽变化或数据库扩大收录范围,则词汇会再次出现大幅度增长。词表的维护,应注意根据文献标引的阶段以及学科领域的变化特点进行。叙词表的维护通常包括:

1. 增补新词

即根据文献标引和检索的需要,及时增补有关新学科、新事物、新问题、新技术的词汇。这是确保词表能及时标引和检索文献的基本措施。新增补的词汇应包括必要的范围注释、同义词、等同关系、从属关系、相关关系等。对太专指的词,则可作非叙词收入,用于指引检索相应的上位词或有关的组配形式。

2. 删除旧词

通常包括删除不符合系统要求的词以及使用率过低的词,这是保持词汇有效性的必要措施。删除时,一般应同时将该词从词表各相关部分或关系中删去。对仍有一定使用价值的词,则可将其改作非叙词,作入口词使用。

3. 修改调整

主要指根据需要对词表现存词进行必要调整,使其准确、适用。这是增强词表性能的重要手段。包括词形是否符合规范,同义词、准同义词中标引词的选择是否恰当,范围注释是否需要完善,等级关系和相关关系是否需要调整等,以便能使词表更加有效、更适合实际使用需要。

词表维护工作一般应由专门的编辑班子或专人负责。为了保证词表的质量,一般应有相应的数据为依据,包括标引频率、检索频率以及词表有关数据，如等同率、关联比、参照度等。对一些专业词汇的增补，还应注意征求相应主题领域专家的意见。在词表维护过程中，应详细记录词汇的变化，作好词汇的历史注释，使词表词汇的变化发展脉络清楚，以便必要时，用户可以利用历史注释进行回溯检索。一般情况下，使用计算机管理系统，有利于简化词汇维护的操作，有效进行词汇调整和维护，提高词表管理的水平。

三、词表管理软件及其使用

早期叙词表的编制和管理一般是手工进行的，不仅需要完成各种相关的智力劳动，而且涉及到大量事务性操作，需要花费较大的人力、物力，耗时长，成本高，容易出现差错，也不利于词表的管理和及时更新。随着计算机的广泛使用，目前进行词表编制，大多使用相应的词表管理软件，以提高效率，避免事务性操作可能出现的错误。

词表软件大致可以分为两类，其一为通用词表管理软件，其二是根据特定需要建立的专用词表软件系统。各种词表管理软件一般均具有词汇处理能力强、功能完备、操作简便等特点。以词表管理计算机软件 MultiTes 2005 Pro（简称 MultiTes ）[①]为例，该软件可同时应用于单机环境和网络环境，具有编制和维护各类词汇系统，包括叙词表、标题表、分类系统以及多语种叙词表的能力。其特点包括：①可以以多种方式输入和处理词汇，允许收入的词汇数量没有限制；②除了设有标准款目格式，也允许用户自定义词间关系和使用数字代码；③在编辑一个术语或加入新的关系时，术语参照可自动更新，不必化费时间去核对叙词表；④叙词表可以按字顺表、主题类目、等级关系、分类表和轮排索引等多种方式显示，用户可以通过检索或浏览的方式，查找到词表中叙词的位置以及有关该叙词的详细记录；⑤提供多种输出形式，包括格式化的印刷输出和以HTML、XML 等形式输出。因此，使用该软件可以十分方便地建立和管理电子叙词表。MultiTes

① http://www.multites.com/

原文为英文,但也可以供中文词表编制使用。

为增加对通过使用词表软件进行词表编制的了解,下面试以该软件为例作简要介绍。使用 MultiTes 进行词表编制时的相关操作程序大致如下:

1. 建立新叙词表文档。从主菜单选择"File"下的"New"键,输入文件名,点击"SAVE"保存,根据默认,MultiTes 赋予一个扩展名给新的叙词表;再按要求输入一个新表的简要描述(例如,"Education"),点击 Ok,即产生一个新词表文档,供编表使用。

2. 术语输入。MultiTes 在叙词表编制中提供多种输入叙词的途径和方法,新增叙词,可以在主菜单中选择"New Term"键以相应方式输入;也可以在建立词间关系或在范畴中通过直接输入术语等途径增添。输入叙词的方式,可以每次输入一个叙词,也可以一次输入一组叙词或以文本文件的方式等对一种类型的叙词加以输入。

3. 词间关系的建立。为一个术语增加词间关系,通常选定该词,从主菜单选择"Add relationships"键,在下拉文本框中选择关系

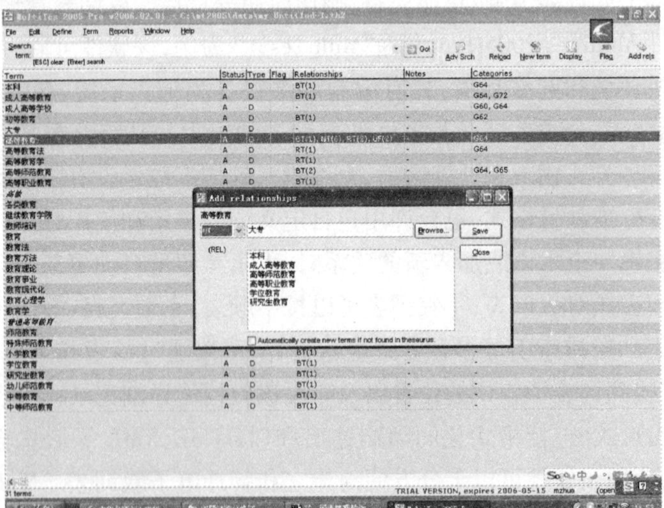

图4-6　MultiTes 建立词间关系界面示意图

类型，输入对应词，即可建立，如图4-6。图中可以选择的词间关系类型包括：代（UF），用（USE），属（BT），分（NT），注释（SN），主题范畴号（SC）等。在选定主题词“高等教育”的情况下，选择关系类型“NT”，输入相应下位词“大专”并点击“SAVE”，即可完成该下位词的输入。输入的关系词可以是词表中已有的词，也可以是新词。MultiTes 的词间关系也可以采用按分行输入一组词等批输入的形式。关系词一旦输入，即可在系统中自动以对应的方式显示。词间关系除规定的标准关系类型外，也可以根据需要增设。

4. 词表查找和显示。MultiTes 提供多种词汇查找方式，包括输入术语对应查找，利用开头字母查找，从范畴角度查找，利用注释查找等多种查词形式。叙词款目可以通过点击表上的“Display”键显示，图4-7即为“高等教育”词间关系显示界面的样例，并可根据需要选择按“多层等级”、“双向等级”等形式作完整的等级显示。

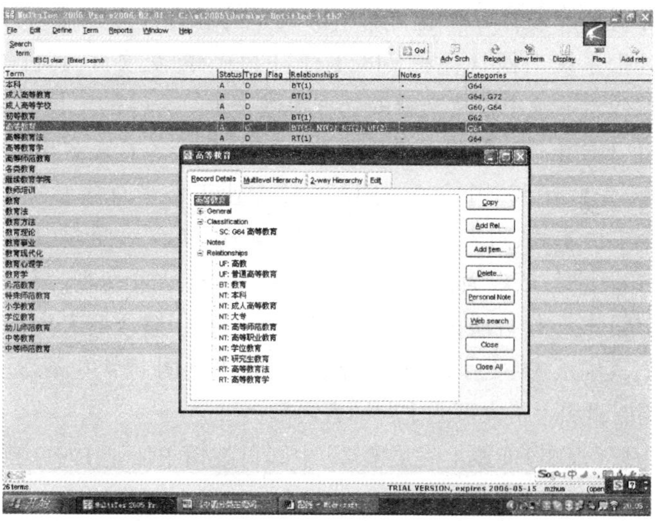

图4-7　MultiTes 款目词间关系显示界面样例

5. 词表的编辑和维护。编辑术语记录和相关条目可以选定相应术语，显示术语款目，并在此基础上点击鼠标右键，选择相应操作键,对款目各项进行调整、删除等各种处理,也可以在主菜单点击“edit”键,对条目的基本信息进行修改调整。

6. 词表输出。MultiTes 提供多种叙词表数据输出形式,包括如:按族首词字顺,等级,主题范畴,分类,轮排索引(KWOC)等形式输出,或按用户定制形式提供等。所有输出可以通过主界面“Report”菜单操作。包括输出选择、印刷输出、屏幕输出、文本输出。某些输出还提供输出格式的选择,如 HTML、XML 等。

第五节 《汉语主题词表》评介

一、由来及发展

《汉表》[①]是在中国科技情报所和北京图书馆主持下,根据现代文献标引和检索的需要编制的一部大型的综合性叙词表,是“汉字信息处理系统工程”(简称 748 工程)的一个配套项目,其目的是为在文献检索系统中中文文献的处理提供一个综合性的工具。该表自 1975 年 7 月正式建立班子着手编制,至 1980 年 3 月正式出版,共历时 5 年,先后有 505 个单位的 1378 位专业工作者直接参加编审工作。全书由主表、附表、范畴索引、词族索引、英汉对照索引组成,共分成三卷十册,依次为:第一卷:社会科学部分,两个分册;第二卷:自然科学部分,七个分册;第三卷:附表,一个分册。整个词表共收词 108 568 条,其中正式主题词 91 158 条,非正式主题词 17 410 条,是我国,也是当时世界上最大型的主题词表之一。

为使《汉表》能跟上发展需要,中国科技情报所于 1991 年对《汉表》自然科学部分进行了修订,出版了自然科学部分的增订版,并建立了词表管理系统。增订版增补新词 8221 条,删除不适用的词

① 中国科学技术情报研究所,北京图书馆主编. 汉语主题词表. 北京:科学技术文献出版社,1980

5434 条,并将字顺表中的排序方式进行了变动,压缩了版面,使之便于查找使用。此后,又于 1994 年出版了由北京图书馆主持,在《中图法》类目与《汉表》主题词对应的基础上编制的分类法—叙词表对照的一体化词表型的词表——《中分表》。此表在建立起《汉表》与《中图法》两大系统联系的同时,对词汇进行了修订充实。其后,1996 年,又根据增订版补充编制了自然科学部分的轮排索引,以便利从词素角度对主题词的查找和利用,从而使结构组成更加完备(见图4-8)。

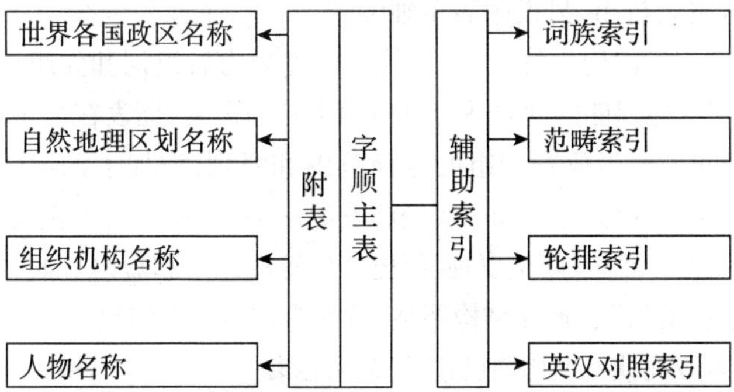

图4-8　《汉表》组成结构

目前,《汉表》有印刷版、机读磁带版两种形式,后者并可根据需要生成各种抽印本。同时,其字顺表和词族索引是《中分表》电子版的组成部分,可以供主题标引使用。1985 年起,《汉表》的主题词被北京图书馆用于图书编目,目前我国的综合性图书馆一般均依据《中分表》的主题词进行主题标引。

二、主表

《汉表》的主表是众多叙词及其相关的语义关系项构成的字顺表,根据大型工具书的特点,其印刷版按社会科学和自然科学两大范畴分别组织。

《汉表》中的叙词,是与以概念为基础的描述和表达文献主题的词,亦称为主题词。它是词表构成的基本要素,是进行标引和检索的标识和直接依据。按照词汇对象的特点,社会科学部分主要收入哲学、政治、经济、文化等各学科门类的词汇,其中包括社会科学各门类科学术语和社会科学领域涉及的专门概念,如:学科派别、政治主张、历史事件、会议文献以及社会活动和政治活动等的专有名词。自然科学部分则包括自然科学、技术科学门类关于学科、对象、材料、方法、工艺、性能等方面的名词术语或专用名称。至于两个范畴中涉及的有关世界各国政区名称、自然地理区划名称、组织机构名称和人名等,则从主表析出,另设附表单独编列。

按照词汇的构成特点,主表的叙词可分为后组词和先组词两种。为了使主题标识能够同时适合机检和手检的需要,词表在大量选择后组词的同时,适当放宽词组的选择范围和级别,增加了词组的数量。根据反映我国社会性质和现实经济发展水平的要求,词表收入了许多反映国家方针政策、新生事物、历史事件等的词组和短语。如"经济规律"、"生产资料"、"产业结构调整"等均为词表收入的叙词。

主表叙词款目结构前已述及,通常由款目叙词、汉语拼音、英文译名、范畴号、注释项及其语义关系项组成。其中,叙词款目中的语义关系项是主表揭示词间关系的基本手段,根据语词性质和需要分两种情况,非叙词下的参照项比较单纯,只设一个 Y(用)项,用以从非叙词指向叙词。正式叙词的参照项则是根据叙词的具体情况变化的,可以有 D(代)、F(分)、S(属)、Z(族)、C(参)等项,分别收入该款目叙词对应的非叙词、下位词、上位词、族首词、相关词等。词表中没有任何语义关系的词,称为无关连词。如下例为族首词的款目格式:

Qingbao jiansuo
情报检索 *　　　　07k
Information retrieval
　D　文献检索
　F　专题检索
　　　追溯检索

叙词款目的排列以款目词的汉语拼音为依据,首版叙词款目严格按款目叙词汉语拼音，以字母为单位进行，排列时不考虑汉字的笔划、笔型，同一汉字起首的叙词在字顺系统中是分散的。修订后的自然科学部分主表则以汉字为单位注音，按音序、调序与部首笔划排列，可以将同一汉字起首的叙词集中在一起，比较符合广大用户的使用习惯。

三、附表

附表是将一些具有通用性的专有名词从主表析出，单独编制而成的词汇表。《汉表》的附表收入“世界各国政区名称”、“自然地理区划名称”、“组织机构”和“人物”等四个范畴中常用的专有名词，是主表不可缺少的分支和组成部分。附表叙词和主表叙词的结合，构成《汉表》收词量的总和。各表概况如下：

附表一，世界各国政区名称。收入世界各个国家、地区及所属重要城市名称。中国政区名称，收入省、自治区、直辖市以及部分重要城市和地区名称；县一级名称未予收录，县以下个别重要城镇、村落名称则按专业研究需要分别收入主表。如主表考古学范畴中选收了周口店、半坡村等考古地名。此外，古代中外政区和地名、革命纪念地和场所、名胜古迹等亦直接收入主表。为了适应揭示叙词族性关系的需要，自然地理区划中的世界五大洲及有关的一些地理区域名称，例如，亚洲、东亚、象牙海岸等亦收入附表一。

附表二，自然地理区划名称。收入世界重要自然地理区划名称，包括山川、河流、湖泊、海洋、岛屿、平原、盆地等的名称。例：珠穆朗玛峰、黄河、长江、巴尔喀什湖、北冰洋、亚得里亚海、朝鲜半岛、撒哈拉沙漠、准噶尔盆地等。但已收入附表一的五大洲及有关的自然地理名称，不再收入本表。

附表三，组织机构。收入各专业中具有研究价值和文献论述的重要机构团体名称，但关于政治派别、军队和中外历史上的机构团体名称，均已收入主表，本表不再收入。机构名称一般采用全称。但在少数情况下当简称比全称通用时，也可以以简称为专有叙词，个别通用的外国机构原文的简称，亦可用作正式叙词，并与其中译名建立联系。例：不用“奥林匹克委员会”，用“奥委会”；不用“美国国家航空和宇宙航行局",用"NASA"等。

附表四,人物。收入古今中外具有研究价值和文献论述的人物对象。外国人姓名一般取姓的中译名,名用原文缩写,按姓在前,名在后次序书写。如罗斯福,F. D.(1882-1945)、罗素,B.(1872-1970)、哥白尼,N.(1473-1543)等。

附表叙词款目的构成大致与主表相同,但由于叙词不再收入范畴索引,其款目项中均无范畴号。款目的排列目前仍按主表的第一种方式进行。

四、辅助索引

《汉表》的辅助索引是通过改变组织方式,提供从不同途径着手查找叙词的工具,包括范畴索引、词族索引、轮排索引和英汉对照索引四种,现分别介绍如下。

1. 范畴索引

《汉表》的范畴索引是将主表的全部叙词按词义所属范畴,划分成类,按类目关系编排的词汇分类体系。根据词表收词范围和特点,整个索引在社会科学和自然科学两大范畴的基础上,划分出58个大类、675个二级类、1081个三级类,是国内外范畴索引中划分级别较深、类目数量较多的(见表4-6),其中自然科学部分为修订版数据。类目之间大致按类目相互关系,采取从总到分,从简单到复杂,从一般到具体的逻辑次序排列,并配予相应标记符号。主题词只收入最下一级类目,并在该类下按汉语拼音序列。

表4-6 《汉表》范畴索引类目设置

	社会科学	自然科学	总数
一级类	15	43	58
二级类	173	333	506
三级类	311	770	1081

《汉表》范畴索引的类目设置(见表4-7)根据学科、专业特点并结合词汇分类需要进行。此外,在类目的划分中适当考虑了收词情

况，将每类收词数量保持在100个以内，一般不超过200个，以便于减少按类查词的难度；对于某些涉及内容广泛、分支众多的学科，类目设置相应详尽，如"05　经济"大类共收词4113个，根据该类收词数量较多的特点，索引共设置了多达100多个类目。但索引中也存在类目收词不均衡的问题。

表4-7　《汉表》范畴索引大类一览表

01	马克思主义、列宁主义、毛泽东思想	51	工程热物理学
02	哲学	52	核技术
03	政治	53	能源、动力工程
04	国际关系	54	电力工程、电机工程
05	经济	56	电子技术
06	军事	57	通信技术、邮政技术
07	文化事业	58	自动化技术、计算技术、计算机
08	教育	60	导航技术、探测技术
09	体育	61	轻工业
10	语言文字	62	化学工业
11	文学艺术	63	石油、天然气工业
12	历史	64	矿业工程
13	民族	65	冶金工业
15	心理学	66	金属学、金属加工与设备
20	社会科学一般概念	67	机械工程
30	数学	68	土木建筑工程、城市建设
31	力学	69	水利工程
32	物理学、晶体学	70	建筑材料工程
34	化学	71	交通运输工程
35	天文学	72	车辆工程
36	自然地理	73	舰船工程
37	地质学	74	航空、航天技术
39	测绘学	75	武器、军事技术、军事装备
41	地球物理学、地震学	81	计量学、计量技术、仪器仪表
43	气象学	82	实验方法、试验技术与设备
44	海洋学	83	通用技术
45	生物科学	87	材料科学
47	医学科学	91	环境科学
49	农林科学	92	自然科学一般概念

范畴索引的标记采用数字、字母混合号码。以两位数字01—99标志58个大类,大类以下采用字母标记,按层累方式编号,其后以一位字母标志第二级类目,以两位字母标志三级类目。某些叙词具有两个或两个以上范畴属性时,也可同时在不同学科门类重复反映。但总体而言,重复反映的比例不高。

2. 词族索引

《汉表》的词族索引是把字顺表中按属分关系处理的叙词加以集中显示的一种索引系统。整个索引收入字顺表中所有具有属分关系的叙词,按社会科学和自然科学两个范畴分别设置。附表中入族的叙词收入社会科学部分索引。全表初版共收入词族3707个,其中社会科学886个,自然科学2821个;自然科学增订本新增词族141个,删除族首词134个,将词族调整为2825个。

《汉表》词族索引采用全显示的形式(见图4-9),即对属于一词族的叙词进行完整显示,不设分词族。下例即为社会科学部分词族款目结构,自然科学部分词族款目的构成大致相同,只是叙词后未带范畴号。同时从属于两个或多个词族的叙词,允许在相应词族下予以反映,但已确定为族首词的语词不再在其他词族的分项中出现。

汉语拼音……	Guomin jinjie bumeng gechen		
款目叙词……	国民经济部门构成	05HB	
(族首词)	·非物质生产部门	05HB	
	··服务部门	05HB	
	···城市公用事业	05HB	
等级符号……	···服务业	05QM	……范畴号
	···社会福利事业	03JG	
	··管理部门	03HB	
	···行政部门	03HB	
	·物质生产部门	03HB	
	··物资供应部门	03HB	

图4-9 《汉表》社会科学部分词族款目

3. 轮排索引

目前《汉表》的轮排索引只包括自然科学部分，[①]收入《汉表》自然科学部分的全部词汇，包括单词、词组，正式叙词和非叙词，采用题内关键词索引的方式编制。每个叙词或非叙词根据其构成词素，亦即有检索价值的单元概念，确定轮排数量。条目的排序采用双向排列法，即先按检索入口右侧汉字的拼音排列，右侧相同的主题词，则按检索入口左侧的汉字排列，从右向左排，这种排列方式可以通过入口词左侧汉字的有序排列，方便用户选择使用。例：采用这一方法，下例中各种公共汽车、载重汽车均能在字顺序列的相应位置上得到集中（见图4-10）。

4. 英汉对照索引

英汉对照索引是一种通过英文名使用词表的辅助工具。《汉表》的英汉对照索引一般将每个主题词，（包括正式主题词与非正式主题词）都尽量译成英文。非正式主题词后以 Y 项列出相应的正式主题词。当一个汉语主题词有多个英语对应主题词时，则同时译出；一个英文名词同时对应几个汉语主题词时，也在该英文词下同时列出。

《汉表》的英汉对照索引可以帮助标引人员和用户直接从英文着手检索外文文献，也可以通过它查找英文主题词表，促进国内外主题语言的沟通和转换。

五、概要评价

1.《汉表》编制的意义

《汉表》作为我国第一部大型综合性汉语叙词表，在我国主题标引和检索的发展过程中，具有不可替代的地位和作用，主要体现在以下几点：

---

① 中国科学技术信息研究所情报语言研究室，中国索引学会索引技术和索引标准研究室．汉语主题词表自然科学增订本 第 5 分册：轮排索引．北京：科学技术文献出版社，1995

检索入口 ↓		范畴号及用代参照 ↓		主表页码及栏目 ↓
	汽车	72B		1986 中
	Automobile			
电	汽车	72B		526 右
电传动	汽车	72B		498 右
消防	汽车	72B		2777 左
公共	汽车	72B	D 大客车	924 右
游览公共	汽车	72B		3051 右
通道式公共	汽车	72B	D 铰接式公共汽车	2528 左
铰接式公共	汽车	72B	D 通道式公共汽车	1349 右
微型公共	汽车	72B		2627 中
载货	汽车	72B	Y 载重汽车	3127 右
清洁	汽车	72B		2035 中
三轮	汽车	72B		2158 左
无污染	汽车	72B		2682 右
越野	汽车	72B	D 吉普车	3108 中
运营	汽车	72B		3023 右
载重	汽车	72B	D 卡车载货汽车	3128 右
轻型载重	汽车	72B		2027 中
重型载重	汽车	72B		3266 右
	汽车保修设备	72F	Y 车辆维修设备	1986 中
	汽车保养场	71AQ		1986 右

图4-10 《汉表》轮排索引

(1)首次为我国提供了一个综合性的主题标引工具。文献单位可以使用它建立各种形式的主题检索工具,便利主题法在我国的使用。

(2)探索了词表编制方法。通过《汉表》的编制,不仅总结了国内外词表编制的技术方法,而且还结合实践进行了广泛探索,为汉语叙词表的发展积累了经验。

(3)培训了一大批编表人员。《汉表》的编制实践,训练了队伍,为我国 20 世纪 80 年代以后叙词语言的发展奠定了基础。

(4)是编制词表的参考对象。《汉表》词汇丰富、结构完备,是专业词表的词汇来源和参考依据,为专业词表的编制提供了方便。

(5)探索了叙词表的实际使用方法。结合《汉表》特点和实际使用的需要,我国标引工作者探索了其在手检系统中和机检系统中的使用形式,推动了叙词法在我国的实际使用。

(6)是汉语叙词表的兼容中心。《汉表》具有的大型综合性词表的特点以及与专业词表的联系,使其成为事实上的兼容中心。

2.《汉表》评价

作为我国第一部综合性大型词表,《汉表》编制本身是一个学习和探索的过程,有其成功的一面,同时又存在着问题。下面结合词表评价的有关方面,对《汉表》的编制情况作一概要分析:

(1)体系结构。《汉表》由主表、附表、范畴索引、词族索引、轮排索引、英汉对照索引六部分组成,各个部分之间相互补充,整体功能完备,是传统词表编制的一种典型模式。但由于其印刷版分为三卷,字顺表和索引各自分为社会科学、自然科学和辅助表三部分,组成分散,编排不紧凑,整体性差。此外词表还存在着社会科学与自然科学等级索引体例不一致,社会科学及副表逐字母排列不符合使用习惯等问题。

(2)词量与专指度控制。《汉表》的词汇收集,参考了当时国内外词表的词汇,并结合文献标引的需要,涉及范围面广,专指度深,不仅可以满足综合性文献单位标引和检索的需要,而且也可以满足一部分专业文献单位的需要,首次为我国文献情报单位提供了一个权威的词汇集合。但也存在个别专业收词过多,不同专业之间收词数量不平衡的问题。如大类收词量的平均数为1872个,但表中收词最多的大类多达7722个,最少的大类仅有274个。有关研究表明,《汉表》自然科学部分不仅比国外自然科学部门的大型词表如TEST、JICST等收词广泛,而且其专指程度与我国的《航空科技主题词表》等专业表相当甚至更高,作为一个综合性词表,显然无此必要,应根据使用情况对词汇加以调整。

(3)词汇等同率。《汉表》在这一方面存在的问题是:①等同率低。根据有人调查,《汉表》的词汇等同率仅16.53%,远低于国内外同期专业词表50%—60%的平均值。②等同率不平衡,自然科学许多门类用代关系极少。③基本上不设与组代词的等同关系。同义控制可以增加检索入口,改善检索系统的易用性,是增加终端用户检索便利的重要因素,因此,现代叙词表和标题表一般都大量增加词汇的等同率,如:近年来,LCSH的等同率已超过2。比较而言,《汉表》目前对用代关系的处理与使用要求差距甚大,有必要根据实际使用需要,大幅度增加词表等同率,必要时并可采用入口词表的形式。

(4)词间关系控制。《汉表》对词汇及其关系进行了全面控制,除在字顺表中以款目为单位,通过参照系统对叙词的词间关系进行控制,同时还从范畴索引、词族索引、轮排索引等不同方面、角度揭示词汇的含义及各种语义关系。由于《汉表》全面设置了属项、分项、参项,估计其参照度会大于2,与国外著名词表如ASTIA、TEST、CAB、LCSH等的水平接近。但《汉表》的无关联词达17 956个,关联比仅为0.8,低于上述国外著名的词表。增订本对无关联词的状况没有明显改善。《汉表》应减少无关联词,提高关联比与参照度,同时注意改进词间关系控制的规范和质量。

(5)先组度控制。根据汉语语词结构切分灵活、不利于组配标引的一致性的特点,同时,为了适合手工检索使用以及反映我国方针政策、新生事物、历史事件的需要,《汉表》适当增加了先组词的数量,使先组度达到60%,与同期国外22部词表的40%相比稍高,基本上属正常比例。但由于在先组词选择过程中未能建立严格选择规范,在词表中收入了不少整体—部分式复合词,事物行为与受体结合的复合词,事物与地名结合的复合词等,一定程度上影响了先组度控制的质量。在目前对先组词的选择已有明确规范的情况下,应对不符合要求的先组词进行调整和处理,保证先组词的质量。

(6)索引。《汉表》词族索引采用全显示的方式,有利于等级关系的完整显示和词表的整体性。不足是不同词族的规模和划分层次差距较大,造成词族款目之间的不平衡。在第一版中,收词量最高的词族达5270个词，有9个词族收词量在600个以上，但同时也有250个词族仅收2个词；词族展开等级最高的为9级，最少的仅2级。与国外词表相比，不均衡矛盾比较显著。原因是，缺乏统一的族首词选择标准，造成词族规模构建的不一致；等级关系的处理不规范，过多的词只经过一级划分，使词族过于分散，失去了词族索引应有的作用；再就是收词不平衡，有的词族收词过多；有些词族则收词相应较少。自然科学增订版对部分词族进行了调整，压缩了诸如核反应堆这样规模过大的词族，对部分词族进行了增补和删除，对索引的均衡度有一定改善。但增订版未如社会科学词族索引那样，在叙词后增加范畴号，是一个不足。

《汉表》的范畴索引类目数量多、级别深，对类目的划分结合学科专业和词汇特点进行，但也同样存在类目之间词汇均衡问题。如：范畴索引中，下位类最少的大类只包括3个下级类，而下位类最多的大类包括101个子类；一个类中收词最少的仅2个词，而最多的高达2250个词。这也在某种程度上反映了个别门类收词量过多，缺乏控制。

(7)词表管理。强有力的管理是词表动态发展的关键。由于《汉表》没有设置统一的管理机构，缺乏健全的管理机制，从而影响了词表的发展和使用。自1980年该词表出版以来，仅在1991年对自然科学部分修订过一版，由于修订周期过长，无法满足实际使用需要。目前《汉表》主题词的常规修订，主要是在《中分表》应用的基础上进行的。

第五章　分类主题一体化词表

第一节　分类主题一体化词表的发展及原理

一、分类主题一体化词表的由来及发展

人们对分类法和主题法的长期研究表明,分类法与主题法这两种检索语言在形式、结构等方面有着很大的差别,在功能上也各有所长,因而它们不能互相取代,应当互相取长补短,互相辅助。

分类法和主题法的发展清楚地说明了二者在相互渗透和相互融合。分类法采用了一系列主题法的技术和手段,诸如编制分类表字顺索引,在分类表中按主题事物集中列类,对类名的词形或词义的控制等。同时主题法也引进了一系列分类法的技术和措施,诸如在标题表中设置副标题和倒置标题,设置"隐蔽的分类体系"——参照系统,在叙词表中引入概念成族和字面成族的方法,编制范畴索引、词族索引和轮排索引等。这些方法使分类检索语言和主题检索语言各自的功能得到了改善,但它们仍不能实现两种检索语言的有机结合,都只具有单一的分类标引或主题标引的功能。

为了寻找分类法和主题法之间的共同点,20 世纪 60 年代中期以后,国外对分类表和叙词表进行了大量的抽样调查和试验,并在此基础上开始了分类法主题法一体化(以下或称分类主题一体化)的理论研究。[①] 比较著名的调查包括:1969 年维克里(Vickery, B. C.)等对 TEST 与 UDC 等分类法的抽样比较,1971 年斯图亚特(Steuart,

---

① 侯汉清,陈树年. 汉语分类主题一体化词表的进展和技术特色. 图书与资讯学刊,1996(12)

R. D.)对 EURATOM 与 UDC 原子能专业分类表的比较以及韦立西(Wellisch,H. H.)等学者进行的 UDC 与 MeSH、TEST 等著名叙词表进行的对比调查等。这一系列的调查表明,这些专业词表中 90% 以上的叙词皆可以用 UDC 类号(包括组配的类号)表示。1972 年美国威廉斯(Williams,J. G.)等人在计算机辅助下编制了《分类的美国国会图书馆标题表》,并以此为基础对美国国会图书馆编制的分类法——LCC 和标题表——LCSH 进行了抽样分析,发现"几乎可以为每一个类目找到对应的标题"。总之,这些调查分析表明,分类表和叙词表之间有着非常密切的对应关系,在此基础上可以实现分类语言和主题语言之间的兼容和互换。

计算机在图书馆和信息工作的广泛应用和情报语言学研究的进展,使分类主题一体化词表的产生成为可能。1969 年英国艾奇逊(Aitchison,J.)等研制成世界上第一部分类主题一体化词表——《分面叙词表》。在它的影响下,英美等国陆续出版了一批分类主题一体化词表,如《伦敦教育分类法(第二版)》、《建筑工业叙词表》、《基础叙词表》(我国译作《标准主题词表》)等。另外在印度、苏联、日本、德国、比利时、丹麦及拉丁美洲的一些国家都开展了分类主题一体化检索语言的研究和试验,取得了可喜的成就。[①]

20 世纪 80 年代以来,国内一批学者先后发表了百余篇评介、研究一体化词表,探讨分类法与主题法结合的理论和技术的论文,一体化词表已经成为国内情报检索语言研究的一个热点。[②] 在理论研究的沃土上,终于结出了丰硕的果实。1983 年和 1987 年我国以英国艾奇逊等的《分面叙词表》为楷模,用手工和计算机先后编成《常规武器工业分面叙词表》和《教育分面叙词表》。这是我国图书馆情报界编制一体化词表的最早尝试。此后我国陆续编制、出版了十余部一体化词表,其中包括了三部大型词表——《中国分类主题词表》

① 吕其苏等编译. 国外情报检索语言研究. 社会科学文献出版社,1989

② 戴维民. 我国分类主题一体化研究进展. 大学图书馆通讯,1987(6)

(以下简称《中分表》)、《农业科学叙词表》、《社会科学检索词表》和七部中型词表。其中作为国家哲学社会科学“七五”规划重点项目——《中分表》的编制和出版,对汉语一体化词表的发展起到了推波助澜的作用,产生了广泛而深远的影响。一体化词表已经无可争辩地成为一种新颖的、受到广大用户欢迎的情报检索语言。这标志着我国情报检索语言的研究和编制进入了一个新的阶段。

二、分类主题一体化词表的类型和性能

随着文献数据库和联机、联网检索的迅速发展,数以千计的分类表和叙词表问世,给信息检索增添了新的困难和麻烦。人们检索某一课题往往要检索多个数据库,分别使用多种不同的情报检索语言。解决这一问题的关键措施之一是实现多种情报检索语言之间的兼容与互换,使不同信息检索系统的标引数据可以互相转换,一个检索式可以适用于多个实现了检索语言兼容的系统。分类主题一体化词表实质上就是一种实现了分类语言和主题语言兼容互换的系统。具体地说,是指在一个检索系统中,对它们的分类表部与叙词表部的术语、参照、标识、索引四部分实施统一的控制(见表5-1),从而能够满足分类标引与主题标引的需要。

表5-1　分类法和主题法结构的兼容性

	分类法	主题法
术语	类名	叙词
标记	分类号	范畴号
参照	分类参见	参照系统
索引	字顺索引	范畴索引、词族索引等

资料来源:张琪玉主编.情报检索语言实用教程.武汉大学出版社,2004:191

分类主题一体化词表,简称一体化检索语言或一体化词表,国外

称为分类法/叙词表系统，大致可以分为以下三种类型：[①]

1. 分面叙词表

《教育主题词表》、《社会科学检索词表》、《音像资料叙词表》等，均属于分面叙词表，可以说是最典型的一体化词表。它通常由一部分面或半分面的分类表和一部字顺叙词表组成，有的还附有轮排索引及英汉对照索引。这两部分的类目和叙词一一对应（分类表中除少数聚类词外，聚类词不出现在字顺叙词表中，不用于标引）。字顺叙词表起着分类表字顺索引的作用，分类表则不仅起着传统叙词表范畴索引和词族索引的作用，而且还可以直接用于主题标引。这种一体化词表结构新颖、性能优异、适应性广，但是编制难度较高。

2. 分类主题词表

又称为分类法—叙词表对应表或双向对照索引，如《中分表》、《中图法教育专业分类法》等。我国最早的分类表—叙词表对照索引是为了调查《中国图书馆分类法》与《汉表》之间的对应关系，寻求实现分类语言和主题语言之间的兼容及互换而编制的。这些对照索引通常由分类号与主题词对应表、叙词与分类号对应表两部分组成。前者为每个类目列出其对应的一个或多个叙词或词串（即叙词的组配形式）；后者为每个叙词列出其对应的一个或多个分类号。这种对照索引好似一部体系分类表与一部字顺叙词表的合璧，但加上互相对应的部分以后，它的功能就超过了这两部分功能的总和。从兼容水平来看，双向对照索引不如分面叙词表。但是，从其用户规模和影响来看，前者已远远超过了后者，更受到图书馆和情报界的欢迎。

3. 集成词表

它是由某些特定主题领域的若干叙词表和分类法汇编而成的，用于联合分类标引和主题标引，实现分类语言与主题语言之间的兼容及互换。例如，中国医学科学院图书馆林美兰编制的《中国图书馆图书分类法 R 类与医学主题词表 MeSH、中医药学主题词表对照

---

① 张琪玉，刘湘生主编．中国分类主题词表教程．华艺出版社，1994：9-16

表》就是以一部分类表(《中图法》的医学类)为主干,与两部叙词表(国际医学界通用的《医学主题词表》和《中医药学主题词表》)进行对应标引而形成的集成词表。用户在用《中图法》分类标引之后,通过该对照表可以很快地找到相应的叙词。这种集成词表是前述双向对照索引的发展,规模和功能也超过前者。20 世纪 90 年代山西省图书馆主持研制开发的,包括《中图法》、《科图法》、《人大法》及《汉表》在内的"标引对照系统",也属于此类一体化词表,实际上是一种机读版的集成词表。

一体化词表的主要组成部分是分类表和叙词表,它们是一个统一的系统中相互配合又相互独立的两个子系统。这两个子系统通过术语的统一、词间关系显示的互补以及用同一的标记作为联接件或转换器而有机地结合为一个整体。

在一体化词表中,分类表不但能从学科分类的角度揭示主题概念的系统关系和等级关系,而且借助叙词表部分充分揭示主题概念的多重等级关系和相关关系,其功能优于单一的分类表;叙词表不但能揭示主题概念的相关关系、等同关系及组配关系,借助分类表部分还能充分揭示主题概念之间的系统关系和等级关系,其功能优于单一的叙词表。由于在这种结合中通过内部的协调,分类表和叙词表各自提高了自己的特性和功能,产生了 1 + 1 > 2 效应,使得一体化词表的整体功能高于它的各个组成部分(分类表、叙词表)功能的总和。

20 多年的实践证明,这种分类主题一体化词表具有下列多种优点,[①]主要包括:

(1)用户可以在一个检索系统中同时进行字顺主题查询和系统分类查询,可以提高检索效率;

(2)标引人员可以同时完成文献的分类标引和主题标引,两种标引数据基本上可以互相转换,从而节省人力和物力;

(3)用分面分析方法编制分类输入数据表,并通过计算机自动

① 张琪玉,刘湘生主编. 中国分类主题词表教程. 华艺出版社,1994:23

生成字顺叙词表，可以保证编表选词的全面性和均匀性，保证构造词间关系（即各种参照）的完整性，并大大提高编表的速度和质量；

(4)检索语言的维护和管理工作可由一个机构统一进行，而不再需要由二、三个机构分别维护；

(5)成为不同检索语言之间实现互操作的工具；

(6)用于文献信息的自动标引和自动分类。

三、分类主题一体化词表的原理

如前所述，分类法和主题法在其外部形态、组织方式、标引方法等方面有着种种差异，但是它们在原理上却有着不少相同之处。[①]

首先，从认识论来看，两者都使用了分类方法。美国图书馆学家谢拉（J. Shera）等指出："分类法和主题法都要求一个基本的步骤——分类，两者的区别仅在于类的排列上。"分类是把事物纳入一个知识分类体系，是一种对千差万别的事物作系统研究的重要方法，是从本质上把握事物之间的区别和联系的重要手段。无论是分类表和叙词表的编制，还是主题分析和文献标引，都离不开分类方法的运用。差别仅仅在于文献分类法是公开地采用分类方法，而主题法在其标题表阶段主要是采用隐蔽的分类体系——参照系统，到了叙词表阶段设置范畴索引（又名分类索引）和词族索引，可以说分类方法的运用已由"地下"转入"公开"。

其次，从定义的演变来看，两者已越来越接近。早期的分类法（体系分类法）和早期的主题法（标题法）两者可以说是"井水不犯河水"，两者的定义相距甚远，泾渭分明。但是随着分类法和主题法的互相渗透、互相融合，两者的定义已十分接近。20 世纪 60 年代英国学者福斯克特（Foskett, A. C.）和维克里等认为叙词表"是某一学术领域所包括的各种不同主题的一种系统化而已"。[②] 1971 年西德学

① 张琪玉，刘湘生主编．中国分类主题词表教程．华艺出版社，1994:7-9

② 转引自．格罗利，E. D.．杜威以后一百年间的分类法

者索格尔(Sorgel,D.)指出,可以将分类法看成是“存在各种联系的内容的术语或概念的一览表”,“各种研究因素一方面可以按照科学体系排列……另一方面可以按照研究对象排列”。以上对两者的定义已经几乎完全融合了。那种认为分类法面向学科、主题法面向事物(即研究对象)的差异已随着分类表及叙词表的发展而消失。1964 年第二次国际分类法研究会议对“分类法”这一概念作了新的解释,即认为分类法是“任何一种在各个语义单元之间建立属种或其他联系的方法,不问该系统具有何种等级性”。[①] 这个分类法的新定义已经把主题法和分类法全部涵盖了。

第三,从两者的基本构件来看,它们的实质是相同的。分类法的基本构件——类号(或类名)和主题法的基本构件——叙词没有什么本质的区别,都是代表一组相同主题文献的类集,是文献所论述事物(即主题概念)的字面形式。正是在这个意义上,情报学家丁柯早在 20 世纪 60 年代《索引工作基础》一书中指出,主题法和分类法两者皆是“立类”,其中主题法可以说是“以名立类”;也可以说两者皆是“赋名”,“起‘翻译’主题的作用”,其中分类法可以说是“以类立名”。[②]

分类法和主题法类集的内容是相同的,基本上都是主题概念,或者正如分类法的新定义所指出的,它们的处理对象都是语义单元,两者的差异只是在于类集的方式不同和采用的标识不同而已。实践表明,采取有效的控制措施,可以在承认两者差异的基础上,促进两者的融合和兼容互换。正如捷克学者托曼(Toman. I)所指出的:“对字顺主题和分类系统的研究表明,任何一种系统只不过是对同一组织原则进行另一种组合而已”,“当这些系统用于电子计算机时,所有

---

① 转引自:吕其苏等编译. 国外情报检索语言进展. 社会科学文献出版社,1989

② 丁柯. 索引工作基础. 一机部情报研究所,1964

差别都消失了”。[①]

综上所述，分类法和主题法在原理上的一致性和结构、形式上的差异性，正是实现分类主题一体化的基础。

第二节　分面叙词表

一、分面叙词表的由来及发展

英国艾奇逊（Aitchison，J.）和戈默索尔（Gomersall，A.）等首次将一部分面分类法（《英国电气分面分类法》）改造为一种新颖的检索语言，并别出心裁地把它命名为“Thesaurofacet”（《分面叙词表：工程及相关学科的叙词表及分面分类法》）。从艾奇逊自己创造的、用以命名的新词“Thesaurofacet”，可以看出《分面叙词表》包括分类表和叙词表两大部分，每个叙词（即类目）同时出现在这两部分之中，两部分之间用分类号相联系，真正做到了分类法和主题法的一体化。在这种词表中，叙词表实际上成了分类表的字顺索引，分类表则成了叙词表的范畴索引和词族索引。这种词表具有多种功能，可以用于手工检索和计算机检索，可以同时用于分类标引和主题标引，因而一问世就受到图书馆和情报界的重视和好评。[②]

此后艾奇逊等叙词表专家主持编制或指导编制了多部分类主题一体化词表，诸如：《老年人福利分类表与叙词表》（1972 年）、《联合国教科文组织叙词表》（1977 年）、《青年叙词表》（1981 年）、《教育课程与职业叙词表》（1982 年）、《卫生与社会安全数据叙词表》（1985 年）。这一批词表的问世产生了广泛的影响，它们被视为一种新型的检索语言。“分面叙词表”已成为这种新型检索语言的名称。

① 转引自：格罗利，E. D.．杜威以后一百年间的分类法

② 侯汉清．分类法与主题法结合的成功尝试——分面叙词表．大学图书馆通讯，1987(6)

二、分面叙词表的宏观结构

传统的叙词表通常包括字顺表、附表、范畴索引、词族索引、轮排索引及不同语种的对照索引等部分。分面叙词表革新了这种词表结构,大胆地在词表中直接引入了一个详细分类表。从《分面叙词表》开始,几乎每一部这种新型词表都由一部详细的分类表和一部字顺叙词表组成,有些还附有轮排索引、专有叙词表(附表)等辅助工具。我国最早的一部计算机编制的分面叙词表——《教育主题词表》包括了分类表部和字顺叙词表部两大部分,另外还附加了轮排索引、英汉对照索引及两个专有名词一览表(学科名称表及教育人物表)。

分面叙词表的宏观结构,具有下列不同于传统叙词表的特点:

(1)用一部详细的分类表替代以往的范畴索引和词族索引,简化了叙词表的结构,强化了分类显示。

(2)由于在分类表中实施了严格的词汇控制(详见下文),在每一个类目中包含了叙词的全部信息,分类表已成为分类主题一体化词表的主体。以往的字顺主表成了分类表的派生物,是用字顺方式显示分类表中包含的叙词信息。

(3)分类表中的类目与字顺表中的叙词一一对应,用分类号和词号相联系,分类表和字顺表二者融为一体,相互辅助。

(4)改以往一组叙词设一个范畴号的办法为每一类目(或叙词)配备一个分类号,使分类标记个别化,便于检索。

把分类表引入叙词表,加之对分类表类目实现严格的词汇控制,可以全面、系统地显示叙词之间的复杂联系。一体化词表的分类表部展示的不仅仅是一条条类链、一个个词族或局部的学科或专业,而且提供了广阔的主题领域的全貌,克服了范畴索引、词族索引在分类显示功能上的不足。引入分类表的好处也是很明显的,例如:结构简明,以简驭繁;整体优化,功能多样;便于检索,便于标引(包括分类标引和主题标引);提高兼容性,便于标引数据的互换;便于词表的计算机辅助编制和管理等。

三、分面叙词表微观结构的改造——词汇控制

分面叙词表分类表部和叙词表部相互配合形成的宏观整体功能,要分别通过其微观结构——类目和叙词款目的内部协调。所谓"内部协调"就是对它们施加统一严格的词汇控制,从而真正实现分类表和叙词表的兼容和互换。

分面叙词表对其微观结构主要进行了下列词汇控制,现以《教育主题词表》为例说明。①

1. 词表构件的改造

分面叙词表由分类表部和叙词表部组成,这两部分的构造已不同于一般的分类表和叙词表。一般叙词款目由款目词、标记项、注释项及参照项组成。分面叙词表基本保留了一般叙词表的款目形式,并作了以下几项改造(实例见表5-2):

(1)增设了词号。按叙词表的汉语拼音字母顺序给表中每个叙词和非叙词逐一配备流水序号,以提高查词的速度。

(2)在每个叙词后添加详细的分类号,以代替以往粗略的范畴号。

(3)为注释增设专用符号"J"。以往叙词款目中的注释直接写在叙词下,不使用专用符号,不便于识别。

(4)在属项、分项、参项参照之后逐一配备了词号,并为非本类的、即分散的其他类的上位词、下位词和相关词逐一配备相应的分类号,以便于扩检。

一般分类表通常由类号、类名和注释三部分组成。在注释中,既有类目的同义词、含义注释、内容范围注释和标引方法注释,又有各种分类参照,统统混在一起。这既妨碍词间关系的显示,也不利于分类表与字顺表的对应。另外在一般分类表中往往很少设置分类参照,即使设置参照也不区分它们所显示词间关系的种类。分面叙词

① 侯汉清等．论汉语叙词表编制的新模式和新方法．中文信息处理标准化国际研讨会,1988

表对一般分类表的构件进行了下列改造(实例见表5-2):

(1)新增类级,用级点直观地表示类目在分类体系中的层级。

(2)在类名下设置D项,陈放类目的同义词、准同义词或过于专指的下位词。

(3)把类目各种注释(包括定义注释、内容范围注释、用法注释等)纳入新设置的J项,原注释中的类目参照不入J项。

(4)在类名下设置S项、F项和C项参照,安放出现在类表其他地方的上位词、下位词和相关词。

(5)在类名后附加相应的词号,并在S项、F项和C项后也附加相应的分类号和词号,以便迅速转查字顺表和分类表的其他类目。

(6)大量设置分面标头(通常是"按……分"),说明类目划分时采用的分类特征。

改造后的分类表增设了D项、S项、F项、C项等参照项,有助于用户理解类目涵义。词号和类号的附加,使分类表与字顺表之间、分类表类目之间等方面的联系大大加强,提高了分类表内主题概念之间的网络性,也为与字顺的对应和转换创造了条件。

2. 类目名称叙词化

一般分类法比较重视分类体系的构造,不大重视类目名称的规范。为了实现由分类表向字顺表的对应和转换,必须把类名名称叙词化。分面叙词表通常实行"一个主题一个位置"及"一个主题一个语词"两条原则。如果同一个主题在两个学科出现,其含义完全相同,一般分类法对这种具有多重等级关系的主题采用设置交替类目的办法来解决。分面叙词表则采用设置分类参照的办法。如《教育主题词表》处理"职业师范教育"这一主题,在分类表的"师范教育"类下设置正式类目,在分类表"职业教育"类下则不设置类目。与此同时,在"F6A 职业师范教育"类下,设置一个S项参照("职业师范教育S职业教育"),这样就可以把"职业师范教育"同时从属于两个类的多重等级关系显示出来(见表5-2)。这种做法与分类表设置交替类目的做法异曲同工。

表5-2 《教育主题词表》多重等级关系的显示

《教育主题词表》分面分类表	《教育主题词表》字顺叙词表
F ·各类教育　00554	师范教育 FA　01754
FA · ·师范教育　01754	S　各类教育　00554
C　教师培训　JQ7 00867	F　高等师范教育　00510
进修课程　NT793 01208	幼儿师范教育　01923
（按师范教育特殊性分）	职业师范教育　02667
	中等师范教育　0270
FA6 · · ·职业师范教育　02667	C　教师培训　00867
D　职业技术师范教育	进修课程　01208
S　职业教育　FB　02663	
C　职业学校　GP　02668	职业教育　FB　02663
	Vocation education
	D　技术教育
	职业技术教育
	S　各类教育　00554
	F　职业师范教育　02667
	C　……
	职业师范教育　FA6　02667
	Vocational teacher education
	D　职业技术师范教育
	S　师范教育　01754
	职业教育　02663

四、分面叙词表的编制

1. 编制方式的选择

由于分面叙词表是在分类语言和主题语言的基础上发展起来的，现有的各种检索语言是分面叙词表编制的重要词汇来源或背景材料。因此，在编制之前要对词表的编制方式做作出选择。通常采用以下几种方式：

(1)编制新的分面叙词表

当现有的检索语言不能满足特定检索系统对检索语言功能的需要时,就要考虑新编一部词表。新编词表可以完全从检索系统的要求出发进行设计,采用最新的理论和技术,因而能获得较好的效果。要注意充分利用现有检索语言提供的词汇和词间关系资料,有条件还可以利用词库。另外还要充分考虑与相关检索语言之间的兼容和互换。

(2)为叙词表引入严格的分类体系

如果检索系统原编有(或正在使用)一部叙词表,可在原有叙词表的基础上通过引入一个详细的分类体系,进行分类主题一体化改造。具体做法可以把原有的范畴索引和词族索引合并、改造为一个严格的分类体系;也可以直接引入一个分面分类表或半分面分类表。

(3)把分类表改造成为分面叙词表

这种改造一般使用全分面分类表或半分面分类表才容易实现。如《分面叙词表》是在《英国电力分面分类法》基础上改造的,《伦敦教育分类法;英国教育词汇的叙词表/分类表》的前身就是一部典型的分面分类法。把体系分类法改造成一体化词表较为困难,因为它的先组度太高,往往要"动大手术"。改造中要对分面分类法进行分面分析和词汇控制。当然还得利用计算机及机编词表软件,自动生成对应的字顺叙词表。

2. 编制流程和方法

传统的叙词表编制方法存在着以下几个缺点:①头绪多,必须分别完成字顺表及几个辅助索引,耗费的人力、物力较多,而且难以保持一致;②收词、选词及确定词间关系,除了查看一些参考材料外,全凭编表者个人的知识和经验,冥思苦想;③孤立地逐个审词,零敲碎打地构造参照;④用手工编制参照和进行编排,事务性工作量大,而且难以对错漏进行反馈、修改,出错率较高。

与这种手工、经验式的编表方法相反,分面叙词表采用了系统方法控制编表的过程。分面叙词表的编制流程包括:

(1)词表总体设计;

(2)输入数据的搜集和加工;

(3)计算机自动生成分类表、字顺表及轮排索引等;

(4)试标引和修改;

(5)编辑定稿、激光照排和复印。

从编制流程可以看出,输入数据表是自动生成词表的基础,也是计算机辅助编辑排版、词表维护和管理的重要工具。

输入数据表的加工,除了收词、选词外,就是进行词汇的分面分析和词汇控制,在此基础上构造一份呈分类表状的输入数据表(亦称分类输入数据表)。其中的输入数据包括:分面标头、类级、类号、类名及其英译名、类目注释及参照(包括 D 项、S 项、F 项、C 项等)。其技术要点是:

(1)在类号前增加类级,日后可以生成显示类目层次的级点(小圆点),一级类用一个圆点,二级类用两个圆点,三级类用三个圆点……并用以控制分类表的版面格式。

(2)在类目名称后添加英文译名,日后英译名移至字顺表的汉语叙词及非叙词之后,并用以生成英汉对照索引。

(3)对类名进行切分,即在类名的词素之间添加分词符号,以便日后生成轮排索引。如果有专业关键词词典及词素词典(或称部件词典),也可对类名进行自动分词或计算机辅助切分。

(4)设置了上位类性质项。此项数据用于识别本类与上位类之间的关系,以便生成相应的参照。在生成必要的参照后,表示上位类性质的代码自动消除,不出现在生成的分类表中。这里所进行的上、下位类关系的识别和标注,实际上就是一个词间关系控制的过程,为日后生成各类参照准备。

一般叙词表的编制是在搜词、选词和审词的基础上为每个叙词分别制作“叙词登录卡”,为什么分面叙词表的输入数据要采取一种详细分类表的形式呢?这实际上是用一种系统的编表方法来取代以往孤立的、零敲碎打的构造叙词款目的方法。构造一个完整的分类输入数据,实际上是建立一个完整、详细的分类体系。有了这样一个全分面或半分面的分类体系,有助于发现搜词、选词和等级关系显示中的遗漏,发现词汇的多重等级关系,还有助于辨别同义词和建立有用的相关关系等。构造分类数据表的过程是一个分面分析和词汇控制的过程,虽然要花费较多的力气,但还是值得的。

第三节 分类主题词表

一、分类主题词表的由来及发展

分类主题词表,又称为分类法—叙词表双向对照索引、分类法—叙词表对应表,可以说是最早的分类主题一体化词表。早在20世纪70年代初,英美等国曾经编制、出版过一些分类表与标题表的对照索引。如1972年威廉斯编制的《分类的国会图书馆标题表》,1981年鲍克公司根据美国国会图书馆180万种藏书的主题目录出版的《主题标准档》等。后者为3卷本,分别为DDC与LCSH,LCC与LCSH,LCSH与DDC、LCC的对照索引。这些成果可以说是最早的大型分类表和叙词表双向对照索引之一。

在调查UDC与叙词表之间关系的过程中,西方学者设计、研制了一批分类法与叙词表的对照索引。这方面影响较大的是UDC专业表与Unesco所编叙词表之间的对照索引。这种对照索引通常包括:①英文叙词与UDC类号对照表;②UDC类号与英文、法文叙词对照表(不列任何参照项);③法文叙词与UDC类号对照表。

20世纪80年代初,我国学者为《中图法》和《汉表》的文化教育、艺术、生物学、公路运输等类编制了一批汉语分类表—叙词表双向对照索引,在此基础上1987—1993年完成了《中图法》与《汉表》的双向对照索引——《中分表》的编制。这部词表在功能上已经超过了美国的《分类的国会图书馆标题表》和《主题标准档》。它不仅可以用于选类和选词,而且可以同时用于分类主题标引和检索。这种对照索引已经成为分类检索语言和主题检索语言兼容、互换的工具。

二、分类主题词表的原理和结构

分类主题词表和分面叙词表一样，都是基于分类表和叙词表之间的兼容性，二者实质上都是一种分类表与叙词表之间的转换系统。二者的差别在于分面叙词表的分类号与叙词之间一般存在着等值兼容（等值对应）的关系，而分类主题词表的分类号与叙词之间只有一部分是等值兼容关系，还有相当一部分是在不同程度上的兼容（对应）关系，包括近似兼容和包容兼容，还有一小部分尚无法兼容互换。这主要是因为前者是编制一部新词表，可以根据需要对分类表和叙词表实施统一的词汇控制；而后者则是在两部已经出版的分类表和叙词表之间寻找并揭示其兼容关系。

现在以《中分表》为例来剖析分类主题词表的结构。①

1994 年由国家图书馆主持编制的《中分表》是一部《中图法》（第三版）与《汉表》的双向对索引，共 2 卷 6 册。两卷皆可以用于分类标引和主题标引。2005 年北京图书馆出版社出版其第二版及电子版。

第一卷为分类号—叙词对应表，是把《汉表》的全部叙词纳入了《中图法》的分类体系，等于是一部按照《中图法》分类体系组织的《汉表》范畴索引。它分为左右两栏。左栏的内容与《中图法》第三版的详表（包括附表）完全相同。右栏则是每一类目（包括注释）分别对应的叙词和叙词串。这些对应叙词和叙词串起着类目注释的作用，可以更充分、清晰地揭示《中图法》各级类目的含义，包括类目暗含的各种概念。加上在《中分表》编制过程中对《中图法》第三版 500 多处的增补修订，因此，第一卷又可以看成是一部新版的《中图法》；也可说是一部用《汉表》叙词对类目进行详细注释的新版《中图法》。具体格式详见表5-3。

第二卷为叙词—分类号对应表（见表5-3）。它看起来像是一部《汉表》，实际上从内容到形式都发生变化。

---

① 张琪玉，刘湘生主编．中国分类主题词表教程．华艺出版社，1994：24-27

表5-3 《中分表》(第二版)分类号—叙词对应表样例

分类号	类目	叙词
F822	中国货币	**货币\中国** 人民币
F822.0	方针政策及其阐述	**货币政策\中国** 币值稳定
F822.1	货币制度和改革	**货币制度\中国;货币改革\中国**
F822.2	货币管理和流通 货币发行入此。	**货币管理\中国;货币流通\中国** 货币投放\中国|人民币兑换|
F822.5	通货膨胀 货币危机问题入此。	**通货膨胀\中国** 货币危机\中国
F822.7	地方货币 依中国地区表分。 例:港币为F822.765.8。	**货币\中国** 港币;台币
F822.9	货币史 古货币入K875.6。	**货币史\中国** |贝币|;|刀币|;法币;金元券;使用金属货币;银元

(1)《汉表》自问世以来十多年间未作全面修订。这次在对应表编制过程中,增加了14 000个反映新学科、新事物的叙词,删除了一批陈旧过时的词,调整了一些叙词的参照关系。因此这一卷可以作《汉表》的修订版使用。

(2)在每个正式叙词后都用对应的《中图法》详细分类号代替了以往的粗略范畴号;另外还编入了大量的与类目对应的叙词串(即叙词的组配形式),这一卷相当于一部叙词表式的分类表索引。

(3)叙词款目的显示内容和方式发生了变化。正式叙词款目保留了D项、Z项、C项参照,取消了S项和F项,代之为在族首词款下的词族全显示(或称等级关系全显示,用级点表示等级的多少)。叙词词串款目为以往《汉表》所没有的,其中只包括注释项和对应的分类号,不包括任何参照(详见下例)。

(4)改变了《汉表》中的叙词以往按逐字母或逐词排列的做法，一律按照叙词汉语拼音音节排序，并使相同汉字起始的叙词集中在一起，为用户查词提供了方便。

表5-4　《中分表》(第二版)主题词—分类号对应表样例

货币
Money
F82;|F820|
D　货币的价值形式
D　货币商品
D　通货
· · · 欧洲美元
· · · 石油美元
· · · 亚洲美元
· · 人民币
C　黄金(货币)
C　货币流通
C　价格
C　价值形式货币\本质
F820

货币\国际经济关系
F821.6

货币\国际经济会议
F821.6

货币\国外
F823/827
· 本位币
· · 法币
· · 法国法郎
· · 辅币
· · 港币
· · 美元
货币\世界
F821
货币\私人收藏
G894

货币\中国
F822;F822.7

货币贬值
Currency devaluation
F820.3
C　币值
C　货币升值

《中分表》与国外出版的分类法—叙词表对照索引有着一个重大的区别，后者除分类号和叙词外不带其他任何成分，而前者在分类号之下还附带类名、注释；在叙词之下还附带注释和各种参照。这样，后者虽然具有节省篇幅的优点，但仍然只是一个查词查号的索引；而前者却已成为一个结构完整、可用于分类及主题标引的分类表和叙词表了。

与分面叙词表一样，《中分表》的整体功能强于《中图法》和《汉表》之和,其原因在于通过对应标引和编辑加工,使两者实现了先组式语言和后组式语言之间的兼容,分类语言与主题语言在结构、语义等方面的兼容。

《中分表》的编制和出版,不仅在《中图法》和《汉表》之间,在分类标引数据与主题标引数据之间提供一座桥梁,加快了文献标引的速度,提高了标引的质量,而且逐渐形成了一个以《中分表》为核心的汉语检索语言的兼容体系。它对检索语言及其兼容工具的编制产生了直接影响,其中包括用这种模式编制专业分类表及叙词表的范畴索引,甚至建立集成词表,形成了《中分表》的系列产品。国内一些学者还在它的基础上研究、开发了自动分类系统和后控制词表系统。

三、分类主题词表的编制

分类主题词表是揭示类目与叙词的多重对应联系,形成一个有机的整体,实现两种检索语言的兼容及互换。我国建国后编制的分类法绝大多数是体系分类法,属先组式的,如何与后组式的叙词表实现对应,关键性的技术是解决类目与叙词的对应标引,至于叙词与类目(类号)对应,则可通过词表编制软件自动生成。现以《中分表》为例介绍有关的手工对应标引技术。[①]

1. 一般类目与叙词的对应

在分析类目及其注释涵义和外延范围的基础上,根据叙词标引规则,使用叙词和叙词词串加以描述,并将属于该类号范畴内的全部叙词对应在该类号之下。例如:

TL24　乏燃料后处理	辐照过的核燃料—核燃料后处理 核燃料后处理,辐照过的核燃料储存;Butex 法;Neptex 法;…… 裂变产物—分离法

① 张琪玉,刘湘生主编. 中国分类主题词表教程. 华艺出版社,1994:27-37

在对应时根据叙词与类目的联系程度采用不同的对应方法。如果依分类法类目内容划分规则能判定某叙词的主要学科属性,则将该词对应于主要隶属的类目,而在其他类下以|×××|的形式对应。例如,“刀币”主要对应在K875.6⑨类下,同时对应于|F822.9|类下;如果某叙词是几个按不同分类标准划分形成的类目的共同研究对象,则该叙词同时对应于这些类目之下。例如,“羟基化合物”同时对应在TQ632.5和|TQ632.67|两个类下。

2. 特殊类目与叙词的对应

类目与叙词一个很大不同点是,它往往不仅表达一个独立的主题,还可以表达几个并列的主题,或只起构造类目体系作用而没有实质的主题意义,对此种类目均需采用特殊对应的方法。

①凡类组性类目,用叙词分别与其包含的主题概念加以对应;

②“其他”类目,用其上位类对应的叙词和其本身主题对应的叙词,并加以对应;

③“一般性问题”本身不予对应,但其下位类则对应相应的叙词;

④“各种××”、“按××分”之类的类目,对应时不再使用加自然语言修饰词的方法,而采用正式叙词标引。如I3/7各国文学,《中分表》第一版用“文学,各国”对应,第二版改为“文学,外国”;又如,U448各种桥梁,对应标引为:“桥\类型”。

⑤凡涉及应用、影响、比较等关系的复杂主题,则采用规定的模式标引,如属某一学科或事物在其他领域应用的类目,根据不同的情况分别对应为“××\应用”,或“××\应用\××”,或“××应用××”;属某学科与其他学科关系的类目,根据不同的情况分别对应为“××\关系”,或“××\关系\××”,或“××\影响—××”,或“××\作用\××”,等等。如社会科学\计算机应用;电子技术\应用\社会科学;心理学\关系等。

3. 复分表类目与叙词的对应

复分表(包括总论复分表、专类复分类)中的子目只起对主类号细分的作用,不能单独使用,与叙词的对应只需对应其自身的主题概

念,而不必与其所处的位置相联系,这种对应法有助于相关叙词组配时选词参考。例如,总类复分表:

-4	教育与普及 中小学各科教学法、教学参考书和教材等入 G4 教育类。 如愿按学科分入有关各类时,均用此号复分。	教育;普及教育
-40	教育组织、学校	教育行政组织;教育组织机构;学校
-41	教学计划、教学大纲	教学大纲;教学计划
-42	教学法、教学参考书	教学参考资料;教学法｜教案(教育)｜;｜教学参考书｜;升学参考资料

4. 类目注释与叙词的对应

类目注释中属补充说明该类目内容范围的,用叙词加以对应;属说明分类方法和参见关系的,从第二版开始不予对应。

5. 交替类目与叙词的对应

凡交替类目对应时,均将对应的叙词用方括号围起来,不再加参见注释。例如:

[N99] 情报学、情报工作 宜入 G35。	[情报工作];[情报学] [情报效益];[情报职能]; [情报资料工作]

6. 通用词的对应

叙词中有不少是用于组配的通用概念,如设计、制造、作用、运行等,它们不能独立表达一个文献主题,因此在分类中也无相应的类目与之对应。解决的方法是在总论复分表中增设“-8 通用概念”一类,对应类无所属的通用叙词。

7. 名称叙词的对应

对于大量的专用名词,如团体机构名、题名、人名等,除了少数类目专指对应需要在主表类目下显示外,其余均按照字顺排在叙词—

分类号对应表中，并给出对应类号。也可采用编制附表的方法加以对应，以减少主表的篇幅。

通过上述对应技术，就可以把分类法与叙词表有机地联结成为一个整体，达到两种检索语言兼容互换的目的。

除了上述基本上用人工对应标引的方法以外，还可以用计算机来编制这种分类主题词表。[①] 即利用现有的书目数据库中众多的机读书目记录，把书目记录中实际存在的分类号与叙词之间的对应关系抽取出来。也就是通过浏览、统计、分析和处理大量的机读数据，主要是统计主题词和分类号的同现率，自动地建立一个差错率较低的分类法与叙词表之间的转换系统。当然仍需采用统计学和语料库的方法，加上人工判别，来剔除书目记录中的错误数据。这样生产出来的分类主题词表不仅具有坚实的文献保证基础，而且可以克服以往基本上用手工编制《中分表》产生的一些缺点，诸如：

①人工对应标引的随意性和不一致性；

②对应标引的叙词有时过于粗略，往往不能标引较深层次的类目涵义或隐含主题；

③对应标引的叙词有时过少，有时过多，造成叙词冗余；

④词汇无法及时更新，难于补充新词；

⑤编制费工费时，旷日持久，维护更新周期太长等。

采用计算机编制分类主题词表可以大大缩短工期，提高对应标引质量，而且还可以直接联通书目数据库进行文献检索，真正实现多种检索语言之间的互换，并必将推动自动标引、自动分类[②]，促进文献数据库的建设，促进我国信息检索系统的发展和计算机网络信息资源的开发和利用。

---

① 侯汉清，李波，戴晶萍．计算机建立分类法和主题词表转换系统的尝试．现代情报，2003，23(6)

② 侯汉清，薛春香．用于中文信息自动分类的《中图法》知识库的构建．中国图书馆学校，2005，5

第六章　文献标引概述

第一节　文献标引的意义和要求

一、文献标引的意义

所谓文献标引工作，是指根据文献的特征，赋予某种检索标识的过程。可以用作文献检索的特征有许多种，其中，从文献内容特征的角度进行的标引是文献标引的重要形式，包括分类标引和主题标引两种。

文献标引工作是建立文献检索工具和检索系统的基础和前提，对文献检索和利用具有重要的意义。众所周知，文献机构是在信息收集的基础上，通过整序、存储，建立文献检索系统为用户提供服务的。其中，建立有序的文献集合是有效发挥文献资源作用的关键环节之一。文献标引就是通过标引人员的工作，将无序文献组织成有序集合的处理过程。通过根据文献的特征赋予的检索标识，文献单位就可以按照一定的方式对文献进行组织，并建立起相应的检索系统。这样，用户只要根据一定的文献特征，就可以按照系统提供的途径进行查找，从文献集合中检出需要的文献。在检索系统组织的过程中，用来作为依据的文献特征可以是文献的形式特征，如文献名、著者名、文献号等；也可以是根据文献内容特征确定的标识，如分类号和主题词。后一途径可以据以从所需要的主题内容的角度查找文献，是开发利用文献资源更加有效的形式。其中，分类标引同时还是许多文献单位用来进行文献组织的依据，直接关系到文献单位各项工作的开展。

文献单位的文献标引工作应当根据文献使用的需要，按照标引的特点进行。为了保证文献标引的质量,一般需要遵循一定的规范。与其他检索标识的确定相比,分类标引与主题标引,作为从内容出发组织和检索文献的方法,通常需要在主题分析的基础上析出主题概念,并依据一定的标引工具加以转换。在其对主题内容的选择、标识转换的过程中,一般要考虑到检索系统的特点、用户需求、文献类型等多种因素,比其他标识的确定更加灵活、要求更高,是一种智力劳动。因此,要有效进行分类标引和主题标引,一般应当明确两者的特点和要求,并在此基础上确定相应的规则和方法。

二、分类标引和主题标引的特点

分类标引,又称文献分类、归类,是一种依据一定的分类语言,赋予文献分类标识的过程。通过赋予分类标识,分类标引将文献纳入相应知识门类,类集同类文献并按照一定的体系进行系统组织和揭示,是对文献分类组织和建立分类检索工具的依据。

主题标引是依据一定的主题词表或主题标引规则,赋予文献语词标识的过程。按照是否使用词表,主题标引可以分为受控标引和自由标引两类。受控标引通常依据词表为工具,使用经过控制的语词标识进行标引,按照选词方式的不同,包括标题法、叙词法等类型,目前国内主要使用叙词法。

自由标引则不使用词表,由标引人员根据文献内容,直接使用自然语言中的语词进行标引。在此情况下,一般需要遵循相应的标引规则对词汇进行选择。这一标引形式,本书将在第九章介绍。

分类标引和主题标引作为从文献主题内容角度进行揭示的方法,是我国文献单位标引和检索的重要手段。显然,分析分类标引和主题标引的特点,了解两者的异同,对于从整体上把握其规律,有效进行标引操作是有益的。①

分类标引和主题标引的相同点,是由两者都是从主题内容角度

① 马张华. 分类标引与主题标引异同辨析. 图书馆工作与研究,1991(1)

进行组织和揭示的特点决定的。主要表现在:

(1)标引的对象相同。无论分类标引还是主题标引,都是以文献主题内容为揭示和转换对象的;在对文献属性的分析过程中,都是以主题内容为主要标准,以国别、时代、文献形式等其他属性为次要标准的。

(2)标引的数据来源相同。无论分类标引还是主题标引,都是以文献的题名、目次、提要或文摘等说明文字及正文等为标引的依据的。

(3)标引的过程相同。无论分类标引还是主题标引,一般都需要首先进行主题分析,在弄清主题内容的基础上进行标识的转换和确定,并必须遵循一定的标引程序。

此外,两者处理的方法也存在着许多相同之处。例如,无论分类标引还是主题标引,通常都以一定的主题类型和结构模式作为主题分析的依据;都要根据文献的类型特点,确定对应的标引方式或揭示方法等。

分类标引和主题标引的不同,则是由两种不同组织方式的差异决定的。在分类标引采用《中图法》,主题标引采用《汉表》的情况下,分类标引和主题标引主要存在着下列差异:

(1)两者进行主题分析的角度不同。分类侧重从学科角度进行组织和揭示,除需要确定待标的内容对象外,一般还必须进一步弄清其研究的学科角度。主题标引则不必考虑图书的学科属性,可以直接根据图书的内容对象进行标引。如在标引《茶的种植》一书时,分类标引须在确定内容对象的同时进一步判定其研究的学科角度为农业,按农业大类的体系进行标引;而主题标引则可以直接按照分析出的主题概念加以转换,不必确定其学科归属。

(2)两者的转换途径和方式不同。分类标引以分类表为工具,一般必须通过分类体系层层查找;主题标引则以主题词表为工具,以其字顺系统为主要查找途径。分类标引使用的《中图法》属于等级列举式类表,类目列举详尽,可以直接从类表中查找相对应的类目进行标引,转换明确、直观;主题标引使用《汉表》,属于后组式检索语言,词表中只列出供标引使用的基本概念,必须根据收词情况对主题概念进行分解转换,难度较大。

(3)标识的成分和构成特点不同。标识成分上,分类标引的标识是分类号,主题标引的结果是主题词;标识的构成特点上,《中图法》采用整组号码表达文献主题,配号次序由分类法预先规定,形式比较固定;《汉表》的标识则采用后组或散组形式,在需要组织先组式标题时,要求将转换结果按主题概念之间关系进行组配,须经过选择主标题,确定主题词的引用次序等步骤,必须熟练掌握相应技术。

上面的分析表明,分类标引和主题标引既存在着相通之处,又各具特点,应在二者结合进行时,注意两者的差异,按各自特点进行。

三、文献标引质量的测评

文献标引是建立检索工具的关键环节,直接影响到检索效果,十分重要。衡量标引工作的质量涉及到多种因素,其中最基本的包括:①

1. 准确性

即指对文献主题内容的揭示要准确,包括两方面:①在主题分析过程中对主题内容的分析和提炼要准确,提炼出来的主题概念应与文献中的主题概念相符;②对分析出来的文献主题概念转换准确,应按照确切的标识对主题内容进行揭示。如在上述两个方面出现问题,就会造成漏检或误检,直接影响检索系统的检全率和检准率。要使标引结果符合上述目标,不仅要求标引者能熟练掌握主题分析方法和标识转换的技巧,还要求对文献主题内容有一定的分析和判断能力。

2. 专指性

亦称专指度,是指主题标识与文献主题概念的相符程度。它是根据对主题概念揭示的精度衡量标引质量的一个因素。较高的专指

① Lancaster,F. W.;陈光祚等译.情报检索系统——特性、试验与评价.书目文献出版社,1984:210-216

度,有助于提高检准率,可以满足用户对特定文献的查找。相反,如果降低专指度,使用概括的标识对文献进行标引,用户就必须在概括类目或主题范围内进行查找,必然要花费更多的查找时间。当然,过分专指也会增加标引的难度,造成文献分散,影响检全率。因此,检索系统一般应保持适当的专指度。在进行受控标引的情况下,这一专指度通常是通过类表或词表以及标引方法加以控制的。一般情况下,应在主题分析的基础上,使用类表及词表中最确切的类目或主题词进行标引,以确保系统要求的专指度。

3. 网罗性

亦称标引深度,是指一篇文献所论述的各个主题概念被确认并转换为检索标识的完备程度。在后组式检索工具中,通常指一篇文献被赋予检索标识的数量;在先组式检索工具中,则是指一文献占有的平均分类或主题款目数量。标引深度是根据对文献主题内容揭示的广度衡量标引质量的一个因素。较高的标引深度有助于提高检全率,但会影响检准率。例如:一文献重点论述 A、B 两个主题,同时也一般论述 C、D、E、F 四个主题内容,主题标引时如将六个主题全部析出,用主题词加以转换,就达到充分的网罗度。这样做,可以从不同论题出发检索出该文献,实现较高的检全率。但提高标引深度后,必然会涉及文献未作重点论述的次要主题,从这些主题角度检出的文献包含该主题的信息量较少,从而影响检准率。反之,降低标引深度,可以提高检准率,但必然会影响检全率。因此,关键是应当采用适当的标引深度。不同检索系统应当根据其设备条件、系统的种类、文献类型、服务需要等,规定相宜的标引深度。机检系统容量大,组配灵活,宜采用深标引;手工检索工具受检索手段的限制,宜采用浅标引。分类检索系统大多采用先组方式,对主题揭示的数量一般应有一定限制;主题标引适宜于使用后组方式,往往可以根据检索需要采用较高的标引深度。专业文献单位通常对专业文献进行详尽标引;综合性文献单位则常在对一般文献概括标引的同时,有针对性地对某些学科或文献类型适当进行深度标引。

4. 一致性

所谓一致性，是指标引员对同一主题内容文献标引的一致程度。它可以是指不同标引员之间标引的一致性，也可以指同一标引员在不同时间标引同一主题文献时赋予标识的一致性。提高标引一致性，有助于集中同一主题内容文献，提高检全率和检准率。常见的对标引一致性的测度为配对测度：两个标引员的标引一致度，是将两人对同一文献共同标引的主题词数与两人使用的标引词总数之比。即：

$$一致度 = \frac{AB\ 两人共同标引的词数}{A\ 或\ B\ 或\ AB\ 共同标引的词数}$$

按照这一公式，如 A、B 两人分别用 abcdef 和 abcdgh 等主题词标引同一文献，则其一致度为：

$$\frac{abcd}{abcdefgh} = \frac{4}{8} = 0.50$$

一致度的最高值为 1，但实际上很难达到。这一方法也可以用来计算同一标引员标引的一致性。

影响标引一致性的因素包括：标引的专指度、标引深度、标引工具的类型、文献主题领域特点以及标引员水平等。分类标引的一致度一般高于以叙词为标识的标引。可以利用一致度的测算，对不一致的原因进行分析，有针对性地加以改进。当然，文献标引的一致性，必须在标引准确的基础上实现，否则，即使达到较高的一致度，也不能提高检全率和检准率。

5. 适用性

所谓适用性，是指标引应适合检索系统的特点和用户需求。不同文献单位对标引内容的取舍可以是不同的，专业文献单位一般要求对与专业相关的内容进行充分的揭示，并且按照专业需要的方式加以组织，例如，一个医药专业文献系统，一般只揭示与本专业有关的文献主题内容，同时按医药专业的检索需要组织其分类系统，如：在对与医药有关的论述植物、昆虫的文献进行处理时，可按专业需要将其分入医药部分的相应门类,而不是按综合性文献单位的办法,分散归入生物、农业等学科部门。此外,不同的揭示途径、不同设备条件对标引的要求也是不同的,一般情况下,分类标引适合于对文献采用整体性标引,必要时才以分析标引的方法对重要主题概念加以补充揭示,主题标引则可以在可能的情况下对文献涉及的主题内容进行比较充分的揭示;手工检索系统通常必须对标引深度进行适度限制,机检系统则应根据系统特点进行充分揭示,必要时还可以采用联号、加权等技术手段,以达到较好的检索效果。

从上面的分析可以看出,标引的准确性、专指性、网罗性、一致性、适用性是从不同的方面对标引质量进行控制的手段,它们是与检索系统的特点和要求密切联系的。因此,必须根据检索系统的特征加以确定,使标引结果既不遗漏有价值的主题,又能准确、适用、详略得当,从而获得较好的检索效果。要达到上述目标,就必须根据检索系统的特点,建立完备的标引规范和方法的体系。

第二节　文献标引的规范和控制

为了保证文献标引的质量,文献单位一般必须对文献标引进行有效的控制和管理,包括确定标引规范和标引方式,严格遵守标引工作程序,选择适用的标引人员等。

一、确定标引工具和标引规则

1. 选择或编制标引工具

标引工具有两个来源,其一,从已有的分类法、主题法中选取;其二,根据文献单位的特点和使用需要,自己编制。相对而言,文献分类法的使用涉及到文献的组织和检索工具的建立,以及文献资源共享,是整个文献单位工作的基础,应慎重;同时,编制新的分类体系对编制者的专业素养要求也比较高,有一定难度,一般可考虑从已有分类体系中选择适用的分类表;主题词表则由于使用灵活、动态性强,可以根据文献单位的情况确定是选择适用的词表,还是采用自己编制的方法。

从已有的分类体系中选择一种适用的分类表,是文献单位采用的一种比较通行的做法。我国目前使用较广的综合性文献分类法主要有《中图法》、《科图法》两种。《科图法》是为中国科学院系统的文献单位编制的分类工具,特点是:自然科学和应用科学部分比较详细,标记符号采用单纯数字号码,按照顺序—层累方式编号,号码简短,对研究性文献单位有一定适用性,为科学院系统的文献单位广泛采用。《中图法》则是一部兼顾研究性文献单位和公共性文献单位的综合文献分类体系,备有适合大、中、小文献单位和不同文献类型使用的多种版本,并根据专业文献单位的需要进行了专业分类表系列的编制,体系合理、适应性强、修订及时,是目前我国国内使用最广的分类法。文献单位可以根据自己的特点,选择适合自己需要的版本为标引工具。就我国文献分类法使用现状看,国内文献单位一般可选择《中图法》系列中相应的分类表为工具。必要时,可以以此表为基础,对类目体系的相应部分进行适当调整,使其适合实际使用的需要。

主题标引工具的确定,也可以采用从已有词表中选择的方法。目前国内已编制的叙词表数量已超过 100 多种,其中多数为专业词表,也有相当数量的多学科词表。在众多已有的词表中,影响最大、使用最广的是大型综合性叙词表——《汉表》,以及在《汉表》叙词与《中图法》类目对应的基础上编制的《中分表》。其中,《汉表》收词范围广,词量丰富,组成完备,便于从各种角度对词汇进行查找;《中分表》则是《汉表》主题词与《中图法》分类号的双向对照索引,可以与分类标引结合使用。《汉表》或《中分表》的不足在于:它们是为大型综合性的图书馆和文献单位编制的,与一般图书馆或专业文献单位的标引需要相比,篇幅太大,无实际标引价值的词汇过多,不少词过分专指,同时修订也不够及时,给文献标引的实际使用造成不便。我国众多的专业词表和多学科词表,则是按照专业文献领域主题标引的需要编制的,在词汇、结构等方面一般也注意了与《汉表》的兼容。各种文献单位可以根据自己的特点和使用需要作出选择。一般情况下,大型综合性文献单位可以选择《汉表》或《中分表》为标引工具;专业文献单位则可以根据自己的情况选择专业词表。

确定主题标引工具的另一种方法是根据文献标引的需要编制新表。一般可参考我国叙词表编制的有关标准,对叙词的选择作出规定;同时,可以将《汉表》以及相应领域的词表或其他权威词典等作为可靠的词汇来源,根据标引需要对词汇进行选择和处理,建立起基本的词汇集合,作为标引依据,并以此为基础,在主题标引的过程中不断对词汇进行调整和增补。在经过一段时间的累积后,再根据文献标引频率,通过对词汇加工整理、完善词间关系控制等,逐步建立起适合本单位文献集合的词汇表。采用这一方法编制词表的优点是,它的词汇完全是根据文献标引需要建立起来的,有更强的针对性和适用性,更加适合特定文献单位的需要。这种方法一般适合于专业文献单位使用,但要求编者熟悉相应专业,对叙词表的编制知识有充分的了解。

2. 制订标引规则

标引规则是保证文献标引一致性、适用性的重要条件。在确定标引工具的同时,还必须根据文献单位的标引要求,制订相应的标引规则。

首先,应确定标引工具使用的规范。一文献单位选择的标引工具通常是根据文献单位的一般情况编制的。与特定文献单位的标引需要相比,其组织方式、类目或词汇的专指度等,不一定适合实际需要,因此应根据检索系统的使用要求适当调整,明确规定有关类目及叙词的具体使用方法,必要时并可对系统中的各个相关部分一一予以修改,作好相应的记录,作为标引时实际使用的依据。在此基础上,逐步将其发展为适合特定文献集合的标引工具。

同时,应根据文献的特点,明确制订相应的标引规则。包括各种文献类型的标引规则和各种学科或主题类型的标引规则,使标引有章可循。

此外,专业文献单位的文献标引,有时往往还有其特殊要求,应根据专业检索系统的需要，明确加以规定，使标引结果符合检索系统的特点和用户的检索需求。

二、标引方式

标引方式是根据文献特点和使用需要确定的标引和揭示文献主题的形式。按照对文献内容的揭示特点，分类标引和主题标引的标引方式通常可以分成以下几种：

1. 整体标引

整体标引，亦称浅标引，是一种概括揭示文献基本主题内容的标引。这种标引只揭示文献中具有检索价值的整体性主题，不揭示文献涉及的各种从属性主题内容。例如，在对《信息管理概论》一书进行整体标引时，只要根据文献的整体内容，以相应分类标识或主题词对“信息管理”这一主题内容进行标引就可以了，对该书中涉及的各个附属主题内容，则不必一一揭示。

如果文献同时涉及两个或两个以上整体主题，则应根据情况，按照多主题的标引要求进行标引。例如，对《汽车与拖拉机液压传动系统》这一文献，就应根据文献论述的主题对象，分别对汽车液压传动系统、拖拉机液压传动系统这两个内容进行标引。

整体标引常用于手工检索系统，综合性文献单位对普通图书通常采用这一标引方式。在实际操作中，对一文献进行整体标引，一般只赋予 1—2 个分类号，标引词数量不超过 8 个。

2. 全面标引

全面标引，亦称深标引，是一种充分揭示文献论及的所有有检索价值的主题概念的标引。这种标引不仅要求揭示文献论述的整体主题，而且要求揭示符合检索系统要求的所有主题概念。

例如，《我国能源结构和大气环境污染》一文，主要论述我国以燃煤为主的能源消费结构对大气污染的影响以及燃煤污染防止技术。在对其进行全面标引时，就必须将能源、消费结构、煤烟污染、空气污染、无污染技术、煤、环境保护、中国、环境政策、能源构成、污染防止等主题概念一一加以标引和揭示。

全面标引可以加深对文献内容的揭示程度,有利于提高检全率,但需要花费较大的人力物力,适合于使用主题标识结合机检系统处理专业领域的论文、技术报告等类型文献;以图书为对象的标引一般不宜采用全面标引形式。在实际操作中,对一文献进行全面标引时,主题词的标引数量通常保持在5—20个。分类标引较少使用全面标引。

3. 对口标引

对口标引,亦称重点标引,是一种只揭示文献中适合本专业需要的主题内容的标引。例如:上文提及的《汽车与拖拉机液压传动系统》一书,汽车制造或研究单位的文献部门在采用对口标引的情况下,可只对汽车液压传动系统的有关内容进行标引,对于其中有关拖拉机液压传动系统的内容则一般不予以揭示。

对口标引具有较强的针对性,可以使文献标引较好地适合用户的实际使用需要。有明确服务对象的专业文献单位常采用这一标引方式。

4. 综合标引

综合标引是一种以整套丛书、多卷书、论文集、会议录等为单位进行的概括性标引。综合性标引除揭示文献的主题内容外,一般还应根据情况对文献类型进行必要的揭示。例如:《机械设计丛书》在以整套书为单位进行标引时,除对文献内容"机械设计"进行标引外,通常应对"丛书"这一文献类型进行必要的揭示。

5. 分析标引

分析标引是一种根据文献中部分章节或丛书、多卷书等整套书中每一种书或每一卷书进行的标引,其处理通常应与分析编目相一致。例如:《西行漫记》一书中记述毛泽东生平的篇章,是研究毛泽东生平活动的重要资料,可以在对全书进行整体标引的同时,将这一部分内容以分析标引的方法加以揭示。

分析标引是与整体标引和综合标引相对应的标引方式,其作用在于,可以在进行整体标引或综合标引的同时揭示文献中有检索价值的主题内容。也有著作将整套书中的某一册、某一卷为标引单元进行的标引，称为分散标引。

文献标引方式的确定是与设备条件、文献特点、收藏范围、用户需求、标引种类等多种因素相联系的。在结合各种标引设备进行的标引中，手工检索工具多数采用先组方式标引，对文献内容的揭示一般比较概括，宜采用整体标引，必要时可结合采用分析标引；机检系统则以后组式标引为主，通常对文献主题的揭示比较充分和完备，可在必要时采用全面标引；结合先组方式编制各种手检目录或索引的系统，则应兼顾两者的需要，同时采用不同的标引方式。在对各种类型文献的处理中，综合性文献单位对普通图书资料一般采用整体标引方式，必要时以分析标引加以补充；对丛书大多同时采用综合标引和分散标引的方式；对多卷书、论文集、会议录等通常只采用综合标引，必要时才进行分析标引；一般只对特定领域的科学论文、技术报告等进行全面标引。专业文献单位则通常结合本单位的需求，适当采用对口标引，必要时对专业领域的文献进行全面标引。在不同的标引类型中，分类标引具有系统组织和揭示的作用，比较适合于整体性标引；主题标引则适合于灵活进行分析标引或需要时进行全面标引。此外，标引方式的确定还应注意与系统的成本效益相一致。标引方式通常应在检索系统建立时根据需要明确规定。

三、标引工作程序

分类标引和主题标引，需要在主题分析的基础上进行，并须经过标识转换，是一种复杂的智力劳动。为了保证标引工作的质量，文献标引工作必须遵守一定的操作程序。文献标引工作一般包括下列基本步骤：查重—主题分析—查表选词—确定标识—复核（见图6-1）。

1. 查重

所谓查重，是指查核所处理的文献是否为已进行过标引的复本，以便区别情况分别处理。科技文献部门的文献资料一般很少重复，因此这一程序一般可予省略。但如处理的对象为图书，则必须严格遵守这一步骤。手工编目时代的查重通常依据文献单位的公务书名目录进行。如若属于一书的复本或不同版本,可直接使用原书的分类号和主题词;如为新书,再进一步根据标引要求进行操作。在联机编目的情况下,则应通过联机目录进行查检,常用的查重途径包括书名、标准书号、主题词、出版机构等多种,有的可几种途径结合使用。对已标引过的复本,一般可直接使用已有编目数据,并根据情况在必要时作适当处理。

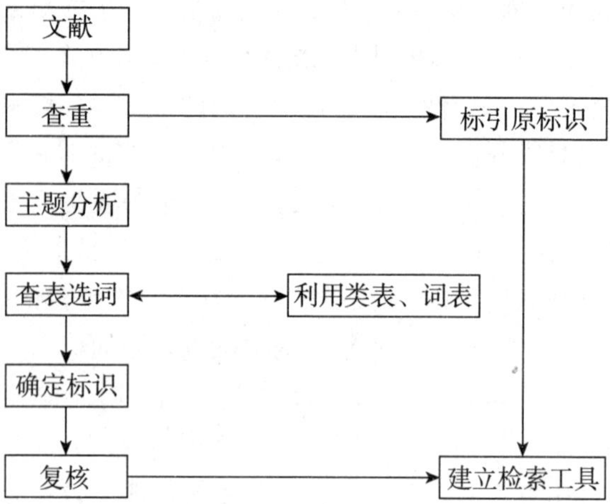

图6-1　文献标引工作程序

2. 主题分析

要标引文献的主题内容,必须对文献的内容特征进行分析,确定需要揭示的主题概念。主题分析通常应采用概念分析的方法,在弄清文献论述的主题对象的同时,根据文献主题类型及其构成成分,对具有标引价值的主题概念进行概括、提炼和选择。

对文献的主题分析,通常应依据文献篇名、前言、目次、文摘、内容简介、参考文献、编辑出版数据等,必要时可浏览全文,切忌只凭文献名称进行主题分析。

3. 主题概念转换

主题分析得到的主题概念是以自然语言的方式加以表达的,必须以特定的分类表和主题词表为工具,将析出的主题概念转换为分类号或主题词。在使用等级列举式分类表进行概念转换时,一般应依据文献内容对象讨论的学科角度,采用层层分析的方法,将其归入分类体系中的相应的类目。通常应在对类目结构及其关系有充分了解的基础上进行。其中,按照文献主要内容对象确定的类目,称为主要类目;按照次要内容对象确定的类目,称为附加类目。

以叙词表为工具查表抽词,进行概念转换时,对复杂主题概念往往需要使用两个或多个主题词进行组配标引,标引精度高,转换过程复杂,要求遵守一定的程序和方法。应在了解词表各个组成部分和功能特点的基础上,依据查词途径和相应的规则加以实施。

目前我国使用最广的分类表是《中图法》,使用最为普遍的主题词表是《汉表》。为便于对标引方法进行说明,本书对分类标引和主题标引的介绍,一般将依据《中图法》和《汉表》进行。

4. 确定标识

分类标引在按照文献内容归类以后,通常根据确定的类目给予相应的分类号。按照文献主要类目确定的号码,称为主要分类号,主要分类号同时用以组织文献排架和编制分类检索工具;按照文献的辅助类目和分析类目确定的号码,称为附加分类号和分析分类号,附加分类号和分析分类号只用于编制检索工具。在号码配置过程中,如需要进行复分、仿分,还应注意按照号码组合的要求配号。

主题标引由于采用的是叙词表,在将主题概念转换成相应主题词的情况下,一般应进一步根据文献主题情况和检索系统特点对标引词进行处理,包括对标引词分组、确定主题标识。

多主题文献一般应将不同主题的标引词分成若干组。例:“大豆播种和小麦育苗”这一并列主题,经过概念转换后,可分“大豆”、“播种”和“小麦”、“育苗”两组,以避免出现“小麦—播种”、“大豆—育苗”这样的错误组配形式。

对主题词分组的同时,建立手工检索工具的单位,还应根据手工检索的需要,拟定标题。一般应选择具有独立检索意义的主题词作主标题,根据其他词与主标题的关系确定标识的词序。建立机械检索系统的单位,则可以根据一定的机读格式的要求,将主题数据输入计算机。

5. 审核

在结束文献标引前,必须对每种文献的标引结果进行审核。包括:文献主题概念的提炼是否正确,是否符合分类标引和主题标引各自的要求,是否符合相应标引方式的需要;主题概念转换中,文献归入的类目是否与文献内容相对应,号码的配置是否准确;主题词是否确切表达了文献主题概念;主题标识的转换是否符合主题标引规则和组配规则;主题标识的拟定是否符合检索工具的要求等,通过审核,减少标引误差,保证文献标引质量。

在文献审核的基础上,一般还应根据文献组织的需要,对同类书的排列进行处理,在同类书中进一步确定书次号。

为保证审核质量,审核工作通常应由有经验和较高标引水平的标引人员担任。

在文献标引与审核过程中,应注意各种来源已有编目数据的参考和共享。目前在编目过程中可供参考利用的标引数据包括:图书的在版编目数据,各类文献机构和标引中心的标引数据,如国家图书馆、版本图书馆的分类和主题标引数据,本地或外地地区编目中心、一些大型图书馆、专业文献机构的编目数据,以及北京万方数据公司、清华同方集团等的文献标引数据等。一方面,文献单位应利用网络环境提供的便利,开展协作编目,减少重复劳动;同时在标引实践操作过程中,则应善于参考、使用各种来源可能得到的标引数据,以改进标引质量、提高工作效率。

四、标引人员和标引质量管理

1. 标引员的素养

文献标引工作是一项专业性强,有相当难度的技术性工作。要作好标引工作,选择合格的标引员十分关键。一个合格的标引员必须具备下述基本知识和素养：

(1)应当具有熟练的业务技能。一个合格的文献标引员，一般应熟悉所用的标引工具，充分了解分类表、主题词表的编制原理、结构组成，熟练掌握标引规则和类表、词表使用方法，能按照检索系统的要求，有效从事各项标引操作，并能在使用过程中根据情况对类表和词表及时调整和维护。此外，还应重视对情报学、图书馆学、文献检索，以及分类法、主题法基本知识的积累，不断丰富自己的业务知识，提高标引能力。

(2)应当建立合理的知识结构。应具有所标引专业的一定学科知识，了解这些领域主题结构、层次以及基本关系类型等的特点。同时，知识面要宽，对与标引有关的各个知识领域的研究对象、学科分支、发展动态以及新学科、新技术、新方法等也应当有所了解，能自如地处理各种内容的文献。

(3)应当了解检索系统特点和用户需求。善于通过各种方式如用户反馈、调查等形式，了解用户检索特点和查找习惯，不断根据对检索系统使用效果的分析改进标引质量，加强标引的针对性和适用性。

(4)应当具备一定程度的语文水平。除掌握汉语外，一般还应掌握一到两门外语，从事某些特定领域文献标引的标引人员，有时应掌握一定的少数民族语言，对外文和少数民族文字的文献等具有一定的阅读处理能力。

(5)应当具有踏实的工作作风。这是检索系统的性质决定的。文献标引工作是一种基础性的工作，标引的质量如何，直接影响检索系统的质量，十分关键。不仅要求能准确提炼文献的主题内容特征，而且要求按照标引的规范准确转换成分类标识或主题词，因此，除了具有必要的专业技能、学科知识等以外，严谨的工作作风和认真负责、一丝不苟的工作态度显得十分重要。同时，还应该通过一定的工作程序和措施来加以保证。

2. 标引管理

文献标引的管理通常包括以下内容：

(1)作好标引工作的组织。适当实行专业分工,目的是使标引人员工作范围相对稳定,职责分明,便于熟悉标引业务,了解标引规律,提高标引质量。特别是对论文、科技报告等的标引,由于涉及的内容往往比较专深,专业分工有利于使标引的结果保持在一定的水准。

(2)加强标引过程管理。严格遵守标引工作程序,每一工作环节均按照标引要求进行,并指定有经验的标引人员把关校验、解答问题,以便减少不必要的标引误差。

(3)进行质量分析和管理。除及时解决标引中出现的各种具体问题外,还应注意发现和研究影响标引质量的带有普遍性的问题,有针对性地予以解决。例如,可以结合特定文献类型或主题类型,分析分类标引与主题标引两者的不同特点和要求,从而可以在了解两者关系的基础上,把握好分类标引和主题标引的结合操作;又如,可以针对某一文献类型的网罗性、一致性等进行检测,分析标引的规律和问题,提高标引质量等。

(4)作好标引工具的管理。特别是叙词表,作为一部动态词表,必须根据文献标引和检索的需要,及时充实调整,作好词表的增补,使其适合标引和检索的实际;分类法也应在使用过程中注意根据文献标引的需要,及时掌握分类法编委会公布的类表增补信息,解决好对新出现知识门类的标引处理。在标引工具的管理中,应注意参考词表、类表的有关数据,包括标引频率、检索频率以及用户使用的自然语言词汇等,提高对标引工具的管理水平。同时,也应在使用过程中不断调整、完善标引规则。

在联机标引的情况下,对标引结果审核以及词表等的管理,一般应由中心图书馆或文献单位负责,指定专人或组织专门小组实施;涉及多学科的联机标引系统中,也可以指定专业图书馆负责相应门类的标引质量控制。联机中心的质量控制人员,一般应由资深标引员承担,有权对标引结果进行修改、调整或要求有关单位对标引结果重新审定等;同时,通过专门小组会议,讨论解决标引中出现的带有普遍性的问题、难点以及涉及标引工具维护的有关问题等,以确保联机系统的标引质量。

第三节　主题分析

主题分析是指根据文献标引和检索的需要，对文献内容特征进行分析，提炼主题概念的过程。

分类标引和主题标引都是从内容特征的角度对文献进行标引和揭示的，需要在弄清文献主题特征的基础上进行主题概念的转换。主题分析的质量如何，直接影响到文献标引的效果，十分关键。通常要求在分析文献主题类型、主题结构的基础上，根据分类标引和主题标引的需要进行。因此必须掌握主题类型和结构的分析方法，在充分把握文献主题对象及其构成因素的同时，根据两者标引转换的不同特点，对主题概念进行提炼和取舍，确定待标概念。

一、分析主题类型

按照不同的划分标准，文献主题可以分为各种相应类型。

1. 单主题和多主题

根据一文献中讨论的主题数量，可以将文献主题分为单主题和多主题。

单主题文献是指只研究一个中心对象或问题的文献。单主题文献可以概括论述某一特定的事物对象或问题，如：汽车、互联网络、环境保护；也可以论述事物对象的某一部分、方面或与其他事物对象的联系，如：汽车发动机、互联网络的管理、汽车尾气对环境的影响等。对单主题文献一般还应根据其主题构成，进一步分析。

多主题文献是指同时研究两个或多个事物对象或问题的文献。它们可以是并列关系主题，如图书馆和情报所，汽车和拖拉机的维修和使用；也可以是同时论述一个大主题和若干个小主题的从属关系主题，如生物学与生物物理学，太阳系、金星、火星和地球等。对多主题文献应以主题为单位，分别对其主题构成及其关系进行分析。

2. 单元主题、复合主题和联结主题

根据一主题中主题概念的数量,可以分为单元主题、复合主题和联结主题。

单元主题指由一个基本概念构成的主题类型。如图书馆;教育心理学。这类主题的分析比较简单,只要直接将其析出即可。

复合主题指由两个或多个基本主题概念结合构成的主题类型。根据主题概念之间的关系,复合主题的类型包括:

事物与事物组配构成的复合主题。例:植物生理生态学、水生木本植物等。

事物与方面构成的复合主题。例:图书馆藏书管理、铝合金材料的性能、文科教学方法研究等。

事物与部分概念构成的复合主题。例:飞机导航系统、计算机外部设备等。

这类主题通常须用两个或两个以上基本主题概念进行描述,一般还应进一步分析其构成,明确主题概念之间关系,以便在此基础上对主题概念作出取舍。

联结主题,亦称相关系主题,指同时涉及两个主题对象之间联系的一种主题类型。在这类主题中,不同主题对象之间的关系比较松散,不像一般复合主题那样已经融合成一个整体,且形成一定的关系类型,是一种介乎单主题与多主题之间的主题类型。常见的关系类型有:

应用关系。例:计算机在图书馆的应用、运筹学在轻工业中的应用等;

比较关系。例:分类法与主题法的比较、中印文化发展比较研究等;

影响关系。例:气候对农业生产的影响、中国文化对日本的影响等;

因果关系。例:气候变迁的原因、经济改革对人们价值观的冲击等;

倾向关系。例:土木工程人员使用的物理学、供社会科学研究使用的数学方法等。

对于联结主题,不仅要分析其主题构成,还应该分析其关系类型,以便根据不同关系类型的特点加以揭示。

3. 主要主题和次要主题

按照文献论述的重要程度,可以分为主要主题和次要主题。

主要主题是文献论述的主题内容中,作者重点论述的主题或称为中心主题。一个文献一般至少有一个主要主题,有时也可以有两个或多个主要主题。例如:"汽车和拖拉机维修"这一文献中,就包括汽车维修和拖拉机维修两个主要主题。主要主题是主题分析的重点,一般应善于抓住主要主题,根据标引需要加以充分揭示。

次要主题是指一文献论述中不作为重点讨论的主题。假如一篇论述主题标引的文献中,以一定篇幅对分类标引的特点作了概要说明和比较,在此情况下,分类标引就属于次要主题。对于次要主题,应根据检索系统的需要及其本身的情报价值,确定是否将其析出。

4. 专业主题和非专业主题

按照文献主题与检索系统专业的相关程度,可以分为专业主题和非专业主题。

专业主题是指与检索系统专业性质一致的主题。它可以是主要主题,也可以是次要主题。对这类主题,一般应予充分揭示。如上例所举的情况,在图书馆专业的检索系统中,只要该文献对分类标引的论述有一定参考价值,就可以考虑将它和主题标引一起,同时析出。

非专业主题是指与检索系统专业性质不一致的主题。例如上文提到的"汽车和拖拉机维修"这一文献,在汽车制造部门的检索系统中,"拖拉机维修"这一主题就属于非专业主题。对这类主题,专业检索系统往往不予揭示或只在对该专业的研究有联系、有启发、有一定使用价值时才酌情析出。

5. 显性主题和隐性主题

按照文献论述时的表达方式,可以分为显性主题和隐性主题。

显性主题是指文献正面阐述、表达的主题。例如上面的文献中提到的汽车维修、拖拉机维修,就属于显性主题。对显性主题的分析比较容易,可以根据文献的论述直接加以提取。

隐性主题则是指文献中没有用直接的语词明确加以描述,而是隐含在其他字面形式中的主题。例如,“汽车天然气设备的安装使用”这一主题,其显性主题为汽车天然气设备,其隐性主题则是汽车尾气治理、环境保护。隐性主题容易漏标,对这类主题的分析,一般应在深入了解文献内容,了解有关领域主题内容之间关系和影响的基础上进行。这类情况在主题标引,特别是深度标引时出现较多。

上述对主题类型的划分,是根据主题标引的需要,从不同角度进行的,目的是便于根据各种主题类型的特点,从不同角度加以识别和提炼。一篇文献的主题可以同时分属于不同划分类型中的相应类型。例如,“工业企业经济体制改革”既是单主题,同时也属于复合主题、主要主题、显性主题,在经济领域的检索系统中,属于专业主题。在主题分析时,可以根据其特点,进一步分析、提炼和取舍。

二、分析主题结构

所谓主题结构是指构成文献主题的各个基本主题因素以及它们之间的相互关系。分析主题结构的目的是,在分析主题类型的基础上,进一步对文献中复合主题的成分进行分析,以便查明主题构成因素及其相互关系,对主题概念进行提炼。

文献主题结构有其本身的层次和规律性。为了便于一致、有效地分析文献主题构成,各国学者根据对主题结构成分和关系的认识,提出了各种主题关系的结构模式,作为主题分析和确定先组式主题标题的依据。各国在实践中发展的多种实用的引用次序,可以供文献主题结构分析时使用,比较有影响的引用次序有:科茨的显著性引用次序,阮冈纳赞的以五个基本范畴为基础的引用次序,英国分类法研究小组的标准引用次序等。其中,科茨的显著性引用次序是在长期主题标引实践中逐步发展起来的一种实用的引用次序类型,它从用户心理出发,将基本主题因素及其次序规定为:事物—部件—材料—活动—施动者①。在这一次序中,“活动”可以是各种操作,“施动者”可以是操作的工具、设备,主题因素的对象明确、简练,比较适合科技、工程领域资源的主题特点。

我国国家标准《文献主题标引规则》2008 年送审稿中规定的主题分面公式,②则是在将文献主题成分概括为 5 种基本主题因素的基础上确定的。这一公式,将文献主题成分及其次序规定为:A 主体因素(研究对象等中心主题概念)、B 方面因素或限定因素(成分、材料、方法、过程、条件、状态、尺度、性质等对主体因素研究方面(角度)的说明或限定因素)、C 空间因素、D 时间因素、E 文献类型因素等。

在这一公式中,主体因素包括理论、事物、事件、现象、问题、产品及其组成部分等,是主题标引和检索的中心和主要依据,一般都具有独立的检索意义。如“拖拉机维修”、“发动机设计”这两个主题中,“拖拉机”和“发动机”分别为主体因素。

方面因素包括体系、结构、材料、状态、属性、活动、过程、方法、作用、关系等。是主体因素的限定成分,有时具有独立的检索意义,有时只具有辅助检索意义,应根据其对主要成分的价值决定取舍。如上例中的“维修”、“设计”即为方面因素。

空间因素、时间因素、文献类型因素则是指文献论述对象所处的空间或地理位置、时间及所采用的文献类型。例:“英国现代农业统计资料”这一主题中,“英国”、“现代”、“统计资料”等分别为空间因素、时间因素、文献类型因素。

各种主题因素的构成成分不是绝对的,它们是可以根据研究对象的特点而变化的。例如在“机床—材料”这个主题中,材料是方面

---

① Foskett, A. C. The Subject Approach to Information Retrieval (4th ed). London:Clive Bingley, 1982:128-132

② 中华人民共和国国家标准. GB/T 3860-2008 文献主题标引规则(送审稿)

因素;而在"金属材料—金相分析"这个主题中,材料则是对象因素。在特定文献中,当空间因素、时间因素、文献类型因素等本身作为研究对象时,这些因素本身也可以作为主体因素对待。例如,"法国概况"、"唐代历史"、"词典研究"等主题中,空间概念"法国"、时间概念"唐代"、文献类型概念"词典"等均为研究对象,均可以作为主体因素对待。

按照这一结构,就可以以概括、一致的方式,对文献主题构成成分极其关系进行分析,并以此作为提炼主题概念的依据。例如:"中国八十年代农田水利规程手册"这一主题可根据上述公式分析如下:

农田水利	规程	中国	八十年代	手册
(主体因素)	(方面因素)	(空间因素)	(时间因素)	(文献类型因素)

又如,"西安飞机用铝合金材料加工"这一主题,可以根据上述公式分析为:

飞机	铝合金	加工	西安
(主体因素)	(方面因素—材料)	(方面因素—活动)	(空间因素)

为了使分析的结果能同时适应分类标引的需要,一般还可以在进行上述分析的同时确定其学科,如前一主题的学科为农业科学,后一主题的学科则为工业技术。

这一引用次序的一个问题是对主体因素的划分不够充分,因此在处理复杂主题时,对有关主题因素的次序,往往难于确定。例如,在"汽车发动机燃油系统修理"这一主题中,汽车、发动机、燃油系统等均属于主体面中的研究对象,应如何确定其次序?这一引用次序的另一个不足是方面因素的范围太广,在处理复杂主题、特别是联结主题时,涉及成分过多,起不到识别成分的作用。例如,在"微型计算机在汽车检测中的应用"这一主题中,除"汽车"以外的所有主题因素,包括"检测"、"微型计算机"以及"计算机应用"等都属于方面因素,其次序也不是很明确。对这类情况,可参考国内外其他引用次序加以解决。例如,依据科茨的显著性引用次序,可将前一个主题确定为:汽车—发动机—燃油系统—修理;后一个主题确定为:汽车—

检测—计算机应用—微型计算机

总之,分析主题结构,必须依据文献主题规律进行。在按照一定的主题分析结构模式对文献主题分析的过程中,应注意结合主题因素之间的关系和内在的规律加以使用。除依据我国文献标引工作标准中提出的引用次序外,也可参考国外比较成熟的引用次序以及相关论述。一般可以先按照目的性原则或显著性原则,将一主题领域内用户作为主要查找对象的文献主题内容作为中心主题,然后根据主题因素之间的联系,按照依存原则确定各个主题因素之间的关系,在查明文献涉及的主题概念及其关系的基础上,重点选择中心主题概念,适当选择次要概念,根据检索需要,作好主题成分的确认和取舍。

三、主题分析方法

1. 常用主题分析方法

常用主题成分分析方法有以下几种:

(1)常规分析法。即根据通用主题类型和结构模式分析文献主题的方法。采用这一分析方法,一般应根据预先确定的通用主题类型和结构模式,查明文献论述对象和相关主题概念,在明确主题概念的基础上,对待标引的主题概念作出选择。在进行分类标引的情况下,应同时明确主题对象研究的学科。这一方法比较适用于一般综合性的文献单位;对专业文献单位,以及进行深度标引的单位也具有一定的适应性。

(2)提纲分析法。即根据预先确定的主题分析提纲,分析文献主题的方法。采用这种方法,一般应结合检索语言结构特点和专业性质,详细规定主题分析的各种要点和注意问题,作为主题分析的共同规范,以保证文献分析的一致性,避免遗漏有价值的信息概念。

例如,根据分类语言的结构特点,对经济类文献的主题分析,一般应弄清:该文献讨论的内容范围,是以整个经济领域为对象的,还是以某一部门经济领域为对象的?如果是以整个经济领域为对象的,其论述的内容是基本经济理论、经济状况,还是经济管理方法?确切的内容对象是什么?属于何种范畴,是否涉及到学派、国别、时代等因素?如果该文献的内容范围从属于经济部门,则应弄清是关于部门一般理论、方法的文献,还是与具体国家及其经济部门相联系的文献,其确切的内容范围是什么,涉及到的国别、部门、时代等因素有哪些?是否属于特殊文献类型?

又如,主题标引时,工业技术部门对工业产品制造文献的分析内容一般应包括:文献论述的产品是什么,为何种类型和型号?研究的角度是什么,是否涉及有关该产品的部件、材料、性能等主题内容?采用何种生产工艺?是否涉及生产环境?使用了哪些生产设备或工具?是否有重要数据或新技术、新方法、新材料以及有关厂家的信息?文献是否有隐含概念?是否涉及地点、时间等因素等。

主题分析提纲可以由各种提问组成,也可以是详细序列的组面或要点,远比通用结构公式详尽,并可以在使用的过程中逐步完善。使用时,根据提纲的提示,对主题概念进行分析和选取,这一方式比较适合专业文献单位的需要。

(3)职能符号分析法。即通过为主题概念配置职能符号,分析、提炼文献的主题概念。这种方法一般须按照一定的主题结构模式,预先拟定一个详细的职能符号表。标引时,根据主题概念的含义性质赋予相应的职能符号。使用这种方法,可以避免遗漏重要主题概念,并能直接依据职能符号确定主题词的组配次序。比较典型的例子是奥斯汀的保留上下文索引系统对主题概念的标引。该系统按照上下文从属次序,为各种主题成分设置了详细的职能符号和插入符号等。使用时,为各种主题概念配置相应职能符号,利用职能符号自动生成上下文从属次序。例如,“印度棉纺织业职工培训”这一主题,使用标引方法如下:

A:概念分析

语词	职　　能	职能符号
培训	及物动作	2
职工	动作的对象,关键系统的一部分	P
印度	位置	0
棉纺织业	关键系统,即整体,包括动作的对象	1

B:编写输入串

(0)印度

(1)棉纺织业

(P)职工

(2)培训

图6-2　职能符号的使用

资料来源:D. 奥斯汀,J. A. 迪戈儿. 保持原意索引系统(PRECIS). 见:北京大学图书馆学系情报学教研室,科技文献检索教学参考材料,1981:96-109

(4)列表分析法。即根据主题分析中涉及的各种范畴及其联系,预先设计一种标引工作使用的表格。使用时,利用表中所列的因素或组面对文献主题概念进行分析。下面就是这种工作单的一种样例。表中列出的项目包括主题所属学科及按照概念之间联系列出的各有关组面,纵栏数字为该文献包括的不同主题。主题分析时,按照文献论述内容,将概念填入相应组面(见表6-1)。

使用这一方法可以简化主题分析过程,减少分析误差和遗漏,使分析的结果尽可能一致。

上述四种方法各有特点,除常规分析法外,其他三种方法适用于专业主题领域文献标引。其中,提纲分析法最为精确、详细。职能符号分析法则较方便、易行,并可以和机编结合进行。不同单位应根据情况选择使用。

2. 主题分析在分类标引主题标引中结合进行的方法

主题分析的目的是析出主题概念,供相应标引语言转换。因此,主题分析是与标引语言的特点密切联系的。从上面的分析可以看出,分类标引和主题标引在主题分析上具有某些相同之处,但又存在着差异。弄清分类标引和主题标引不同特点对主题分析的影响,了解它们之间的不同,对于在主题分析过程中结合两者的特点,有针对性地作好主题概念的提炼,是有益的。

表6-1　列表分析法

主题	学科	事物	部分	性质	过程	操作	施动者	地点	时间	形式
1	环境科学	空气污染				空气质量检测		北京		
2		汽车尾气				控制		北京		
3										
4										
5										
6										
7										
8										

分类标引和主题标引对主题分析的不同要求主要表现在:

(1)主题分析的角度不同。如前所述,主题标引只须查明文献论述的内容对象及其相互关系;分类标引则还需要在弄清内容对象的同时,明确其学科属性,以便按分类体系进行转换。

(2)主题分析的引用次序不同。主题标引对主题分析中主题概念的分析次序一般比较稳定,通常可以使用通用分面公式有层次地进行;分类标引中的主题分析则是与相应门类类目体系的展开方式联系的,往往因学科、内容性质不同而存在差异,通常应与类表特定门类中分类标准的使用次序相一致。

(3)主题分析的专指度要求不同。主题标引按照后组或散组方式揭示文献主题,要求在主题分析中充分揭示有关主题成分;分类标引则是以列举式类表为基础的,对主题分析的要求相对概括,有时不必涉及过分专指的主题成分。

(4)主题分析的广度不同。主题法作为一种特指性标引方法,对文献主题的揭示比较灵活，不仅可以揭示中心主题，而且可以方便地揭示局部主题或分支概念，要求对主题概念的提炼比较充分；分类标引作为一种系统揭示方法，适宜于进行整体标引，虽然也可以对文献进行附加分类和分析分类，但选择性比较强，对数量应有一定限制，一般只要求提炼中心主题。

上述差异说明，要在分类标引和主题标引中结合进行主题分析，就必须在操作过程中兼顾两者的不同。一般可采用以下办法：

(1)可以在分析主题结构的同时，明确其所属的学科，使其可以同时按照不同的角度进行处理。

(2)在使用通用分面公式进行结构分析的同时，兼顾分类标引中相应门类划分层次的特点，必要时根据需要补充必要的主题因素或调整主题因素之间的层次，使主题分析的结果能同时适应两者的需要。如"我国函授教育概况"这一主题，主题标引中可按通用分面公式，分析为：函授教育—概况—中国；但在分类标引中，按照分类体系的展开次序，其分析层次为：教育—各类教育—业余教育—函授教育—中国。

(3)在进行主题分析的过程中，根据分类标引、主题标引专指度的不同要求，既不忽略主题标引应予揭示的专指概念，同时又照顾到分类标引的需要，明确确定分类转换依据的主要主题成分。例："运筹学在轻工业管理中的应用"这一主题，在主题标引中，应根据其涉及的主题概念，分析出"轻工业管理"、"应用"、"运筹学"等概念成分；分类标引中，则可根据类目体系的专指度，主要按应用关系的特点，明确其中心主题概念为"轻工业管理"。

(4)在分析主题内容对象过程中，根据分类标引和主题标引不同标引深度的要求，既不遗漏需要揭示的所有有揭示价值的内容对象，同时又明确确定供分类标引处理的中心主题。例如：前文提到的"太阳系、金星、火星和地球"这一文献，在主题标引中，应根据其特性检索的要求，将所有主题对象均作为标引依据；但分类标引应根据类目体系中从属关系的特点，只选择其中的上位类"太阳系"作为标引依据。

一般来说,只要能在主题分析的过程中注意处理好上述问题,就可以在分类标引和主题标引的过程中较好完成主题分析工作。

四、主题分析误差及克服方法

1. 主题分析常见误差

主题分析可能出现的误差主要有三种:

其一,主题概念提炼不足。即提炼出来的主题概念少于应提炼的主题概念,没有把文献中符合检索系统要求的所有有价值的相关主题概念都提炼出来。这一误差会造成漏标、漏检,影响检全率。

其二,主题概念提炼过度。即所提炼的主题概念多于应提炼的主题概念。包括提炼了文献未论述的主题概念或不符合检索系统要求的主题概念两种情况。这一误差会造成误标或过度标引,影响检准率。

其三,提炼错误。即没有把主题概念正确提炼出来、没有准确确定学科归属等。这一误差会同时造成误标或漏标,影响查全率和查准率。

2. 主题分析误差克服办法

要克服上述误差,一般应注意:

(1)应该根据文献的客观论述情况进行提炼。所提炼的主题概念必须是文献加以论述的内容,具有检索价值。一般应优先选择新的有参考价值的文献内容进行揭示,对于文献论述过程中涉及的回溯性主题内容,一般可不予提炼。

(2)应根据检索语言的特点进行提炼。主题分析是与采用的检索语言密切相关的。在分类标引依据等级列举式类表,主题标引采用叙词表的情况下,应注意根据两者对主题分析角度、引用次序、专指度、主题分析深度等方面存在的差异,按照检索语言的特点作好文献主题概念的提炼。

(3)应该根据检索系统的分析水平进行提炼。按照分析的深度,主题分析可以分为概括分析和描述分析;概括分析一般只须析出文献的整体性主题。描述分析则要求提炼出文献论述的全部有检索价值的主题概念。如果检索系统采用的是浅标引,可采用概括分析的方法,只析出文献的中心主题和有检索价值的主题;如检索系统采用的是深度标引,则应按描述分析的方法,对文献论述的各种有检索价值的主题概念进行充分的提炼和选取。

(4)应该根据检索系统的专业性质进行提炼。不同专业文献单位对主题分析的角度和取舍要求不同。一般来说,综合性文献单位要求根据文献的整体内容,全面分析出有检索价值的主题对象;专业文献单位则根据用户需要,重点选取与本专业有关的情报内容。因此,应当根据本部门的标引性质、要求、重点等,有针对性地对主题概念进行提炼,使主题分析有较强的实用性。

(5)注意隐含概念的分析。隐含概念是指没有在字面上明确显示的主题概念。作好隐含概念的分析,有助于克服主题概念的提炼不足和错误,改进主题分析的质量。分析隐含概念的关键在于,应善于根据文献的内容描述把握文献隐含的内容实质:

例:汽车尾气检测

(隐含污染控制)

利用养殖某种昆虫消灭害虫

(隐含生物防治)

利用某种药物治疗引起其他疾病

(隐含药物副作用)

食品添加剂检测

(隐含食品安全)

绿化造林

(隐含火土保持)

某典籍的索引如“《史记》人名索引”

(隐含专书索引)

对隐含概念的分析,有一个逐步总结和积累经验的过程,应在了解专业知识的基础上,通过标引实践,掌握其规律性,不断提高。

第七章　分类标引与检索工具

第一节　分类标引方法

一、分类法使用本的确定

1. 确定使用本的必要性

所谓使用本，是指经过文献单位调整的、直接作为分类依据的分类法文本。根据文献单位分类标引的需要，对选定的通用性文献分类法进行适当调整的过程，称为确定使用本。

文献单位在选定使用的通用性分类法以后，一般还不能直接用来分类。这是因为，通用性的文献分类法是根据一般文献单位的标引需要编制的，具体文献单位在使用时，一般存在以下问题：

(1)通用性文献分类法中类目体系展开的详略程度，是根据一般文献单位的情况编制的，与具体文献单位的使用需要并不完全一致，有时类目体系展开过深，有时类目设置过于概略，有必要根据本单位的文献收藏情况加以调整。

(2)通用性文献分类法对学科关系的处理，是根据一般使用单位的需要确定的，与特定文献单位的文献处理要求之间存在着差异，有必要根据使用单位对类目集中与分散的要求加以调整。

(3)通用性文献分类法往往根据不同的使用需要，在有关的类目下提供了选择处理方案，使用单位有必要根据实际使用情况对选择处理方案加以确定。

(4)文献分类法本身也存在着根据文献主题领域的发展逐步调整的问题。在文献分类法无法及时增补修订的情况下，特定文献单位有必要根据标引过程中主题领域出现的发展变化进行增补，使其适应主题发展的需要。

由于上述原因，具体文献单位通常需要根据本单位文献特点和用户需求，对选定的文献分类法进行适当调整，甚至较大变动，作好确定使用本的工作。

2. 使用本确定的范围

使用本确定的范围通常包括：

(1)确定详略程度。即根据文献单位的标引需要，在原有的基础上对类表使用的详略程度加以确定。包括依据文献的收藏特点规定哪些详分、哪些略分以及附表使用等。一般情况下，一馆的重点收藏应予详分，通常可直接使用详表，以便对文献收藏加以充分组织与揭示；一馆的非重点收藏，在文献数量较少的情况下，则可略分，可以根据需要，规定使用一定等级的上位类进行概略区分，一般应明确限定使用的类目等级，如规定使用简表或前三级类目等。同时，对类表中规定的复分表使用情况逐一审定，确定是否采用，使类表的详略程度适合文献单位的实用需要。

(2)局部扩充。即在原分类体系的部分类目不够充分，无法满足本单位文献分类需要的情况下，对局部类目扩充加细。专业文献单位往往需要根据专业文献标引的需要，对专业部分的类目进行扩充，其方法一般包括：

①将类目注释中列举的小主题配予号码，扩充为类目；

②参考其他分类法的相应门类的分类体系，加以移植，例如，在使用《中图法》的情况下，参考《资料法》、UDC 或有关专业分类表的细目，对专业部门的类表扩充加细；

③扩大复分表的使用范围；

④根据使用需要进行归纳增补等。

其中，归纳增补一般应在对该专门领域知识关系及文献分布了解的基础上进行，可参考有关词条、教科书等，了解有关专业领域的知识，同时结合分析文献构成情况确定细目。应注意，扩充的细目是原有分类体系的延续，应在原有类目体系的基础上进行，与原有分类体系保持一致。

(3)局部集中。即根据需要,对专业领域类目进行局部调整和集中,使之适合用户的使用习惯。包括:

①确定选择类目。可规定将与该专业领域有关的选择类目在该专业领域集中。例如:经济专业的文献单位可规定,将专业经济学文献在“F08 各科经济学”下集中,与相应专业类号进行组配标引。

②确定交替类目。即将专业领域的各种交替类目,调整为使用类目,并将原使用类目的细目移至新的使用类目下,加以集中。例如:哲学领域的文献部门,可以根据本单位使用需要,将“B03 历史唯物主义”类下的“B032.1 生产力和生产关系”、“B033 阶级理论”、“B034 革命理论”、“B035 国家理论”等交替类目改为使用类目,将这些交替类目对应的原使用类目,改为交替类目,并将这些类目下的子目集中在 B03 下,使类目体系适合实际使用的要求。

③按专题集中。即将该专业领域中某一主题或专题有关的各学科文献,按使用需要加以集中。如《中图法》在“S 农业科学”类中将农业机械制造,农作物、家禽家畜的生理生化等类目从工业技术、生物科学中抽出,集中于农业科学类,就是根据实际使用需要,按专题集中的典型处理方法。但在使用本确定过程中,此类调整应尽量慎重。

(4)增加新类。根据学科发展情况及时增补新类,是使分类法适应文献标引需要的基本方法。为使分类体系一致起见,新类的增补通常应由分类法的编委会统一确定。为满足及时分类的需要,对新学科文献,具体文献单位可采用靠类标引或在必要时适当增补新类的办法。在后一种情况下,一般应及时把处理方案作为建议提交分类法编委会,供其参考。如编委会所作的增补与本馆不一致,一般应将本馆已作的增补及类分的文献进行调整,以便在整体上与分类法的发展保持同步。

(5)调整说明与注释。在进行上述各种变动的同时,应当对有关的说明与注释进行相应调整和变动,同时,还应注意根据本单位的分类需要,对有关的分类规则和使用说明等作必要的调整、充实或细化,以便保证分类操作的一致,方便实际使用。

分类法使用本的确定,一般应注意在类表原有的基础上进行,尽量减少变动幅度;对确实需要进行的变动,包括局部扩充或集中等,应符合分类体系展开的原则,尽可能与原有分类体系的技术方法保持一致。为照顾到不同使用馆的情况,联机协作编目系统大多直接采用选定的通用分类法文本,因此具体文献单位在必要时仍存在根据本单位的情况进行少量调整的问题。同时还应注意探索特定使用文本与通用系统的转换规律,以便简化标引转换操作,并方便联机检索时的资源共享。

二、号码配置方法

号码配置是分类标引的基本技能。在使用《中图法》作为标引工具的情况下,分类标引中的号码配置大致有两种情况,一种是,可以通过主表直接获得表达一文献的完整分类号码;另一种是,须结合不同成分的号码进行组配标引。

可以通过主表直接获得完整号码的取号方法比较简单,一般只要根据文献的内容和其他特点,通过层层查找的方法,准确确定其在分类体系中的确切位置,就可得到相应的分类号码。如在对“南极自然地理”这一主题标引时,可根据其所属的学科门类,直接确定其号码为:P941.61。

结合组配手段的号码配置需要将类表中代表不同成分的号码加以组合,共包括三类:

(1)使用复分表复分。即在依据主表类目分类的同时,结合使用复分表的类目区分。通常将复分表号码加在主表相应号码之后。

例如,北京市经济地理	F129.91
王夫之哲学思想研究文集	B249.25
简明美学词典	B83-61

(2)仿分。即利用指定的同类性质子目进一步细分。通常在需仿分的类号之后加上被仿分号码中进一步区分部分的标记即可。例

如,“德语词典”标引时,可在表示德语的号码“H33”后,加上从“H31英语”后相应子目中表示词典的号码“6”,该主题的号码为H336。

(3)使用组配复分号进行类间组配。即按类表要求,结合使用特定辅助符号,将一个主类号与其他跟文献内容相关的主类号组配,表达文献主题。例如,“化学书目”这一标引对象,可结合使用组配符号“:”,将表示专题书目的类号“Z88”,与表示化学的类号“O6”联结,标引为:Z88:O6。

在使用《中图法》进行各种形式的号码组配时,一般应注意以下问题:

(1)号码组配时,如复分表或仿分的号码与主表中号码的成分含义相重,应删除重号。

例如,“巴基斯坦哲学”这一主题标引时,应在“B31/39 亚洲各国哲学”类下依照世界地区表分。世界地区表中巴基斯坦的号码为353。其中号码3表示亚洲,5表示亚洲下的地区,其含义分别与B31/39中的3和1/9相重,删去重号后,其号码为B353。

又如,“小儿关节炎”这一主题标引时,应在R726.8小儿骨科学下仿R68骨科学下的细目分,其关节炎的号码为R684.3,其中,R68表示骨科学,与R726.8后两位号码含义相重,删去重号后,标引结果应为R726.843。仿分一般均存在避免重号问题。

(2)在复分不止一次时,号码的组配次序应按分类表中注释指定的次序进行。一般情况下,在某类下注明使用复分表配号,该复分表的号码即应配于该类号之后;在复分超过一次时,其余的复分号码应按注释指示的次序依次配号。

如“英国现代短篇小说集”的配号次序依次为各国文学“I3/7”、英国“561”并仿“09 文学史文学思想史”中的现代“5”分。其中,“I3/7”中的“3/7”表示各国的号码范围,与561中的5欧洲含义相重,删去重号后,其号码应为I561.45。又如,“北京水文站”的配号次序应依次为,水文站“P336”,中国“2”,北京“1”,其标引结果为P336.21。

(3)关于复分、仿分中号码加“0”问题。《中图法》标记是一个按照类目关系和等级配置的符号系统,复分、仿分时的号码组配是在原有标记系统的基础上进行的。为避免号码组配中出现与类表中已有号码相重或造成原有排列次序的改变,类目表采用在复分、仿分中加“0”的方法,表示复分、仿分类目的插入。规定如下:

①在两个号码组合时,如前一个号码在类表中有下级号码,组配时应加“0”。如“田径裁判法”标引时,“田径运动”的号码为“G82”,体育类专类复分表中“裁判法”的号码为“4”。号码组配时,由于主表中“G82”下还有下一级号码,应加“0”表示分类标准的改变,该主题的号码应为 G820.4。如组配时不加 0,则与“G824 投掷”类相重。

②当专类复分表中所有号码前都有“0”时,此号码起表示转换分类标志的作用,组配时不须再加“0”。例如:

麦子育种　标引为:S512.03

大麦育种　标引为:S512.303

但如复分表中仅部分号码前带“0”,在此情况下,这些符号主要起与复分表中其他不带 0 的号码区分的作用,仍存在复分加“0”问题。例如,“亚洲小说评论集”标引时,应将亚洲文学的号码“I3”与小说评论的号码“074”组配,由于亚洲下仍有下位类,文学类复分表中只有部分类目前有“0”,因此仍须在组配时加 0,标引为 I300.74。否则就会与亚洲寓言的号码 I307.4 相重。

③如须仿分、复分的类目仍有下级号码,但该号码与仿分、复分的号码属于同位类关系或不影响类目体系排序时,配号时不加“0”。例如,“牛的生理生化”标引时,表中“牛”的号码为“S823”,应仿“S821 马”类下“1 生理、解剖”分。配号时,虽然 S823 下仍有“8 品种”、“9 各种用途牛”两个下位类,因这些下位类与 S821 下的类目是按照同一区分标准划分出来的,互为同位类关系,因此,仿分的号码组合时不应加 0,应为 S823.1。

④自然科学各类的具体类目仿一般性问题分时,均须加“0”。例如:

元素半导体的化学制取　标引为:TN304.105.2

造纸工业废水处理技术　标引为:X793.031

自然科学各类仿一般性问题加“0”,是为了与《资料法》的号码取得一致。因为在《资料法》中,《中图法》自然科学中的最后一级类目下仍存在着下位类,因此应按前述的规则加“0”(见图7-1)。规定“中国史”下仿“通史”分时一律加“0”,则是为了简化操作,减少配号的难度。

《中图法》类目		《资料法》类目	
TN304·1	元素半导体	TN 304·1	元素半导体
		·11	锗
		·12	硅
		·13	硒
		·14	碲
		·15	灰锡
		……	……
·2	化合物半导体	·2	化合物半导体
		·21	氧化物半导体
		……	……

图7-1　《中图法》、《资料法》自然科学部分类目比较

(4)当仿分类目涉及到一段类目范围时,配号时应注意根据具体情况,对主类号进行必要的调整。但这类情况仅出现于个别类下。

例如,“世界农学家传记”标引时,世界各科人物传为 K815 须仿 K825/826 分,其中,中国农业人物传的号码为 K826.3,此书应标引为:K816.3。

又如:“燃气轮机传动装置”标引时,应仿 TK41 汽油机分,“汽油机构造”的号码为 TK413,须仿 TK413/414 下的“TK414.4 传动装置”分,此主题的标引结果应为:TK474.4。

(5)复分表、仿分及组配的使用,通常应按类表的注释进行。总论复分表可视需要使用到三级或只使用其一部分。但主表已设有专类或可使专类复分表、仿分时,不得使用总论复分表分。

例如：社会科学普及读物　应标引为：C49
不应标引为：N-49
朝鲜史年表　应标引为：K312.08
不应标引为：K312-64

(6)对仿分或专类复分表的使用，类表通常有两种注释方式，其一，是在需仿分的具体类下注明，例如：在"F426 中国工业经济部门"下注明仿 F416 世界工业部门经济分；其二，是在需仿分的一组类目前作总的注释。如"K20 中国通史"下各代史仿通史分，各国史按"世界各国和地区历史复分表"分，自然科学各类按仿该类的一般性问题分等，均采用此种注释方式。后一类注释，易于忽略，使用时应予注意。

三、类目辨析

文献分类的基本要求是将文献主题归入分类体系中相应的类目。要作到这一点，就必须掌握类目辨析的方法，准确了解类目的含义和范围。类目是分类体系的基本构成单元和有机组成部分。在分类法中，类目体系是按照类目之间的关系组织的，并采用多种手段揭示类目之间的各种联系。因此，要弄清类目的含义，除应了解一类目名称的含义和有关的说明文字外，还应根据类表的特点，从多个角度进行辨析。包括：

1. 应根据上、下位类关系了解类目的含义

上下位类是分类体系中基本的关系类型。其特点是，上位类的属性，必然存在于下位类之中。根据这一特点，分类体系在类名确定的过程中，为了使类名尽可能简短，往往省略其上位类的含义，只列出其子概念的意义。因此，要完整了解一类目的含义，就必须包括其上位类的含义。例如：

	类目名称	类目实际含义
I2	中国文学	中国文学
207	各体文学评论和研究	中国文学评论和研究

.2	诗歌	中国诗歌评论和研究
.3	戏剧	中国戏剧文学评论和研究
.4	小说	中国小说评论和研究
……	……	……
21	作品集	中国文学作品集
22	诗歌	中国诗歌
23	戏剧	中国戏剧文学
24	小说	中国小说

2. 应根据同位类之间的关系了解类目的含义

文献分类法中同位类的设置是按照逻辑划分规则进行的,通常是依据一特定的分类标准对上位类区分的结果,因此同位类之间存在子类差,类目范围比较明确。但列举式类表作为一个实用系统,有时为了减少类目等级等需要,对划分规则的贯彻并不彻底。使得一些同位类中同时存在着以两个或多个不同分类标准设置的类目。在此情况下,部分同位类之间有可能出现相互交叉的情况,有必要分析同位类之间的关系,并对相关类的含义和范围加以限定。例如:

I 2 中国文学

21	作品集	按体裁分
22	诗歌、韵文	
23	戏剧	
24	小说	
25	报告文学	
26	散文	
269	杂著	
27	民间文学	按形成、使用对象或作者等区分
28	儿童文学	
29	少数民族文学	

上例中,按体裁区分的类目与按对象区分的类目之间是相互交叉的。因此,在确定一类目的含义时,就必须考虑与其相关类目之间

的关系。例如:在确定“I24 中国小说”的范围时,一般须排除儿童文学、少数民族文学等所包含的相应体裁的文学作品。

3. 应按照类目体系展开的规律了解类目的含义

等级列举式分类法的类目体系是按照从总到分,从一般到专门的方式,通过层层划分展开的线性系统。因此,要了解类目的确切范围,还必须在掌握类目体系展开规律的基础上,准确把握不同层次相关类目之间的关系。例如,《中图法》社会科学大类的基本结构如下:

总论	F0 理论 F1 各国概况
专论	F2 经济计划 F3 农业经济 F4 工业经济 F8 财政金融

总论	F40 理论
专论	F41 世界 F42 中国 F43/47 各国

总论	F20/40 方针、体制、计划
专论	F426 部门经济 F427 地方经济 F429 经济史

图7-2 《中图法》社会科学大类的基本结构

资料来源:中图法编委会.《中国图书馆分类法》(第四版)使用手册. 北京图书馆出版社,1999:46

按照这一编制结构,类目体系是依据划分层次逐一展开的,某一层次中又可以进一步分为专论与总论。有关一层次总论的文献归入该总论,论述某一专门内容的文献,则应归入专论下的有关门类。了解这一展开模式,可以准确判断相关类目之间的关系,确切归类。例如,下面为《中图法》F43/47 各国工业经济类下专业复分表部分的类目:

0 政策

1 工业结构与体制

3 工业计划与管理

4 工业建设和发展

5 工业企业组织和经营管理

6 工业部门经济

61　地质、矿业
62　能源工业、动力工业
63　冶金工业
64　金属加工、机械工业
65　航空、航天工业
……　……

在类分“美国航空、航天企业管理”这一主题时,各国工业经济中美国工业经济的号码为“F471.2”,与这一类目相关的子类涉及“5　工业企业组织和经营管理”与“65　航空、航天工业”。根据上述展开模式,就可以明确区分两者的不同,将其归入“65　航空、航天工业”这一专门类目,标引为:F471.265。

《中图法》个别门类展开时,不完全按照这一模式处理。在此情况下,一般通过注释加以说明,此时才不再按上述方式确定类目的范围。下面为这类说明的例子:

G258　各类型图书馆

总论某一类型图书馆,如儿童图书馆工作的著作入此。

专论某一方面工作的著作入 G251/255 有关各类;关于各国 个别图书馆的工作概况、计划、统计、报告等入 G259。

4. 根据类目注释了解相关类目的含义和范围

主题之间的关系往往是错综复杂的、多维的。有时,一个主题内容会同时与多个知识门类发生联系。对于此类情况,类表一般通过注释加以说明。因此,应注意了解类目注释中有关的说明,准确把握类目的含义,确切归类。

例如:R6　外科学

各部位、各器官的肿瘤入 R73;小儿外科学入 R726。

S576　胶液料作物

橡胶草入此;橡胶树入 S727.31。

S62　设施园艺(保护地栽培)

参见 S316。

此外，对于一些特殊处理方法，类表还会通过注释的形式对类目使用方法加以规定。例如：《中图法》“U448 各种桥梁”类在采用多重列类的同时注明：“如遇多主题因素的桥梁文献，入编列在前的类。”这实质上也是对类目范围的一种限定。

5. 将《中国分类主题词表》的《分类号—主题词对应表》作为类目辨析的辅助工具

例如，可以参考该对应表中类目所对应的相应叙词，明确类目的范围。如“中国小说题材复分表”的“史传小说”类后，对应的主题词包括：“讲史小说”、“日记体小说”、“自我小说”、“自传小说”等。通过这些对应的主题词，就可以对类目的范围有更好的了解。

又如，可以通过该对应表中对应主题词下的注释，进行相关类目的辨析，了解类目的确切含义。如“G41 思想政治教育、德育”对应的主题词注释中涉及到的相关类有“G611”、“G641”、“G651”、“G711”、“G741”、“G751”等，可以通过对这些类目之间关系的比较，更好地了解“G41”类的确切范围。

再如，还可以利用《分类号—主题词对应表》的交替叙词及《主题词—分类号对应表》中主题词指向的多个类号，进行相关类目的辨析等。

总之，要准确把握类目的含义和范围，就必须掌握类目辨析的基本方法，必要时还应善于调动各种可以利用的手段。

四、分类法的改用和修订时的改编

1. 分类法的改用

分类法的使用应慎之于始，一旦确定，轻易不再变动。但有时由于原有的分类体系过分陈旧，或不适合文献单位实际需要等原因，仍然存在着更换分类法的问题。例如，20 世纪 60 年代，美国原使用 DDC 的不少高校图书馆，根据高校馆使用的实际需要，陆续改用 LCC。又如，随着《中图法》的不断修订完善，我国许多原来使用其他分类法的文献单位，也不断改用《中图法》。因此，有必要对改用分类法的方法有一个基本的了解。

文献单位改用分类法的主要问题是,如何妥善处理原有已分类的文献,一般有以下几种作法:

(1)对原藏书体系和分类目录重新分类。

(2)只改分类目录,不改藏书组织。

(3)原藏书组织和分类目录不动,对新入藏文献另行分类排架和编制分类目录。

第一种方法比较彻底,可以以新的分类体系统一文献组织和分类检索工具,便于开架阅览和检索使用。这一方法的主要问题是,涉及到文献单位原有的全部文献和目录的分类号变动,工作量巨大,一般不易作到。要采用这一方法,必须在对工作量有充分估算的情况下制订工作计划,确定重新分类的工作程序,作好重新分类的准备和组织,同时还应处理好重新分类与文献流通的关系以及新文献的分类和使用问题。大型文献单位一般不适合采用此法;规模小的文献单位也应根据自己情况,量力而行。

第二种方法不涉及藏书的改编,只改分类目录。在采用这一方法时,原文献标引数据中的排架数据不变,只要在分类检索字段中输入新分类法的数据,就可以按新的分类体系组织检索工具了,从而能大大减少改编的工作量。在进行分类数据的转换时,通常应注意一文献下附加分类号、分析分类号的转换,并注意根据书次号特点作好同类书排列的一致。

这一做法可以按新的分类体系统一组织分类检索工具,检索结果中的排架数据仍为原来的索书号;不足是,藏书组织仍然存在两个体系,同类文献、同一种书的不同版本、卷次不能集中,会给使用带来不便。此外,在分类检索系统进行类下数据显示时,有时也存在着如何合理进行书次号的整体排列问题,例如,使用种次号的文献单位,一般可将旧分类款目的文献排列在新分类款目之后。

第三种方法是,原有藏书体系和分类目录不变,从规定时间开始,按新分类体系组织新入藏文献,并编制新的分类目录,形成两个分类体系。人们把这一方法形象地称为“一刀切”。

采用“一刀切”的方法，不会对分编工作增加负担，省时、省力。但使用这一方法，同类文献在藏书体系和分类目录中被分散在两处，影响实际使用效果，给用户借阅和各项文献工作的开展带来不便。这种方法一般在须更换分类法，同时又无力改编原有分类目录的文献单位使用。

上述三种方法，各有利弊，文献单位一般应根据本单位的实际情况作出选择。在实际使用中，许多文献单位往往还根据情况，将不同的方法结合使用。例如，有的文献单位在总体上采用只改目录的同时，有选择地将部分文献的藏书组织按新的分类体系组织；也有的在采用“一刀切”的同时，将部分类目的藏书和分类体系按新分类法重新组织，以便在现有条件下尽可能取得较好的效果。

2. 分类法修订后的改编问题

文献分类法作为文献组织的工具，一般力求尽可能稳定，以便适应文献工作的使用特点，减少因分类体系变动可能带来的困难。但是科学技术是不断发展的，文献分类体系不可避免地要根据学科发展加以调整和修订。在此情况下，文献单位就存在着分类体系修订后，对原有文献和目录进行改编的问题。从长期发展看，这种改编是必然的，也是建立有效的文献体系不可缺少的。关键是如何合理地加以处理。

分类体系修订后的改编一般应注意以下问题：

(1)弄清分类体系修订的内容，了解修订情况，这是有效进行改编的前提。文献分类体系的修订一般包括：增补新类、对类目扩充加细、对部分类目体系进行调整、局部变动、调整交替类目、修改注释等多种类型，各种变动对改编的影响是不同的，应根据情况进行分析，了解变动的数量、特点。有的分类法，如 DDC，往往在修订版中提供调整类目的对照表，供文献单位了解类表变动情况之用。文献单位可通过它迅速了解类目修订的种类和程度，作为改编方案制订的依据。

(2)结合本单位情况,确定改编的范围。具体文献单位的改编工作是与分类法的修订内容密切联系的,但并不完全相同。文献单位在了解类表改编情况的同时,一般应结合本馆原有文献收藏的情况进行分析,弄清各有关类目的使用情况,涉及的文献数量,有关藏书和目录在馆内的分布情况等,据此逐一确定改编的类目范围,并应在此基础上确定修订版在本馆的使用本,作为分类工具和改编的依据。最好编制一供本馆使用的改编类目与原表相应类目的对照表,作为进行改编工作的工具,以便简化操作。

(3)确定改编方式。一般认为,分类法修订后的改编,主要有以下方式:

①彻底改编。即将本单位确定变动的全部类目,包括文献组织和整个目录系统中有关的分类号,逐类改编。这种方法可以保证文献组织和目录体系的一致,方便用户使用。不足是,由于这种改编方法涉及到文献组织和各种类型的目录,工作量仍然比较大,大型文献单位很难作到,一般只适宜藏书较少的文献单位使用。

②只改目录,不改文献。即根据改编类目对照表,将已编分类数据按新版变动逐一转换,用以分类目录排检使用,其排架数据则不予改变。这一方法可以在只用较少工作量的情况下使分类目录保持一致。不足是,由于没有对文献组织进行相应调整,会造成文献排架的不一致,给开架借阅和文献管理带来问题。

③将只改分类目录与彻底改编相结合。这种方法通常应对类目修订进行分析,根据类目变动情况,对只改编分类目录的类目和彻底改编的类目加以确定,使得改编能在减少工作量的同时尽可能保证藏书和目录体系的系统性。一般可规定,对涉及到较大学科之间的变动以及原分类体系处理中存在错误的类目,加以彻底改编,对同一学科门类中的深入细分和调整,则只改目录,不改藏书,从而在文献单位人力物力容许的范围内,达到较好的使用效果。

第二节　分类标引规则

要使分类标引准确、一致、适用地揭示文献主题，除了按照分类标引的要求，弄清文献的内容特征，掌握分类表的使用方法外，还必须按照分类标引的特点和要求，制订详细的分类标引规则。按照分类标引规则的特点和涉及的内容对象范围，分类标引规则一般可以分为基本标引规则、一般标引规则、特殊标引规则三类。其中，特殊标引规则是指只适用于各个知识门类的规则，是基本规则和一般规则在各基本大类的延伸，与各类的类目体系联系密切，比较具体，可参看有关的分类使用手册。[①] 本书将主要讨论前两类规则。

一、基本分类标引规则

分类标引的基本规则是整个分类过程中始终必须遵循的规则。基本规则是从文献分类原则中引申出来，并结合分类标引的基本要求确定的，它包括以下内容：

(1)文献分类必须以文献的内容属性为分类的主要标准，必要时再按照其他特征进行标引。这是文献分类体系建立的基本依据，也是文献分类必须遵循的最主要规则。分类标引是依据一定的分类体系对文献进行分析处理的过程，必须与分类体系的处理方式相一致。因此，在研究文献分类法类分文献时，总是首先考虑文献内容的学科属性，根据学科内容确定其在分类体系中所属的位置，这样才能根据学科体系组织文献，便于读者选择使用。只有在不适合按学科分类时，才考虑以其他的属性为分类标准。在同时涉及学科内容以及地域、时代、形式等多重区分时，分类法一般均首先按学科内容区分，然后再考虑其他属性。如《中国地震志》这一文献，应首先按学

① 中国图书馆分类法编辑委员会．《中国图书馆分类法》（第四版）使用手册．北京图书馆出版社，1999

科归入“P316 地震调查、地震志”,然后再按地区,归入“2 中国”,其号码为:P316.2。即使在社会科学各类,分类法根据其特点,将地区标准适当提前,也仍然是首先以学科内容为主要标准的。如:《中国进出口贸易》这一文献,应首先按其学科,归入经济类贸易经济下的“F75 各国对外贸易”,再根据该类的特点区分国家,归入“中国对外贸易”下的“进出口贸易业务”类,其号码为 F752.6。

(2)文献分类必须能体现分类法的逻辑性、等级性、次第性。即凡是能归入某一类的文献,必然带有其上位类的属性。这是分类体系中从属关系类目的性质决定的。例如:论述博物馆文物修复的著作应入“G264 藏品整理和保管”下的“G264.3 藏品修复”,而不应该归入“[K854.3]古物保管和修复”。因为后者的上位类为考古方法,与博物馆收藏的修复含义不同,而前一类目的上位类为博物馆,与文献的内容一致。又例:《中国当代散文集》应归入“I26 散文”下的“I267 建国后作品”类,而不应该归入“I207.6 散文”下的“I207.67 建国后”类。因为后者的上位类 I207 为各体文学评论研究,I207.67 实为建国后散文研究。而前一类号为散文作品,与标引对象一致。因此,分类标引时,一定要详审上下位类的关系,避免出现不必要的错误。

(3)类分的文献必须归入用途最大的类。文献分类是为使用服务的,必须根据使用的需要进行。类目体系中类目之间的联系是多方面的,不同文献单位由于其专业性质不同,用户的使用要求或习惯不同,对文献处理的要求也存在着差异,因此在分类时,不仅应了解文献的内容性质,而且还应结合文献单位的特点和用户的需求进行,将文献归入该文献单位最适用的类目。例如,数学专业的文献单位可以根据本单位的需要,把数学在各门类应用的文献集中于“O29 应用数学”之下,用组配编号法编列,而不是归入所应用的相关门类。

又如,《果树分类学》一书,农业科学院图书馆分类时,可根据需要归入农业类的 S6 果树园艺类;而北京大学图书馆分类时,由于该校的生物学系是此书最主要的使用者,可根据其使用的特点,将其归入生物学类中“Q949 植物分类学(系统植物学)”的有关类目之下。

为了标引一致，对这类情况，一般应在确定使用本时加以明确规定。

（4）类分的文献必须归入最切合其内容的类。即应依据文献的内容，将其分入分类体系中内涵外延最符合其内容、最确切的类目。这是文献分类法准确、专指地揭示文献主题内容的需要。要作到这一点，分类时就不仅应准确确定文献的学科归属，而且还应按照学科展开的层次，区分总论和专论，理论和具体应用的区别，将其归入最确切的类目。这就要求在了解类目体系展开的引用次序及排列次序的基础上，掌握复合主题集中和分散的规律。例如，在类分《西红柿贮藏与保鲜》这一文献时，应了解，关于农产品收获、贮藏的文献，是按照其论述对象的范围，归入相应层次的类目的，因此，此文献不应归入“S379 农产品贮藏”或“S609 园艺产品收获、初加工、贮藏”，而应归入“西红柿收获、初加工、贮藏”的相应专指类目，标引为：S641.209。

（5）不能单凭书名、篇名的意义归类。文献名可以在一定程度上反映文献的内容，但许多文献名并不能确切反映文献的内容，特别是文艺、社会科学领域的文献，其书名、篇名有时往往只有象征意义。例如，奥斯特洛夫斯基的《钢铁是怎样炼成的》是一部小说，不能仅凭书名归入工业技术。又如，《我钻进了金字塔》不是对埃及金字塔的研究，而是有关中东现状的通讯、特写，应入中国当代报告文学的有关门类。由此可见，文献分类必须在了解全书内容的基础上归类。

二、一般分类标引规则

不同主题类型、写作出版形式的文献，具有不同的标引要求和规律。分类标引的一般规则即是从上述两个方面提出来的，适用于各个知识门类的分类规则。下面本书根据目前国内分类标引的一般做法，对各种基本主题、文献类型的标引方法作一概要讨论①。

---

①　马张华．分类标引主题标引中主题类型的划分应当一致．图书馆理论与研究，1995(2)

1. 单主题、多主题文献的分类标引

(1)单主题文献是论述某一特定的事物对象的文献。分类时,一般应根据文献对事物、对象研究的学科角度,按照论述的内容范围进行标引。

例如,《经济学概论》,应按其学科内容归入经济学理论,标引为:F0。

又如,《拖拉机修理》,应按其内容对象的学科性质,归入农业类的拖拉机修理类,标引为:S219.07。

(2)多主题文献是同时论述两个或两个以上的事物对象的文献,一般应按照所论述的主题对象的关系,区别情况进行分类。根据不同主题之间的关系,可以分为以下几种情况:

并列关系主题的文献,指一文献同时论述两个或两个以上各自独立的主题。一般应区别情况进行处理。

同时涉及两个并列主题的文献,如该两个主题属于同一类列,具有共同的直接上位类,一般应将其归入该上位类;如该两个主题不属于同一类列,一般应按重点或在前主题归类,必要时可对另一个主题作附加分类。

例如,《三角与初等代数》中,两个并列主题从属于同一类列,应归入其上位类初等数学,标引为:O12。

又如,《气焊与气割》中,两个并列主题不属于同一类列,可按在前主题归入气焊类,标引为:TG446;同时将气割及设备类号“TG481”作为附加分类的互见类号。

同时涉及三个或三个以上并列主题的文献,一般可根据其涉及的范围,将其归入共同的上位类或概括性类目。

例如,《宇宙、地球和大气》,可归入共同上位类天文学,标引为:P1-49。

又如,《鸡鸭鹅饲养问答》,可归入共同的上位类“家禽”,标引为:S83。

从属关系主题文献,指一文献同时论述一个大主题和一个小主题,其大主题的外延可以包含小主题。从属关系主题的文献一般应按其大主题归类。但如该文献对大主题并未展开论述,其研究重点是小主题,则可标引小主题。

例如,《流体力学和气体动力学》中,同时论述一个大主题及其从属的一个小主题,应归入该大主题所属的流体力学类,标引为:O35。

又如,《太阳系、金星、火星、地球》中,同时论述一大主题以及一组从属的小主题,应归入该大主题所属的太阳系类,标引为:P18。

再如,《物理化学和胶体化学》中,同时涉及一大主题和小主题,如该文献的论述重点集中在小主题上,对大主题的论述只是作为介绍小主题的背景进行的,则应归入小主题"胶体化学",标引为:O648。

2. 简单主题、方面主题和联结主题的分类标引

(1)简单主题文献,指只论述一基本主题对象的文献,一般应按照主题对象的学科性质归类。

例如,《大众传播学总论》,应归入"信息与知识传播"下的专类,标引为:G206.3。

又如,《装配式钢筋混凝土桥梁》,应归入交通运输类下"桥涵工程"中的相应专类,标引为U448.21。

(2)方面主题文献,指论述一主题一个或多个方面的文献,应根据文献论述的方面以及各个方面之间关系的不同情况归类。

论述一主题某一方面的文献,应根据该文献论述方面的学科角度归类。应注意,由于文献分类体系是按照学科之间的关系建立起来的,因此一个主题对象各个方面的文献,不是按主题集中,而是根据其论述的学科角度分散在各有关学科的。

例如:《茶树栽培》应归入农业类,标引为:S571.104;

《茶叶制作》应归入轻工业,标引为:TS272.4;

《茶叶贸易》应归入经济类中商品学类下,标引为:F762.2;

《中国茶文化史》应归入中国文化史,标引为:K892.25;

《日本的茶道》应归入日本风俗习惯,标引为:K893.132.5。

论述一主题两个或两个以上方面的文献,一般应根据不同方面之间的关系,确定其归属。如论述的不同方面属于分类法中同一类列,通常归入其共同上位类;如不属于同一类列,一般应根据文献的论述弄清其内容重点,再确定该文献的主要类目;必要时可适当进行附加分类。但从多个方面全面论述一主题对象的文献,仍应按其主题对象归类。

例如,《糜子的育种与栽培》一书,两方面内容同属于一个上位类,应归入其上位类"糜子",标引为:S516。

又如,《灵芝的栽培与药用》一书,两方面内容的类目不属于同一上位类,综合性文献单位可根据其重点,归入农业类的"菌类药用植物",标引为:S567.3;同时在医药、卫生类下作附加分类,其互见分类号为:R282.71。

再如,《四川茶叶》一书,内容涉及四川茶叶简史、茶树栽培、茶叶制造、审评和检验等,涉及农业、轻工业、商业等多个学科方面,仍按其主题对象归入农业类,标引为:S571.1。

(3)联结关系主题文献,指该文献涉及两个或多个具有联结关系的主题对象,包括应用、比较、影响、因果等关系类型,通常应在分析其关系类型的基础上,按照各自的特点进行标引。

应用关系主题的文献,一般应按被应用到的主题归类。但综合阐述一理论方法在各方面应用的文献,仍应按该理论方法所在的学科归类。

例如,《激光及其在测绘中的应用》,应按其应用归入"测绘学"类,标引为:P2。

又如,《激光在医学和生物学中的应用》一书,可按其在前主题将其归入医学类,标引为R318.51;同时根据需要在生物学类中作附加分类,标引为:Q631。

再如,《超声波的应用》一书,综合论述超声波在各个门类的应用，仍应按其方法归入超声波的应用专类，标引为：TB559。

比较关系主题的文献，一般按文献作者重点论述的内容归类。

例如，《唯物论与唯心论》一书，重点阐述辩证唯物论理论原理，普及辩证唯物论的知识，应入辩证唯物论，标引为：B02。

《中印近代文化的比较研究》一书，重点论述印度文化的特征，应按重点归入印度近代文化史，标引为：K351.4。

影响及因果关系的文献，一般应按照被影响或表示结果的主题对象归类。

例如，《航海气象》一书，论述气象对航海的影响，应归入航海气象学，标引为：U675.12。

又如：《气候与水稻》一书，着重论述气候对水稻的影响和关系，应按被影响的主题，归入水稻，标引为：S511.01。

再如，《帝国主义和中国政治》一书，论述帝国主义对我国近代的影响，应入中国近代史，标引为：K25。

3. 丛书、多卷书的分类标引

(1)丛书的分类标引

丛书是将多种独立的著作汇集为一套，并冠有一个总书名的出版物类型。整套丛书通常或围绕一中心主题，或针对特定读者对象、或为某一特定目的或用途等编纂，但丛书中的每一种书都是各自独立的著作，内容上并无多大连贯性。对丛书的标引一般应与其著录方式一致，大体上有两种处理办法：其一，按集中方式处理，即首先按整套丛书的内容标引，然后再分别按每一种书作分析标引。其二，按分散方式处理，即首先按丛书中的各个单书的内容归类，最后再根据情况确定是否为丛书编制一综合分类款目。

一般情况下，对内容上有密切联系或有明确的读者对象，出版时按一次性刊行或虽非一次性刊行，但有明确的出版计划，并且连续刊行的丛书，尤其是其中的科普性丛书，适合采用集中方式处理。在按整套书标引时，除类表已设有相应的丛书专类外，均应在分类号中加上丛书复分号“-51”，按单书分析分类时则不必加丛书号。例如：

《十万个为什么》集中标引为:N49

《图书分类》(图书馆学丛书)　集中标引为:G25-51

分析标引为:G254.1

对内容上没有密切联系,各单书专业性较强,或没有明确出版计划的丛书,宜分散处理,即按各单书内容归类,分类时不必加上丛书号,最后再根据收藏情况以及使用需要确定是否作综合标引,综合标引时仍应加丛书号。例如:

《化学》(青年自学丛书)

分散标引为:O6

《理想国》(汉译世界学术名著丛书)

分散标引为:B502.232

(2)多卷书的分类标引

多卷书是一种将同一完整著作分若干卷、册出版的文献类型。通常有一总书名,各卷、册自成一个单位,有的还有分书名,全书内容连贯,构成一个整体。多卷书一般应按整套书归类,根据其内容组织以及出版特点,有以下两种标引方法:

①对既有总书名、又有分卷书名、各卷具有独立的研究对象的多卷书,一般应在对整套书进行综合标引的同时,以各卷为单位作分析标引。综合标引时应在分类号中加丛书、文集、连续出版物号"-51"。例如:

《云南植物志》(第一卷　种子植物)

综合标引为:Q948.527.4-51

分析标引为:Q949.408

《物理学》(第二册 电磁学)

综合标引为:O4-51

分析标引为:O411

②对只有总书名、没有分卷书名或有分卷书名但各卷并无独立研究对象的多卷书,只进行综合标引,标引时可视情况决定是否加"-51"。例如:

《贩书偶记》(共 20 卷)　标引为:Z839.2

《中国哲学史新编》(共七册)标引为:B2

《机械设计》(上、下册)　标引为:TH122

4. 词典、百科全书、年鉴、手册的分类标引。

词典、百科全书、年鉴、手册都是汇集一定知识、资料,按一定方式编排,供查阅使用的参考工具书。按照其涉及的内容范围,大体可以分为综合性、专科性两种类型。其中,词典中还包括各种语文词典。一般应根据其内容范围、出版形式,结合文献组织进行标引。

(1)综合性词典、百科全书、年鉴、手册等的分类标引,一般比较明确,应集中归入综合性图书大类的有关门类。例如:

《辞海》　标引为:Z32

《中国大百科全书》　标引为:Z227

(2)专科性词典、百科全书、年鉴、手册等的分类标引,大体上有两种分类方式,其一是按内容分别归入有关的知识门类,同时采用相应的总论复分号对其形式加以揭示;其二是将其集中于“综合性图书”类的相应专科类目下,再使用组配方式对其学科内容加以揭示。例如:

《计算机科学百科全书》　分散标引为:TP3-61

集中标引为:Z28 : TP3

《图书馆学年鉴》　分散标引为:G25-54

集中标引为:Z58 : G25

专科性词典等的处理是采用集中还是分散,取决于文献单位的文献组织方式。一般情况下,在文献组织中集中建立工具书典藏的文献单位,应采用集中处理方法;否则,采用分散处理方法。

(3)语文词典的分类标引,一般应根据其特点归入语言类的相应门类。按《中图法》的规定,一种语文的词典,按其语文归入该语文的词典、辞典类;两种外语对照的语文词典,归入在前的亦即被解释的语文类,同时对后一种语文作附加分类;汉语与少数民族语言或外语对照的词典,不管在先的是否汉语,均归入相应的少数民族语言或外语;三种以上语言对照的语言词典入语言文字类的“H061 词

典”类;但专科词典,不管它使用多少种语言,仍应按文献单位的要求,归入有关学科门类或集中归入综合性图书类。例如:

《现代汉语词典》 标引为:H164

《法英词典》 标引为:H326

附加分类为:H316

《汉英词典》 标引为:H316

《维汉词典》 标引为:H215.6

《北京方言词典》 标引为:H172.1-61

《英藏汉对照词典》 标引为:H061

《英汉双解银行金融辞典》 分散标引为:F83-61

集中标引为:Z38:F83

5. 目录、索引的分类标引

目录、索引、文摘是提供文献查找线索,指导阅读的工具书。根据其揭示对象的范围和特点,目录、索引包括综合性、专科性、专书或专题等多种类型,通常应按照分类法规定以及文献组织需要加以标引。

(1)综合性目录、文摘、索引通常应归入“综合性图书”大类的相应门类。例如:

《全国总书目》 标引为:Z812.1

《国外期刊目录(1977)》 标引为:Z87

(2)专科性目录、文摘、索引可将其集中于“综合性图书”大类的有关门类,再按分类体系区分,即将各学科的分类号加于本类分类号之后,用组配号码联结;或根据本单位文献组织的特点,将其分散在有关各类,再在各学科的分类号后再加总论复分号“-7”。例如:

《中国考古学文献目录》 集中标引为:Z88:K87

分散标引为:K87-7

《国外科技情报工作文摘》 集中标引为:Z89:G35

分散标引为:G35-7

《中国古典文学研究论文索引》 集中标引为:Z89:I206.2

分散标引为:I206.2-7

(3)专书索引为便于结合专书使用,一般应随原书归类。其中,马列经典作家的著作及研究的书目、索引,因《中图法》在马列大类下设有专类,通常可归入有关专类。例如:

《汉书人名索引》入《汉书》所在的类目,标引为:K234.042-7

《十三经索引》入"十三经"所在的类目,标引为:Z126.1-7

《列宁全集目录》入"列宁著作学习"类,标引为:A823

6. 关于对著作的研究、注释的标引

有关著作研究的文献,包括评论、研究、注释、翻译、改编等多种类型,一般应根据其本身特点以及分类体系的要求加以处理。

(1)科学著作的评论、研究、注释一般随原书归类,必要时,可使用复分表对著作方式加以区分。

例如,《老子新译》,应归入中国哲学中老子专类,按专类复分表分,标引为:B223.14;

又如,《萨特尔及其存在主义》,应归入法国哲学下萨特的专类,标引为:B565.53。

(2)马列经典作家著作的评论、研究,不随原书归类,应按照分类体系,归入有关评论、研究的专类。例如:

《论恩格斯〈自然辩证法〉》　标引为:A811.24

《学习列宁论经济建设与管理》　标引为:A821.66

《学习〈实践论〉》　标引为:A841.24

(3)文学作品的评论、研究,应按其研究对象的国别、体裁归入各体文学的评论和研究的有关类目。例如:

《杜甫诗论集》入古典诗歌评论,标引为:I207.227.423

《红楼梦新证》入红楼梦研究专类,标引为:I207.411

《果戈理及其讽刺艺术》入俄国小说评论,标引为:I512.074

(4)缩写、节选的文献,如内容性质未发生变化,一般仍按原书归类,但如内容性质有较大变化,则应重新归类;从一种体裁改写为另一种体裁的文艺作品,或将其他门类的作品改编为文艺作品,一般应按改写后的体裁归类。

例如,潘绍中注的杰克·伦敦的小说《马丁·伊登》,是作为英语学习的读物出版的,标引时,应按该书的性质归入语言文字类中的"英语读物",标引为:H319.4:I712.44。

又如,根据茅盾小说改编的同名电影文学剧本《林家铺子》,应按照改编后的体裁、时代,归入电影文学,标引为:I235.1。

第三节　分类检索工具的组织

一、分类索书号

1. 同类书区分的意义

文献分类的目的是组织文献和编制检索工具,一般要求作到高度个别化,一种书一个号码。分类标引将同类文献集中在一起,有助于按照文献之间的关系建立文献收藏体系。但同一类中往往有多种文献,并未实现个别化。如果不进一步区分,就无法迅速确定一文献在收藏中的准确位置,影响实际使用效果。因此,为有效进行文献的组织和揭示,在文献分类的同时,还必须对同类文献进行区分,赋予相应的号码。这一表示同类书先后次序的号码称为同类书区分号,亦称书次号。

同类书区分号是进行同类书排列的依据,须满足文献工作各种使用环节的需要。好的同类书区分号一般应符合以下特点:

①取号简易,易于掌握,便于操作,能达到使文献个别化的目的;

②号码简短,易读、易认、易排,便于存取,适合文献工作中实际使用的需要;

③有利于揭示文献之间的联系,适合用户的使用习惯。

同类书区分是分类的深化和继续。在条件容许的情况下,书次号的确定应当根据同类文献的特点进行。文献分类法在不少类目下均根据类目的特点,规定了同类书排列方法。例如,下面为《中图法》部分类目根据其自身特点规定的同类书排列方法:

A12　马克思、恩格斯单行著作

按写作年代顺序排。

D622　全国人民代表大会

会议及其文件入此。

依会议届次排。

F532.7　中国铁路运输各线路概况

按线路名称排。

P416.2　地面气象观测记录

依世界地区表分，再按年代排。

TV152　中国河流泥沙

依河流名称排。

Z812.1　全国总书目

依出版年代排。

Z842　中国私家藏书目录

依中国时代表分。

依藏书家排。

上述类目均根据各自特点规定了同类书的排列方法。但分类法的类目数量巨大，编者不可能为所有的类目规定具体的同类书排列方法。要解决众多类目的同类书排列问题，还必须规定一种供一般类目普遍采用的同类书取号方法。

2. 同类书排列的类型

我国目前使用较广的同类书排列方法主要有按种次号排和按著者号排两种，此外，还存在着按出版年代、到馆次序、书名字顺等各种其他排列法。

(1)按分编的次序排

即按种次号排。所谓种次号，是指根据同类书分编的先后，按每一种书为单位顺序编制的号码。采用这种方法时，同一种书的不同版本、卷次、复本均使用同一号码，故称为种次号。

取种次号时，一般可直接将文献归入的类目作为取号的起点，文献单位可以直接在文献归入的类下依分编的先后按1、2、3、4……

顺序给号。不同时期到馆的同一种书的不同版本、卷次,通过查重,赋予同一号码。文献收藏较少的单位也可规定以其前几级作为取号的起点,减少取号的头绪。

为保证一种书只取一个号码,避免在取号中出现重号或跳号,手工检索系统建立时一般可采用种次号记录卡或代号卡的办法。前者为每个取种次号的类号设置一卡,供记录取号情况。通常按分类号单独排列成一个系列,作为标引时给种次号的依据。后者是一种直接依据分类目录确定种次号的方法。编号时,先在分类工作目录中查出该类已取的种次号,在确定新的种次号的同时,在取号位置上插入一张卡片,表示已取的种次号,作为文献编目过程中其他同类文献取种次号的依据。该代号卡代表的文献完成分编后,在将正式卡片收入目录的同时撤消此卡。

在当前采用计算机编目的情况下,种次号的获取一般可以由计算机自动配置,十分方便。

使用种次号的特点是:号码简短,取号方便,可以把同一种文献集中在一起,有利于按类对文献进行统计。其不足主要是:不能集中同类同著者的文献;号码的确定具有偶然性,各馆无法统一;此外,种次号从属于特定类目,在因分类法修订目录改变时,必须同时改变种次号。使用种次号一般还须进一步区分同种文献的不同版本、卷次等。

(2)按著者姓名字顺排

按著者姓名字顺排一般需首先将著者姓名转换成号码。代表著者姓名的号码,称为著者号。著者号的获取一般须以一定的著者号码表为工具。所谓著者号码表,是一种以著者姓名的音或形为依据,按照一定的取号方式编制的表。

著者号码表的编制是与著者姓氏所采用的文字的特点相联系的。各国均根据其文字的特点编制自己的著者号码表。例如:英文采用的《克特著者号码表》、俄文采用的《哈芙金娜著者号码表》等。中文文献由于汉字排检方法多样等原因,出现了多种形式的著者号码表。按照号码编制方式,我国的著者号码表大致可以分为查号法、拼号法两种。

查号法著者号码表通常按汉字的音或形,将常用著者姓名,按一定的顺序列入表中,使用时,可以像查字典一样按照一定的检字方法查找。按检字法的不同,主要有汉语拼音著者号码表与笔划笔顺著者号码表两类,其方法大同小异,一般都在一定汉字排检顺序的基础上,按照各种姓氏出现的频率分配号码,供查检使用。目前我国正在推广使用的《通用汉语著者号码表》就属于按拼音方式组织的查号法著者号码表(见本节3)。

拼号法著者号码表则是根据汉字音或形的特点,划分成若干组,每一组分配一个号码,使用时,根据姓氏音或形的组成特点,按所属的组取号。按照取号依据的特征,也可分为音序和形序两类。如:蒋完奎的音序拼号法著者号码表将26个汉语拼音字母分成9组,以0表示空位如下:

1	2	3	4	5	6	7	8	9	0
ABC	DEF	GHI	JKL	MN	OPQ	RST	UVW	XYZ	空位

图7-3　拼号法著者号码表

使用时,如按著者姓名的首字取号,则可以首字母开头,同时使用后两位字母取号,如郭(Guo)的号码为G86,李(Li)的号码为L03。如按著者姓名的首字母取号,则郭沫若(Guo Mo Ruo)的号码为357,李准(Li Zhun)的号码为409。

最典型的形序法著者号码表是将四角号码检字法用于著者号的获取。使用这种方法,只要规定在著者姓氏中取号的形位,就可以得到相应的著者号码。

著者号的优点是:可以集中同类同著者的著作,这是任何其他同类排列法所不可能作到的;如果能采用统一的著者号码表,就有可能实现书次号的规范化。但使用著者号一般须熟悉著者号码表,同时必须解决取著者号过程中存在的各种问题,如不同情况下著者的确定问题,不同类型著者的号码确定问题,以及出现相同著者号或同一著者号的情况下不同种文献的进一步区分问题等。目前我国国内影响最大的著者号码表是《通用汉语著者号码表》。

(3)其他同类书排列法

除上述两种同类书排列方法外,目前文献单位采用的其他同类书排列法还包括:

①按出版年代排。即依据文献出版年代取书次号。一般取出版年的后两位,以及出版月份的号码。例如,1982 年 12 月出版,取号为 8212;1995 年 2 月出版,取号为 9502 等。

②按到馆先后排。即直接将文献进馆时确定的文献登录号作书次号。

③按书名字顺排。即按照书名字顺次序对同类书进行排列。通常依据拼音字顺排列。如可将书名中每个字的首字母作为排列依据,首字母相同时再使用其他方法确定先后。

④按文献原有的序号,如专利号、标准号等排列。这种方法适合于组织专门文献的文献单位。

上述方法一般均可以达到使同类书实现个别化的目的。其中的许多取号方法,如年代号、登录号、标准号等,不需要使用辅助工具,取号方法均十分方便。有的方法,如年代号还可以反映出同类书的出版情况。它们的主要问题是,不能集中同著者的著作或同一种书的不同注释本、译本、版本、卷次,无法按用户的需要和文献的特点,在分类的基础上进一步对其进行深化处理。同时,登录号、专利号等号码一般比较长。因此上述方法使用均不普遍,只有少量文献单位或部分专门文献单位选用。例如:登录号只适合于藏书量较少的图书馆,大型文献单位一般不采用此法。年代号和专利号等主要适合于专门文献单位使用。如:我国的版本图书馆使用年代号。

3.《通用著者号码表》及其使用

(1)《通用著者号码表》的结构组成

《通用著者号码表》①(以下简称《通用表》)是在全国情报文献标准化技术委员会第五分会、《中图法》编委会、中国图书馆学会分类主题研究分会的共同努力下,有关参加单位通力协作的基础上编制的一部查号法著者号码表。此表广泛吸收了国内外各种著者号码

① 刘湘生主编. 通用著者号码. 海洋出版社,1992

表的技术方法,依据对著者名、机关团体名、题名等出现频率的分析数据进行编制,是我国图书馆界实现著者号编制规范化的一次努力。

《通用表》由编制说明、主表、复分表组成。主表收入的汉字包括个人著者的姓、团体著者的首字、部分文献题名的首字及《中图法》类目下按名称排列的首字及相关常用复合词,共收入汉字2876个,同时收入少量地区名称和机关团体名称。所有汉字均按汉语拼音音序(音节－声调)排列,同声调再依笔划笔顺排。著者号由一个汉语拼音字母(汉语拼音首字母)和三个阿拉伯数字组成。号码的分配,以该汉字在著者名称首字中出现频率为依据,每字至少一号。频率高者配予多个号码。在需要使用复分表时,则注有圈码。地名、机构名均按字顺排入汉字下。为方便查找,于该字的后部集中排列,并按机构名所属音区配号。《通用表》的样式如下:

北	
A－C	320⑤
D－E	325⑤
F	330⑤
G	335⑤
H	40⑤
J	345⑤
K－R	665⑤
S－Z	670⑤
北京	
A－B	350⑩
C	360⑩
D	370⑩
E－F	410⑩
G－H	420⑩
J－K	440⑩
L－N	450⑩
O－P	470⑩
Q－R	480⑩
S	490⑩
T	606⑩
W－X	630⑩
Y	640⑩
Z	650⑩
北京市	
A－C	500⑩
D－G	510⑩
H－J	520⑩
K－M	530⑩
N－R	540⑩
S	550⑩
T－W	560⑩
X－Y	570⑩
Z	580⑩
北京大学	380
A－F	381③
G－L	385⑤
M－S	390⑤
T－X	395⑤
Y－Z	400⑤
……	……

复分表主要用以辅助主表号码进一步区分定号,以减少重号的可能。复分表左栏②③⑤⑩与正表中所注段号对应。上下栏中的数字为复分号。每一段中规定了单名、双名的不同取法。以下为著者复分表:

		0	1	2	3	4	5	6	7	8	9
②	双名	A–P	Q–Z								
	单名	a,e,g, i,m	n,o,r, u,u								
③	双名	A–J	K–T	W–Z							
	单名	a,e,g	I,m	n,o, u,u							
⑤	双名	A–G	H–L	M–R	S–X	Y–Z					
	单名	a,e	g	I,m	n	o,r, u,u					
⑩	双名	A–F	F–G	H–J	K–L	M–P	Q–R	S–T	W–X	Y	Z
	单名	a	e	g	I	m	n	o	r	u	u
		0	1	2	3	4	5	6	7	8	9

图7–4 《通用著者号码表》的著者复分表

(2)《通用表》取号方法

①按著者名称的首字拼音音调次序查字。如该字对应的号码为一个,可直接将该字首字母与该号码组合成著者号。

例如:仇　C859

芦　L789

②如该汉字后有多个对应号码,则依名称第二字拼音字母确定其应选号码。如查到的拼音号码后带有圈码,则应在确定主表号码区段的同时,按著者复分表取号,相加后获得该号码。两个字的著者按第二字尾字母在单名栏中取号,与主表号码相加;第二字只有一个拼音字母时,以该字母下的第一个号码取号,再与主表号码相加。三

个字以上著者，按第三个字首字母，从复分表中双名栏查出所占的号码，与主表号码相加；复姓著者亦按三字著者方法取号。

例如：李准　L345
刘锷　L610
刘国钧　L612
王崇民　W134
欧阳山　O376

③多著者文献按第一著者取号；多卷书无主编时按第一卷或首先编目的一卷著者取号；外国著者依中文译名取号，译名不一致时，以首先入藏著作的译名为准。

④团体著者无专号者按名称前三字取号。表中列出的地名、团体机构名均按所列号码取号。如上述地名、机构名下有多个号码时，则应以其所属单位的首字母取号，必要时还须按著者复分表要求取号。

例如：北京市物资局　B569
北京大学信息管理系　B403

⑤机关团体著者中的中国共产党，按中共取号；中国人民解放军按解放军取号，冠以中华人民共和国的著者，按其后的汉字取号。

例如：中国共产党中央委员会　Z547
中国共产党吉林省委员会　Z518
中国人民解放军总后勤部　J733
中华人民共和国教育部　J688

⑥无著者文献，按文献题名取号；人物传记按被传人取号；《中图法》类目下有书次号取号规则者，依规定取号。

⑦名称中的外文字母一概省略不计，阿拉伯数字、罗马数字按单个数字的拼音取号。

例如：《X 线诊断学》编写组　X254
《21 世纪展望》编写组　E104

⑧在两个或两个以上著者出现重号时，从第二名后加顺序号区

分,顺序号前以小圆点分开。

例如:李建民　L184

李剑明　L184.1

李剑坡　L184.2

李金年　L184.3

此外《通用表》还对可能出现缺字的情况规定了处理办法。

4. 分类索书号的编制

分类索书号是表示一文献在分类收藏中位置的号码。它是文献排架、用户检索和藏书清点的依据。分类索书号通常是在分类号、书次号的基础上确定的。但在书次号采用著者号、种次号的情况下,对同类书的区分只进行到著者或同一种著作,同一著者下还存在着不同种的著作,同一种著作下还存在着不同的版本、译本、卷次等,并没有实现个别化。为了适合文献组织和检索的需要,一般仍需要进一步区分,并赋予相应的辅助区分号。因此一个完整的分类索书号通常包括分类号、书次号、辅助区分号三个层次。分类索书号可分三行书写也可分两行。例如:

分类号　　　　　　分类号

书次号　　或　　书次号/辅助区分号

辅助区分号

下面按照《通用表》的规定,简单介绍在采用著者号的情况下,尚须进行的辅助区分及相应的确定辅助区分号的方法。包括:

(1)著作种次号。用以区分同一著者的不同著作。通常从第二种起依次编号,以辅助符号"/"结合数字标示。

例如:鲁迅:《热风》　I210.4

L824

鲁迅:《华盖集》　I 210.4

L824/2

鲁迅:《两心集》　I210.4

L824/3

(2)注释本、译本区分号。用以区分同一著作的不同注释本、译本,通常从第二种起依次编号,以辅助符号“ - ”结合数字标示。例如:

托尔斯泰:《战争与和平》(高植译)　I511.245
T953

托尔斯泰:《战争与和平》(刘辽一译)　I511.245
T953/ -2

托尔斯泰:《战争与和平》(草婴译)　I511.245
T953/ -3

(3)本号。用以区分同一著作的不同版本,从第二种开始依次编号,以辅助符号“ = ”结合数字标示。例如:

曹雪芹:《红楼梦》(第一版)　I242.47
C155

曹雪芹:《红楼梦》(第二版)　I242.47
C155/ =2

曹雪芹:《红楼梦》(第三版)　I242.47
C155/ =3

(4)卷册号。用以区分同一著作的卷次、册次。以辅助符号“:”结合数字区分。如须同时区分卷、册,可以辅助符号“。”标示分册。例如:

王力:《古代汉语》第一册　H109.2
W253

王力:《古代汉语》第二册　H109.2
W253/:2

年鉴、年刊、年度索引等按年代出版的著作,直接使用年代作辅助区分号。如在年代后还需要区分卷、册,再使用卷、册号区分。例如:

中国社科院情报所:《国外社会科学著作提要》1879 年第一辑

C　或　Z89:C

Z647/1989:1　Z647/1989:1

此外,有的文献单位还对收藏同一种文献同一版本、卷次的复本加以区分并赋予复本号。但这种号码对文献组织和揭示的意义不大,一般可以省略。

二、分类检索工具的编制

分类检索工具是依据文献内容之间的关系建立的检索系统。按照其标引和揭示的对象,可以分为分类目录、分类索引;按照其揭示的学科范围,可以分为综合性检索系统与专业检索系统;按照检索工具的设备条件,可以分为手检分类检索系统与计算机分类检索系统。虽然不同的系统在对象、形式、处理范围上存在着差异,但都是以分类号作为检索系统组织的依据,按照文献内容之间的关系进行组织和揭示的。

分类检索系统从学科、专业角度系统揭示文献,符合多数用户的使用需要和知识结构,是文献检索的有效途径之一,也是开展参考咨询和进行书目工作的基础。此外,在文献单位对图书采用分类排架的情况下,图书馆的分类工作目录同时也是藏书管理的依据。由于分类系统的上述作用,我国文献单位长期以来一般均将其作为主要检索工具。尽管计算机检索应用以来,分类法在机检索系统中的应用相对比较滞后,但计算机检索是分类检索的发展方向,目前正在逐步发展之中。有关分类数据输入的内容,本书将在第九章主题数据输入部分予以说明,此处主要讨论电子环境下分类检索系统应用有关的一些基本内容,包括浏览检索、类下显示和主题索引三个方面。

1. 浏览显示

浏览显示可以通过层层展开的方式对类目体系进行系统展示,是一种能较好体现分类检索特点的使用方式。使用这一形式,可以利用类表结构,完整揭示一个领域的信息资源,形式直观,具有优良的导航作用。用户可以通过它进行层层查找,扩大、缩小或调整检索范围,检索的智力负担比较小。网上出现的网络分类目录即为这类应用的典型例子,近年来,国内一些书目检索系统也对这一功能进行了开发。图7-5即为南京大学图书馆书目检索系统分类浏览检索的界面：

图7-5　南京大学图书馆书目检索系统分类浏览检索示例

上图界面左侧为按照《中图法》类目体系展开的浏览界面，以树形结构方式提供，用户可以利用该结构，通过层层查找，进行检索，使用十分方便。一个好的分类浏览系统一般应具有以下特点：

(1)重视等级结构的显示。通常使用两种方式，一种采用分屏显示的方式，在屏幕的上部显示类目的等级层次，及其直接下位类，下部列出该类的资源，类目显示充分，层次清楚，用户可以根据需要方便地扩大或缩小检索范围，网络分类目录大都采用这一形式；另一种，在屏幕一侧以树形结构的方式显示，形式似上图，特点是，结构清晰，占用空间小，可以结合资源的显示加以使用。

(2)类目显示方式友好。通常以适用的方式在屏幕上显示并列类目，在每一个类目后注明该类资源的数量及相关信息，以加强系统的易用性。为了方便用户使用，一些系统往往不显示分类号，直接在屏幕上展开类目，以改进显示的友好性，方便用户识别和操作。

(3)类目显示完整。不仅显示类表列举的类目,也同时显示经过组配得到的类目。对于交替类以及各种多种属性的类目,一般通过超文本链接,使用重复反映的方式加以显示,使得各个门类下所有子类都得到充分揭示,使得相应门类的揭示较为完整。

(4)相关类揭示充分。通常在相应类下显示类目参照,揭示相关类目,帮助用户扩大检索相关资源的范围。实际上,如果能够结合分类主题一体化词表加以应用,还可以在类下揭示相关检索词,供用户参考使用,以帮助拓展检索选择。

显然,电子环境改进了浏览显示的空间,尤其是超文本链接的使用,极大改进了类表的相关揭示能力。这一变化为完善知识关系的揭示,逐步将传统分类体系的单线结构,改造为可以进行多维浏览的结构提供了可能。网络分类目录已经在这一方面进行了许多探索,并发展了多种灵活显示的形式,随着分类检索实践的发展,必将为基于传统分类法的分类检索系统所汲取。

2. 类下显示

类下显示方式直接关系到资源的排序,是提高检准率,改进使用效果的重要内容。与文献排架不同,用以进行分类检索的数据,包括主要分类号、附加分类号、分析分类号,使得分类标引的内容可以充分显示,保证检全率。

通常情况下,图书馆在进行类下排列时应保留一个与排架一致的类下排列法,作为文献系统管理的工具。在这一系统中同类款目的排列应严格按照辅助区分号的次序进行,首先按书次号的顺序排,然后再依次按各种辅助区分号的次序排列,以便可以通过目录的查检,查核文献资源的排架情况。在用户检索界面上,则不必强调与分类排架一致,可以提供更加充分、多样的文献排列。目前可以选择的排列方式通常包括:

——按照作者姓名字顺排列。这一方式有助于从作者的角度集中显示资源,对文学类资源的使用,或一些专业领域核心作者资源的查找十分有帮助,特别是在使用著者号的情况下,效果更好。

——按照资源名称排列。可以将字面接近的资源集中排列，在资源名称相对规范、稳定的类下，排列效果相对较好。例如，对网上出版社、期刊等资源进行排列时，这一形式效果相对较好。

——按照出版年月排列。有助于按照文献出版、发表的先后建立序列，从出版时间的角度加以显示。通常可以按反纪年方式排列，以便优先显示新资源。这一次序在期刊论文、学位论文、会议文献等的检索系统中有较好的适用性。

——按照种次号排列。这一方式能够结合文献处理的先后次序显示，并可以将同一种资源加以集中，因此比单纯按照出版年月排列更加优越，对于采用种次号的系统，可以使用这一方式。通常可采用反排，即数值越大越在前排列，以便使得新的资源能优先显示。

——按照使用的频率排。这一形式有助于结合使用情况，将有价值的资源优先提供。

通常应在可能的情况下同时提供多种排列方式，供用户选择使用。在上述排列中，按种次号排与按出版年代排属于同一性质的排列方式，可以在两者中选择一种，已经使用种次号的系统一般可以选择使用种次号，期刊论文等的文献数据库则可使用按出版年代的排列方式。

下面的实例摘自 BUBL LINK，[①] 为 020 Library and information science：journals 类下资源排序的样例。BUBL LINK 为一英国图书馆依据 DDC 建立的网络分类检索工具。该系统对类下资源的显示，均按照信息资源题名的字顺排列：

①Aslib Current Awareness Abstracts

②BUBL Journals：Library and Information Science Journals

③Directory of Electronic Journals，Newsletters and Academic Discussion Lists

④IFLA Journal

---

① http://bubl.ac.uk/

⑤Information Research

⑥Index Morganagus

⑦Journal of Information Science

⑧Journal of Librarianship and Information Science

⑨Journal of the American Society for Information Science

⑩Katharine Sharp Review

⑪Libraries and Culture

⑫Library and Information Science Journals Worldwide

……

3. 字顺检索途径

分类浏览是按照文献内容之间的关系建立起来的,便于从学科和专业出发进行族性检索。但对于不熟悉分类体系的用户以及需要检索复合主题或一个主题各个方面的用户,往往不易使用;对于分类表中没有列出的小主题或新的主题,就更难查找了。字顺途径类似类目索引,可以直接从语词的角度出发进行类目的查找和应用。目前计算机检索系统中,分类字顺途径的应用包括以下形式:

(1)提供从语词角度检索查找。为便于普通用户使用,检索系统在提供从语词角度进行的类目查找时,通常可直接显示类目以及各级上位类目的名称,类似网络分类目录采用的显示方式。如下面即为采用"心理健康"一词在中文"搜狐"中对类目进行检索查找得到的部分结果:

健康与医药 > 心理健康

商业与经济 > 公司 > 健康与医药 > 心理健康

区域 > 国家与地域 > 台湾 > 健康与医药 > 心理健康

区域 > 国家与地域 > 台湾 > 商业与经济 > 公司 > 健康与医药 > 心理健康

区域 > 国家与地域 > 中国大陆 > 健康与医药 > 心理健康

区域 > 国家与地域 > 中国大陆 > 商业与经济 > 公司 > 健康与医药 > 心理健康

这种索引不像传统的类目索引那样只显示对应的分类号，而是直接显示对应的类目及其上位类，用户可以通过对类目的直观显示了解其含义，适合终端用户使用。

(2)提供从语词角度浏览查找。即将供查找索引用的主题词按字顺显示，用户可以通过选择主题词，查找相应类目或对应的信息资源。如图7-6即为BUBL LINK中L开头的字母标题样例。图中类目上部字母栏A、B、C、D…即为BUBL LINK供用户浏览使用的与类表对应的主题菜单的使用入口。可通过该字母栏，浏览相关主题，应用分类目录。此外一些大型系统还将这一方法应用于相应的门类之下，可以在有关门类下以主题字顺的方式提供主题菜单，帮助用户使用类目体系。例如网络分类目录 Open Directory Project（简称ODP）[①]在科学、商业等类下提供了这类形式，此类做法同样也可以为文献单位的检索系统使用。

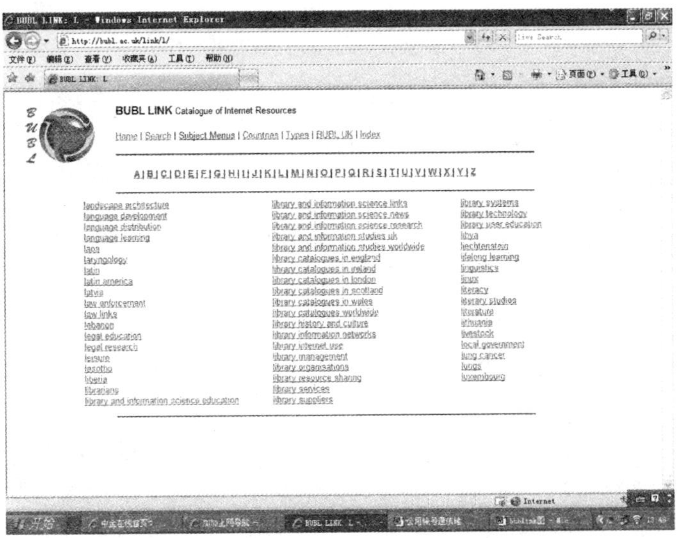

图7-6　BUBL LINK供用户浏览使用的主题菜单样例

① http://www.dmoz.org/

(3)作为主题查找的检索优化形式。如在主题检索的同时显示资源涉及的类目情况,用以提供检索帮助。如东莞图书馆书目检索系统、万方知识管理平台以及清华同方的期刊文献数据库等均使用过这一形式。其具体使用情况可参见第八章第三节的例子。

电子环境为分类检索的应用和发展提供了巨大的可能性,目前分类法的检索应用正在探索过程之中。我国文献单位长期以来具有悠久的分类法传统,相信随着分类检索实践的深入,必然会在分类法检索应用的理论、形式、方法等的探索中逐步发挥自己的优势。

第八章　主题标引和主题检索工具

第一节　主题标引方法

主题标引通常是在主题分析的基础上，依据一定的词表为工具，将析出的主题概念转化为规范化的主题词，即叙词，并根据检索系统的要求，对标识作出处理。要做好这一工作，一般应在熟悉词表结构功能的基础上，掌握查表抽词的规律，并掌握主题标识的处理方法。下面以使用《汉表》为例，对传统叙词表的查词途径、分解转换以及主题标识处理等作一概要的介绍。

一、查词途径

传统叙词表通常是由多个构成部分组成的词汇集合，因此要使用词表对主题概念进行转换，必须在了解词表各部分功能、使用特点和联系的同时，掌握查表选词方法。例如《汉表》包括下述基本查词途径：

第一，直接查字顺表。只要析出的主题概念比较稳定，能够用明确的语词形式表达，可以通过字顺表进行查找。在查出相应主题词后，必要时还可以通过参照系统或词族索引进一步查核，以便确定与该主题概念相对应的主题词。

例如：在转换“消费资料生产”这一主题概念时，可在社会科学部分主表中查出“消费资料生产”为非叙词，对应的叙词为“第二部类”，查核该词后确定“第二部类”即为所需叙词，直接加以选用。

又如，在转换“载重 30 吨的汽车”这一主题时，根据可判定概念在字顺主表先查出“载重汽车”这一叙词，再根据该词下的参照系统，对“重型载重汽车”这一叙词进行查核，根据该叙词下“载重大于

7.5 吨"的注释,确定以该词进行转换。

第二,查轮排索引。轮排索引具有将同一词素的叙词集中在一起的功能,可以从复合主题的某一词素着手,对词汇进行查找,克服复杂主题查找时,词汇形式难以确定的困难。

例如:在对"网络的接口"这一主题概念进行转换时,可从"接口"这一词素着手,在轮排索引中方便地查出"接口设备"这一对应的主题词。

又如,在对"大气探测用飞机"这一主题概念进行转换时,可以从"飞机"这一词素入手,在轮排索引中查出"气象飞机"这一对应的叙词。

轮排索引中出现的主题词一般应通过主表进一步查核。《汉表》目前只有自然科学部分设有轮排表。

第三,查范畴索引。主要用于两种情况:其一,某些文献的主题概念集中于一个学科,为提高标引效率,可先查范畴索引;其二,在学科归属明确,但语词形式一时无法确定或词表中没有相对应的词,须选用近义词标引时,也可查范畴索引。

前一类情况如在一文献同时论及"继续教育"、"成年人的教育"、"函授教育"等属于同一范畴的主题概念时,可根据其学科内容,使用社会科学部分的范畴索引,在"08 各级各类教育"下,查出"终生教育"、"成人教育"、"函授教育"等相应叙词。

后一类情况如在转换图书馆的"藏书剔除"这一主题概念时,词表中没有确切对应的主题词,可按其所属学科,在社会科学范畴索引"07JC 图书文献补充、典藏"类中进行查找,经过对相关词的分析、比较,可选择与该主题概念相接近的叙词"馆藏管理"作标引词。

比较而言,后一类情况可以弥补字顺途径的不足,进行相关词的查找,因此更加重要。

第四,查词族索引。主要用于从等级角度查找对应的专指叙词。它可以克服字顺表中对等级关系显示不完备的缺陷,根据等级关系选择最恰当的词。由于词族索引是按照族首词的字顺排列的,因此,一般须查出族首词后才能使用。

例如:在转换"商业部门会计"这一主题时,可根据其基本含义,在社会科学主表中查出"会计"这一叙词。在确定该词为族首词后,再在词族索引中查找"会计"这一词族,根据其等级显示,确定与标引概念最接近的叙词:"商业企业会计"。

第五,查英汉对照索引。一般可在标引英文文献时使用。直接使用英文词汇查找英汉对照索引,有利于避免专业术语翻译过程中可能出现不同的词形,提高标引的效率和质量。此外,在标引英文翻译的文献时,也可在必要时参考英文原文,利用英汉对照索引查核,以保证主题标引尽可能地准确。

在使用上述途径进行转换时,一般应注意:

(1)在充分了解词表宏观结构的基础上进行查找。传统叙词表往往包括多个组成部分,每个部分各有其功能和使用特点,因此要有效地查表选词,首先应对词表的宏观结构以及各构成部分的特点及其相互联系有充分了解,以便可以根据不同情况选择使用。

(2)根据词表的载体和功能进行检索。例如在使用机读词表的情况下,可以根据需要,有针对性地选择特定途径查找,也可以在软件容许的情况下,同时打开多个窗口,进行一体化查找;在使用传统印刷版词表时,则应根据其各部分分布情况和印刷体例等检索。

(3)按照词汇控制的特点确定词义。如《汉表》中叙词的词义控制,是通过词义限定、注释以及参照系统、范畴号等多个方面、多种角度进行的,这一语义控制最集中地反映在主表的叙词款目中。因此在利用轮排索引、范畴索引、词族索引等查出某一主题词后,一般应回查主表,根据该词的语义关系进行复核,以免造成误差。

(4)掌握字顺系统的查找特点。字顺查找是叙词表的主要查词途径。在进行查找时,不仅应注意主题概念的准确提炼,还应善于根据汉语特点,使用各种查词方法进行查找。例如:

善于利用同义词、近义词进行查找。用"国外投资"查不到,可查一下"海外投资";用"农田需水量"查不到,可查一下"作物需水量",后者均为表内叙词。

善于用上位概念进行查找,如查不到“周刊”,可查一下“期刊”;查不到“硕士”可查一下“学位”。

在传统的印刷型词表中还应注意汉语多音词的查找,如“行业工会”中,“行”字发 hang 音,“行政管理”中,“行”字发 xing 音;“模态逻辑”中“模”字发 mo 音,在“模锻”中“模”字发 mu 音等,应注意按准确发音查找。

此外,由于字顺排列本身不能揭示叙词之间联系,应在查找过程中善于利用参照系统以及词表各部分之间的联系,随时调整查找范围,以保证主题概念确切转换等。

二、主题概念的分解转换

使用叙词表对主题概念进行转换,包括两种基本方式,其一是直接转换,其二是分解转换。

直接转换是指待标主题概念可以直接用词表上的一个叙词加以表述。例如,可将“水声学”这一主题概念,直接转换成相应的叙词“水体声学”。这种转换方式比较单纯,只要主题概念提炼正确,采用适当的查词途径,就可以完成转换过程。

分解转换是指待标主题概念没有现成的主题词可供直接标引,必须首先将该主题概念分解成若干个简单主题概念,然后再分别用相应的主题词进行转换。分解转换是主题标引的难点之一,应当善于根据主题概念的构成,掌握转换的规律和方法,包括:①

第一,应当掌握概念分解的基本方法,避免字面分拆。概念分解是通过减少复杂概念的内涵,将其分解成相应简单概念的过程。按照概念之间的关系,概念分解大致有两种形式:其一是分解成两个或多个交叉关系的子概念,例如,“小儿肺炎”可以按其含义分解成“小儿疾病”、“肺炎”或“儿童疾病”、“肺炎”两个交叉关系的子概念;其

① 钱起霖主编.《汉语主题词表》标引手册. 北京:科学技术文献出版社,1985:94—97

二是分解成两个或多个限定关系的子概念。例如，“汽车发动机”可以按其含义分解成“汽车”、“发动机”两个限定关系的子概念。分解时应注意，凡在可以分解成交叉关系子概念的情况下，一般应优先采用交叉关系分解法，而不能用字面分拆的方式，以限定关系的子概念代替，例如：上述的“小儿肺炎”在可以进行交叉关系分解的情况下，不得分解为“小儿”、“肺炎”。只有在不能采用交叉关系分解法，或词表中没有相应词汇的情况下，才可以分解为限定关系子概念。

第二，应当根据词表收词的特点，确定分解转换的层次。一个复杂主题概念有时往往可以有多种分解转换的形式。在这一情况下，为了保证标引的一致性，一般要求以词表中最专指，关系最密切的词进行组配。由于现代叙词表不仅收入元词，同时也收入词组，为了在具有多种组配可能的情况下使用词表中最专指的叙词进行标引，必须善于掌握分解转换的程序，按照从专指到泛指的次序进行查找。

例如，“水下慢速特技摄影”这一主题，可以分解为“水下摄影”、“慢速摄影”、“特技摄影”、“水下慢速摄影”、“水下特技摄影”等多种形式。在进行分解转换时，可以按照下述从专指到泛指的次序进行查找：①水下慢速摄影、水下特技摄影；②水下摄影与慢速特技摄影或特技摄影与水下慢速摄影或慢速摄影与水下特技摄影；③水下摄影、慢速摄影、特技摄影。

又如，“英文文献著录”这一主题，可以分解成“英文”、“文献”、“著录”、“英文文献”、“文献著录”等多种形式。在进行分解转换时，可按照下述次序进行查找：①“英文文献”、“文献著录”；②“英文”、“文献著录”或“英文文献”、“著录”；③“英文”、“文献”、“著录”。

上述的查找次序看似繁复，但实际上在转换过程中，不同层次的查找是可以结合进行的。如“英文文献著录”这一例子中，在按“英文文献”、“文献著录”查找时，如词表未收叙词“英文文献”，即可同时查出“英文”；如词表未收“文献著录”，则可同时查出“文献”，只要再补上“著录”一词，就可以完成查找，并不复杂。在实际转换中，使用《汉表》的标引结果应为：“英文”、“文献著录”。

第三,应当善于根据概念的含义分析出专指的分解形式。关键是必须注意根据主题概念的不同特点,掌握确定专指分解形式的规律。有些复合概念,其专指的分解形式比较明确,如"海洋污染防治",其最专指的分解形式应是"海洋污染"、"污染防治"。但也有一些复合主题,字面上没有显示出其最接近的上位概念,往往容易忽略,造成标引误差。对这类概念,应当注意用逐步减少内涵的方式进行分解,并应该注意积累。

例如:"回族史"这一主题分解转换时,由于其最接近的上位概念是民族历史,因此其最专指的分解形式不是"回族"、"历史",而是"回族"、"民族史"。

又如,"国际贸易地理"这一主题分解转换时,由于其最接近的上位概念是商业地理,因此其最专指的分解转换形式不是"国际贸易"、"地理",而应是"国际贸易"、"商业地理"。

轮排索引具有能根据所查找的复合主题概念的字面相似度,同时检出一组相关语词的功能,可以在一定程度上降低分解查词的难度,减少标引误差的出现。

第四,应注意主题概念分解的结果不得冗余和缺损,使其与被分解的主题概念相吻合。例如:在转换"高层建筑结构设计"这一主题时,应将其分解转换为"高层建筑"、"房屋结构"、"结构设计"、"建筑设计"四个与该主题概念关系最接近的词。上述叙词在计算机检索系统中,都是查找该文献的有效标识。如在分解转换中缺少"结构设计"或"房屋结构"等任一叙词,就属于转换的结果有缺损;但如在上述主题概念的转换过程中,把"建筑构造"也标入其中,就属于冗余,因为该文献未论述"建筑构造"这一主题概念,这两种情况都应该避免。

三、标识的确定

在完成标识转换的同时,一般还应依据检索系统的使用需要,对标引词进行处理。根据检索系统设备条件的不同,目前国内的主题检索工具大致有两种类型,其一是以计算机为工具的机检系统;其二是书本式索引等手工检索系统。机检系统容量大,对文献内容揭示较深,一般采用后组方式,要求使用适合的句法手段进行处理。手工检索工具由于篇幅及操作等特点,大多采用先组方式,一般应按照检索的要求,将标引词组织为标题。在实际应用中,一些机检系统往往又利用机检文档输出各种手工检索工具,同时随着检索优化形式的发展,先组式标题在机检系统中具有一定的使用潜力,因此下面分别予以介绍。

1. 机检词的处理

现代主题法是根据计算机检索系统的需要逐步发展起来的。因此,标引词的主要用途之一,就是作为机检系统的主题标识,输入机检文档。

计算机检索系统的特点是:存储量大、对数据处理能力强;可以利用文献记录提供的各种数据,从各种可能的方面检索,一次输入,多样化输出。因此,对输入的每篇文献记录,应力求著录详尽、项目完备、标识充分。叙词作为一种揭示文献主题内容的检索标识,具有可以通过组配,灵活检索的特点,是机检文档的检索数据的重要组成部分,必须根据机检的特点,加以处理。

为了充分发挥计算机灵活检索和处理能力,有效揭示文献主题,机检系统一般对文献主题采用深度标引,每篇文献的叙词数量较手检工具为多。国内通常将每篇文献的标引词数量保持在5—15 个叙词之间。由于标引词数量多,并且按照后组方式使用,为了避免错误组配关系,在提高检全率的同时提高检准率,一般应根据检索系统的特点和要求对标引词进行相应处理。

对机检词的处理通常与下述因素相关:

(1)与检索系统对检索的查准率要求相关。为了能在提高检全率的同时避免错误的组配关系,检索系统一般在进行深度标引的同时根据需要确定相应的检准措施。与这一因素相关的处理包括,是否对不同主题的标引词分组并采用多个字段分别输入;是否设计主题词加权方案,在文献标引时,根据主题词在检索中的重要程度作加权处理等。采用这类措施的系统,通常应根据使用需要,预先对采用的句法形式及其使用要求等作出明确规定,并尽量采用各种手段简化操作过程,提高处理质量。

(2)与检索系统承担以及提供的功能相关。对只供检索匹配使用的标引词处理,相对简单,只要直接将主题标识及辅助符号输入系统就可以了;试图提供较完备的检索优化功能的系统,以及结合机读文档自动编制书本式索引的文献单位,一般还应进行各种相应处理,包括同时为检索优化或机编索引确定标题等,以便可以按规定的方式输入。

(3)与检索系统采用的机读输入格式相关。就目前采用的输入格式看,有的输入格式,如 CCF 通讯格式,十分简单,不必因输入的原因对标引词作专门复杂处理;有的输入格式,如国内图书馆使用的 MARC 格式,必须按格式要求对标引词进行处理,包括将标引词确定为标题,并根据主标题的特点区别情况,按不同格式输入。有关 MARC 格式中主题数据的输入见本章第三节。

总之,对机检词处理的目的,是为了根据检索系统特点,降低检索误差,提高检索效能,在必要时,还可以利用计算机编制手工检索主题目录或索引。各个检索系统应根据自己的特点和需要作出规定,并在必要时增加处理项目,不断改进检索系统的功能。

2. 确定标题

在编制手工检索工具的情况下,一般须根据手检工具的需要,对标引词进行处理,确定标题;这一形式也可以在计算机检索中,在相应主题标识下以浏览的方式显示,为用户提供检索帮助,是机检系统提高检准率的手段之一。下面对使用叙词语言确定标题的基本知识作一概要介绍。

(1)标题的结构形式

根据表达文献主题的需要,文献的标题可以由单个叙词构成,也可以由两个或多个叙词构成。由多个叙词组成的标题中,排在首位的叙词称为主标题。主标题是标题主要排检依据，是标题的检索入口。其余的词，均为副标题。副标题是对主标题的修饰和限定，可以按其级别称为副标题、次副标题等，也可以直接按其在标题中的次序，分别称为二级标题、三级标题、四级标题。

按照标题的结构组成，在采用叙词表进行标引时，一般可以采用下述标题形式：

①单一标题。亦称单级标题，即先组式检索工具中由一个叙词构成的主题标识。根据叙词的组成特点，又可以分为：

单词标题　例如：商品、汽车、橡胶、航空；

词组标题　例如：经济体制、集成电路、微波通信系统；

带外文或标点等的标题　例如：九·一八事变、75 毫米电影、A 酸、G2 期、G－矩阵；

带限义词的标题　例如：结构主义（语言学）、能量消耗（运动生理）、GTS（气象）。

②复合标题。亦称多级标题，即由两个或多个主题词按一定的次序组合在一起，并使用一定的符号连接的标题形式。

我国复合标题中使用的组配符号，存在着一些不同的做法。一种试图通过组配符号优化排序的设置方式，是将组配符号设置为三种：其一为冒号"："，用于表示两个或多个交叉关系叙词之间的组配。其二为短横"—"，用于表示事物和相应部分、方面、操作等限定关系叙词之间的组配。其三为逗号"，"用于限定关系标题进行轮排时，对事物对象的限定；同时也用来标示起修饰作用的自然语言。例如：

新闻学：伦理学

电子计算机—性能

发动机，汽车

③复杂标题。指同时使用两种或多种组配符号的一种标题形式。例如：

小说—语言学：美学

合金钢：工具钢—生产工艺

发动机,汽车—维修

晶体管电路:数字电路,电子计算机—性能

车床,卧式—操作—手册

(2)标题的级别及拟定

国内在手工检索工具的编制中,大致出现过以下几种做法:

①只采用单级标题。即不管一文献标引多少主题词,一律不使用组配标题形式,分别按标引词组织单一标题。例如:对“汽车传感器检修”这一文献,可分别建立“汽车”、“传感器”两个标题。

单级标题系统对标识的处理比较简单,但缺乏专指性,一般只在非累积性检索系统中使用,或用于后组检索。

②采用二级标题。即允许采用组配形式,但只限于使用二级标题。如遇两级以上的复合主题,一律分解成两级。如上文提到的主题,即应按要求分别组织成“汽车—传感器”、“汽车—检修”、“传感器—检修”三个标题。

二级标题比单级标题专指,并可以为具有检索意义的叙词提供多种组合。但由于级别的限制,无法对复杂主题进行充分揭示;同时,使用词对式组配,由同一叙词重复作入口词,容易增加款目数量。

③采用三级以上标题。即允许根据揭示文献主题的需要,通过三个或三个以上叙词的组配揭示文献。如对上文提到的主题,可以直接将标题组织为:汽车—传感器—检修。

采用多级标题可以对文献主题进行充分揭示,比较符合现代文献的揭示要求。因此我国手工检索工具一般将标题级别规定在三级或三级以上,一般不超过五级。

多级标题的拟定通常应注意下述问题:

其一,作好主标题的选择。主标题是标题的检索入口,规定着标题的排检位置。一般应选择具有独立检索意义的、表示主体因素的叙词作主标题。在一标题中具有多主题因素叙词时,则一般应选择其中表示文献研究的对象、问题或现象的中心叙词作主标题,以其余叙词作副标题,从而对标题的数量进行控制。

其二，对叙词的引用次序作出规定。标题中叙词之间的排列次序，通常应按照叙词之间的关系进行，在确定主标题以后，应当根据其他叙词与主标题之间的关系加以排列。引用次序的确定，可以参考一定的通用引用次序进行。在我国，一般可依据国家标准中使用的分面公式，按主体因素、方面因素、空间因素、时间因素、文献类型因素的次序排列。

其三，规定轮排模式。所谓轮排，是指将标题中每个有检索意义的叙词作为检索点，轮流排列在主标题的位置上，并对标题中的其他叙词作相应变动。轮排的目的，是以最经济的方式提供充分的检索入口。国内一般采取轮替法进行轮排，即依次将具有独立检索意义的叙词轮流排作主标题，标题中其他词的位置保持不变。例如：上文的例子，可使用轮替法组成下述标题：

汽车—传感器—检修

传感器，汽车—检修

由于此例中的“检修”为通用主题因素，不具有独立检索意义，因此不作为主标题参加轮排。

在按照轮替法进行轮排的同时，应注意保持相关主题概念之间的联系。一般情况下，使用“：”、“，”连接的主题词，在轮排过程中，应随原连接的词移动。

例如：小说—语言学：美学

可轮排为：语言学：美学—小说

美学：语言学—小说

此外，对联结主题的轮排，还应该在必要时对连接词作必要的调整（详见本章第二节）。

四、《中分表》在主题标引中的作用

《中分表》作为一种在《中图法》类目与《汉表》叙词对应的基础上编制的词表类型，具有多种用途。其主要作用之一，就是通过该表的使用，在结合进行分类标引的同时促进主题标引。该表在用于主

题标引时主要具有如下作用:

(1)可以使用《分类号—主题词对应表》,在分类标引的同时,直接选用对应的主题词或主题词串形式。这种情况主要用于文献内容范围与所标引的类目范围一致或与类目注释中的小主题一致的情况下。例如:

《社会科学方法论》

分类标引为:C03

主题标引为:社会科学—科学方法论

《浅谈中学生品德能力的培养》

分类标引为:G631

主题标引为:中学—品德教育

(2)可以使用《分类号—主题词对应表》,在分类标引的同时,选用从属于该分类号的主题词或该主题词下注释指引参见的主题词。此类情况通常在文献内容为分类号所涵盖,收入该分类号下或参见分类号下的主题词中有适合于标引该文献的主题词时使用。例如:

《工业企业流动资金管理》

分类标引为:F406.72

主题标引为:工业企业管理:财务管理—流动资金

上例中,“流动资金”一词,是根据 F406.72 类对应的主题词下的参见,从相关类的主题词中选取的。

(3)可以使用《分类号—主题词对应表》,在分类标引的同时,采用主表对应的主题词与复分表对应的主题词组配的方式标引。此类情况在分类法相应类目须复分仿分时使用。有时即使分类法没有复分要求,主题标引时也可以根据情况确定是否使用复分表对应的主题词组配标引。例如:

《八十天环游地球》

分类标引为:I565.44

主题标引为:科学幻想小说—法国—近代

(4)可以使用《分类号—主题词对应表》,在分类标引的同时,根据对应表下的注释,选择分类号对应的主题词与相关的主题词进行组配标引。如在标引一论述教育学与政治学关系的文献时,可根据“G40-05 教育与其他学科的关系、教育学分支”类下的注释,标引为:教育学—关系—政治学。

(5)可以使用《分类号—主题词对应表》,在分类标引的同时结合使用字顺表进行标引。例如:

《建筑企业财务管理》

分类标引为:F407.967.2

主题标引为:建筑企业—工业企业管理:财务管理

此文献标引时,F407.967.2 有关类目对应的主题词,只能查到“工业企业管理”、“财务管理”等词,还须根据对文献内容表达的需要,在字顺表中查出叙词“建筑企业”,加以补充。

(6)可以将《主题词—分类号对应表》直接作《汉表》字顺主表使用,通过对主题概念的层层查找进行标引。与《汉表》字顺表相比,主题词—分类号对应表的特点是:其词汇在对应表编制过程中进行了增补和调整,是《汉表》所有版本中经过修订的最新、最完整的词汇集合;在词汇形式上,不仅包括了全部叙词,而且收入了组配标题,可以供先组式标引的文献单位直接选用;同时,改进了排检方式,统一按音序和字形结合排列,符合查找习惯,编排也更加紧凑,方便使用。

(7)《中分表》中的主题词串及复杂概念的组配形式,不仅可直接用来标引,而且具有示范作用。通过它,可以了解某一特定主题领域的应用次序,进行相应复合主题概念的转换。例如:根据“K82 中国人物传记”各类对应的主题标引形式,就可以了解各种不同特点传记书籍的标引方法。

当然,在使用《分类号—主题词对应表》于分类标引的同时进行主题标引时,也应注意,由于文献分类法类目体系所揭示的深度,与主题法对主题内容的标引要求是不一致的,因此在使用此表进行主题标引时,如文献应揭示的主题要素未得到充分反映,就应根据主题标引的需要,对有关主题要素加以补足,或直接使用《主题词—分类号对应表》进行标引。在对论文等文献类型进行标引的情况下,这类情况较为普遍。

此外,在《分类号—主题词对应表》中,因两者编制方式上存在的先组和后组的不同,一分类号后无法将该类所应包含的主题词全部列出,对应的主题词往往是不充分的,必要时须注意从相关类目后或直接从主题词—分类号对应表中查找。因此,要正确使用《中分表》,就必须掌握好主题标引的基本知识和技能,按主题标引的要求进行。

第二节 主题标引规则

一、主题标引的基本规则

为了保证主题标引的准确和一致,防止和减少各种可能出现的错误,在对文献主题概念进行转换时,必须严格遵守主题词标引的基本规则,包括查词规则、组配规则。①

1. 主题标引的查词规则

(1)用来标引文献主题概念的叙词必须是《汉表》中的正式叙词,其书写形式必须与词表中的词形一致。非叙词只起查找正式叙词的作用,本身不得直接用来进行标引。例如:

教育学说

 Y 教育思想

仿形磨床

 Y 曲线磨床

(2)选取词表中与文献的主题概念相对应的最专指的叙词进行

① 中华人民共和国国家标准. GB/T 3680-2008 文献主题标引规则(送审稿)

标引。在词表收有相应专指叙词的情况下,不得以该词的上位词或下位词进行标引,以免出现标引过宽或过窄的误差。例如:对于论述广播电视的文献,既不能用它的上位词“电视”进行标引,也不能用它的下位词“卫星广播电视”进行标引,而必须选用相对应的专指叙词“广播电视”予以标引。

(3)当词表中没有相应专指叙词时,可选用词表中最接近、最直接关联的两个或两个以上的叙词进行组配标引。例如:在标引“化学实验设备”这一主题时,《汉表》中没有相对应的专指叙词,可采用两个或两个以上的叙词进行组配标引。词表中与这一主题相关的叙词包括“化学”、“化学实验”、“实验”、“设备”、“实验设备”等,应选用其中最接近、关系最密切的叙词“化学实验”和“实验设备”进行组配标引。遵循这一规则,有助于实现标引的一致和统一,减少组配的级别。

(4)当词表中没有最专指的叙词,也无法以词表中最接近、最直接关联的叙词进行组配标引时,可选用上位叙词标引。例如:在标引《中国人民大学图书馆图书分类法》一书时,词表未收入相应专有名词,也无法用组配方式进行标引,可直接选用其上位主题词“图书分类法”进行标引,同时应根据情况,在需要时将该词按非叙词的要求制订款目,通过“Y”项参照,与上位词“图书分类法”建立联系,记入词表,以便可在以后的标引中取得一致。

(5)当词表没有相应的专指叙词,也无法用适合的叙词进行组配标引或选用适当的上位词标引时,可考虑选用含义相近的叙词进行标引,即靠词标引。例如:在一段时间内,一些系统在标引“信息组织”这一主题对象时,由于词表没有收入相应的叙词,曾选用“检索语言”一词进行标引,就属于靠词标引。靠词标引选词应该慎重,并应将被取代的词与选用的近义词建立参照关系,设置款目记入词表,以备查核。

(6)如待标引的主题概念为未收入词表的新概念,不适宜采用上述任何一种方法标引,同时本身又具有较大研究价值和检索意义时,可采用增词标引。

增词标引一般包括下述情况:

①词表中明显漏收的主题概念的词。如《汉表》出版时,漏收的“社会学”、“传播学”等常用主题概念,可直接采用增词标引。

②表达新学科、新理论、新技术、新材料、新发展的词。类似“信息伦理学”、“知识组织系统”、“Web2.0 技术”、“次贷危机”等均为有标引价值的主题概念,可根据情况采用增词标引。

③虽然可以采用组配标引或上位词标引、靠词标引等,但这些概念出现频率较高时,也可以采用增词标引。例如在“网络信息资源”未收入时,尽管可以采用“互联网络”、“信息资源”两词进行组配标引,但在使用频率较高时,可考虑直接采用增词标引。

④组配标引在可能出现二义性结果时,被标引的概念可以考虑采用自由词标引。

⑤地名、人名、机构名、著作名等也可以在需要时直接用作新增主题词。

新增的标引词可来源于文献、也可由标引员拟定,必要时应适当参考其他词表、权威工具书、术语词典等,具有词形规范、概念明确的特点,符合科学性、实用性的要求。一般情况下,手检工具的主题标引中对自由词的使用控制较严;在机检系统中,则可以根据使用特点适当放宽自由词的应用,同时还可将其中标引频率高、有较大使用价值的新增词收入词表,并按叙词款目的要求,建立起与该词有关的各种语义参照关系项以及英译名、范畴号等。

(7)对每一文献标引的叙词数量,应视情况而定,但要注意标引深度的一致性。一般情况下,每种图书的标引词数量应保持在1—8个之间,在使用机检的情况下,标引的主题词数量可适当增加。

2. 主题标引的组配规则

将两个或两个以上叙词按照一定的逻辑关系结合在一起,表达文献主题,称为组配标引。组配标引是对文献进行主题标引时采用的一种基本标引方式。按照概念之间逻辑关系,概念组配主要包括两种基本类型:交叉组配和限定组配。

交叉组配是指选用若干个具有交叉关系的叙词进行组配,表达一个复合的子概念,在本书中通常以符号“:”为组配标识。例如:“动物遗传学”可标引为:“动物学:遗传学”。又如,“塑料贴面挤压刨花墙板”可标引为:“塑料贴面板:挤压刨花板:墙板”。

限定组配是以表示事物的叙词和表示事物特称、属性、方面的叙词进行组配,表示一个新的专指概念,在本书中通常以符号“—”或“,”为组配标识。限定组配的范围较广,包括下述类型:

①特称限定组配。表示一事物与它的部分概念之间的组配。例如:

机车发电机　可标引为:机车—发电机;

直升飞机螺旋桨　可标引为:直升飞机—螺旋桨。

②方面限定组配。表示一事物与其方面概念之间的组配。包括:材料、性质、现象、状态、工艺、理论、地区、时代文献类型等。例如:

铝金属板　可标引为:铝—金属板

北京园林建筑　可标引为:园林建筑—北京

③说明语限定组配。通常用于对事物作补充说明,表示事物的性质、特征等,可以使用叙词作说明语,也可以使用自然语言作说明语。例如:

有色金属车间　标引为:车间,有色金属(叙词)

天然气燃料的汽车　标引为:汽车,用天然气燃料的(自然语言)

④联结组配。表示事物与其具有联结关系的事物之间的组配。例如:

大气污染对植物的影响　标引为:空气污染—影响—植物

图书馆学与情报学的关系　标引为:图书馆学—关系—情报学

为了保证在组配标引时尽可能取得一致,避免出现标引误差,在应用《汉表》进行组配标引时,一般应遵循下述组配规则:

(1)叙词的组配必须是概念组配,而不是字面组配。参加组配的叙词必须依据概念之间的关系进行,而不是简单的字面分拆或语词组合。

(2)叙词的组配应优先采用交叉组配,在不能用相应叙词进行交叉组配时,才选用限定组配。例如:“植物生态学”这一主题可以按照交叉组配方式,标引为“植物学:生态学”。在这一情况下,就不能采用限定组配的方式,以“植物”和“生态学”进行组配。而“柴油机维修”这一主题,不存在交叉组配的可能,可采用限定组配的方法,标引为“柴油机—维修”。

(3)叙词的组配不能越级进行。即在可以用相应专指叙词组配时,不得使用该词的上位词或下位词进行组配。如“海洋地貌学考察”这一主题,在词表收有“海洋地貌学”这一叙词的情况下,无论是使用其上位词“地貌学”和“考察”组配标引,还是使用其下位词“海岸地貌学”和“考察”进行组配,均属于越级组配,必须选用相对应的“海洋地貌学”和“考察”这两个叙词进行组配标引。

(4)叙词的组配必须选用与文献主题关系最密切、最邻近的叙词进行。例如:在标引“农村经济结构”这一主题时,可以利用含义上相关的叙词组成下述组配形式:农村—经济—结构、农村经济—结构、农村—经济结构、农村经济—经济结构。应选用其中与文献主题关系最密切、最专指的叙词进行组配标引,标引为:“农村经济—经济结构”。

又如,在标引“淡水鱼类养殖”这一主题时,可以利用含义相关连的叙词组成下述组配形式:

淡水鱼类—淡水养殖

淡水鱼类:养殖鱼类

淡水养殖:鱼类养殖

淡水养殖—养殖鱼类

上述标题中最符合待标主题的应为:淡水养殖:鱼类养殖。

(5)叙词的组配结果必须明确,具有单义性。凡有可能产生二义性组配的叙词,应通过明确词序或采用增词标引的方法加以处理,以免出现误差。例如:“美术学校”这一主题,在运用“美术”、“中等专业学校”这两个叙词进行组配标引时,应标引为:“美术—中等专业学校”,而不标引为:“中等专业学校—美术”。

(6)对并列多主题文献,可采用按各个主题分组组配的方式,并以组配符号明确揭示主题词之间联系,以避免出现虚假或无意义的组配。如“东亚金融危机和中国的经济发展”这一并列主题,可分组标引为:

金融危机—东亚

经济发展—中国

这样处理可以避免出现“经济发展—东亚”,“金融危机—中国”等的虚假组配。这一标引结果在机检系统中可以采用按不同字段输入的方式处理。

分组组配时应允许同一叙词在不同组配中重复使用。例如“黄土高原森林与草原的变迁”这一并列主题,可分组组配为:

森林—变迁—黄土高原

草原—变迁—黄土高原

(7)当某一主题概念在词表中已明确规定相应组代词时,应选用规定组代的几个叙词进行组配标引,不得另选其他叙词。例在采用《汉表》进行标引时,主题概念“出生登记”应按词表规定用叙词“出生”和“人口登记”进行组配标引;主题概念“货币一体化”应按词表规定用叙词“经济一体化”和“货币”进行组配标引。

(8)在能选用专指的单个叙词标引时,不得采用组配形式进行标引。如“植物分类学”这一主题,《汉表》已收入相应的专指词,不能以“植物学”与“分类学”两个叙词进行组配标引,而必须根据词表规定直接标引为:“植物分类学”。

(9)当一个标题中的叙词同时涉及到不同主题因素时,叙词的组配次序一般应按主体因素、方面因素、地区因素、时间因素、文献类型因素的次序确定。如"中国80年代汽车工业规划研究文集"的标题,应按上述次序确定为"汽车工业—规划—中国—1980~1989—文集"。

当一个标题中的主题词同时出现多个属于方面因素的叙词时,一般可根据其表达的概念之间的关系,按体系、结构、材料、状态、属性、活动、过程、方法、作用、关系的次序排,或在必要时参考国外显著性引用次序序列,按对象、材料、操作、工具的次序建立标题。如在"如何使用示波器检测收音机"这一主题中,"收音机"属于处理对象,"检测"属于操作,"示波器"属于工具,可根据上述规定标引为:"收音机—检测—示波器"。

(10)标引的级别应根据手工检索工具的需要保持在三级以下,一般不超过五级。每种图书组成的标题数量一般应保持在四个以下。

二、各种主题、文献类型的标引

与分类标引相同,主题标引的方法也是与文献的主题类型、写作和出版形式相联系的。因此,要作好文献的主题标引,除应遵循主题标引的基本规则外,还必须根据各种类型文献的特点进行。下面根据国内目前的通用做法,分别对各种不同主题类型、写作与出版形式文献的标引方法作一概要介绍。

1. 单主题、多主题文献的标引

(1)单主题文献只研究某一特定主题对象,可根据文献研究的主题对象及成分进行标引。例如:

《情报学概论》

标引为:情报学

《直升飞机螺旋桨》

标引为:直升飞机—螺旋桨

(2)多主题文献同时研究两个或两个以上事物或对象,按照主题对象之间的关系,包括并列关系、从属关系等类型,一般可区别情况，依据所研究的主题对象进行分组标引。具体作法如下：

并列关系主题的文献应根据论述的主题对象分组标引，如并列主题的数量较多，超过四个时，可使用上位叙词标引。例如：

《塑料与橡胶》

标引为：塑料

橡胶

《儿童疾病与保健》

标引为：婴幼儿—保健

小儿疾病：常见病—治疗

《铜、铅、锌冶金分析》

标引为：炼铜—金属分析

炼铅—金属分析

炼锌—金属分析

《粮食作物虫害防止》（玉米、大豆、小麦、谷子、高粱和水稻等的病虫害防治）

标引为：禾谷类作物—病虫害防治

从属关系主题的图书应根据主题论述的情况进行，凡同时论述大主题和小主题的图书，应分别对论述主题分组标引。如只论述小主题，未对大主题展开论述，则按单主题处理，只标引小主题。例如：

《生物与仿生学》

标引为：仿生

《网络与接口技术》

标引为：计算机网络

接口设备

2. 简单主题、复合主题、联结主题文献的标引

（1）简单单主题文献可直接按文献论述对象，即事物、学科、现象等进行主题标引。例如：

《普通逻辑》

标引为：形式逻辑

《微型水电站》

标引为:水力发电站,小型

(2)复合主题的文献,应根据论述的对象和方面进行组配标引,必要时可以进行轮排。全面论述一事物对象的文献,仍按主题对象标引。例如:

《装配式钢筋混凝土桥梁》

标引为:钢筋混凝土桥—装配式混凝土结构

《塑料老化》

标引为:塑料—老化

《内燃机车电力传动》

标引为:内燃机车—电力传动

《家用电器的原理构造和维修》

标引为:日用电气器具

(3)联结主题文献是指研究两个或两个以上主题对象关系的文献类型,包括应用关系、比较关系、影响关系、因果关系等类型,一般应根据主题关系类型和收词情况进行主题标引,并应依据不同主题对象互为主、副标题加以轮排。具体标引规则如下:

应用关系主题的文献,一般应以应用到的主题作主标题,以应用的理论或方法为副标题进行组配标引,并加以轮排。例如:

《激光在大地测量中的应用》

标引为:激光应用—大地测量

大地测量—激光应用

《微型计算机在汽车检测中的应用》

标引为:微型计算机—计算机应用—汽车—检测

汽车—检测—微型计算机—计算机应用

比较关系主题的文献,一般应以文献论述重点为主标题,以其他主题为副标题进行组配标引,并加以轮排。例如:

《普通话与方言》

标引为:普通话—比较—汉语方言

汉语方言—比较—普通话

影响或因果关系主题的文献,一般应以被影响或表示结果的主题作主标题,以影响或表示原因的主题作副标题进行组配标引,并加以轮排。例如:

《气候变迁对我国农业影响的研究》

标引为:气候变化—影响—农业—中国

农业—中国—影响因素—气候变化

表示主题之间相互关系的联结主题,如表示主题之间相互作用、差异等关系的联结主题,均以其重点论述的一方作主标题,以另一方作副标题,并进行轮排。例如:

《儒学与少数民族思想文化》

标引为:儒家—关系—少数民族—民族文化

少数民族—民族文化—关系—儒家

《归纳逻辑与人工智能》

标引为:归纳—关系—人工智能

人工智能—关系—归纳

倾向关系主题的文献,指根据一定读者对象需要角度论述特定主题内容的文献,一般以论述对象为主标题,以读者对象或论述角度为副标题进行组配标引。例如:

《流体力学》(土木工程人员用)

标引为:流体力学,土木工程用

涉及多个复杂主题的文献,应按照主题类型和涉及的各个主题对象,分别进行组配标引。例如:

《控制论、信息论、系统科学与哲学》

标引为:控制论—关系—哲学

信息论—关系—哲学

系统科学—关系—哲学

3. 论及地区、时代文献的标引

论及一地区或时代有关主题内容的文献,可以论述一地区或时代某一方面情况,也可以论述一地区或时代的几个方面或整个地理或历史的情况。这类文献,存在着首先从主题内容角度揭示,还是首先从地理或时代角度揭示的问题,应根据文献论述的特点和检索系统的需要加以处理。综合性文献单位一般可以采用以下做法:

(1)以一地区社会、自然全面情况为对象的概述性文献,通常可将地区主题词作主标题标引,必要时进行轮排。例如:

《法国概况》

标引为:法国—概况

《阿尔及利亚地理》

标引为:阿尔及利亚—地理

地理—阿尔及利亚

(2)论述一地区各专业领域内容对象的文献,通常以主题内容作主标题,以地区主题词作副标题。例如:

《英国政治制度》

标引为:政治制度—英国

《今日美国教育》

标引为:教育—美国—现代

(3)为便利用户使用,在以地区作副标题时,对地理概念的揭示大体可有两种处理方式:其一是采用直接复分法,即直接将文献论及的地区名作为副标题标于主标题之后;其二是间接复分法,即先标引国名、省名,再标引文献论及的具体地名。根据我国情况,国内直辖市、特区、省会城市、单列市(如深圳等)宜直接标引,其他具体地名均适合于省、自治区名等后标引;国外国以上地名、各国首都、国际著名城市等可直接标引,其余地名一般宜于所在国家之后标引。其标引方式如下:

地方志—杭州

地方志—浙江—嘉兴市

雕塑—德国

旅游指南—意大利—佛罗伦萨

(4)对于涉及时代的文献,一般以内容对象为主标题,以表示时代的主题词为副标题进行标引。如文献涉及的时间有明确年代范围,可直接将年代标引在相应叙词之后。例如:

《隋唐史》

标引为:中国—古代史—隋唐时代

《明代农业史》

标引为:农业史—中国—明代

《1932—1972 美国实录》

标引为:美国—现代史—1932-1972

(5)对于论述某一时代的历史或专门史著作,必要时可以使用表示时间因素的叙词作主标题进行轮排,例如:

隋唐时代—古代史(叙词“中国”可省略)

明代—农业史

涉及地区、时代文献的处理方法,一般应结合文献部门的专业特点和检索需要确定。具体的文献单位可以根据本单位的情况,适当进行调整。例如:自然科学单位的检索系统,可规定国外地名一般只使用国名,但对本专业有关的地域名称,如测量地点、对研究直接相关的地理名称等,则要求直接标引。

4. 传记文献的标引

传记是一种以人物生平活动为研究对象的文献类型,包括:自传、画传、评传、年谱等。这类文献一般同时涉及人物对象及其活动领域两方面,通常应从相应的角度加以揭示,以便可以从不同方面着手进行检索。

(1)以研究特定人物生平活动为主要内容的传记书籍,一般以人物名称和学科专业角度的主题词为主标题,结合文献类型、国别、时代等主题词进行组配标引。

例如:《爱因斯坦》

标引为:爱因斯坦,A.(1879-1955)—传记

物理学家—传记—美国—现代

《老舍年谱》

标引为:老舍(1899-1966)—年谱

作家—年谱—中国—现代

(2)侧重从某一学科专业或历史事件角度研究或记载某一人物的文献,除采用上述方式外,还应侧重从专业或事件的角度进行标引。

例如:《西安事变与周恩来》

标引为:西安事变—回忆录

周恩来(1898-1976)—回忆录

政治家—回忆录—中国—现代

《陶行知一生》

标引为:陶行知(1891-1946)—生平事迹

教育工作者—生平事迹—中国—现代

教育思想—中国—现代

(3)多人合传,应视情况进行,人数不多时,可分别对各被传人进行分析标引;人数过多时一般只作综合标引,通常可结合涉及专业、地区、时代等进行。

例如:《现代西方哲学家评述》

标引为:哲学家—人物评论—西方国家—现代

《中国古代十大教育家》

标引为:教育家—生平事迹—中国—古代

教育思想史—中国—古代

《维吾尔族人物传》

标引为:维吾尔族—传记

《新闻界人物(六)》

标引为:新闻工作者—生平事迹—世界

康有为(1858-1927)—生平事迹

梁启超(1873-1929)—生平事迹

5. 文艺文献的主题标引

文艺领域包括两类文献,其一为以文艺为研究对象的文献;其二为文艺作品。对这两类不同性质文献,应根据其不同特点进行标引。

(1)以文艺为研究对象的文献是探索文艺规律的著作,包括文艺理论、文艺评论和文学史和艺术史。应按文献论述的内容对象加以标引。

例如:《文学与现实生活》

标引为:文学—关系—现实生活

《八十年代文学现象研究》

标引为:当代文学—文学研究—中国—1980-1989

(2)文艺作品不同于科学著作,一般均按作品的体裁、国别、时代进行标引。和分类标引相同,文学作品对国别、时代的标引均以作者的所属国别、时代为准,不以作品反映的国别、时代为依据。

例如:《破产》

标引为:中篇小说—中国—现代

《暮鼓晨钟》

标引为:历史小说—中国—现代

长篇小说—中国—现代

《黄河大合唱》

标引为:合唱—歌曲—中国—现代

(3)对以特定人物、历史事件为记载对象的写实的文学形式,如报告文学、回忆录以及民间传说等,除应从体裁、国别、时代标引外,还应同时从记载对象的角度进行主题标引。

例如:《大海:记朱德同志》

标引为:报告文学—中国—现代

朱德(1886-1976)—生平事迹

《冠军的路》

标引为:报告文学—中国—现代—选集

优秀运动员—生平事迹—中国—现代

(4)对于文艺体裁的儿童文学作品,为便于从儿童文学角度查找,一般可以以“儿童文学”或有关的叙词为主标题进行标引。

例如:《红葫芦》

标引为:儿童文学—短篇小说—中国—现代

《汤姆·索亚历险记》

标引为:儿童文学—长篇小说—美国—近代

(5)用作语言读物的文学作品,应按其用途,以表示所属语言的叙词作主标题,与表示语言读物的叙词组配标引。

例如:《古文观止》

标引为:汉语—古代—语言读物

《共产党宣言》(德语注释读物)

标引为:德语—语言读物

6. 丛书、多卷书、论文集的主题标引

(1)丛书的主题标引

对丛书主题标引的处理办法,大体上与分类标引的方法相同,分为集中和分散两种。对一次性刊行或有明确出版计划,内容上有密切联系的丛书,可以同时采用综合标引和分析标引的方式,即在以整套丛书为单位进行综合标引的同时,以每种单书为单位进行分析标引。综合标引时一般应标上表示编辑形式的主题词“丛书”,按单书标引时则不必揭示其编辑出版形式。

例如:《文献编目论文选》(图书馆学情报学丛书)

综合标引为:图书馆学—丛书

情报学—丛书

分析标引为:编目—文集

《C 程序设计》(计算机基础教育丛书)

综合标引为:电子计算机—丛书

分析标引为:C 语言—程序设计

对内容广泛、没有明确出版计划的丛书,宜采用分散处理,即直接按单种书标引。

例如:《西方哲学史》(汉译世界学术名著丛书)

分散标引为:哲学史—西方国家

(2)多卷书的主题标引

对既有总书名,各卷又具有独立研究对象并有独立分书名的多卷书,一般应在对整部多卷书的主题作标引的同时,以各卷为单位进行分散标引。综合标引时应标上表示编辑出版形式的主题词"多卷书"。

例如:《生物史 第一分册 生命起源》

综合标引为:生物学史—多卷书

分散标引为:生命起源

《机械工程手册 第六分册　机械设计》

综合标引为:机械工程—多卷书

分散标引为:机械设计

对只有总书名,没有分册书名,或各分册没有独立研究对象的多卷书,则只以整部多卷书为单位进行综合标引,标引时也不必标上"多卷书"这一主题词。

例如:《古代汉语》(四卷)

标引为:汉语—古代—教材

《淮南旧注校理》(共四卷)

标引为:淮南子—注释

淮南子—校勘

《环境污染分析译文集》(五册)

标引为:环境污染—分析(化学)

(3)论文集的主题标引

论文集包括文集、全集、选集、会议录等,一般应以该书的内容对象进行整体标引,对其中的单篇著作不再进行分析标引。专门性的论文集可以以其学科对象与有关编辑形式的主题词,如"论文集"、"全集"、"选集"、"会议录"等组配标引;综合性的论文集则可以其编辑形式作主标题,与表示国别、时代的主题词组配标引。

例如:《情报检索论文集》

标引为:情报检索—文集

《信息技术与信息服务国际研讨会》

标引为:信息技术—国际会议—会议录

信息服务—国际会议—会议录

以特定个人著作为收录范围的文集,通常以其学科对象与相应编辑形式的主题词组配标引;对马、恩、列、斯、毛、邓的著作一般应同时从著作论述对象和著作者两个方面加以标引;我国党的领导人的文集、选集、全集,可标引为“中国共产党—领袖—著作”,同时以著者名与文献形式的主题词组配标引;党的领导人的个别著作或专题著作,则仍按其主题内容进行标引。

例如:《马恩列斯哲学著作选编》

标引为:哲学—马列著作

《列宁论图书馆》

标引为:图书馆学—列宁著作—专题汇编

《建设有中国特色的社会主义》(增订本) 邓小平著

标引为:社会主义建设—理论—中国

《朱光潜美学文集》

标引为:美学—文集

7. 百科全书、年鉴、手册、词典的主题标引

(1)综合性的百科全书、年鉴、手册均分别以“百科全书”、“年鉴”、“手册”作主标题,以国家、地区名称及表示年代的主题词作副标题。

例如:《大美百科全书》

标引为:百科全书—美国

《中国百科年鉴》(1995)

标引为:年鉴—中国—1995

(2)专科性百科全书、年鉴、手册,应从主题内容和编制形式两方面进行标引。以表示主题内容的主题词为主标题,以表示编制形式的主题词作副标题。

例如:《中国企业管理百科全书》

标引为:企业管理—中国—百科全书

《中国农村统计资料年鉴》

标引为:农村—统计资料—中国—年鉴

《电机工程手册》

标引为:电机—技术手册

(3)普通语言词典,应以语言文种与词典类型两方面进行标引。一种语文的词典应以该语言文种的主题词作主标题,与表示词典类型的主题词进行组配标引。两种语文对照的词典,如属于中外文对照,一律以该外文的主题词作主标题;如属汉语和少数民族语文对照,一律以少数民族语文的主题词作主标题;如属两种外语对照,则应以被注释说明的语言文种的主题词作主标题,与词典类型的主题词组配标引,并在其后注明对应的语种主题词。

例如:《现代汉语词典》

标引为:汉语—词典

《德汉词典》

标引为:德语—汉语—词典

《汉英词典》

标引为:英语—汉语—词典

《维汉词典》

标引为:维吾尔语(中国少数民族语言)—汉语—词典

(4)语言词典中的专门词典,如词表已收入该专门词典的叙词时,应用该叙词标引,反之则用相应的叙词和词典形式的叙词组配标引。

例如:《广州方言辞典》

标引为:粤语—方言词典

《常用古代汉语字典》

标引为:汉语—古代—字典

《汉语外来语词典》

标引为:汉语:外来语—词典

《金石文字典》

标引为:金文—字典

石刻文—字典

(5)专科词典,一般由学科对象、词典类型和文种三方面结合标引。通常以表示学科对象的主题词为主标题。其中,汉语词典可不标文种。

例如:《行政法词典》

标引为:行政法—词典

《英汉计算机词典》

标引为:计算机—词典—英语、汉语

(6)各学科的名词术语汇编等,一般均可按词典方法标引。

例如:《俄汉塑料工业词汇》

标引为:塑料工业—词汇—俄语、汉语

《英汉图书情报学词汇》

标引为:图书馆学—词汇—英语、汉语

情报学—词汇—英语、汉语

8. 目录、索引的主题标引

(1)凡综合性目录、索引,应以相应的目录、索引主题词为主标题,以涉及的地区、年代作副标题。

例如:《全国总书目》(1990)

标引为:国家书目—中国—1990

《全国中文期刊联合目录》(1833—1949)

标引为:期刊目录:联合目录—中国—1833—1949

(2)专科性目录、索引主要从主题内容和目录、索引两方面进行标引。以表示主题内容的主题词为主标题,以相应表示编制形式的主题词作副标题。

例如:《世界经济论文篇目分类索引:1978—1983.4》

标引为:世界经济—现代—分类索引

《河北医籍考》

标引为:中医典籍—河北—图书目录

《敦煌学论著目录》

标引为:敦煌学—专题目录

(3)专书索引可以以其内容对象作主标题,必要时也可以以相应的专书名为主标题,与表示索引类型的主题词组配标引。

例如:《〈史记〉地名索引》

标引为:《史记》—地名—专书索引

中国历史:古代史—地名—专书索引

《全宋诗作者索引》

标引为:《全宋诗》—著者索引

古典诗歌—中国—宋代—著者索引

(4)产品目录,商品目录,金石目录,动、植物目录等应以反映对象的主题词作主标题,与表示目录形式的主题词组配标引。

例如:《1960—1974 有色金属新型材料产品目录》

标引为:有色金属—金属材料—1960 - 1974—工业产品目录

《古代钱币目录 》

标引为:古代货币—中国—目录

9. 特种文献和非书资料的主题标引

(1)标准、规程、专利文献的主题标引

标准、规程、专利文献一般应从主题对象、文献类型、国家地区三方面进行组配标引。以主题对象为主标题。其中凡已批准为国家标准或部颁标准的规程、规范,应按标准进行标引,未被批准为标准的,仍按规程、规范标引。

例如:《机械制图 GB4457-4460-84 GB131-83》

标引为:机械制图—国家标准—中国

《铁路客车检修规程》

标引为:旅客列车—车辆检修—规程—中国

《四季高效太阳能热水器》(专利号 9803837,2)

标引为:太阳能水加热器—专利—中国

(2)科技报告、学位论文的主题标引

科技报告、学位论文等一般应在揭示其主题内容的同时,对其文献类型加以揭示。学位论文标引时,除应揭示其文献类型外,还应同时揭示其学位级别及高等学校或研究机构的名称。

例如:《国外社会科学信息网络建设》(科技报告)

标引为:社会科学—信息网络—研究报告

《网络环境中的信息资源管理》(博士学位论文)

标引为:网络环境—信息资源管理—博士—学位论文—北京大学

信息资源管理—网络环境—博士—学位论文—北京大学

(3)非书资料的主题标引

非书资料与印刷型文献一样,都是知识的载体。其差别主要是,其载体形式不同,对内容的揭示手段有差异。主题标引时,应以主题内容为中心,同时对其载体形式加以揭示,以便用户使用时,可以对不同的载体形式加以辨认。

例如:《北京图书馆》(录像带)

标引为:北京图书馆—简介—录像磁带

《第九交响曲》(激光唱盘)

标引为:交响曲—德国—光盘

第三节　主题检索工具

进行文献主题标引的目的是建立主题检索工具。主题检索工具是一种以表达文献主题内容的语词为检索标识,按字顺组织起来的检索系统。与分类检索系统相同,主题检索工具也是从内容角度揭示文献的,但是由于两者采用的标识和组织方式的不同,它们的功能也存在着差异。与分类相比,主题检索工具的特点是通用性、动态性好，可直接从事物、对象或问题入手查找文献，是文献单位，特别是专业文献机构目录体系的重要组成部分。

主题检索工具按照其检索对象，可以分为包括主题目录和主题索引；按照其设备条件，包括为手工检索工具和机检系统。一般而言，手检主题工具，大多采用先组方式，须根据检索需要在标引词的基础上确定标题；主题机检系统则通常采用后组方式，根据检索软件的要求，按一定的机读编目格式输入，供计算机检索使用。为了提供浏览显示方式，一些文献单位也往往在标引阶段建立标题。

在目前的实际应用中，计算机检索系统是主题检索的主要形式，因此下面着重介绍计算机检索系统以及相关的数据输入两个方面的内容。

一、主题检索系统

1. 主题检索系统的特点

主题检索系统是以文献主题标识为检索依据的计算机检索系统，亦称为主题机检系统，此处主要指以受控词为主题标识的系统。这类系统主要包括：文献单位以图书为对象的目录系统，以论文为对象的检索系统等。

与手工检索工具相比，主题检索系统具有以下优点：

①检索灵活。可利用计算机的巨大数据处理能力，以后组方式，在检索阶段通过主题词的组配，自由扩大或缩小检索范围，满足各种检索需要。

②检索方式多样。检索系统可根据需要设置多种检索方式，如布尔逻辑检索、截词检索、利用机读词表检索以及采用联号、职号、加权等各种检索手段，提高对文献及各种数据的检索能力。

③获取信息充分。利用计算机一次输入多次输出的特点，可以迅速获取数据库系统中存储的有关一文献的全部信息，包括文献的地址、题录、文摘，甚至原文。

④获取信息便利。可以通过系统迅速查找有关一检索对象的全部资料，而不必如手检索引那样转辗查找；同时，不仅可以使用当地

的文献,而且可以通过计算机网络进行远程检索。

⑤获取信息及时。主题机械检索系统不仅便于进行回溯检索,而且可以利用机检系统便于更新的特点,及时检出最新资料。

⑥便于检索结果的获取。主题机械检索系统的检索结果,可根据需要加以打印、复制或套录等各种形式输出,比手工方便。

2. 主题检索系统的结构

由于机检系统无可比拟的优点,随着计算机技术和通讯技术的发展,以文献数据库为中心的计算机检索系统的研制和使用受到广泛重视,各国都建立了不少功能完备、技术先进的计算机情报检索系统。20 世纪 80 年代以来,我国文献情报界经过多年努力,逐步研制了一大批比较成熟的通用数据库软件,建立起了多种功能完备的数据库系统。这些数据库系统通常是由各种功能的子系统结合而成的多功能的一体化系统。各种系统因其设计思想和功能要求的差异,其总体结构和特点往往各有不同,但通常均包括输入模块、存储模块、检索模块等基本功能模块。其中,输入模块解决数据的处理和输入;存储模块根据输入的数据由顺排索引、倒排索引、以及词表和各种规范文档管理子系统等构成,是检索匹配的基础;检索模块则根据存储模块的特点,设置检索界面以及适用的检索提供形式等,三者通过相应的管理软件联结成一体,构成相互影响、相互作用的功能完整的体系。

数据库系统的中心,则是由顺序文档、倒排文档组成的数据集合。其中,顺序文档又称文献档,以规范格式收入文献的详细信息,以及包括主题标识在内的各种检索标识。如题名、作者、机构、分类号、文献号等;倒排档则是分别以记录中的各种可检字段的标识为中心,按各种标识的一定顺序建立的文档。每个标识后列有具有该标识的所有文献登录号,类似印刷型检索工具中的辅助索引,可以从标识出发检出相应文献。不同可检字段的标识组成相应的各种倒排档,如以主题标识为中心组成主题倒排档,以分类标识为中心组成分类倒排档等。其中,主题倒排档按字顺列出全部主题词,可以从主题词出发，利用机检系统设定的检索形式进行组配检索。这类系统一般还根据机械检索系统压缩存储的需要，建立相应的顺序文档索引和倒排文档索引。前者从文献号指向磁盘中的起始地址；后者亦称词典，是检索词的集合，从检索词指向对应的文献集合号，通过相应的软件配置，提供检索操作。主文档与倒排档的关系如下：

主文档中的文献记录的主题数据：

登录号	标引词
001	联机检索，情报检索，叙词法 调查
002	机器检索，叙词法，检索系统
003	机器检索，分类法，进展
004	联机检索，分类法
005	检索系统，情报检索，分类法

生成的对应主题词倒排档为：

分类法	003，004，005
调查	001
机器检索	002，003
进展	003
检索系统	002，005
联机检索	001，004
情报检索	001，005
叙词法	001，002

检索时，计算机通常先按检索提问在倒排档中依据标识查出文献序号，经按设定的逻辑关系匹配处理后，从顺排档中输出文献记录数据。使用这种方法，主题法就可以通过主题词的组配，扩大或缩小检索范围，根据需要进行各种检索操作。

3. 主题检索界面的功能

主题检索界面是与用户交互的窗口，通常在索引模块的基础上，根据用户检索需要和主题语言的特点设置。计算机检索系统一般均在主题检索语言以及标引数据的基础上，设置包括简单检索界面，高级检索界面,专业检索界面在内的多个检索窗口,并提供多种检索优化手段,以适应各种用户的检索需求。检索界面的设置涉及到主题语言功能的开发水准,十分重要。从主题语言的特点和目前使用现状看,主题机检系统提供的功能一般包括:

①主题词检索。即通过主题词的匹配检索输出标引的资源。这是最基本的检索功能。通常提供精确匹配和模糊匹配的两种类型,供用户选用。后一情况允许将检索词的构成成分作为检索匹配的依据,以便扩大检全率。

②逻辑组配检索。主题机检系统作为一种后组式检索工具,一般是以逻辑组配的方式,即以相应主题词结合逻辑组配符建立的检索表达式,表达和检索复杂主题的。常用的逻辑组配类型包括:

"逻辑与",通常以符号"＊"或"and"表示,检索表达 a＊b 要求资源对象的主题标识中同时包括主题词 a 和 b 才能够检出;

"逻辑或" 通常以符号"＋"或"or"表示,检索表达 a＋b 表示,资源对象的标识中只要包括其中的一个主题词即可检出;

"逻辑非"通常以符号"－"或"not"表示,(a＋b)－c 表示上一检索结果中具有主题词 c 的资源不予输出。

为增加检索系统的友好性,多数系统的简单检索界面一般根据资源规模,将输入的不包括逻辑表达符的多个主题词,默认为按"逻辑与"或"逻辑或"的方式加以匹配提供。同时设置高级检索界面,用以简化检索表达,并提供一些常用的组配选择,供用户选择使用。例:图8-1北京大学书目系统的高级检索界面,在允许采用多个主题词组配检索的同时,还可以结合著者、题名多个字段语词匹配检索,同时并提供文献时间、语言、文献类型、收藏单位等类型的组配选择,用户可以根据需要选择使用,用以提高检准率。

③入口词检索。即不仅可以通过输入正式主题词匹配检索,也允许使用对应的非正式主题词,通过词表中建立的用、代关系检索。入口词检索有利于增加检索入口,帮助提供从自然语言的角度的检索应用,改进检索系统的易用性。由于目前国内词表的等同率仍较

低,实用检索系统通常应在已有等同关系的基础上,结合用户的检索词,不断扩展和丰富入口词,以逐步改进系统的易用性。

图8-1　北京大学图书馆目录高级检索界面样例

④词表浏览选词帮助。用户检索时的一个突出问题是难于找到确切的检索词。为了减轻选词的智力负担,帮助用户进行词汇的选择,通常可以采用词表浏览的方式提供帮助,包括在用户输入检索词的过程中提供词表中与该输入词排列位置接近的词,或显示包括用户检索词的常用组配标题,供用户选择使用。

⑤检索排序提供。与分类检索系统相同,主题检索也存在检索结果的排序提供问题。图书馆和文献数据库中常见的主题检索系统的检索排序方式通常包括,按照与检索词的相关度排序、按返回资源的出版时间排序、按作者姓名字顺排序等数种。系统通常可以默认其中的一种提供形式,并提供排序选择,供用户根据情况选用。

⑥检索优化设置。此处指系统在检索结果返回的同时,提供的帮助用户修正或优化检索词的设置,通常可以在词表参照系统、范畴

索引、轮排索引、等级索引等的基础上提供相关检索词,供用户选用;使用《中分表》的系统,也可以结合该表分类主题对应系统的特点提供,帮助用户调整和优化检索表达。

⑦二次检索能力。指以检索返回资源为对象的检索。在检索返回资源数量过多的情况下,这一方式有助于缩小检索范围,提高检准率。除了常规的由用户输入新的检索词对检索返回结果加以限定外,在主题标引阶段建立标题的系统,通常可以在提供检索结果的情况下,于屏幕的一侧显示检索结果中包括的专指标题,供用户进一步检索使用。常见的用以协助二次检索的其他形式,还包括:将该主题检索结果中包括的类目分布、各种文献类型的数量、出版年代情况等作为二次检索的依据,加以显示,供用户选择,改进二次检索的效果。图8-2即为东莞图书馆书目检索系统中二次检索设置的样例,用户可以利用该界面方便地对检索返回的资源从分类、主题、出版年度等角度进行二次检索。

图8-2　东莞图书馆书目检索系统中二次检索设置样例

一种可以在主题标引基础上采用二次检索形式,是对检索返回资源的标题加以聚类显示,例如在检索“计算机”时,在返回检索结果的同时在屏幕一侧提供下述形式的检索帮助,将可以极大提高检准率:

- 计算机—材料(8)
- 计算机—检修(12)
- 计算机—系统设计(23)
- 计算机—外部设备(9)
- 计算机—系统结构(15)
- 计算机—系统设计(21)
- 计算机—系统设计—制图(8)
- 计算机—应用—测量(7)
- 计算机—应用—石油工业(18)
- 计算机—应用—建筑科学(23)
- 计算机—应用—图书馆(20)
- 计算机—组装(18)

……

主题检索界面的形式及其应用方式目前仍然在逐步发展和探索之中,相信随着计算机检索系统的发展,主题语言的检索能力必将在主题计算机检索系统中得到进一步的开发。

4. 主题检索系统的建立与维护

主题检索系统的建立与维护的实际工作通常包括:

①作好软件的选择或编制。检索软件的提供的功能直接关系到主题系统的使用效果,因此一定要好软件的选择或编制。目前国内已经出现了不少检索软件,新建立的系统可以在对已有功能进行充分调研和评价的基础上进行选择,并可根据需要提出改进意见,在可能的情况下也可以自己参与编制。对于已经使用的系统,则应根据使用情况的发展,对其加以更新,改进其功能,使其适应发展的需要。从国内使用情况看,一些购买国外软件的大型图书馆的系统,其主题

检索功能迫切需要优化,必要时应设法组织力量,加于改进。

②应做好建立主题机检系统的组织工作。主题机检系统的建立应当根据单位人力、物力、设备条件进行。一般可先输入新书的数据,然后再在有条件的情况下,逐步对原有收藏进行回溯处理。由于我国图书馆过去较少手检主题目录,在实践中,不存在机检系统与手工主题目录重复设置的问题。但因原有藏书记录缺乏主题数据,因此如欲进行回溯处理,则应作好对原有收藏的主题数据的准备工作。可组织力量进行突击标引,或从其他来源获得有关的主题数据。此外,打算在建立主题机检系统的同时输出印刷型主题检索工具的单位,应作好相应准备。

③重视主题数据的输入工作。主题数据是主题检索的基础,应当在作好软件选择的同时,根据主题检索系统的特点和要求,在主题标引的基础上作好主题数据的输入工作,并对数据进行有效的质量管理。一般应在操作中注意:

应输入的主题标识是否符合规范,标引深度是否符合系统要求,是否符合规定长度;

是否允许输入自由词,如允许,则按规定格式加以输入;

系统是否同时负有编辑书本式索引或输出书目卡片的功能,如有此功能,则应根据编制手工检索工具的要求,标明相应的主、副标题的标志,或按软件规定作出相应处理;

使用联号、职号、加权等检索功能的系统,应在输入时作好辅助号的输入;

重视输入数据准确性,对输入的语词及相应标识进行屏幕显示,并一一核对,校错改错;

对备有机读词表的系统,可利用机读词表辅助输入,并可利用其改错校错,提高数据输入质量和效率;

注意已有成果的吸收使用,善于利用其他单位已有的机编成果批量输入,并根据本系统的需要进行适当调整等。

④做好对主题检索系统的维护和改进工作。注意在使用过程中

根据文献标引需要和用户检索使用中的问题，不断对主题检索系统进行调整、改进，使检索系统能充分适应标引和检索实际，更加完善、实用。这主要包括：

注意在标引过程中对主题词及时调整、增补，使词表能充分符合文献标引实际；

注意根据检索提问的实际不断充实入口词，包括用户使用频率较高的各种主题词的同义词、准同义词，增加检索入口，便利用户从不同语词入手检索；同时，还应适当增加组代词，方便用户以正确的组配形式检索，提高系统的易用性；

根据文献单位的需要，不断改进、完善词表的参照系统，使其更加有效。

根据用户使用情况和反馈，不断对系统的功能设置进行评价、分析，在充分调研的基础上对系统的功能不断加以优化、完善，使其能跟上专业领域的变化发展。

二、主题数据的输入

为便利数据交流的需要，图书馆等文献单位机检系统中主题数据的输入，通常是在主题标引的基础上，依据通用机读目录格式进行的。通用机读目录格式是根据文献特点和文献机构之间信息交换的需要建立的标准化的计算机可读形式。我国图书馆界目前使用的机读目录格式为《中国机读目录格式》，其数据字段区中的“6 主题分析块”共设 20 个字段，包括主题和分类数据输入的有关格式。

为便于了解主题数据输入的有关知识，下面拟依据《中国机读目录格式》，对机读格式的基本常识及上述主题分析块中常用主题字段的使用要点等作一概要说明。①

① 中国机读目录格式使用手册编委会．中国机读目录格式使用手册．北京华艺出版社，1995

1. 机读目录格式的结构和成分

机读目录的基本记录单元为书目记录,即与一文献有关的完整记录。《中国机读目录格式》中,一个书目记录通常由以下四部分组成:

记录头标区	地址目次区	数据字段区										记录分隔符
		0 标识块	1 编码信息块	2 著录信息块	3 附注块	4 款目连接块	5 相关题名块	6 主题分析块	7 知识责任块	8 国际使用块	9 国内使用快	

(1)记录头标区。包括记录类型、书目级别、记录完整程度等有关数据,由 24 个字符构成,主要用于满足记录处理和标识书目实体本身的需要。

(2)地址目次区。是关于该记录数据字段区记录情况的有关数据,用以记载数据字段区每一字段长度、起始位置,包括各字段号、字段长度、起始字符位置等,由计算机自动生成。

(3)数据字段区。用以记录有关文献的各种信息,包括编目数据、主题数据、分类数据等方面,是书目记录的主体,主要由人工输入。

《中国机读目录格式》的数据字段区下设 10 个功能块,用于记录各种主题排检点的“6 主题分析块”即为 10 个功能块之一。功能块下又依次分出字段、子字段。按照字符输入的不同需要,字段通常分为定长字段和变长字段两种,前者长度固定,后者事先未作规定,分别供不同数据输入时使用。

数据区中各种字段的进一步展开,是通过特定标识符号来标示的。所使用的标识符共有三种,依次为字段标识符、指示符和子字段标识符,此外还设有必要的分隔符号,包括:

①字段标识符。用于区分不同字段,由三位数字组成。同一功能块的字段,一般均以相同数字开头,如主题分析块各字段标识符均

以数字“6”开头。

②指示符。用于提供某些数据的操作信息，由两位数字或字母组成。指示符位于字段标识符之后，按该字段规定及数据特点输入。未定义的指示符则用空格标示，输入时打空格键。

例如 600 字段中，第一指示符未定义，第二指示符为名称形式指示符，以 0 表示直序方式记录，以 1 表示倒序方式著录，其指示符及其含义分别为：

0　表示该人名以直序方式记录

1　表示该人名以倒序方式记录

③子字段标识符。由两个字符组成。第一个字符为国际标准 ISO 2709 中规定的专用符号，文本中以“ $ ”表示，第二个字符为字母或数字，两者结合用来标示特定的子字段。如 606 字段中，$a为款目要素子字段格式符，$2为系统代码子字段格式符。

④分隔符。用以分隔不同数据集合，分为字段分隔符和记录分隔符两种。字段分隔符以“ * ”表示，用于标志字段结尾。

一字段按照其是否可在一个记录中多次重复，分为可重复字段与不可重复字段两种类型。可重复表示该字段可在一记录或一字段中输入多次；不可重复字段则表示该字段只可在一记录或字段中输入一次。如 606 学科名称主题字段中，款目要素子字段 $a不可重复，如一记录同时有“水”和“植物生长”两个主标题，就必须记录为：

6060　$a水

6060　$a植物生长

而不能记录为：

6060　$a水 $a植物生长

(4)记录分隔符。用于标志记录的结束，以“#”表示。记录分隔符与字段分隔符均由计算机自动生成。

2. 常用主题数据输入要点

《中国机读目录格式》中“6 主题分析块”中常用字段如下：

600	个人名称主题
601	团体名称主题
602	家族名称主题
604	名称和题名主题
605	题名主题
606	论题名称主题
607	地理名称主题
610	非控主题词
690	中国图书馆分类法分类号(CLC)
692	中国科学院图书馆图书分类法分类号

下面择要介绍常用主题字段的输入要点:

(1)606 论题主题字段

亦译作学科名称字段或论旨主题字段,输入以普通主题词作主标题的主题数据,是主题功能块中使用频率最高的字段。其子字段如下:

$a	款目要素	不重复
$j	形式复分	可重复
$x	论题复分	可重复
$y	地理复分	可重复
$z	年代复分	可重复
$2	系统代码	不重复
$3	规范记录号	不重复

606 字段下的两个指示符中,指示符 1,用以区别主要词和次要词,其中:1 表示主要词;2 表示次要词;0 表示不区分主要词、次要词;# 表示无适用信息。指示符 2,未定义,填空格。

本字段中,“ $a款目要素”子字段不可重复,输入表示主标题的主题词;“ $x论题复分”子字段可重复,输入表示地区、时代主题词以外的其他主题词;“ $2系统代码”指所用主题词表代码,《汉表》的代码为 CT,“ $3规范记录号”则为主题规范记录的识别符号,使用此号码可调出相应规范记录。各子字段数据输入的次序,应按标引中主题词的引用次序进行。

例一:《图书馆古籍编目》

标引为:古籍—图书编目

MARC 记录:606 0#　$a古籍 $x图书编目

例二:《小麦、玉米的栽培技术》

标引为:小麦—栽培技术

玉米—栽培技术

MARC 记录:606 0# $a小麦 $x栽培技术

606 0# $a玉米 $x栽培技术

例三:《气候变迁对我国农业的影响的研究》

标引为:气候变化—影响—农业—中国

农业—中国—影响因素—气候变化

MARC 记录:606 0# $a气候变化 $x影响 $x农业 $y中国

例四:《中国农村统计年鉴》

标引为:农村—统计资料—中国—1985—年鉴

MARC 记录:606 0# $a农村 $x统计资料 $y中国 $z 1985 $j年鉴

(2)600 个人名称主题字段

本字段输入以人名为主标题的主题标识,全字段共设有 11 个子字段,与 606 字段相比,除具有该字段的所有子字段外,多出的子字段主要有:

$b	名称的其余部分(款目要素除外)	不重复
$c	名称附加(不包括年代)	可重复
$d	罗马数字	不重复
$f	年代	不重复
$g	名字首字母的展开形式	不可重复

600 字段中指示符 1 未定义,填空格;指示符 2 用于标示姓名著录方式:指示符为 0 时,表示按直序方式著录;指示符为 1 时,表示按倒序方式著录。本字段中, $a款目要素子字段输入人名主题词,

$f年代子字段输入生卒年等,均按 700 个人名称字段的做法操作;$x、$y、$z等则输入描述个人有关的论题、地区、年代等的主题数据。其他数据的输入方法则与 606 字段相似。

例一:《孙中山传》

标引为:孙中山(1866-1925)—传记
政治家—传记—中国—现代

MARC 记录为:600 #0 $a孙中山 $f1866 - 1925 $x传记
606 0# $a政治家 $x传记 $y中国 $z现代

例二:《爱因斯坦传》

标引为:爱因斯坦,A.(1879-1955)—传记
物理学家—传记—美国—现代

MARC 记录为:600 #1 $a爱因斯坦,A. $f1879 - 1955 $x传记
606 0# $a物理学家 $x传记 $y美国 $z现代

例三:《西安事变与周恩来》

标引为:西安事变—回忆录
周恩来(1898-1976)—回忆录
政治家—回忆录—中国—现代

MARC 记录为:606 0# $a西安事变 $x回忆录
600 #0 $a周恩来 $f 1898 - 1976 $x回忆录
606 0# $a政治家 $x回忆录 $y中国 $z现代

(3)601 团体名称主题字段

本字段输入以团体名称、会议名称为主标题的主题数据。本字段共设有 14 个子字段,与 606 字段相比,多出的子字段有:

$b	次级部分(或按地名著录的名称)	可重复
$c	名称附加(或限定)	可重复

$d	会议届次	不重复
$e	会议地点	不重复
$f	会议日期	不重复
$g	倒置部分	不重复
$h	款目要素和倒置部分之外的名称部分	不重复

本字段两个指示符均已定义:指示符 1 标示主标题类型,赋值 0 表示团体名称,赋值 1 表示会议名称;指示符 2 标示名称的著录方式:0 表示倒序方式;1 表示主标题为地区名称(用于与政府或其他辖区机构有关的团体名称);2 表示以直序方式著录,用于所有其他类型的团体名称。

本字段的输入方法与 600 字段相同。

例一:《红二方面军史》

标引为:红二方面军—中国人民解放军史

MARC 记录为:60102 $a红二方面军 $x中国人民解放军史

例二:《中国共产党第十五次代表大会文献》

标引为:中国共产党第十五次代表大会—会议文献

MARC 记录:60112 $a中国共产党第十五次代表大会 $x会议文献

(4)其他字段

其一,其他常用子字段,如 605 题名主题字段、607 地区名称字段除分别输入以文献名、地区名为主标题的主题数据外,其子字段设置与 606 字段相同。两个字段的指示符均未定义,各子字段的输入方法,基本上与 600、601 字段的方法相同。

其二,610 非控主题词字段,收入作为补充标引的自由词,该字段指示符 1 表示主题词级别,其中主要主题词取值 1,次要主题词取值 2,不区分主次程度时取值 0。指示符号 2 未定义填空格,本字段中只有子字段 $a,可重复。

例如:《蓝牙技术基础》

标引为:蓝牙技术

MARC 记录为:6101 0# $a蓝牙技术

其三,690、692 字段分别为《中图法》、《科学院图书馆图书分类法》分类号字段,两个字段均设 $a分类号、$v分类法版次两个字段,字段指示符均未定义。

例如:《图书分类》

分类标引为:G254. 11(《中图法》号码)

MARC 记录为:690 ## $aG254. 11 $v3

以上简要介绍了《中国机读目录格式》"6 主题分析块"主题数据输入方法。主题输入格式是与系统要求的功能相联系的。可以看出,上述数据格式基本上可以提供后组式检索、先组式标题的显示和输出以及按部分范畴如按地区、年代等集中显示的功能。其不足是,上述数据未对主体主题因素与通用主题因素进行区分,不能使用上述数据自动进行轮排。机读目录格式元素表中主题数据输入字段元素表及有关规定简要列举如表8-1。

表8-1 常用主题数据输入字段元素表

字段标识符	指示符	子字段标识符	内　　容	可否重复
600			个人名称主题	
	#0		名称以直序方式著录	
	#1		名称以倒序方式著录	
		$a	款目要素	不重复
		$b	名称的其余部分(款目要素除外)	不重复
		$c	名称附加(不包括年代)	可重复
		$d	罗马数字	不重复
		$f	年代	不重复
		$g	名称首字母的展开形式	不重复
		$p	任职机构/地址	不重复

（续表）

字段标识符	指示符	子字段标识符	内　　容	可否重复
		$j	形式复分	可重复
		$x	论题复分	可重复
		$y	地理复分	可重复
		$z	年代复分	可重复
		$2	系统代码	不重复
		$3	规范记录号	不重复
601			团体名称主题	
	0		团体名称	
	1		会议名称	
	0		名称以倒序方式著录	
	1		名称以地区或辖区著录	
	2		名称以直序方式著录	
		$a	款目要素	不重复
		$b	次级部分（或按地名著录的名称）	可重复
		$c	名称附加或限定	可重复
		$d	会议届次	不重复
		$e	会议地点	不重复
		$f	会议日期	不重复
		$g	倒置部分	不重复
		$h	款目要素和倒置部分之外的名称部分	不重复
		$j	形式复分	可重复
		$x	论题复分	可重复
		$y	地理复分	可重复
		$z	年代复分	可重复
		$2	系统代码	不重复
		$3	规范记录号	不重复

(续表)

字段标识符	指示符	子字段标识符	内　　容	可否重复
602	##		家庭名称主题	可重复
		$a	款目要素	不重复
		$f	年代	不重复
		$j	形式复分	可重复
		$x	论题复分	可重复
		$y	地理复分	可重复
		$z	年代复分	可重复
		$2	系统代码	不重复
		$3	规范记录号	不重复
604	##		名称和题名主题	可重复
		$1	连接数据	可重复
605	##		题名主题	可重复
		$a	著作题名	不重复
		$h	分辑(册)、章节号	可重复
		$i	分辑(册)、章节名	可重复
		$k	出版日期	不重复
		$l	形式副标题	不重复
		$m	语种(用作标目的组成部分时)	不重复
		$n	其他信息	可重复
		$q	版本(或版本日期)	不重复
		$r	演奏媒体(音乐用)	可重复
		$s	数字标识(音乐用)	可重复
		$u	调名(音乐用)	不重复
		$w	改编乐曲说明(音乐用)	不重复
		$j	形式复分	可重复
		$x	论题复分	可重复

（续表）

字段标识符	指示符	子字段标识符	内　　容	可否重复
		$y	地理复分	可重复
		$z	年代复分	可重复
		$2	系统代码	不重复
		$3	规范记录号	不重复
606	##		论题主题	可重复
		$a	款目主题	不重复
		$j	形式复分	可重复
		$x	论题复分	可重复
		$y	地理复分	可重复
		$z	年代复分	可重复
		$2	系统代码	不重复
		$3	规范记录号	不重复
607	##		地理名称主题	可重复
		$a	款目主题	不重复
		$j	形式复分	可重复
		$x	论题复分	可重复
		$y	地理复分	可重复
		$z	年代复分	可重复
		$2	系统代码	不重复
		$3	规范记录号	不重复
610			非控主题词	可重复
	0#		未指定层级	
	1#		主要词	
	2#		次要词	
		$a	主题词	可重复

(续表)

字段标识符	指示符	子字段标识符	内　　容	可否重复
690	##		中图法分类号(CLC)	可重复
		$a	分类号	不重复
		$v	版次	不重复
		$3	分类记录号	不重复
692	##		科学院图书馆图书分类法	可重复
		$a	分类号	不重复
		$v	版次	不重复
		$3	分类记录号	不重复

数据来源:富平等. 中文普通图书编目手册. 北京图书馆图书采选编目部,1998:202—206

第九章 自然语言标引与检索

第一节 自然语言与受控语言

一、自然语言与受控语言的比较

在信息存储和检索中，可以使用为了满足信息检索的需要而专门研制的人工语言——情报检索语言，也可以直接使用自然语言，即人们在科学交流中采用的书面语言或口头语言，后者我们称之为自然语言检索系统。

实际上，在信息检索系统中有四种词汇控制的方式：①

(1)在标引(即输入)与检索(即输出)阶段均对词汇进行控制。这是一种预先进行控制的方式。这种预先进行控制的词汇表，即常规的分类表、标题表和叙词表，也被称为“前控词表”。这种检索系统是常规检索系统。

标引和检索均用类表和词表控制。标引费工费时，速度慢，成本昂贵；检索时也必须采用分类表和词表中的类号和语词来表达用户的检索需求。虽然这种在两端用手工控制的检索系统的检准率和检全率最高，但是，由于系统需要大量的人工控制，人力、物力花销最大，对标引人员的智力要求也最高，因此我国网络环境信息组织和检索不宜采用此种模式。

(2)在标引阶段对词汇进行控制，但在检索阶段不予控制。用户检索时可用情报检索语言，也可用自然语言进行检索，然后由计算机通过一种与受控词表相联接的自然语言接口，把用户所用的自然

---

① 侯汉清，马张华主编．主题法导论．北京大学出版社，1991：22-23

语言语词转换为情报检索语言。

这实际上是第一种模式的变种,只是检索时增加了一个自然语言的接口——入口词表。这种模式几乎带有第一种模式的各种弊病,而且由于入口词表既难编制,又难以满足检索的需要,使这种半自然语言检索系统几乎演变成传统的纯受控语言模式。

(3)在标引与检索阶段均不实施控制,用自然语言输入,用自然语言输出。无论是手工检索还是计算机检索,不对词汇实施任何控制。这种检索系统,即自然语言检索系统,事实上是可以运转的,但是肯定是低效率的。正如张琪玉在《情报语言学基础》一书中指出的:"这种纯自然语言检索,如果说不是不可能的,也将是低水平的。"通常自然语言检索系统的用户都采取一些辅助措施,以弥补词汇控制的缺乏。

用户可用关键词或单汉字进行全文检索。目前,绝大多数的网络搜索引擎都是采用这种模式,即采用全文索引的方式建立索引库,对用户输入的自然语言语词进行字面匹配查找,将众多命中的结果返回给用户。很明显这种系统由于不需要任何人工介入,因此投入是最少的。10 多年来搜索引擎的实践已经证明,这种模式检索效率低,用户筛选信息耗时多,成本高。

(4)在标引阶段不实施任何控制,但在检索阶段实施不严格的控制。这是一种在标引以后进行词汇控制的方式,因而被称之为"后控词表"或"自然语言叙词表"。这种词表只用于检索,主要由同义词、准同义词等组成。这种方式兼有自然语言与常规受控词表的许多优点,常常为自然语言检索系统所采用,被称为后控制检索系统。

这种模式在标引阶段采用了自然语言,大大提高了标引速度,降低了标引成本和难度,而且词汇可以及时更新。由于检索阶段实施了控制,将自然语言(自由词、关键词)转换为叙词不仅可以简化、便利检索过程中的匹配,而且便于扩展检索。这种后控检索系统模式兼有自然语言与受控语言的优点,在网络环境下有一定的应用。很显然,这种检索系统模式有利于检全率的提高,但检准率则会下降;

另外建立一个后控词表也需要一定的人力和物力。

上述第一、二种属于受控语言系统，第三、四种属于自然语言系统，即非控系统。目前最常见的是第一、四种。除此外，近年来新研制开发一种“外壳非控，内核受控”的新型检索系统，即检索系统的“外壳”——标引和检索两端都不实施控制，直接采用自然语言；在系统的“内核”——实现关键词与叙词、关键词与分类号、叙词与分类号之间的映射，利用计算机自动进行转换，将自然语言转化为受控语言，以实现概念检索和资源导航。这里所谓的系统的“内核”是指与智能软件检索结为一体的情报检索语言及一种基于概念语义网络的知识库。①

采用这种新型检索机制的检索系统，扬弃了纯自然语言模式和纯受控语言模式的缺点，融合了前述多种模式的优点，具有下列两大特点：一是系统的两端用自然语言标引和检索，无需进行专业的培训，适合大众用户和水平不一的文档处理人员，系统界面具有友好性和易用性，便于普及和推广。二是系统内部用计算机控制和转换，成功地将自然语言检索和受控语言检索二者结合起来，可以达到较高的检索效率，并适于在网络环境中运行，也便于在网络环境中向用户提供检索扩展，实现概念检索（或称语义检索）和智能检索。

现将受控语言系统与自然语言系统的性能作一简要的比较，从中可以看出词汇控制的利弊。②

受控语言系统的明显优点是压缩词量，控制同义词和准同义词，区分同形异义词，并且把语义相关的词联系起来，因而可以实现概念检索，容易满足多种检索要求，尤其便于扩检和缩检。另外，受控语言词量适当，所占空间或篇幅较小，易于操作。

但是，采用受控语言系统，需要进行复杂的主题分析，使用受控

① 侯汉清执笔. 基于知识组织系统的电子政务信息资源管理（国家社科基金项目研究报告）. 2006. 12

② 侯汉清，马张华主编. 主题法导论. 北京大学出版社，1991：23-25

词表标引,速度慢,费用高。由于“在标引员的有限专业知识与丰富的文献内容之间,在标引的主观随意性和检索的客观要求之间,在死板落后的词表与灵活新颖的文献用语之间,存在着无法克服的矛盾”[①],因而受控语言标引的一致性较差,并且对标引员的要求较为严格。在这些方面显然不如自然语言系统。

自然语言系统有以下几个明显的优点:

(1)可以使检索完全专指。受控语言系统虽然具有专指性,但由于它的词汇经过精选和压缩,不可能使用某一学科领域文献中的全部词汇,所以它的专指性再高也比不上自然语言系统。兰开斯特曾经指出:“在任何系统中,表示文献和进行检索使用的语言比文献著者自己使用的语言更为专指,那是不可想象的。”[②]显然,直接使用作者用语或文献用语,可以改善标引的专指性和一致性。

(2)用户使用起来方便。由于使用自然语言(文献著者用词、文摘用词),可以取消主题分析、查看词表等步骤,降低标引难度,因而标引的速度比受控语言快得多。随着联机联网检索系统的发展,越来越多的普通用户将直接使用这些系统,而不再是仅仅由图书馆和信息专业人员使用这些系统,对广大用户来说,他们使用熟悉的自然语言肯定要比使用复杂、生疏的受控词表方便得多。

(3)比受控语言经济。一般说来,自然语言系统与受控语言相比,标引(输入)的费用低,检索(输出)的费用高。如果自然语言系统用后控词表辅助检索,检索结果的费用—效果分析表明,自然语言系统则胜过受控语言系统。这是因为维护较为简单的后控词表要比维护常规的受控词表经济得多。

(4)克服受控词表词汇冗余、更新滞后等缺点。凡出现在文献中的新词,皆可用于标引和检索。

---

① 王知津.受控标引与非控标引评述.情报学报,1983(2)

② 兰开斯特,F. W. 著;陈光祚译.情报检索系统——特性、试验与评价.书目文献出版社,1984

综上所述,我们可把二者的性能比较如下(详见表9-1)。

表9-1　受控语言与自然语言的性能比较

比较项目＼语言	受控语言	自然语言
检全率	+	-
检准率	+	-
扩检、缩检和改变检索范围	+	-
检索人员负担	-	+
易操作性	-	+
标引速度	-	+
标引成本	-	+
对标引人员要求	-	+
专指性	-	+
标引一致性	-	+
实现自动标引和自动分类	-	+
词表编制与维护、词汇更新	-	+
对先进检索技术和设备的适应性	-	+

(+表示检索性能佳;-表示检索性能差)

(引自:侯汉清,马张华主编.主题法导论.北京:北京大学出版社,1991:22-23)

美国情报学家兰开斯特曾指出,随着用智力加工所需成本的不断上涨,计算机存储费用的不断下跌,以机读形式存取的文本(包括电子邮件、电子报刊)数量的逐渐增多以及在联机检索中对熟悉的"中间人"依赖的逐渐减少,"自然语言将变成信息检索的规范,普通受控叙词表的使用将会衰退,这似乎是肯定无疑的了"。[①] 从发展趋势来看,难道自然语言真的会取代情报检索语言?

实际上,自然语言有其优点,也有其缺点(见表9-1)。自然语

---

① 兰开斯特,F. W. 著;侯汉清等译. 情报检索词汇控制(第二版). 同济大学出版社,1980

言虽然也可以用于检索,但只有在联机联网检索的环境中,通过融入情报检索语言的手段和方法,开发计算机智能检索的软件,才能高效地运转,进而实现语义检索。自然语言确实表达概念较为自由,但是存在着对词量、词形、词间关系不进行控制的缺点,从而影响检索的效率。从这个意义上说,不管今后计算机技术和自然语言系统如何发展,信息检索的基本原理——对词汇的控制是永远不会取消的,变化的只是词汇控制的方式、方法和手段。

我国目前汉语自然语言检索的不少技术问题还有待于解决,目前自然语言系统尚不可能取代受控检索语言,当代标引和检索语言的主流仍是叙词语言和分类语言。

随着采用自然语言的数据库的急速增长,自然语言的应用将越来越广泛,呈现了两个特点:其一,在一些高水平的数据库和信息检索系统中同时采用情报检索语言和自然语言,被人称为情报检索语言和自然语言的一体化。其二,在自然语言系统中引进情报检索语言的词汇控制的原理和方法,以改善其性能。其三,在情报检索语言中大量增加自然语言的成分,诸如入口词、专有名词等。可以预见,在将来很长一段时间内,自然语言将会与情报检索语言并存、并用,二者将会相互结合,而不是互相取代。

二、自然语言在信息检索中的应用

自然语言在信息标引和检索中的应用主要有下列几种方式:①

1. 关键词法

在国外,关键词法是自然语言应用于信息检索最早的一种方式,也是最为普遍的一种方式。通常是用计算机自动抽取文献题名、文摘或正文中的有检索意义的语词,用作文献的标引词和检索词;或通过轮排生成题内关键词、题外关键词或其他关键词索引;或编成文献

---

① 张琪玉. 情报检索语言基础(增订第二版). 武汉大学出版社,1997:280-282

数据库的倒排档或索引库,用于联机联网检索。事实上,正是在关键词法的基础上,产生了各种网络信息检索工具(如搜索引擎)及全文检索,促进了自动标引和自动分类、自然语言标引和检索的发展。

2. 文本检索

这实际上是一种不标引或称无标引的方式,即不对文献进行任何标引,检索时用户可以利用计算机的功能,直接用自然语言的词、词组、短句或者词的组配形式,在文献的题名、文摘及正文等不同部位中进行匹配查找,故称之为文本检索。对文献正文字词和短语的查找,称为全文检索。对存储文献全文的数据库(即全文数据库)的检索,往往采用这种方式。这种方式无需标引,数据库制作快,可以很快投入运行。由于缺乏词汇控制,检索效率较低。为了提高检索效率,文本检索往往可以与分类号检索、叙词检索或关键词检索结合起来。这种混合检索可以提供多种检索途径,检索效率较高。一些规模大、无现成词表、要求短期建成的文献数据库(如档案库、新闻信息库、网络信息资源库等)往往采用这种方式。

3. 单汉字检索

文本检索方式不标引,不建立倒排档,文献数量众多时往往检索速度很慢。针对这种缺点,在文本检索的基础上又开发出一种与文本检索原理类似的单汉字检索。

单汉字检索是汉语自然语言检索特有的一种方式。汉语的自动切词技术至今未能完全过关,国内学者发现,单汉字是便于计算机自动抽取和处理的天然单元,因此把检索从词一级降为字一级,就可以绕过汉语切词的难题,而且可以节省建立和维护叙词表或关键词表的费用,提高文本检索的速度。所谓单汉字检索系统,是指针对中文数据库中的文本信息,以单个汉字作为标引和检索的基本单元而建立的“全标引”检索系统。“全标引”是指为文本中的每个汉字都做倒排索引,当然也可以只为有检索意义的汉字建立倒排挡。

单汉检索则是将单汉字通过逻辑乘连接起来,来表达检索要求,以实现对人名、地名、叙词、关键词等的检索。实际上在拟定检索式时必须把待检索的词和词组拆分为单个汉字进行组配,例如,用"武*汉"检索"武汉",用"北*大"来检索"北京大学",用"西*安*事*变"的表达式来检索"西安事变"。当然也可选择一些特征度大的关键字,如用"信*储*索",就可以组成"信息存储与检索"这一主题的检索式,而不必将这七个字全部组配起来。

单汉字检索的主要优点是:①因为每个汉字的固定长度为2个字节,计算机可以自动完成识别和切分,从而大大加快建库速度,降低建库成本;②隐含截词检索的功能,有助于提高检全率;③可以灵活组配,提高检索的专指度,也有助于提高检准率。单汉字检索的明显缺点是:①为每个汉字生成倒排文件,所占空间巨大;②由于缺乏词汇控制,误检率极高;③检索速度慢。

现在可以通过优化算法、建立停用词表来改进单汉字检索系统,提高检索的速度和效率,同时大大压缩索引文档的存储空间。当然这一切都必须基于计算机相邻度检索、通配符检索(截词检索)等功能。

4. 以自然语言作为入口词

在叙词表的编制过程中,往往在表达同一主题概念的一组同义词、准同义词中,选择其中一个作为正式叙词,其余的词用作为非正式叙词和进入检索系统的入口词。编表时往往由于时间和篇幅的限制,所收的入口词较少,为了便于标引和检索,可以将编表时落选的词、不通用的词、各种形式的同义词及同义词组、被上位词替代的过于专指的词等统统作为入口词补入词表。如果入口词数量巨大,也可以单独编成入口词表或入口词索引。

这样就可以利用计算机建立一个自然语言(入口词)与情报检索语言(叙词或分类号)之间的自动转换系统或称为自动赋词、赋号系统。其优点是可以缓解词表收词不全带来的困难,大大减轻标引和检索人员的智力负担,减少标引误差,提高标引一致性和检索效率。

5. 自由标引

为了弥补叙词表收词不全的缺点,往往允许标引员在非控词字段采用自然语言的语词,即自由词。这种自由词主要是一些新出现的词和各种专有名词，如产品名、型号名、文献名、人名、机构名等等。这实际上是一种将自然语言与情报检索语言结合起来使用的方式。各国的机读目录格式中往往都设有自由词（即非控词）的专门字段，以便检索。

后来将这种增补标引自由词的做法发展为一种介于自然语言标引和受控标引之间的新的标引方式，即自由标引。自由标引，简单说就是一种不依据词表，由标引员自主标引的方法。这种标引方法无需查看词表，标引速度快，标引的专指度高，标引质量较好（详见本章第三节）。

6. 语义检索

在网络环境中自然语言越来越多地与情报检索语言结合起来，应用于互操作、自动标引、自动分类和语义检索等领域。在这些方面，情报检索语言越来越受到重视，与超文本链接、标记语言、可视化技术、自然语言处理技术及网络技术等的结合，使它并被改造为新兴的知识组织系统（KOS）。目前研究、开发最多的是本体、语义网络等（详见第十章）。

第二节　关键词语言

一、关键词法的由来及发展①

在图书馆和信息界一般都把美国情报学家 H. P. 鲁恩（Luhn）说成是关键词法的创始人。实际上早在 19 世纪欧洲一些国家的图书馆已开始用关键词编制目录或索引，只不过当时不称作关键词，而叫做主词或要词（英文中称作 Catchword，德文中称作 Schlogwort）。1856 年英国学者克里斯塔多罗（Crestadoro，A.）的著作《图书馆目录的编制技术》（*The Art of making catalogues of libraries*）一书中就提出

---

① 侯汉清．索引法教程．南京农业大学教材，1993：105-106

了"主词"这一概念(当时称作书名中的主词)。书中介绍了用主词轮排的方法编制曼彻斯特公共图书馆目录的书名语词索引的具体步骤和做法。此书应当视为最早研究关键词索引技术的专著。

关键词索引技术还可以上溯至中世纪西方手工编制和抄写流传的《圣经索引》以及我国古代大量编制的按字顺排列的类书。这些早期的语词索引及主题索引均已采用了从图书书名及正文中抽词、选词的做法。

至于用机器(早期是穿孔卡片机,后来是计算机)编制关键词索引,鲁恩(H. P. Luhn)也不是第一人,美国学者维勒克斯(Veilleux, M.)等早在1952年就已经开始在中央情报局用穿孔卡片机进行这方面的试验。此后鲁恩、奥曼(Ohlman, H.)、巴克森德尔(Baxendale, P. B.)等人都曾从事用穿孔卡片机编制关键词轮排索引的研究工作。这些成果首次公开于1958年在华盛顿召开的国际科学情报会议上。最有意思的是,H. P. 鲁恩和P. B. 巴克森德尔不约而同地向这次大会同时提交了用穿孔卡分检机编制关键词索引的论文和样品。他们的论文在会内、会外引起了轰动,关键词索引被誉为"20世纪50年代的奇迹","类似于化学界发明试管"的重大事件。此后各种类型的机编关键词索引陆续问世,标志着索引编制和生产由手工进入了机器编制的新时代。

应当指出,在研制、推广和普及机编关键词索引方面鲁恩作出了重大贡献。他最早设计了题内关键词索引,"KWIC"这一名称也是他首次提出的。他发表了《技术文献的题内关键词索引》等经典性论文,最早正式出版了用KWIC编制的大型书目和索引,并使KWIC广泛地应用于《化学题录》、《生物学文摘》、《生物研究索引》等检索刊物。

随着KWIC的大量生产,人们对它的结构和性能进行了多种改进,产生了不少KWIC的变种。它们主要是:题外关键词索引(KWOC)、双重关键词索引(Double-KWIC)、词对关键词索引(Paired keyword index)、分类关键词索引(KWUC)等十几种。在20世纪50—60年代形成了"关键词索引热",这是机编索引大发展的时期。

这样,各种关键词索引成为快速报道文献、进行信息检索服务的重要工具。随着计算机技术的发展,关键词索引的研究还促进了自动标引与自动分类的研究以及全文数据库的建立。

二、关键词语言的构成原理

什么是关键词(Keyword)? 直接从文献的题名、文摘或正文中抽取出来的,具有检索意义的语词被称为关键词。它虽然也是一种叙词,但与标题词、元词和叙词有着一些区别。其主要区别是关键词属于自然语言,而标题词、元词和叙词属于受控的检索语言。关键词系从文献中直接抽取,一般无需进行分解、组配或其他形式的加工,而叙词、标题词、元词虽然来源于自然语言,但须进行概念分解或字面分解使之成为最小的概念单元或字面单元,并须进行各种词汇控制,因而属于一种为信息检索而研制的人工语言。这些重要差别决定了关键词语言和关键词法的特点。

有些学者称关键词语言为"准情报检索语言",其理由是:关键词语言的词汇——关键词是能够描述文献主题概念,并提供主题检索途径的文献标识,另外关键词有时也必须作少量的规范,诸如将希腊字母、化学符号、分子式等改写成为英文写法,如将 γ 改写为 Gamma,将 C_3H_2 改为 Carbon(3)Hydrogen(2);有时还需将复合词一分为二,如 phosphorescence 一词可分析为 phospho(磷)及 rescence(发光)两词,以便于计算机处理以及增加检索入口。

为什么一般从文献的题名中直接抽取的关键词能够用作文献的主题标识呢?①

(1)第一,文献题名通常都具有报道性,尤其是科技文献的题名大多能够表达文献的主题,题不达义的题名为数极少。

(2)从文献题名中抽取的关键词能够有效地将用户指向可能包含相关信息的文献,因此可以用作检索入口。

① 王津生. 图书馆自动化基础. 北京大学内部教材,1983:141-142

(3)关键词描述文献主题的客观性和专指性,超过了一般的检索语言,可以减少主题分析和标引的误差。这些正是关键词语言的构成原理。

关键词法作为主题法的一种,与标题法、叙词法相比,有以下几个特点:

(1)关键词属自然语言,标题词及叙词属受控语言。

(2)关键词词表比标题表、叙词表简单得多,一般不设任何参照,不显示任何词间关系,甚至不附范畴号或分类号,因而篇幅也小得多。

(3)关键词通常使用禁用词表(stop-list),而标题法或叙词法使用许用词表(go-list)。后者只允许用出现在词表上的那些词用作标引词,而前者只允许所有不曾列入禁用词表的词用作标引词。这二者的差别可以看成是正向、负向选词的差别。在计算机用抽词方式编制关键词索引时,stop-list 的使用比 go-list 的使用更普遍一些。换句话说,通常首先要用 stop-list 来淘汰非关键词,即不具有检索意义的词,如介词、连词、冠词等。在此基础上再用 go-list (即关键词表)进一步筛选所需要的关键词。

三、关键词语言在索引工作中的应用

1. 题内关键词索引(Keyword in context index)

简称"KWIC",又称上下文关键词索引,是最早出现的机编索引,首次应用于 1960 年美国化学文摘社创办的《化学题录》(Chemical Titles)。索引的竖向按关键词的字顺排列,横向附有文献篇名中的上下文。它的款目格式是:

上文	关键词	下文	地址

KWIC 索引的设计思想是:①文献的篇名通常都具有报道性,可以用作索引数据的来源。②从篇名中抽取的关键词有效地将用户指向相关主题的文献,因而可以用作索引标目。③保留篇名中关键词前后的上下文有助于定义或解释关键词的含义,因而可以把上下文

用作限定标目的说明语。

KWIC 索引的编制包括下列几个步骤:①经过少量人工处理的文献篇名(包括增补的关键词)输入计算机。②计算机自动进行分词和抽词,并用禁用词表除去篇名中的介词、连词等非关键词,筛选出关键词。③进行转动轮排,使每个关键词都轮流用作标目,同时保留其上下文。如篇名过长,可以截断。④拼接索引款目、排序和编辑,最后交付印刷。以上各步除输入和编辑由人工完成外,其余皆由计算机完成。例如,现有一篇题为《小学中弱智儿童的游戏疗法》(文献号为 3000)的文献,计算机自动生成以下几条款目:

↓ ——检索入口

法/小学中	弱智儿童的游戏疗	3000
小学中弱智	儿童的游戏疗法/	3000
儿童的游戏	疗法/小学中弱智	3000
游戏疗法/	小学中弱智儿童的	3000
弱智儿童的	游戏疗法/小学中	3000

检索时先在索引行中央找到与检索课题有关的关键词,再看其左右的上下文。通过在索引行中来回扫描,寻找切题的文献。

2. 题外关键词索引(Keyword out of context index)

简称 KWOC,系最早出现的 KWIC 索引的改进形式。它针对 KWIC 的缺点,把索引标目的位置从索引行的中央移到左端或提行至左上方,标目之下保留完整的文献篇名。它的款目格式是:

关键词	篇名	文献地址

编制时轮流将篇名中的每个关键词置于标目的位置,原篇名中关键词用一星号代替或予以保留,加上文献地址,按关键词的字顺排列起来,就组成了索引。例如,上述 3000 号文献计算机为它自动编制下列几条款目:

弱智

　　小学中 * * 儿童的游戏疗法　　3000

儿童

　　小学中弱智 * * 的游戏疗法　　3000

疗法

　　小学中弱智儿童的游戏 * *　　3000

小学

　　* * 中弱智儿童的游戏疗法　　3000

游戏

　　小学中弱智儿童的 * * 疗法　　3000

KWOC 的标目形式与普通主题索引基本一致,可读性好,符合读者的查阅习惯。缺点是篇幅比 KWIC 索引大,作为第一检索词的关键词和题名首词的含义往往并不关联,容易造成复合主题的文献在字顺序列中的分散。

3. 双重关键词索引(Double KWIC index)

也译作双重上下文关键词索引,系 KWIC 索引与 KWOC 索引的结合形式,于 1969 年由美国皮特拉克(Petrarca, A. E.)研制成功。它的特点在于双重标目:一个主标目(第一关键词)在篇名左上方,一个副标目(第二关键词)在篇名的左端,索引款目呈双行,格式如下:

第一关键词/第二关键词	上下文	文献地址

双重关键词索引兼有 KWIC 及 KWOC 索引的优点,查找方便;但索引篇幅大,编印成本高。前例如编双重关键词索引,有下列几条款目:

弱智

　　儿童的游戏疗法/小学中弱智　　3000

　　疗法/小学中弱智儿童的游戏　　3000

　　小学中弱智儿童的游戏疗法/　　3000

　　游戏疗法/小学中弱智儿童的　　3000

儿童

　　弱智儿童的游戏疗法/小学中　　3000

　　游戏疗法/小学中弱智儿童的　　3000

疗法/小学中弱智儿童的游戏　　3000

小学中弱智儿童的游戏疗法/　　3000

……

4. 单纯关键词索引(Pure keyword index)

纯粹由若干关键词组成的索引。其索引款目格式如下:

关键词1	关键词2	……	关键词n	文献地址

编制时一般是从篇名、文摘或正文中抽出1至5个关键词,轮流将每一个关键词移至左端或左上方作为标目。例如,美国《化学文摘》的期索引为一篇题为"Acetylene from heavy oil"的文献设置下列索引款目:

Acetylene

　　heavy oil cracking 76733W

Cracking

　　heavy oil acetylene 76733W

Heavy

　　oil cracking acetylene 76733W

单纯关键词索引制作极为简单,具有标引深度较大而索引篇幅较小的优点,但由于它不带上下文,没有语法结构,难以判断索引款目的含义,检准率较低。

5. 词对式关键词索引(Paired keyword index)

由一对关键词组成的索引,其原理与双重关键词索引相似,只是不带上下文,轮排时采用数学中排列原理,因此又称为轮排主题索引,1967年由美国费城科学信息社(ISI)首创,最先用于编制《科学引文索引》(SCI)的主题索引。其款目格式是:

第一关键词	第二关键词	文献地址

前例如编成词对式关键词索引,可以编制下列款目:

儿童　　　　　　　　弱智

　弱智　3000　　　　　儿童　3000

儿童　　　　　　　　　弱智
　　疗法　3000　　　　　疗法　3000
儿童　　　　　　　　　弱智
　　小学　3000　　　　　小学　3000
儿童　　　　　　　　　弱智
　　游戏　3000　　　　　游戏　3000
……

这种索引的性能与单纯关键词索引相同,制作、检索极为方便,只是检全率和检准率较低,有些词对没有检索意义。

除了用关键词法编制各种关键词索引和机辅索引之外,还可以将关键词法用于自动标引、自动分类、全文数据库和网络搜索引擎的建设。

四、关键词语言的性能

鲁恩在其经典性论文《技术文献题内关键词索引》中提出,应当分别编制两类索引,一类是及时通报的传递性索引,一类是永久性的、用于存储和查找的检索性索引。他把编制传递性索引作为KWIC索引的理论依据。因此,不少书目文摘社都把关键词索引作为临时性索引附于每期检索刊物之后,以便用户作浏览性检索,等到年底累积的主题索引出版后被替代。在这种理论和计算机应用基础上发展起来的关键词语言具有下列优点:

(1)标引时无需主题分析和查看词表,简便易行,因而降低了对标引人员的要求,节省大量人力。

(2)易于实现检索工具编制过程的计算机化,从而保证通报文献和传递信息的及时性、生产过程的高效及低成本。采用计算机抽词标引关键词,还具有标引一致性高、标引深度大等优点。

(3)能够最及时地更新词汇,凡是出现在文献上的具有检索意义的词汇都可以立即用于标引和检索。

(4)由于关键词通常取自于文献的题名及文摘,而题名及文摘基本上能够反映文献的主题内容,因此关键词语言的专指性优于标题语言和叙词语言,检准率较高。

但是,关键词语言作为一种自然语言,与受控检索语言相比,存在着下列严重缺点:

(1)由于关键词往往直接来自于文献的题名,这样文献题名的质量直接决定用关键词语言编制检索工具的质量。据统计,不同学科文献题名的报道性(即文献题名反映文献主题内容的充分程度)有很大的差异,低的只有百分之三、四十,高的达百分之七、八十。这样,用关键词语言建立的检索工具(包括文献数据库)的质量往往不稳定,会导致漏检和误检。

(2)由于关键词语言缺乏词形、词义及词间关系等方面的词汇控制。用户用关键词语言检索时很难把表达同一概念的不同词形的关键词都考虑周全,这样势必会造成检全率的降低。这是自然语言检索中的严重缺陷。

(3)关键词语言通常用于计算机抽词标引,由于汉语分词难题至今未能完全解决,往往会切分出很多"假词",造成误检。另外机械抽词也会在关键词索引中生成大量冗余的索引款目,检索中的"噪音"很大。

在建立包括关键词语言在内的自然语言检索系统时,针对上述缺点,可以采取下列措施:

(1)针对题名质量的不稳定性,可以用人工来辅助计算机自动抽取关键词。如果题名报道性差,不能充分表达文献主题内容(即题不达义),标引员可以根据需要增补题名以外的关键词。

(2)针对关键词语言缺乏词汇控制的缺点,可以编制一种后控制词表,即不用于标引、只用于检索的词表,实际上是一种以控制词形为主的,包括同义词、准同义词、同义词组等组成的词表。这样用户可以从任何一个关键词出发进行检索,通过后控词表,系统就可以自动地把与这个关键词有关的各种同义词和准同义词(有时还包括近义词)都列入检索式之中,以提高检全率,降低漏检率。

(3)通过筛选、累积,用计算机自动编制各学科的大型关键词表,而且可以自动增补和维护,以满足抽词标引的需要,以降低误检率及漏检率。

(4)同时采用多种检索语言标引,其中包括分类号、叙词、自由词,把关键词检索和分类检索结合起来,以弥补关键词语言本身存在的缺陷。

第三节 自由标引

一、自由标引的性质和特点

它是一种不依据词表、由标引员根据文献主题内容自主拟定标引词的标引方法。就本质上说,自由标引是一种介于受控主题标引与自然语言标引之间的标引方法。

自由标引类似于一般的受控标引,需要对文献进行主题分析,需要把主题分析的结果转化为若干个叙词,标引时也需遵循一定的标引规则。与受控标引不同之处在于它不使用词表,可以省去主题标引中最繁琐的一步——查词选词。这样自由标引带来了标引速度大大加快、标引成本相应降低的优点。另外,自由标引摆脱了词表的束缚,可以采用最新出现在文献中的新词,选用最专指的自然语言描述文献主题,因而可以提高标引的专指度,保证较高的检准率。自由标引虽然缺乏对标引词的全面控制、不查看词表,但是标引时仍需要严格遵循规定的标引模式和标引规则,因而自由标引的质量仍是可靠的,其标引质量可大大高于基于文献题名的自动抽词标引。

自由标引解决了目前文献数据库建设遇到的标引难度高、速度慢、建库周期长等问题。因此,自由标引适合于文献量大、词汇更新快、无适用词表的报纸新闻、期刊论文、档案及网络信息资源等的标引。可以在较短的时间内建成几十万至几百万条规模的大型文献信息数据库,并投入实际使用。

二、自由标引的种类

根据标引用词的不同，自由标引可以分为以下几种：

(1)仿关键词自由标引。标引员从文献的题名、文摘或正文中择取能够表达文献主题的关键词，有时可对关键词作一些加工处理(拆分和文字改动)。这是一种最简便的自由标引方式。但是由于关键词数量多，难以进行族性检索。加之它受文献本身措词的局限，往往描述文献主题的能力不如仿叙词自由标引。

(2)仿叙词自由标引。在自由标引中通常都不采用仿元词自由标引，避免采用元词形式。一般采用表达主题的基本概念的叙词形式。其优点是可以发挥叙词概念组配的优点，便于满足多途径检索和族性检索。但这种方式对标引员的要求高、标引速度较慢。

(3)仿标题词自由标引。采用标题法的原理，给出主标题、副标题或添加说明语。这种方式用现成的定型事物的名字来表达主题概念，描述能力强，检准率高。但族性检索及多途径检索能力不如叙词，同时标引的难度也比较高，需要先拟定一个粗略的主标题和副标题一览表。

(4)短句自由标引。这是采用自然语言的短句或短语进行标引，不必进行概念分解和组配标引。直接选用最专指的词组成短句，标引难度低，但词量增长快，成族性差，不便于检索。

例如，一篇题名为《江苏纪念毛泽东诞辰 100 周年活动》的报道，用上述 4 种标引方法可分别标引为：

(1)仿关键词标引：江苏/纪念/毛泽东/诞辰/100 周年；

(2)仿叙词标引：毛泽东/诞辰纪念/江苏；

(3)仿标题词标引：毛泽东——纪念活动——江苏；

(4)短句自由标引：毛泽东诞辰 100 周年/江苏。

综上分析，这几种自由标引方式的优劣，可以考虑将仿叙词法和仿关键词法这两种方式结合起来，即将抽词和赋词标引结合起来。对于一些比较定型的名称，如会议名称、专题名称、习惯用语名称，也可以考虑采用短句自由标引。

三、自由标引的基本要求和方法

以下结合新闻信息标引,介绍自由标引的基本要求:①

1. 专指

应当尽量使用与文献主题概念相切合的措词,不受词表的限制,要求做到拟定最专指的词标引。与受控标引不同之处在于自由标引:

①一般不采用靠词标引(即相关标引)。

②尽量少用上位标引。

③尽量少用或不用通用词,可将通用词改造为专业词汇。例如,尽量不用"规划",而改标"人口规划"、"城市规划"、"校园规划"等。

④凡专有名词一般采用文献中原来的书写形式(或简称),不得采用普通名词。

2. 完整

标引用词应当独立完整。标引机构团体名、会议名、专题名时,使用简称也必须保持其含义的完整,不可模棱两可。上属机构名称不可省略。如"全国人大会议"不可标为"人大会议","江苏省政协会议",不可标引为"省政协会议",必须将地名与地区级别同时标出,应标为"江苏"、"省政协会议"两个词。

3. 明确

标引用词应当含义清晰,不采用比喻、转喻。对于同形异义词,一律不可采用在叙词后添加限定词的做法。如"疲劳(金属)"、模特儿(美术)、模特(广告,自由标引时改为"金属疲劳"、"人体模特"、"美术模特"、"广告模特"等。对于一些容易引起语义含混的简称,如"中印关系"应改为"中国印度外交关系"。

---

① 张琪玉. 论自由标引. 见:索引技术和索引标准. 北京:北京图书馆出版社,1997:80-83

4. 通用

标引用词应当具有通用性。凡通用的语词,包括其简称,甚至有些未定型的流行词语,均可选用,如“下岗工人”、“扫黄打非”、“反腐倡廉”等。但是不采用在网民中流行的网络语言。

5. 规范

实际上自由标引不可能是完全自由的,它尽管不从任何特定的词表中选词,但是也要求用词尽量采用规范的专业术语,专业词汇不予分解。一般不选用口语词汇,如“荤素搭配”应标为“膳食结构”,“变废为宝”应标为“废物利用”。但这种规范不如受控标引那么严格,不必选用词表中的正式叙词。

6. 双重标引

自由标引允许出现标引不一致的情况,允许使用同义词或准同义词。上例还可以分别加标“饮食结构”及“三废利用”等词。允许同时采用简称和全称、新名和旧名以及不同译名进行标引,不必进行优选,如“直选”和“直接选举”,“特大巨型女婴”和“12 斤女婴”,“TOFEL 考试”和“托福考试”等。

7. 详细

自由标引简便易行、成本低,因而可以加大标引深度。可以对文献中有价值的内容均进行全面标引,标引词数量少则三五个,多则十几个。例如,《我对拉宾遇害表示震惊和忧惜,国际社会谴责杀害拉宾的罪行》这篇新闻报道,可标引为“以色列/总理/拉宾/遇害/评论/中国/美国/德国/法国/英国/奥地利/葡萄牙/西班牙/阿曼/欧盟”。

四、自由标引的规则

自由标引摆脱了词表的桎梏,取得了较大的自由度,但是它要求标引员“手中无表,心中有表”,即具有丰富的从事受控标引工作的经验,要求标引员熟悉专业术语,熟悉专业文献的标引方法。这些标引方法及经验的总结见诸文字,就是自由标引必须遵循的一套详细规则。这套规则包括下列内容:

1. 标引方针

包括标引文献的范围,规定自由标引的方式和类型、确定标引深度(即规定每篇文献标引自由词的数量范围)、确定标引内容的取舍(哪些内容不进行标引)等。

2. 标引模式

规定各类文献的标引模式(或称为引用次序),明确某类文献包括哪些应当标引的主题因素,以避免漏标。例如,各类案件报道的标引,在新闻信息数据库自由标引规则中,就规定了如下标引模式:

案件性质/犯罪人姓名/案发地点/破案单位

例:绑架案/特大案件/陈文森/魏景明/李伟强/广汕公路/广东博罗县/深圳公安局

又如,商品广告的标引模式规定为:

商品名称/商标名称(商品品牌)/生产厂家/地名/广告

例:空调器/春兰牌/春兰集团/泰州/广告

3. 标引方法

对标引各类文献带有普遍性的问题作出一些规定,例如,关于地名的标引,关于专有名词(人名、机构名、会议名、企业名等)的标引。另外还包括自由标引中应注意的一些问题等等。

4. 附录

往往收录标引中的通用词一览表,如新闻信息数据库自由标引规则所附的"文献类型名称表",包括社论、评论、编者按、述评、公告、讣告、广告、专访、图表、照片等。又如,《解放军报》社自由标引规则包括形式副标题一览表、人物副标题一览表,等等。

附:新闻信息数据库体育类的标引规则

2.5 体育报道

2.5.1 各种体育比赛的报道。综合性运动会,应标引为"赛事名称/届次/比赛地点";单项比赛应标引"运动项目/赛事名称/比赛项目/杯名/分赛名称/运动队或运动员/比赛地点"。

例:举重/全国举重冠军赛/男子项目/铜陵

2.5.2　属赛前报道的,可视内容加标:比赛预告、运动员(队)实力分析、比赛申办、项目设置、比赛筹备、比赛场地设施等;比赛进行中的报道,应加标:赛况、比赛花絮等词;赛后报道可视内容加标:比赛评论、比赛综述、比赛评论、比赛成绩、积分排名及被评论的运动员、教练员或运动队的名称等。

2.5.3　运动项目、分赛名称、比赛项目等要使用规范名称,做到尽可能准确,如体操要区分艺术体操、竞技体操、技巧、基本体操等;象棋要分中国象棋和国际象棋。分赛名称有决赛、预选赛、斗决赛等;比赛项目有男子项目、女子项目等。

2.5.4　比赛项目中的数量词,除"1/4 决赛"用"四分之一决赛"外,一律用阿拉伯数字,如400 米、4×100 米接力等。

2.5.5　关于体育成绩的报道,有突出报道的个人或运动队时,应予以标引,中国运动员可不标国籍,运动队需标国别或省区名称。

例:游泳/世界短池游泳赛/2 届/里约热内卢/比赛成绩

例:羽毛球/世界羽毛球大奖赛/女子单打/女子双打/冠军/叶钊颖/葛菲/顾俊/新加坡/1995 年

2.5.6　有关棋牌类的新闻报道,应视内容加标下列词:棋谱、名局赏析、棋局评介、典型牌例、古谱选登等。

2.5.7　有关兴奋剂的报道,应视内容标引下列词:兴奋剂检查、反兴奋剂、药检等。

2.5.8　介绍健身方法的,加标"健身方法",属专门治疗运动性疾病的处方,加标"运动处方"。

五、自由标引的缺点及其对策

自由标引虽然方法简便、速度快、成本低、专指度高,但是由于标引中不依据词表,因而对标引词无法进行词汇控制,标引一致性就差,同一主题的文献往往分散多处,势必大大影响检全率。

为了克服自由标引的这些缺陷,办法之一是采用一个标引词表,这样就回到受控标引的老路。办法之二是采用一个只用于检索、不用于标引的词表,即后控制词表。后控制词表可以对自由标引的全部词汇进行控制,以减轻用户检索的智力负担。用户检索时不必想全某一主题的每一个同义词或准同义词,而计算机则可以自动地把它们列入检索式进行扩检。这就是自然语言应用于信息检索的一种模式——自由标引+后控制词表,现在已经成功地应用于自然语言检索和网络信息检索(详见本章第四节)。

第四节　后控制词表

一、编制后控制词表的必要性

传统的叙词表存在着多种缺点:①标引难度高,标引员及用户难以掌握。随着计算机网络的飞速发展,检索操作由图书馆及信息专业人员转变为普通的科技工作者,这一问题变得愈来愈严重。②词汇控制严格,编制旷日持久,维护成本高。③词汇更新滞后,在新名词、新主题不断涌现的报纸数据库中,这一问题变得更加突出。④词汇冗余。需要的词汇找不到,陈旧不用的词汇俯拾皆是。⑤提供主题概念的同义词、准同义词的入口词太少,不便于检索。

转而采用自然语言,如关键词、自由词,或采用文本检索,可以基本克服上述缺点,即可以取消复杂费时的标引工作,或者降低标引工作的难度和成本,提高标引工作的速度,改善标引的专指性和一致性,从而提高检索的效率;另外用户熟悉自然语言,使用起来方便得多,尤其是在联机网络环境之中。

但是,自然语言存在着大量的同义词、准同义词、近义词和同义词组。例如关于"降价销售",在自然语言中存在着"削价销售"、"特价销售"、"优惠销售"、"减价销售"、"折扣销售"、"大减价"、"跳楼价"等不同的语词。如无一部后控词表,要求用户在检索时把有关某一主题概念的上述各种语词形式都罗列在检索式中,是很困难的,因而检全率极低。

二、后控制词表的特点和结构

早在20世纪50年代末,世界上最早的自然语言系统,即美国匹兹堡大学卫生法律中心的法律文本全文检索系统,就曾经采用过一种自然语言叙词表。这种词表把各种相同含义的词,包括同义词、同义词组等编辑在一起。有了这种工具,检索者不必煞费苦心就可以把表达某一主题概念的全部语词全部列举在检索式之中。这种词表的词汇控制是施加在输出(检索)阶段而不是在输入(标引)阶段,可以视为最早的后控制词表。近三十年,美国的不少信息检索系统陆续研制了一些可以控制、转换自然语言,可实现自动扩展检索。类似于后控词表的工具。但是,目前国外的状况是"现在对后控词表的概念却研究得甚少"。①

后控词表的性质类似于入口词表,具有自然语言的优点,又保留受控词表的特点,是一种实现自然语言与受控语言互相转换的工具。因而,后控词表用于自然语言检索系统可以减轻检索者编写检索式时的智力负担,自动地扩大检索范围,"为改进联机网络内的检索效果以及费用—效果提供了良好的前景"。

与前控制词表(受控词表)相比,后控制词表有着下列一些特点:②

(1)后控词表的词汇控制不如受控词表严格。后者通常只进行词形控制,即同义词、准同义词以及词汇的不同书写形式的控制,为数较少的后控词表还包括等级关系或相关关系的控制。

(2)分类号和叙词在后控词表中不直接用于标引,只用作控制词,用于控制作为文献检索标识的自然语言词汇。换句话说,在后控词表中自然语言词汇用于标引和检索,而受控语言(分类号、叙词)

---

① 兰开斯特,F. W. 著;侯汉清等译. 情报检索词汇控制(第二版). 上海:同济大学出版社,1980

② 张琪玉. 论后控词表. 图书情报工作,1994(1)

却不能用于标引或检索。

(3)后控词表是在自然语言基础上编制的,而自然语言是最为活跃、变化最快的一种语言,因而后控词表词汇量大、增长快、更新及时,被称为"不断增长的叙词表"。

(4)编制和维护后控词表的费用远远低于受控词表,而编制和维护后控词表的自动化程度,远远超过一般的受控词表。

后控词表既需要分类显示,又需要字顺显示,可以采用分类词表+轮排索引的结构模式,也可以基于分类主题词表(如《中分表》)建立后控词表的分类表,辅以一个轮排索引。后面一种结构的后控制词表的特点是在《中分表》分类号—叙词对应表的基础上建立后控词表的分类表部,这样不仅可以利用原有的分类体系,进行等级控制,而且可以用分类号控制对应的叙词,再用每一个叙词去控制一组自由词、关键词(见图9-1)。

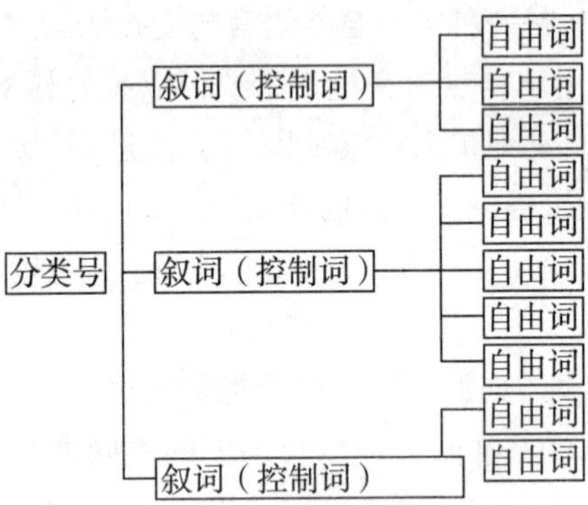

图9-1　分类号、叙词、自由词控制关系图

三、后控制词表的编制

后控词表主要有下列四种编制方式:

①将标引所用的自然语言检索标识整理成词表。

②积累检索日志中检索式中的用词,经过人工判别整理成词表。

③利用现成的叙词表作为后控词表的代用品。

④将自然语言检索标识与某种叙词表、分类表或分类主题词表相对应。

现介绍其中第四种，即将自然语言检索标识，加入到分类主题词表之中，实际上是建立一个分类号—叙词—关键词对照索引，或者说，关键词→叙词→分类号的兼容转换体系。[①] 鉴于《中分表》在国内影响大，通用性强，现利用它的第一卷分类号—叙词对应表作为框架体系，将自然语言（关键词、自由词等）纳入其中，先编制其分类表，再编制生成其轮排索引。

例如，《中分表》第一卷有这样的款目：

F713.3　商品销售 销售学入此	商品—销售 销售学 包销；代销；地产地销；寄售；经销；内销；拍卖；赊销；推销；销售……
F713.31　批发贸易	批发商业 批发；批发价格；批发价格指数；批发商店……
F713.32　零售贸易	零售商业 零售；零售额；零售价格；……

根据此框架，可以建立以下分类款目：

F713.3　商品销售（五级类目）

包销（控制词）

Y 承包销售（自由词）

F 图书包销、服装包销

代销（控制词）

Y 代理销售（自由词）

① 侯汉清．新闻信息数据库后控词表的设计及编制．江苏图书馆学报，2000（2）

代办销售(自由词)

F 图书代销、服装代销

……

销售(控制词)

Y 买卖、交易、出售(自由词)

F 削价销售、降价销售、特价销售、优惠销售、花卉降价销售(自由词)

F713.31 批发贸易(六级类目)

批发(控制词)

Y ……(自由词)

F ……(自由词)

批发价格(控制词)

Y ……

F ……

批发商店

Y ……

F ……

批发商业

Y ……

F ……

……

除了上述做法以外,还可以采用下列更为简便的做法。即把各种自由词、关键词,包括《汉表》原收录的非叙词,加在有关的叙词(即控制词)之后,用圆括号围起,用醒目的不同字体印出。如有些自由词兼用作控制词,则直接把它们加入分类号对应的叙词一栏。上文列举的实例,也可以编制成下列形式:

F713.3	商品销售 销售学入此。	商品—销售 销售学 销售(买卖、交易、出售、削价销售、特价销售、降价销售、优惠销售、花卉降价销售);包销(承包销售、图书包销、服装包销);代销(代理销售);地产地销;寄售(寄存销售);经销;内销;拍卖;赊销;推销……
F713.31	批发贸易	批发商业 批发(批量销售、批量发售);批发商店(批发商场、批发店);批发价格;批发价格指数……
F713.32	零售贸易	零售商业 零售(零卖;摊贩);零售价格

这种对《中分表》第一卷的对应叙词部分添加入口词的做法,比前一种编制方法更为简单易行。这种做法保留了分类号与叙词对照的原貌,便于浏览和查找。与前一种做法不同的是增补的自由词不再区分等同关系与等级关系,过于专指的下位词如"销售"一例中的"削价销售、降价销售、特价销售、优惠销售、花卉降价销售"等就当作"销售"的同义词处理,这与一般叙词表的处理方法相同。如果无法为一批自然语言在对应表中找到有关的叙词用作控制词,如"直接销售"、"厂家直销"、"工厂销售"、"直销"、"自产自销"等词在表中找不到控制词,可以从这批词中选择(实为增补)其中一个(如"直销")作为控制词补入对应叙词部分,然后再把其他词列举其后。

采用这种方式可以参考、借鉴《中图法》、《汉表》、《中分表》等检索语言,直接利用其中的分类体系及词汇,使后控词表具有分类主题一体化词表的性质和功能,为以后研制基于《中图法》的自动分类系统或网络信息检索工具奠定基础。这样编成的后控词表适应面广

(也可以作为《汉表》的入口词表使用),易于推广。

四、后控制词表轮排索引的编制

后控词表除了分类显示以外还应当有字顺显示。后控词表的字顺表采取轮排索引的形式,是根据汉语字面成族的原理利用轮排索引的技术编制,简述如下:

(1)轮排索引采用题内关键词索引(KWIC)型,检索入口位于自由词或关键词的中部。

(2)款目包括:①自然语言;②自然语言的所有同义词(同项,用T表示);③自然语言的控制词(用Y表示);④自然语言相应的分类号;⑤词号。

(3)采用人机结合的方式进行分词。目前暂用人工对全部自然语言和控制词进行切分,在用作检索入口的词素(包括单字词)之前,自动插入切分标志(但不把这个词素完整地从自然语言或控制词中抽取出来),即采用"切头不切尾"的做法,以回避汉语分词的难题。在条件具备时逐渐过渡到以停用词表和部件词典为基础的计算机自动切分。

(4)轮排索引采用双向排序技术,即检索入口及其右侧的汉字一律由左向右按汉语拼音顺序排列,检索入口左侧汉字由右向左按汉语拼音逆序排列,以提高其字面成族的水平。

(5)轮排索引收录全部自然语言语词以及分类表中设置的控制词和类目词,并为它们分别指明分类号及词号(类目词似乎不必配备词号)。如果一个自然语言语词被置于多个控制词下,可为其配备两个词号。

轮排索引具有字面成族的功能,不仅可以用于显示和检索,而且可用于编制后控制词表时辅助识别等级关系(后方一致)以及辅助识别等同关系。由于汉词的同义词、准同义词、反义词及近义词往往具有字面相似性,可以用轮排索引集中显示字面相似的词,再由人工判定为等同关系。这样轮排索引在用计算机辅助编制分类表、识别等同关系和等级关系方面,可以发挥一定的作用。

表9-2 后控词表轮排索引片断

⇩排检位置

	出售 T 销售、买卖、交易、降价销售、花卉降价销售	F713.3	001820
批量	发售 T 批发、批量销售	F713.3	002701
花卉	降价销售 T 销售、买卖、交易、出售、降价销售、	F713.3	003005
	降价销售 T 销售、买卖、交易、出售、花卉降价销售、	F713.3	004122
花卉	降价销售 T 销售、买卖、交易、出售、降价销售、	F713.3	003005
	交易 T 销售、买卖、出售、降价销售、削价销售	F713.3	004522
	买卖 T 销售、交易、出售、降价销售、花卉降价销售	F713.3	007102
	批发 T 批量销售、批量发售	F713.31	010582
	批量发售 T 批发、批量销售	F713.31	010583
	批量销售 T 批发、批量销售	F713.31	010584
	销售 T 出售、买卖、交易、降价销售、花卉降价销售	F713.3	001820
降价	销售 T 销售、买卖、交易、出售、花卉降价销售	F713.3	0142123
花卉降价	销售 T 销售、买卖、交易、出售、降价销售、削价销售	F713.3	003005
批量	销售 T 批发、批量发售	F713.3	010584

五、后控制词表的编制流程

以下就后控词表的编制流程(见图9-2),略作说明:

(1)读入标引用词后需用轮排索引进行双重查重,一查与表中的自然语言是否相重,二查与表中的叙词(即控制词)是否相重。

(2)词号是自然语言和控制词的标识,可以按照词在字顺序列中的位置由计算机自动编配。

(3)查重后要把新词编入轮排索引,其目的是:①在轮排索引中找到字面相似度最高的词,经人工筛选,判定为同义词;②在轮排索引中查找字面成族的上位词或类称词,以便进入分类体系,确定分类号,为编制分类款目作好数据准备。当然大量的同义词数据仍须由标引员提供。

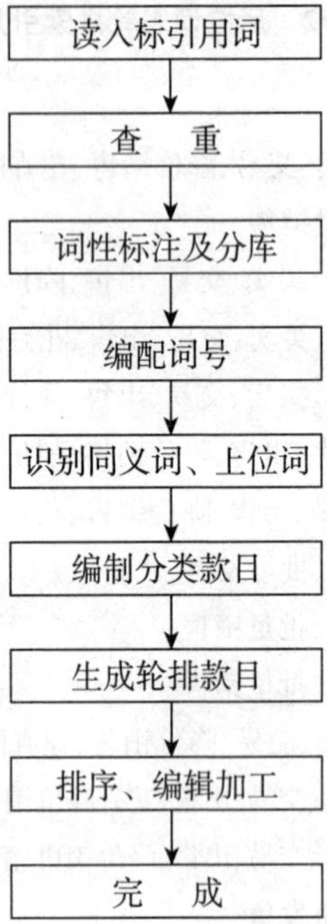

图9-2　后控词表编制流程

(4)查重后新词虽已编入轮排索引,但是此时轮排款目尚缺少分类号、同义词、控制词等数据,是临时的。因而,仍需要用分类款目自动生成正式的轮排款目。

(5)对于一些新词,如难以判定其同义词、上位词,即难以归类,难以确定控制词,可以暂时放在一边,按字顺排列供浏览用,过一段时间等同类词多了以后再集中处理。

(6)后控词表用计算机实行动态维护和管理,包括词汇的增补、词间关系及分类号的变动、词号的更新、控制词的调整及添加等等。分类体系可以随着《中图法》的修订和专业表的编制而调整。

(7)标引用词在编入后控词表之前,应当先按《中图法》大类进行粗略分类,再按学科或专业细分,然后成批地进行处理,这样可提高编表的质量和效率,减少差错和不一致的现象。

(8)后控词表的编制工作量大,时间紧,因此应当组织一批熟悉《中图法》和《汉表》的人员分学科进行,以提高编表的水平和质量。

第五节　汉语自动切词

汉语不同于英语、德语、法语等印欧语言,后者在书写时,词与词之间用空格分开,而前者在书写时词与词之间不留空格。这样计算机在切分一串连续的汉字字符时,可能会有多种切词方案,使计算机误入迷津。因而计算机自动切词问题是汉语自然语言标引与检索、汉语文献自动标引、自动翻译、汉语自然语言理解等研究工作的基础和前提。实际上它现在已经成为汉语信息处理的“瓶颈”,亟待解决。

国内外学者对汉语自动切词技术进行了大量的研究,提出了许多分词方案。目前国内采用的自动切词方法主要有以下几种:

一、词典匹配切词法

词典匹配方法主要是基于字符串匹配的原理进行的,即它以一部词典为依据,采用一定的处理策略将汉语文本中的字串与词典中的词逐一匹配,若成功,便认定该字串为词。最常用的方法是最大匹配法(Maximum Matching Methed,简称 MM 法)。

MM 法是在计算机中存放一个已知的词典,从被切分的语料中,按给定的方向顺序截取一个定长的字符串,通常为 6 至 8 个汉字,这个字符串的长度,叫做最大词长。把这个具有最大词长的字符串与词典中的词相匹配,若匹配成功,则可确定这个字符串为词,计算机程序的指针向给定方向移动与给定最大词长相应个数的汉字,继续进行匹配;否则,则把该字符串逐次减一,再与底表中的词进行匹配,直到成功为止。

MM 法的原理简单,易于计算机上实现,时间复杂度也比较低。但是,最大词长的长度比较难于确定,如果定得太长,则匹配时花费的时间就多,算法的时间复杂度明显提高,如果定得太短,则不能切分长度超过它的词,导致切分正确率的降低。

在 MM 法的基础上,改变切词的扫描方向,这种方法被称为逆向最大匹配法(Reverse Maximum Matching Method,简称 RMM 法),这种方法的基本原理与 MM 法相同,不同的是切词时的扫描方向。如果 MM 法的扫描方向是从左到右取字符串进行匹配,则 RMM 法扫描方向就是从右到左取字符串进行匹配。实验表明,RMM 法的切词正确率比 MM 法更高一些。但是,RMM 法要求配置一部逆序的切词词典,这样的词典与人们的语言习惯不相符合,修改和维护都不太方便。

在 MM 法及 RMM 法的基础上后来又产生了双向扫描法,即分别用 MM 法和 RMM 法进行正向扫描、逆向扫描和初步的切分,并将用 MM 法初步切分的结果与用 RMM 法初步切分的结果进行比较。如果两种结果一致,则判定切分正确;如果两种结果不一致,则判定为疑点。这时,或者结合上下文有关的信息,或者进行人工干预,选取一种切分为正确的切分。由于要做双向扫描,时间复杂度增加,而且,为了使切词词典能够同时支持正向和逆向两种顺序的匹配和搜索,词典的结构比一般的切词词典要复杂得多。

另外还有逐词遍历匹配法和最佳匹配法等。前者是把词典中存放的词按由长到短的顺序,逐个与待切词的语料进行匹配,直到把语料中的所有的词都切分出来为止。由于这种方法要把在词典中的每一个词都匹配一遍,需要花费很多的时间,算法的时间复杂度相应增加,切词的速度较慢,切词的效率不高。后者是按词的出现频率的大小排列词条,高频率的词排在前,低频率的词排在后,从而缩短查询切词词典的时间,加快切词的速度,使切词达到最佳的效果。

二、设立切词标志法

汉语词与词之间虽然没有空白,但是仍可以找到一些独特的切分标志。在书面汉语中存在的切分标志有两种:一种是自然的切分标志,如标点符号,标点符号必定是词的边界之所在;另一种是非自然的切分标志,如只能在词首出现的词首字、只能在词尾出现的词尾字、没有构词能力的单音节单纯词、多音节单纯词、拟声词等,词显然也不能跨越这些标志而存在,它们也必定是词边界之所在。如果我们搜集了大量的这种切分标志,切词时,先找出切分标志,就可以把句子切分成一些较短的字段,然后再用 MM 法或 RMM 法进一步把词切分出来。使用这种方法切词,要额外消耗时间来扫描切分标志,还要花费存储空间来存放非自然的切分标志,使切词算法的时间复杂度和空间复杂度都大大增加了,而切词的正确率却不能提高。所以,采用这种方法的自动切词系统不多。

还有一种叫做有穷多级列举法。这种方法把现代汉语中的全部词分为两大类:一类是开放词,如名词、动词、形容词等,它们的成员几乎是无穷的;另一类是闭锁词,如连词、助词、叹词等,它们的成员是可以一一枚举的。切词时,先切出具有特殊标志的字符串,如阿拉伯数字、拉丁字母等,再切出可枚举的闭锁词,最后再逐级切出开放词。这是一种完全立足于语言学的切词方法,在计算机上实现起来还有困难。

三、理解式切词法

针对词典匹配法的不足,人们提出了理解式切词方法。这样的分词系统由词库、知识库和推理机三部分组成,词库中存放词条,知识库中存放已形式化的各种语法规则、语法知识,以及语言学专家在分词过程中进行推理判断的经验知识;推理机则利用词库和知识库提供的大量数据与知识,模拟语言学专家的逻辑思维过程,实现自动分词。这实际上就是一个自动切词专家系统。

其中影响较大的有联想—回溯切词法及神经网络切词法等。联想—回溯切词法要求建立三个知识库——特征词词库、实词词库和规则库。首先将待切分的汉字字符串序列按特征词词库分割为若干子串,子串可以是词,也可以是由几个词组合而成的词群;然后,再利用实词词库和规则库将词群再细分为词。切词时,要利用一定的语法知识,建立联想机制和回溯机制。联想机制由联想网络和联想推理构成。联想网络描述每个虚词的构词能力,联想推理利用相应的联想网络来判定所描述的虚词究竟是单独成词还是作为其他词中的构词成分。回溯机制主要用于处理歧义句子的切分。联想—回溯法虽然增加了算法的时间复杂度和空间复杂度,但是这种方法的切词正确率较高,是一种行之有效的方法。

神经网络切词法是将神经网络方法应用于汉语句法分析。具体是将每个短语用一个神经元表示,短语间的句法关系,则用神经元及其相互联结来表达。这种切词法建立的分词系统包括系统学习模块、知识库内影射模块、知识检测模块、分词动态网生成模块,网络推理机等模块。

以上诸种切词法中,最大匹配法(包括 MM 法及 RMM 法)和逐词遍历法是最基本的机械性的切词方法。在实际的汉语自动切词系统中一般都是几种方法配合使用,以达到最理想的切词效果。

四、歧义切分字段的处理

目前我国的汉语自动切词系统尚未完全过关。其中的难点是歧义切分字段的处理。从构成形式上歧义切分字段可分为两类:

一类是交集型歧义切分字段,这是由词与词之间的交叉组合产生了歧义切分。例如,在句子“研究生命本质”就产生了交叉组合:“研究生”(歧义词)+“生命”(非歧义词)。又如,在“白天鹅游过来了”、“这球拍卖了”等句子中都存在着歧义字段。对交集型歧义字段的正确切分主要依靠有关词类的信息,进行逻辑的推理。

另一类是多义组合型的歧义切分字段,这是由词与词之间的串联组合和嵌套而产生的。例如,在句子“他骑在马上”中,歧义切分字段“马上”是由名词“马”和方位词“上”的串联组合产生的。又如,在“学生会兴奋得手舞足蹈”、“发展中国家兔生产”、“语言学起来并不难”等句中,都存在着歧义字段(如学生会、家兔、语言学)。对此类歧义字段的正确切分,可以利用前趋字串和后继字串的句法、语义、语用等方面信息进行推理。

第十章　知识组织系统及其在网络环境中的应用

第一节　从情报检索语言到知识组织系统

美国未来学家J．奈斯比特(Naisbitt. J.)在《大趋势》一书中指出:“我们淹没在信息中,但是却渴求知识”,就是因为“失去控制和无组织的信息在信息社会里并不构成资源,相反,它成为信息工作者的敌人”。因此,有效组织信息,提供全面、快速、准确的信息检索服务,已成为网络时代亟待解决的问题。这是人们充分有效地利用信息资源的前提和保障,也是网络环境中信息组织研究的重点和方向。

随着信息组织方式的进步与发展,信息组织从文献组织向知识组织方向发展。“知识组织”这个词最早由英国著名分类法专家布利斯(H. E. Bliss)于1929年提出,知识组织是在图书馆学、情报学的分类法和叙词表研究的基础上发展起来的,其核心就是知识序化,在这一过程中,一方面传统的情报检索语言继续发展,另一方面,不断有新型的知识组织工具涌现。“情报检索语言”这一术语已不能涵盖知识组织中所有的语义工具,新的术语“知识组织系统”(Knowledge Organization Systems,简称KOS)应运而生。

一、知识组织系统的概念及由来

KOS,是对各种人类知识结构进行表达和有组织阐述的语义工具的统称,既包括传统的文献分类法、叙词表等,也包括新产生的搜索引擎自动扩检词表、网站导航分类目录、语义网络、本体以及更泛指的情报检索语言或标引语言。[①] KOS 这一概念试图囊括所有组织信息和促进知识管理的模式和方法,作为这一涵义而言的“知识组织系统”这个词语最早由 NKOS(Networked Knowledge Organization Systems/Services,网络环境中的知识组织系统/服务)研究小组在美国计算机学会(Association for Computing Machinery,以下简称 ACM)1998 年的数字图书馆会议上提出。[②] 实际上,KOS 由来已久,传统的文献分类法、主题词表都是 KOS 的类型,只是没用 KOS 这样一个词来统称这些知识组织工具而已。

KOS 这个术语是在网络环境这样一个大背景下产生的:

①随着信息环境、信息数量、信息需求的急遽变化,越来越多的新型知识组织工具陆续问世,如语义网络、概念地图、本体等,名称越来越多而区别越来越不明显。

②随着信息资源的激增,人们为了能够获取到真正想要的知识,对信息组织揭示程度要求越来越高,已经从文献组织层面上升到知识组织层面。人们发现,单独使用任何一种工具都难以组织好信息,必须多个知识组织工具配合使用,才能发挥组织的最佳效能。鉴于此,学界掀起了对多个知识组织工具集成化、系统化研究的热潮,从国内外对分类法、主题词表之间互操作研究的热衷和关注程度可见一斑。

③网络环境为多种知识组织工具的集成使用创造条件。

“系统”一词在《现代汉语词典》中的定义是指“同类事物按照一定的关系组成的整体”。因此,提出 KOS 一词来统称各种信息组织工具,反映了网络环境下多种知识组织工具集成使用的趋势,某种知

---

① 曾蕾. 网络环境中的 KOS——编者的话. 现代图书情报技术,2004(1):2-3

② Gail Hodge. Systems of knowledge organization for digital libraries: beyond traditional authority files. Washington DC: The Digital Library Federation Council on Library and Information Resources,2000:3

识组织工具独行天下或各自为政的局面逐渐消亡。

对于 KOS 的界定和分类,先后有过不同的看法。

武汉大学学者马费成从知识工程的角度,按照 KOS 的演进顺序,将其分为基于文献单元的 KOS、基于数据单元的 KOS 和基于人工智能的 KOS 三种类型。这里的 KOS 包含了知识组织的工具和知识资源库,是一种广义的 KOS。[①]

台湾学者吴万钧认为,知识组织并不都是借助于文献来完成,科学知识组织系统除了科学文献的 KOS(等级分类系统、分面分类系统、叙词表等)外,还有科学术语的 KOS(字典、词典、术语表等),学科体系的 KOS(教科书、百科全书),综述、述评、评价及预测的 KOS,人工智能的 KOS(知识库、专家系统)和虚拟空间的 KOS。[②]

美国学者 Gail Hodge 则把 KOS 局限在知识组织的语义工具这一层面,依据 KOS 构造和复杂度特征、术语关系的揭示程度及传统功能,将应用于网络和数字图书馆环境下的 KOS 分为:词汇列表、分类聚类体系和关系词群 3 个层次,11 种类型。[③] 这一界定和分类已被广泛接受,本书所介绍的 KOS 也以此为准,是狭义的,与信息组织语义工具为同义词。

马文峰、杜小勇根据概念及关系的揭示程度,将 KOS 划分为概念类聚系统和概念关联系统两个层次,概念类聚系统强调概念间层级聚类和类别聚类,分类法和主题词表是这一类型 KOS 的典型代表;概念关联系统不仅强调组织概念,更注重概念关系的组织,语义网络、概念图、主题图、本体等新型知识组织工具是这类 KOS 的代

---

① 马费成. 知识组织系统的演进与评价. 知识工程,1989(2):39-43

② 吴万钧. 科学知识组织系统. 资讯传播与图书馆学, 1998,5(1):19-28

③ Gail Hodge. Systems of knowledge organization for digital libraries: beyond traditional authority files. Washington DC: The Digital Library Federation Council on Library and Information Resources,2000:5

表。[①] 这种划分方式与 Gail Hodge 的三个层次的划分并无本质区别。

二、知识组织系统的类型

KOS 是一定领域内对象、概念及其关系的结构化集合,是对各层次的信息资源按照知识结构进行描述、连接和组织,使人们不再仅依赖信息资源的简单特征,而是根据自己的知识需要与一定的知识体系,来发现、确认、检索和组合相关的信息内容,从而方便地构成新的应用知识。[②] KOS 是任何信息组织体系的核心构件。根据 KOS 的结构和复杂性、概念关系的揭示程度以及传统功能的不同,Gail Hodge 将 KOS 分为 3 个层次,11 种类型:①词汇列表(term lists),强调概念的定义,一般不涉及复杂的语义关系和分类结构,包括规范文档(authority files)、术语表(glossaries)、词典(dictionaries)、地名辞典(gazetteers)等;②分类聚类体系(classifications and categories),强调概念之间的层级聚合和类别体系,包括标题表(list of subject headings)、文献分类法(library classification)、知识分类表(taxonomies)、粗略分类体系(categorization schemes)等;③关系词群(relationship groups),侧重于词汇、概念之间关系的描述,包括叙词表(thesauri)、语义网络(semantic networks)、本体(ontologies)等。[③]

2005 年美国国家信息标准化组织(National Information Standards Organization,NISO)发布最新的美国国家标准 Z39.19(《受控词表的构建、格式和管理指南》),标准中列出四种不同类型的受控词表:可

---

① 马文峰,杜小勇. 关于知识组织体系的若干理论问题. 中国图书馆学报,2007(2):13-17,46

② 张晓林. 数字化信息组织的结构与技术(一). 大学图书馆学报,2001(4):9-14,21

③ Gail Hodge. Systems of knowledge organization for digital libraries: beyond traditional authority files. Washington DC: The Digital Library Federation Council on Library and Information Resources,2000:4-7

选词单、同义词环、知识分类表、叙词表，其中可选词单、同义词环不在 Hodge 所列的 KOS 类型之中。①

这十余种类型的 KOS 在信息组织领域各有用武之地、不可或缺。文献分类法与叙词表是传统图书馆环境中最主要的两种文献组织工具，在印刷时代、联机时代的文献组织中做出了卓越的贡献。近年来，随着信息组织从文献组织上升到知识组织的层面，对主题概念及概念之间语义关系的揭示更加深入，语义网络、本体、概念图等结构化程度更高的知识组织工具应运而生，并日渐成为研究的热点。这些 KOS 受控程度越强，自身的结构化程度则越强，揭示概念之间关系的能力亦越强，也更趋向于为计算机可读、可理解、可处理。图 10-1反映了不同类型 KOS 受控程度（规范化程度）、结构化程度和概念揭示能力之间的这种正向关系。

1. 词汇列表

词汇列表强调专业术语，往往附有概念的定义，一般不涉及复杂的语义关系和分类结构，主要实现词义消歧和同义词控制功能，有可选词单、地名辞典、术语表、词典、规范文档和同义词环等类型，是一种简单的 KOS。

（1）可选词单

所谓可选词单，是指按照某种顺序排列的有限词汇的集合。词单中的词按照年代、字顺、大小或者其他的逻辑顺序排列。一个词单中的成员词都属于同一属性词汇的集合，例如都是国家名称、产品名称或事物名称，在意义上没有重复，在专指程度上也是一致的。可选词单将一个资源集或者概念集根据不同的角度，分门别类地划分为若干个易于检索和理解的子集，每一个门类为成员词的词义提供了上下文环境（语境），从而避免了语词歧义的问题，是一种简单有效

① National Information Standards Organization. ANSI/NISO Z39.19-2005 Guidelines for the Construction, Format, and Management of Monolingual Controlled Vocabularies. Maryland: NISO Press, 2005

的词义消歧的方法。①

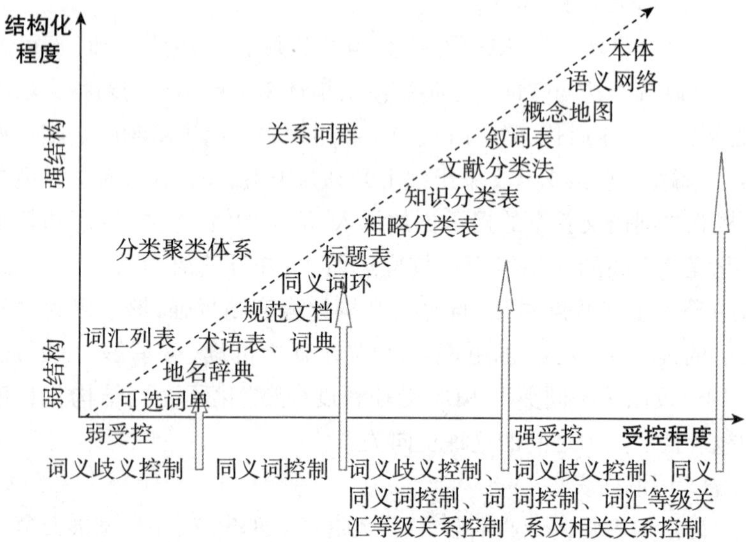

图 10-1　KOS 类型及结构化程度与受控程度的关系

资料来源:曾蕾. 用于标引、浏览、检索的语义工具. http://www.libnet.sh.cn/upload/htmleditor/file/071213121547.pdf

比如,“黄山”这个词,既可以指中国名山“黄山”,也可以指安徽省的一个城市“黄山市”,还可以指中国香烟的一个品牌“黄山”,这中间就存在歧义,所说的“黄山”一词到底指示何义?但如果是把“黄山”这个词放在可选词单中,利用词单所属的类别为其提供一个上下文语境,从而将其定义明确化而区别开来(见图 10-2)。可选词单常用于基于分面结构的浏览检索,将一个资源集合划分为适于检索的、可以在有效屏幕面积上显示的若干小块,并以可选词单标注供用户选择。

① 曾蕾. 用于标引、浏览、检索的语义工具. http://www.libnet.sh.cn/upload/htmleditor/file/071213121547.pdf

中国名山	**地名**	**香烟**
峨眉山	·安徽省	白沙
衡山	· ·合肥	大红鹰
恒山	· ·蚌埠	红河
华山	· ·黄山	红梅
黄山	……	红杉树
庐山	·江苏省	红塔山
泰山	· ·南京	黄山
武夷山	· ·镇江	牡丹
五台山	· ·常州	南京
雁荡山	……	上海
嵩山	·浙江省	中华
…… ……	…… ……	…… ……

图 10-2　可选词单示例

(2)地名辞典

地名辞典是含有名称和类型划分的有关地点的地理参考工具。传统地名辞典一般以图书形式出版,或是作为地图集的索引,每一个款目都可通过地理特征或类型来识别,如河流、城市、学校等。地名辞典在地理上的用途通常是作为特定地点的地面定位,这些地名词语通常用分类框架或主题归类来组织。目前对于地名辞典的研究,已不仅仅局限于词汇层面上,而是把地名词汇与地图数据结合,通过地名词直接定位到相应的地图或 GPS 上,如美国亚历山大数字图书馆电子地名辞典。

(3)术语表

术语表是术语及其定义的一览表。术语可来源于特定领域或特定作品,这些术语在某一特定学科或专业领域中被定义,通用性强,往往经过专家订正,很少有多种不同的含义,比如医学术语、药学术语、计算机专业术语等。

(4)字典/词典

字典/词典是以字顺排列的字或词及其定义的列表,包括字或词的各种不同涵义。字典/词典的范围要比术语表宽泛和通用,字典/

词典还可以提供字或词的起源信息、拼写或词法,以及跨学科的多种涵义;有的字典或词典还可能提供不同涵义的同义词、反义词、相关词,但它没有明确的等级层次体系,也没有试图通过概念来将字词加以分组,如《汉语大字典》《英汉牛津词典》等。

(5)规范文档

规范文档,亦称规范档、权威档,是用来控制同一实体(人或事物)不同的名称,或者某个特定领域中专有名词的词汇表,例如国家名称表、个人姓名表、组织结构名称列表。非规范的词汇被链接指向规范词汇。这种类型的 KOS 并不揭示复杂的结构和组织关系,一般只揭示等同关系。如我国国家图书馆建有人名规范档、地名规范档、题名规范档等。国图的人名规范档"梁启超"条目下,以"梁启超"作为规范名,同时收入其字、号,如"梁卓如"、"梁任公"等,并收有"康有为"、"强学会"、"戊戌变法"等相关词等。

(6)同义词环

同义词环,亦称同义词表,是一组同义词、准同义词甚至下位词等的集合,类似于入口词表,但是它不强行要求环中某一个词作为"正式词",环中任何一个词的地位都是平等的,都可以是正式词。同义词环以检索为目的,通常与搜索引擎一起使用,作为搜索引擎的自动扩检词表以帮助查询扩展,用户只要使用同义词环中的任何一个词,就可以找到这一类的资源;并且可以根据检索环境和网站内容的变化随时增加,逐步建立。这类 KOS 的构建投资小、效益高、实用性强。图 10-3是一个"speech disorders"(语言障碍)的同义词环,只要用其中任何一个词去检索,包含环中其他语词的信息也会一并被检索出来,从而避免遗漏。

同义词环和规范档是比较简单的 KOS,但是它可以作为自然语言和结构化的受控语言之间的桥梁。

2. 分类聚类体系

分类聚类体系在词汇列表的基础上增加了对概念的等级关系的控制,主要有标题表、粗略分类体系、知识分类表和文献分类法等。

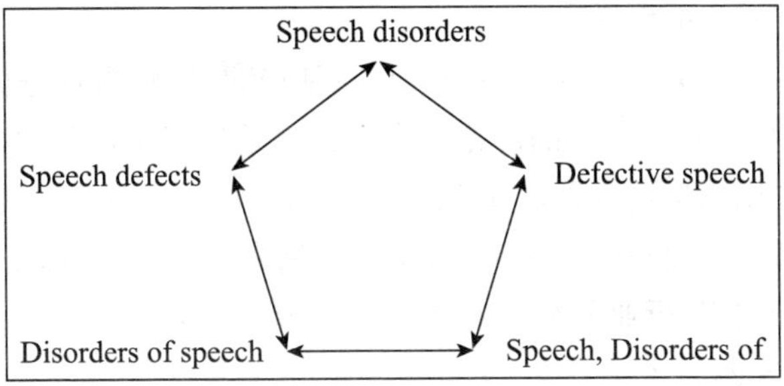

图 10-3　同义词环示例

资料来源:NISO Z39.19. Guidelines for the Construction, Format, and Management of Monolingual Controlled Vocabularies. Maryland: NISO Press,2005

(1)标题表

标题表提供一系列用以表达一个馆藏中各文献主题的受控词汇,以及一套将标题组配成复合标题的规则。标题词的先组度比叙词要高,它可以扩展到覆盖一个大范围的主题,然而它的列表结构一般非常简单,只带一个有限的等级结构,层次关系比较浅。例如,主标题词"heart"与其他副标题词组配构成一些专指概念,形成简单的等级结构:

heart, disease(心脏疾病)

metabolism(心脏代谢)

toxic chemical and physical damage(化学中毒和物理损伤〕

标题表一般根据馆藏文献来编制,也服务于相应的图书馆馆藏,如 LCSH 由美国国会图书馆维护,主要用于美国国会图书馆馆藏文献的揭示和组织,在这些图书馆的馆藏文献网络服务中,标题表被融入到检索界面中,发挥导航和检索限定的作用。

(2)粗略分类体系

粗略分类体系是一个用来大致分组归类的分类体系,结构十分松散,可以是任何分组归类用的大纲。比如,一些门户网站上的频道栏和分类目录(主题指南)都可以看作是一种粗略分类体系。它对于通用网络信息资源的组织,具有易用性。

(3)知识分类表

知识分类表是根据事物的某种特征或属性,将事物分成有序的类别,例如生物分类学的严格分类体系就是根据生物种群之间的异同程度来阐明生物物种之间亲缘关系的,按门、纲、目、科、属、种来排列。随着电子商务的发展,一些购物网站和分类信息网站常常会引入商品分类表、行业分类表来组织信息,指引检索。

(4)文献分类法

文献分类法提供详细的层级知识分类体系,将各种对象或概念按照学科或主题归入该体系的各层次类别中。文献分类法一般使用字母或数字标记来代表类目,类目往往会有适用范围、使用说明等注释信息,如 DDC、《中图法》、《中国图书馆分类法农业专业分类表》等。文献分类法在学科结构显示、藏书排架、目录组织、文献浏览和检索等方面,具有卓越的性能,在网络信息资源的组织中也依然占有一席之地。

3. 关系词群

随着受控程度的强化,KOS 不仅强调概念,更强调概念之间的关联,从简单的线性关系,向层级关系、更复杂的网状关系发展。

(1)叙词表

叙词表,亦称主题词表,是表达概念及其关系的词汇集,是将文献、标引人员、用户的自然语言转化为规范语言的一种词汇控制工具。叙词表揭示了词汇之间的三种主要的概念关系:等同关系、等级关系和相关关系。

叙词表形成于 20 世纪 50 年代末,是在吸收元词法、标题法以及分面组配式分类法等知识组织方法优点的基础上发展起来的。1959 年美国杜邦公司编制了第一部叙词表,其后迅速发展,到目前为止,国外叙词表超过 2000 种,中文叙词表也已超过 130 种,如《汉表》、《中分表》、《建筑和艺术叙词表》(AAT)、《多语种农业叙词表》(AGROVOC)等。20 世纪 70 年代以来,叙词表在我国图书馆和文献信息机构中得到了广泛的应用,前已详述。

(2)概念地图

概念地图是一种显示概念、事项、示例、问题、主题及其相互关系的图示系统,是利用概念及概念之间的关系表示和组织结构化知识的一种可视化方法。概念地图包括节点、连线、连接词。概念图用节点表示概念,连接各节点的连线表示两个概念之间存在某种关系,连线可以是单向或双向的,连接词是连线上的文字,是节点之间关系的文字描述。概念图还具有三个特征:①命题,由两个以上的概念及其关系构成表达意义的陈述;②等级结构,概念图中的概念按照宽泛概念在上、具体概念在下的顺序排列形成等级结构;③交叉关系,不同分支中的概念之间形成连接关系。图 10-4是一张描述“概念地图”相关知识的概念地图,它比文字更清晰、更直观、更形象地分析和揭示了概念地图的构成、功能和构建。概念地图最早是由美国康奈尔大学的诺瓦克教授提出的一种教学工具,因此,概念地图多用于直观

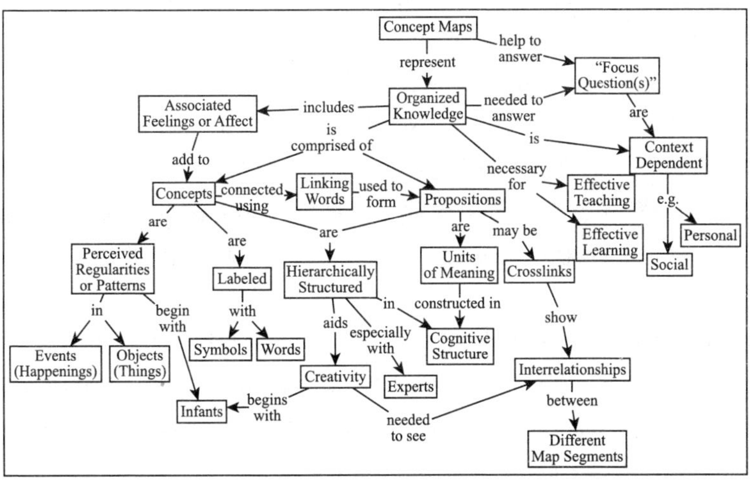

图 10-4　概念地图示例

资料来源:Joseph D. Novak, Alberto J. Cañas. The theory underlying concept maps and how to construct and use them. http://cmap. ihmc. us / Publications / ResearchPapers / TheoryUnderlyingConceptMaps. pdf

教学和概念的可视化描述中;概念地图的构建过程就是一个知识表示与知识组织的过程,实现知识结构与相关资源的整合。

(3)语义网络

语义网络是为了建立概念术语之间错综复杂的关系而设计的一种语义工具,是一种按照关系网络中节点的模式构造的概念集。这种 KOS 将概念组织成网络而不再是简单的树状层级关系。概念相当于网络中的节点,而节点间的枝节联系就是概念之间的关系。这些关系已经超越了一般的上下位层级关系、相关关系,包括更加专指的整体—部分关系、因果关系、父子关系等语义关系。著名的语义网络有普林斯顿大学的 WordNet,董振东、董强的知网(HowNet)等。思维导图可以被认为是语义网络的一种自由变体。

WordNet 是从 1985 年开始由普林斯顿大学认识科学实验室在心理学教授乔治·A·米勒的指导下建立和维护的。WordNet 有别于通常意义上的英语字典,根据词条的意义将它们分组,每一个具有相同意义的词条组称为一个同义词集合(synset)来表达一个概念。WordNet 为每一个 synset 提供了简短、概要的定义,并记录不同 synset 之间的语义关系。在 WordNet 中,名词、动词、形容词和副词各自被组织成一个同义词的网络,每个 synset 都代表一个基本的语义概念,并且这些集合之间也由各种关系连接。多义词将出现在它的每个涵义的 synset 中。WordNet 目前已成功地应用于自动文本分析和人工智能。[①]

语义网络可以把多个不同的 KOS 中的词汇聚合在一起,图10-5就是 UMLS(一体化医学语言系统),语义网络的一部分,表明语义类型“生物功能”有生理功能和病理功能两个子类,生理功能和病理功能又有多个子类,它们之间的关系是 IsA 关系。

① 维基百科. WordNet. http://zh.wikipedia.org/wiki/WordNet

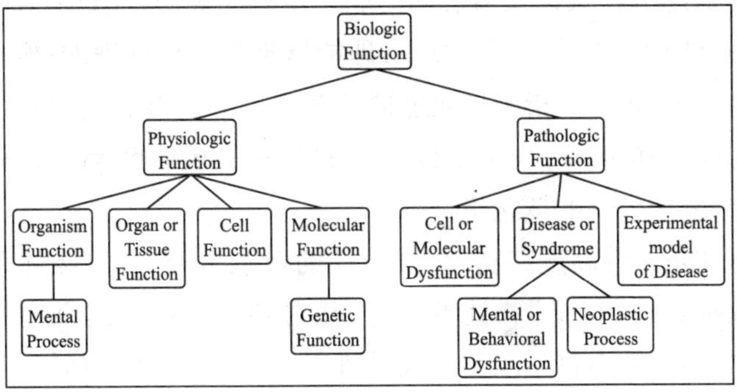

图 10-5　UMLS 的语义网络示例

数据来源:NISO Z39. 19. Guidelines for the Construction, Format, and Management of Monolingual Controlled Vocabularies. Maryland: NISO Press,2005

(4)本体

本体,亦称本体论、知识本体或实用分类系统,是最新的 KOS 类型,可以用来表示概念间复杂的关系,其中包括语义网络所不能表示的规则和推理。

本体起源于哲学,进入 20 世纪 90 年代初后,本体逐渐被引入到计算机科学,尤其是人工智能、知识工程等领域。一些计算机科学,特别是人工智能领域的专家对它进行了重新的定义,并将其应用于新的研究领域。目前,对本体的定义还没有统一的认识,国内外众多学者给出了十几种不同的定义。在众多定义中,最著名的是由斯坦福大学 Tom Gruber 提出的"An ontology is a explicitly formal specification of shared conceptualization",即本体就是对共享概念模型明确的形式化的规范说明。①

上述对本体的定义主要体现在以下四个词中:明确(explicitly),

① Thomas R. Gruber. A translation approach to portable ontology specifications. Knowledge Acquisition,1993,5(2):199-220

指的是概念的定义以及概念间的联系要有明确的说明;形式化(formal),指的是本体是计算机可读,即能够被计算机处理的;概念模型(conceptualization),指的是通过抽象客观世界的概念而得到的一些模型;共享(shared),表示本体代表的是本领域研究都感兴趣的知识,是本领域公认的概念集合。

本体是一种高度结构化、强受控的新型 KOS,是等级体系结构与元数据式的"特征"描述的结合,在对知识进行分门别类的划分后,对每一类甚至每一个类的成员进行一系列定义,比如特征、限制条件、推理规则等,而这一切都必须用机器可读的语言来描述。本体一般描述某一具体领域的知识,通常与知识挖掘、知识管理相关联。本体因其对概念及其语义关系揭示的明确化、模型化、机器可读、机器可理解等优点而成为第二代因特网——语义 Web 环境下不可或缺的组织工具,受到了知识工程、信息管理、机器翻译、人工智能等各个领域的关注。有关本体在网络信息资源组织中的应用,将在下一节详细论述。

从最简单的词汇列表到复杂的关系词群,词汇的控制程度逐渐加强,KOS 的结构化程度也逐渐复杂化,从一维结构向二维结构、三维结构甚至多维结构演进。虽然这些 KOS 在复杂性、结构和功能上存在着差异,但在信息资源的表示、组织、存取、检索中都有着不可或缺的作用。不管 KOS 的来源、类型存在什么差异,每个 KOS 都有一个明确的目标:有效组织信息,提高信息检索和利用的效率。

三、知识组织系统的特征和作用

1. 知识组织系统的特征

不论 KOS 是以什么形式出现,其基本方法都是相同的,不同的是采用这些方法的程度和范围。情报检索语言的词汇控制依然是 KOS 所依赖的基本方法,所以不管 KOS 如何发展,都具备以下共同

特征：[①]

①KOS 反映了一种特定的世界观，都是按照特定的结构来认识和理解客观世界的各种实体（对象和概念）及其相互关系的体系；

②同样的信息实体由于所使用的 KOS 不同而存在不同的特征化方式；

③任何一种 KOS 反映客观世界各种实体某一方面的真实性质，通过该系统能够可靠地了解客观世界、组织有关客观世界的信息；

④一般采用一套语言系统来定义、描述、表示实体及实体间的关系，定义和描述 KOS；

⑤各种 KOS 都带有自己的观点，往往以某学科或某领域的知识体系为模式，为特定目的而设计。

通过这些共同特征，人们可以按照一定体系对它们进行统一的描述和分析。但由于不同 KOS 为特定目的而设计，可能采用不同结构或者使用不同的描述语言，各系统又有各自的特点与规则。

2. 知识组织系统的作用

知识组织的基本目标是序化知识，是通过 KOS 得以实现的，因此，描述、定义、翻译和导航是 KOS 最基本的功能。[②]

①描述：KOS 是受控的标识集，是用来描述事物的；

②定义：KOS 通过注释、关联词、层次关系、特征属性描述对概念标识的含义进行表示和界定；

③ 翻译：KOS 是等价表达实现匹配的中介；

④ 导航：基于 KOS 的结构和内在概念关系，能够实现在一个有组织的表达结构中的联接。

这四大功能是 KOS 最基本的功能，是传统环境和网络环境中

---

① 转引自：刘茜．XTM 主题图与知识组织体系互操作．成都：四川大学公共管理学院，2003

② Linda Hill，Olha Buchel，Greg Janee，et al. 在数字图书馆结构中融入知识组织系统．现代图书情报技术，2004（1）：4-8

KOS 共同具备的基础功能。但在网络环境下,信息组织和信息检索对 KOS 提出了更高的要求,网络环境中的 KOS 应克服传统 KOS 的局限性,拥有适应于网络环境的特点和功能,如:①

①拥有良好的语义定义和内部一致性;

②具备强大的用户交互能力,方便用户利用 KOS 学到该领域更多的知识;

③通过概念扩展和同义词扩展(同一语言或者跨语言的)以实现智能的后台检索扩展功能;

④对自动标引和自动分类系统的支持;

⑤对人工智能和语义 Web 应用的支持;

⑥具有可互操作性和可复用性;

⑦具备可扩展性,能够动态及时更新;

⑧能够实现协同编制和开发;

⑨具备易用性,网络环境中的 KOS 面对的用户,不仅仅是专业的信息人员,更多的是没有经过培训的因特网普通用户。

KOS 是用户信息需求和信息资源之间的桥梁,无论是浏览还是检索,KOS 都能够通过一个知识发现的过程来指导用户,KOS 通过对信息资源的组织、检索和导航,发挥用户与信息资源间的中介作用。

3. 知识组织系统研究内容

KOS 一直处于创新变革中以适应各种不同信息资源处理的需要,以满足用户日益深化和多样化的信息需求。目前,计算机界、图书情报界都热衷于 KOS 的研究,研究主要集中在以下几个方面:

①分类法和词表的数字化、网络化和标准化;

②各种新技术在网络 KOS 的实现和表示中的应用;

---

① Dagobert Soergel, Boris Lauser, Anita Liang, et al. Reengineering thesauri for new applications: the AGROVOC example. Journal of Digital Information, 2004, 4(4)

③跨语言词表构建和 KOS 互操作；

④将 KOS 集成到数字图书馆的体系结构中；

⑤信息科学领域的本体研究。

除了以上几大研究热点以外，一些基础性的工作也已经陆续展开：

①编制有关 KOS 的类型表，指出每一种类型的 KOS 的内容、功能以及在不同环境下的应用；

②开发 KOS 的登记注册库，编制描述 KOS 的元数据体系；

③制定 KOS 内容的 XML/RDF 表达形式；

④编制能够适用于所有 KOS 的一套关系模型，现存的各自为政的、孤立的 KOS 不符合当前统一的元数据标准和服务协议的潮流；

⑤探索 KOS 在数字图书馆宏观结构和服务设施中的融合问题；

⑥开发能够完全显示 KOS 中丰富语义关系的可视化工具；

⑦KOS 在信息组织、知识发现和检索、评价、可视化等中的特别作用。

第二节　知识组织系统在网络环境中的应用

KOS 在网络环境中的应用主要分为两种情况：一是传统 KOS（如文献分类法、叙词表等）在网络环境中的延伸和发展；二是在网络环境下发展起来的新型 KOS（如本体、语义网络等）在网络信息资源组织中的应用。本书主要介绍分类法、叙词表以及本体在网络信息组织中的应用状况。

一、分类法在网络信息组织中的应用

作为最经典、最成熟的信息组织方法，分类法对于网络信息组织一样有明显的优势：

①分类法具有较强的系统性。分类法采用划分范畴的树状结构按事物或学科分类组织网上信息资源，具有层次清晰、体系稳定等优点。

②分类法便于浏览检索和导航。分类法的等级结构便于用户在查找时进行浏览,当用户的检索目的不明确或检索词不确定时,分类浏览方式更有效率,它引导着用户按照初始的目标一步一步接近需求的信息。

③分类法提供对非文本信息的组织。当前,网络信息资源中非文本信息占的比重越来越大,如图形、图像、声音、动画等,分类法独有的聚类功能和代码标识在组织和揭示多媒体信息中占有极大的优势。

④分类检索语言的通用性。分类法以知识分类为基础,以独立于特定语言的符号为标识,具备成为不同语言转换中介的条件,可以服务于多语种检索。

⑤分类主题一体化为检索用词提供语境,有助于消除歧义。

正因为如此,分类法在网络信息组织实践中越来越普遍,一方面一些著名的文献分类法(如DDC、UDC、LCC)被不同程度地应用在网络信息尤其是学术信息资源的组织中;另一方面一些综合性搜索引擎和门户网站自主编制网络分类法以组织相应的网络信息资源。

1. 文献分类法在网络信息组织中的应用

传统的文献分类法是信息资源组织与揭示的主要工具,在图书馆环境下得到了充分利用。随着图书情报界对网络信息资源组织的关注,尤其是随着文献分类法的数字化和网络化,文献分类法被移植到网络信息资源的分类组织中,这种应用在学术性网络信息资源组织中尤为明显,形成了一些著名的主题网关(Subject Gateway)。

目前,一些公共图书馆、高校、研究机构联合开展了一些研究,以文献分类法为知识组织工具,从学科角度揭示网络信息,并建立了一些实用的分类检索系统。通过网络调查目前这样的系统大约有四五十个,[①]主要有两种类型:①利用国际通用的综合性分类法,如DDC、

① Gerry McKiernan. Beyond bookmarks: schemes for organizing the web. http://www.public.iastate.edu/~CYBERSTACKS/CTW.htm#Classification-Systems

LCC、UDC 建立的网络资源组织检索系统，既有综合性的也有针对某个专业领域的；②利用著名的专业分类表，如 EI(《工程信息分类法》)、MSC(《数学主题分类法》)、《ACM 计算机分类表》等建立的专业信息组织检索系统。

利用文献分类法建立的一些著名的网络资源组织检索系统，如 OCLC 的 NetFirst 数据库(DDC)、加拿大国家图书馆的 Canadian Information by Subject(DDC)、英国的 BUBL Subject Tree(DDC)、英国的 NISS Information Gateway(UDC)、英国的社会科学信息网关 SOSIG(UDC)、美国 Iowa 州立大学的 CyberStacks(LCC)、瑞典技术大学的 EELS(EI)，等等。其中以 DDC 使用最多，利用它建立的综合性和专业性网络资源检索系统有 20 余个，而且相对于其他分类体系建立的系统，利用 DDC 建立的这些系统的使用范围和信息收录范围也较突出。分析这些系统，会发现这些分类检索系统具有如下一些相同的特点：

①组织的网络信息资源都是经过优选的学术性文献。利用文献分类法组织的网络信息资源，一般采用传统环境下的编目方式，由专业人员完成，因而选择的每一条信息资源的质量都非常高，而且对这些资源内容的揭示都比较详细。如 BUBL 对收录的每条资源都进行了详细的揭示。

②系统有明确的信息资源收录范围，具有一定的针对性。这些利用传统文献分类法组织起来的检索系统，不论是综合性的还是专业性的，都不像一些大型的搜索引擎那样追求信息覆盖面的广泛，而是有一定的针对性，针对某个或某一些学科领域、某个地区或者某些特定的用户群来选择信息资源。如加拿大的 Canadian Information by Subject 只收录和加拿大有关的网络资源，美国 Colorado 州立图书馆的 KidsClick 就是利用 DDC 组织适合于青少年用户的网络资源的导航系统。

AIS：Association for Information Systems（资源名，提供到该站点的超链接）

A professional organisation which aims to advance knowledge of how the use of information technology can lead to improved organisational performance and individual quality of work life.（资源网站描述）

Author：Association for Information Systems（责任者）

Subjects：information technology, library and information science education（主题）

DeweyClass：025.04（DDC分类号）

ResourceType：institution（资源类型）

Location：usa（资源位置）

Last checked：19990515（更新时间）

图 10-6 美国 Kids Click 利用 DDC 组织网络资源

资料来源：http://bubl.ac.uk/link/linksearch.cfm

③一般采用的是已经有很深厚用户基础和国际通用的分类体系。这些著名的分类法，如 DDC、UDC、LCC 等已经有上百年的历史，为世界各地的广大用户所接受和了解，用它们来组织跨越时空界限的网络信息更易为人们所接受；而且经过专业机构不断地修订和完善，综合性的分类体系覆盖了人类知识的各个领域，专业分类法也覆盖了该专业的所有主题，并且它们严密的等级体系结构更符合人们的思维习惯，所以可以用它们来组织网络上丰富多样的信息，在这些零散的信息资源之间建立关系。

④对分类法进行了相应的类目调整和类目等级控制，采用粗分类原则。从用户易用性和网络资源特点的角度出发，一般都对传统的文献分类体系进行了相应的调整和控制。根据收录资源的范围和用户的特点，这些系统在类目的选择上有所侧重，有的是选择综合性分类法中的某一个专类或者几个相关的专类，有的则直接选用比较通用的专业分类法。比如英国的 SOSIG，它所收录的是社会科学方面的信息，所以只采用了 UDC 中社会科学及其相关类目用语组织信息（见图 10-7）。

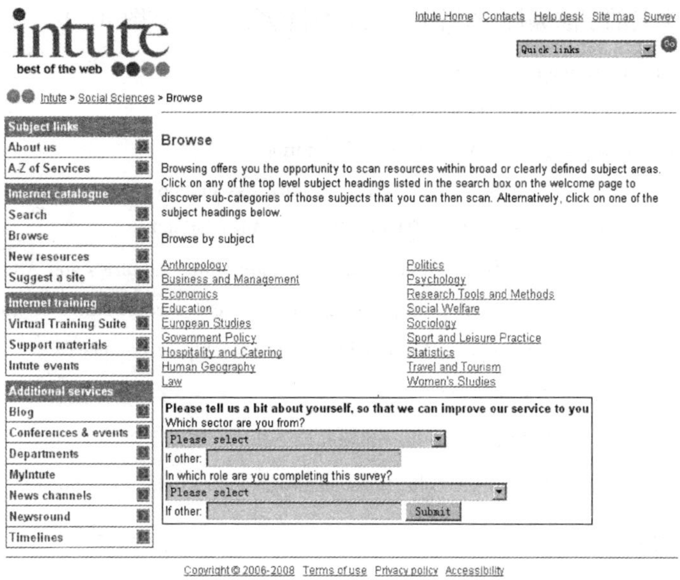

图 10-7　英国 SOSIG 基于 UDC 的类目体系

资料来源:http://www. intute. ac. uk/socialsciences/

此外,它们对类目的等级进行了控制,一般选用的是文献分类法的概略体系,分到三级左右,少数分到了五级、六级。有些资源虽然分到了五级、六级,但是系统总主题树只显示到三级,这是考虑到类目太细,有的类目下就只有一两条信息,而且避免层层点击次数过多引起用户的厌烦。如 CyberDewey 中,类目树只到三级,但有的分到了五级,它就把这些分到四级、五级的信息资源直接放在三级类目下,并把类号放在前面,说明其具体的归类。

⑤一般提供多途径检索。这些分类检索系统虽然按分类体系编排它所收录的资源,但因为对这些资源都进行了比较详细的编目,所以通常提供多种检索途径和条件限定。例如,加拿大 Canadian Information by Subject 提供两种类目浏览方式和一种关键词检索方式。这两种浏览方式中,一种是类目树结构,相当于 DDC 的主表,通过逐层细化来组织信息,具体类目下的资源则按照站点名的字顺编排,如图 10-8。另一种是

按照类名的字顺编排,相当于主表的类目索引一样,如图 10-9:

0 Computers, information & general reference

020 Library & information science

020.6 Library science—Associations, institutions, etc.

ABQLA - the Quebec Library Association

AccessOLA (Ontario Library Association)

ACMLA - Association of Canadian Map Libraries and Archives

Association du personnel des services documentaires scolaires

Association for Teacher - Librarianship in Canada

…………

图 10-8 加拿大 Canadian Information by Subject 基于 DDC 的类目浏览

资料来源:http://www.collectionscanada.gc.ca/caninfo/ep00.htm#02

例如:

…………

Libraries, archives, information centers devoted to specific subjects and disciplines

Libraries for special groups and organizations

Library and information sciences

Library science—Associations, institutions, etc.

Library science—Study and teaching

…………

图 10-9 加拿大 Canadian Information by Subject 按照字顺编排的 DDC 类名

资料来源:http://www.collectionscanada.gc.ca/caninfo/ealpha.htm

然后通过点击类名"Library science - Associations, institutions, etc."链接到类目树结构下,获取相关的信息资源。

此外,它还可以在检索框中输入检索词,只要这些词出现在信息资源名中就可以把这些资源检索出来。

其他的一些系统,有的还提供类号检索,主题词检索,或者提供一些字段限定,比如限定资源的类型、适用的对象、国别等,这在一些教育资源网关中比较常见。

⑥由专业研究机构来组织，多个机构合作，实现高质量信息资源的筛选和共享。这些系统一般由专业图书情报机构来设计维护，如OCLC、大学图书馆、公共图书馆等，而且一般是由多个机构合作进行。最著名的就是OCLC，所有OCLC成员都可以为它的NetFirst数据库中添加经过专业人员编目的信息资源。因为有专业机构维护，不断更新、添加信息资源，并且定期检查以前的资源是否发生改变或者删除，从而保证了资源的高质量。

随着图书情报机构对网络信息资源组织管理的日益深入，采用传统文献分类法来组织Internet上的信息资源的研究不断地深入，尤其是OCLC、欧盟等曾开展许多关于文献分类法在网络上应用的项目，如Scorpion、DESIRE等，并取得了很好的进展。由此可见，传统的文献分类法在网络资源的组织上依旧有它的用武之地，而且随着研究的不断深入，这种应用将不断地深入。

一些大型的分类法都有其专门的研究机构，这些机构近年来不断开展一些项目来研究文献分类法在网络环境中的应用，从其取得的一些进展来看，目前网络环境和技术下，利用文献分类法来组织网络资源是可取的，而且会不断地深入下去，其原因是：

①自动分类技术尚未发展成熟，自动分类聚类效果尚不理想，而在信息海洋中用户希望能够获取高质量的网络信息资源，所以人工分类编目提供的高质量数据库还是很有其市场前景的。

②目前的一些网络信息资源的半自动分类技术，是以传统的分类体系及其相关索引等作为知识库的，来建立关键词—主题词—分类号的转换的。比如OCLC的Scorpion项目就是利用DDC的ESS（电子编辑支持系统）作为知识库来对网页进行自动分类，提供相应的DDC类号供编目人员选择，以辅助人工编目。

③任何一个网络资源组织检索所覆盖的信息范围都只是信息海洋中极少的一部分，因此，为了提高信息的检全率和检准率，资源共享、联合编目这种思想应用在网络信息服务上也是可行的。这就缓解

了网络资源编目成本高、覆盖面狭窄的问题了。例如OCLC的CORC计划就是通过各成员机构的合作来进行网络资源的联合编目。

④网络检索的发展趋势是向分类主题一体化检索方向发展,而利用传统文献分类法进行编目的资源库中有许多类号和主题词的对应。此外,一些大型的分类法和主题词表之间早以建立了对应关系,如DDC与LCSH的对应、《中图法》与《汉表》的对应,这些已有的成果为网络资源组织的分类主题一体化发展提供了很好的先决条件。

⑤网络资源日趋向多语种化方向发展,文献分类法标识(类号)的通用性可以克服多语种检索的障碍,而且这些编制精良的文献分类法可以作为多种分类体系、主题词表的兼容互换中心,从而解决多语种检索和跨库检索时的词汇兼容的问题。

⑥自从阮冈纳赞提出分面分类的思想以来,国际上一些著名的分类法,如DDC、UDC就开始向着分面分类的方向努力。事实也证明,在网络信息的组织检索上,分面分类比等级列举式更具有意义,而且这种分面分类思想已经被搜索引擎有效利用,所以我们在利用文献分类法组织网络信息资源时应充分利用分面分类的思想,来增强其对网络信息揭示和组织的明确性、多维性和灵活性。

⑦随着网络信息格式的多样化,尤其是多媒体信息的增多,对于非文本信息的检索,如图形、图像、声频、视频等,由于其不易规范化、内容特征也难以用文字描述,利用关键词检索就显得很无力,分类法则提供了一条非常好的检索途径。

综上所述,网络环境下分类检索是不可或缺的,其地位会日益提高,传统文献分类法也将在不断优化的前提下,在网络信息资源组织中找到适合自己的位置,并向着专业化、分类主题一体化的方向发展,向着高质量信息提供和服务的方向努力。

2. 网络分类法

除了将传统文献分类法用来组织网络中的学术性资源,搜索引擎、门户网站等商业机构也积极编制网络分类法,组织文献分类法无法涵盖的非学术性信息资源。

(1)网络分类目录

网络分类目录,也称主题指南,是一种按照网络资源内容的等级和关系建立的网络检索工具,它提供网络资源的分类浏览和导航。国内外主要的综合性门户网站和综合性搜索引擎都提供了分类导航功能,这些网站一般采取自编的分类系统来组织网络信息资源(见表10-1)。

表10-1　国内外主要门户网站和搜索引擎分类体系大纲

雅虎	谷歌	搜狐	新浪	网易
艺术与人文	休闲	娱乐休闲	娱乐休闲	经济金融
商业与经济	体育	电脑网络	求职与招聘	公司企业
计算机与因特网	健康	卫生健康	艺术	电脑网络
教育	参考	工商经济	生活服务	社会文化
娱乐	商业	教育培训	文学	新闻出版
政府	地区	生活服务	计算机与因特网	教育学习
健康	家庭	公司企业	教育就业	娱乐休闲
新闻与媒体	新闻	艺术	体育健身	体育竞技
休闲与运动	游戏	社会文化	医疗健康	艺术
参考资料	社会	文学	社会文化	文学
地区	科学	新闻媒体	科学技术	科学技术
科学	艺术	政法军事	社会科学	医药健康
社会科学	计算机	体育健身	政法军事	政法军事
社会与文化	购物	科学技术	新闻媒体	旅游自然
		社会科学	参考资料	生活资讯
		国家地区	个人主页	少儿乐园
			商业经济	情感绿洲
			少儿搜索	个人主页
				时尚搜索

从这些中外著名网站和搜索引擎的分类体系可看出,其分类体系不同于传统文献分类法按学科划分的特点,是将网络信息内容特

征、网民信息需求特征及信息载体特征交叉混合构建而成,其体系缺乏严密性,但具有实用性和易用性。

这种网络分类法的特点主要体现在:

①重视以事物为中心设置类目,用直观的语词表示类目名称;

②采用多重列类、重复反映的方式揭示类目;

③类目排列方式多样,按逻辑关系、字顺、用户关注程度等多种方式排列;

④类目动态性强,及时更新,具有很高的适应性和适用性;

⑤类目多向成族,可以通过超文本链接技术实现自由跳转,形成网络结构。

通过对网站分类目录的考察,除了主题外,事物、具体应用、最终用户、地域、资源类型、媒体类型、语种都是网络信息资源分类的标准,并且在网络分类法的构建中,这些类目划分标准组合使用,任何一部网络分类法中都使用了两种或多种不同的划分标准,便于用户从多个不同的角度来获取信息。

(2)Folksonomy

Folksonomy,称为大众分类法或大众标注网站,是基于用户参与的第二代因特网而产生的一种新型的网络信息分类组织工具。它的编制和使用都突破了传统分类法的思路。

Folksonomy 是因特网时代的一个新创词,由 folk 和 taxonomy 组合而来,表示一种由非专业信息人员创造的分类法。具体来说,Folksonomy 就是由网络信息用户自发为某类信息定义一组标注或标签(Tag)进行描述,并最终根据标注被使用的频次,选用高频标注作为该类信息类名的一种为网络信息分类的方法。

Folksonomy 与结构严谨的文献分类法、规范复杂的叙词表以及网站预设的分类目录不同。它强调的是一种"自下而上的"、"社会性的"、"用户共同创造的"、"自由的"分类法。Folksonomy 完全是用户构建的,所以它体现了用户的智慧和习惯,真正是以用户为中心,这也正是 Web2.0 的核心所在。

Folksonomy 是社会性软件，系博客、维基、网摘等普遍采用的一种信息组织模式。美国《纽约时报》曾于 2005 年 10 月 5 日和 12 月 11 日进行专题报道，国外的网络信息架构研究者也对其进行了激烈的讨论，Folksonomy 已经成了网上新兴的分类思潮之一。2005 年国内博客网站 Blogbus 首次推出标注功能并与专业搜索引擎 Technorati 整合，标志着 Folksonomy 理念进入中国并逐步被我国网民采用。[①]

与传统的文献分类法相比，Folksonomy 具有如下优势：[②③]

①平面化、非等级的类目结构，组织形式更直观、灵活

传统分类法具有严密的等级结构和逻辑体系，Folksonomy 则是平面的、非等级的。与传统分类法相比，这种分类法的特点在于它并没有采用预先制定的分类法和词表，而是用户根据个人的使用习惯，以自定义的自由词为数字资源对象进行标注和分类。所以 Folksonomy 比传统的等级分类和分面分类法更接近用户大众，并易被他们接受，自由灵活是其突出的优点。

一些门户网站和搜索引擎对信息的组织一般采用类目细分的方式来进行分类，如果分类体系过细，会增加网民的认识负担、影响检索效率；如果分类体系过粗，则会影响分类体系的清晰度，增加网民浏览选择的负担。Folksonomy 通过标注字号大小及颜色的不同表示其“受欢迎”的程度。它能够实现快速而自动的信息聚类，生成系列加权列表和标注云图（TagCloud）（见图 10-11）。这种云图不同于传统的、针对文本本身的关键词检索，而是一种模糊分类，具有较强的大众趋同性和直观性。

---

① 杨琳桦．博客要来一场 Tag 革命．http://tech.sina.com.cn/i/2005-05-25/0910616894.shtml

② 梁桂英，李记旭．Folksonomy 初探．图书馆杂志，2006(4)：46-49.

③ 余金香．Folksonomy 及其国外研究进展．图书情报工作，2007，51(7)：38-40，74

图 10-11　标注云图示例

资料来源:http://www.flickr.com/photos/tags/

②用户使用起来自由

相对于已有分类法,Folksonomy 的标注形成过程充分体现了其自由性。用户可以自由选择词来对其感兴趣的内容进行标识,提供一个或者多个标注,或什么也不作,只是浏览他人的标注。不同用户对同一内容的表示方式不尽相同。用户对内容进行标注后,他人可立刻看到这些标注,如果认为标注不合适,还可以自行增加新的标注,这也表明了它的另一重要特色——社会性共建共享。

Folksonomy 主要采用基于统计的方式对标注进行选择并显示。用户对于标注所代表资源之间的关系也可以进行表示。随着资源内容的变化,用户可以自由选择上传新的对已有资源的标注。

③公开共享性

Web2.0 特点之一就是共享性,Folksonomy 作为其应用之一,为用户提供了共享标注功能。标注在网络中都是公共的,可被所有人看到。用户可以自己建立一个标注来标引自己的信息文本,也可以使用别人提供或定义的标注进行标引。在网络上，用户可以看到其他人的标注，并且点击这些标注，进而看到更多使用这个标注的信息内容，或是与此相近的内容。这样一个开放的环境当然会更受到用户的欢迎。

当然，人们应用标注进行标引的目的并不相同，有的用标注标引自己的信息，供自己使用，如 Flickr；有的用标注标引他人的信息，为他人提供方便，如 Del. icio. us；有的用标注标引他人的信息为自己提供服务，社会性标注正是这一种；还有一类标引自己的信息供其他人使用，如 Technorati 标注。但它们都有一个相同特点，就是这些标注可被任何人看到和共享。

④低成本的信息组织方式

亚当·麦斯提出网络信息资源的组织有三种方式：①由图书馆 ICP 服务商和其他信息机构提供的分类目录（主题指南）；②作者创建元数据；③用户交流和共享产生的信息描述。Folksonomy 通过用户共享元数据来实现合作分类和交流，相对于前两种信息组织方式而言，无需预先编制、维护和学习庞大的分类体系表，也无需掌握专门的图书馆领域专业技术方法和进行专业培训，能够节省用户的时间和精力。

⑤多维度、多方面揭示和检索信息

作为 Folksonomy 类目的标注，它不同于分类目录和主题词。标注是在对文章概括和理解基础上产生的，是对内容的个人理解上的私人标注，未必针对主题，可能是时间、内容或与文章主题无关的词汇，因此标注的设定要比主题词自由和方便，可从多个维度揭示信息内容。

在以分类目录为基础的信息资源组织体系中，目录结构必须要事前规划，而标注可不考虑目录结构并以较少的代价细化分类。Folksonomy 的类目是由用户定义一个或几个标注组成，没有明确定义标注之间的关系，各个标注之间的关系是平等的，但又可根据相关性分析，将经常一起出现的标注关联起来，从而产生一种相关性的分类，它不像传统分类法和分类表，有多重明确的关系。

传统的分类法在编制时虽然都通过“参见”、“见”等方式努力为用户提供更多的检索入口,但是等级式的体系结构决定了其检索途径和检索入口的单一性。而在 Folksonomy 中,每一个信息文本或文件都由多个相关的标注来描述,通过标注的链接可以提供更多的检索入口。

⑥动态更新快

和传统分类法相比,Folksonomy 的又一个重要特色就是动态更新。动态更新是随着人们使用不同标注标识内容信息,被使用最多的标注就最能说明这条信息的特点。一些使用频率低的标注逐渐“淡出”人们的视野,而那些使用频率高的标注会在标注云图以字号变大的形式反映出来,这种更新可让人随时发现当前人们关注的“热点”和“走势”。它能够解决传统分类法更新慢、不能及时反映新出现的学科和专业术语的问题。

当然和传统的分类法相比,Folksonomy 还有其他的一些优点,诸如:它能够直接反映用户的词汇使用习惯和网络上的热门信息;在检索过程中,用户还可以浏览到许多意外的有用信息。虽然这种检索方式不太适用于专业信息的查找,但是对于大众用户来说,他们更乐于使用这种浏览的检索方式,也更容易发现意想不到的有用信息。

Folksonomy 是一种全新的分类思想和因特网应用方式,虽然它也存在缺乏层次结构、语义模糊、关系简单、使用范围有限等缺点,但确实是一种适用于 Web2.0 环境的 KOS。当前因特网信息资源呈现分布式、多领域、异构性等特点,因特网用户存在教育背景、地域范围、年龄和性别等差异,因特网存在跨语言、跨文化等问题,难以在因特网上对信息资源建立统一规范的、为所有用户接受的分类体系。Folksonomy 将 Web2.0 的特点和分类法思想结合,将用户信息需求和信息资源结合,将用户对信息资源的理解与学科知识体系结合。Folksonomy 的这些特点为在用户参与框架下对因特网信息资源进行规范提供了可能,为规范化的语义网的发展创造了条件。

实际上 Folksonomy 的标注是“以名立类”,充其量算是一种粗略的“聚类”。严格按照检索语言的原理,Folksonomy 的标注应该属于自然语言的关键词。因为它用于表示网络内容的标识不是代码而是不予控制的语词。它不对内容标识进行任何词间关系控制,也不按照某种预先设定的框架体系组织,因而很难归入分类语言或分类语义工具。应该指出,Folksonomy 不采用受控的主题标引方式,而是采用不受任何词表限制的自由标引方式,因而具有上述种种优点,当然也带来检准率低、缺乏关联、难以系统检索等缺点。

二、叙词表在网络信息组织中的应用

关键词检索的漏检、误检现象严重,使得叙词表对海量网络信息检索的辅助作用逐渐得到了专家们的重视。叙词表在网络信息资源组织和检索中的应用主要体现在三个方面:①直接利用叙词表进行标引和检索,尤其是对多媒体信息资源的标引和检索;②基于关键词检索的搜索引擎利用叙词表进行检索式的扩展和精化;③利用叙词表与分类法及其他词表的兼容互换,实现交叉浏览或检索。

1. 叙词表在网络环境中的发展

叙词表在网络信息组织中应用,首先应归功于叙词表的数字化、网络化。联机叙词表在网上发展迅速,它可以同时供联机编目人员和网络信息用户使用,并且提供浏览或检索功能。比起印刷版叙词表,它更适用于网络环境中的信息资源组织和检索。

目前,网络上的叙词表按功能和有用性分为两种类型:[①]

①独立叙词表。这种叙词表不附属于某个信息系统,不与任何资源相链接,仅供选择词汇使用。通过浏览叙词表,选择检索词,以选用的词汇作为检索入口词。如《艺术与建筑叙词表》(AAT),通过它的网络界面,可以直接浏览 AAT 的等级列表,也可以通过界面直接检索叙词和相关注释。每个叙词都包含相应的叙词、范围注释、上位词、下位词、相关词等信息。

① 戴维民. 信息组织. 北京:高等教育出版社,2004:290-291

②集成在数据库或信息检索系统中的叙词表。浏览或检索这类词表,可以直接链接到相关资源上,如与美国教育资源网关 ERIC 相关的《美国教育资源信息中心叙词表》、嵌入到 Free Medline 中的 MeSH 等。这种叙词表已经成为网络叙词表的主流。

随着网络上叙词表的逐步增长,大量叙词表的出现使得叙词表的互操作以及叙词表与其他 KOS 的互操作日益受到重视,基于叙词表互操作的跨库检索和浏览也发展起来。比如美国国家医学图书馆的一体化医学语言系统(UMLS),使用超级叙词表实现了跨叙词表的浏览;英国的高层叙词表项目(HILT)提供了基于叙词表的交叉浏览和术语服务。

此外,叙词表的图形化或视觉化、可视化也得到了开发。可视化的叙词表打破了传统叙词表的字顺排序规则,以词间语义关系连接词语,便于用于直观地理解词义,突出了词间关系的显示。

2. 叙词表在主题网关和网络检索数据库中的应用

主题网关是基于互联网支持系统化资源发现的服务。由于叙词表在知识组织方面的优势以及近年来网络叙词表的不断发展,使得一些主题信息网关纷纷利用叙词表对 Web 页面和站点进行标引和检索。其中比较突出的有英国的社会科学信息网关 SOSIG(《HASSET 叙词表》)、美国的教育资源网关 ERIC(《ERIC 叙词表》)等。这些主题网关往往使用叙词表对 Web 页面进行人工或自动标引,把叙词以字顺或等级层次的形式直接显示在检索系统的界面上,以便检索者浏览并选择合适的检索词进行检索。如社会科学信息网关 SOSIG 中,所有的网络资源都是由人工收集、选择和描述,并且也是由人工进行主题标引。这种由人工选择资源和标引主题词的系统向用户提供了高质量的信息资源和较好的检索效果。在该系统的高级检索模式中为用户提供了叙词表的检索界面,通过这个界面用户可以键入检索词并对词表进行浏览,同时选择上位词、下位词或相关词(如图 10-11)。用户还可以直接向 SOSIG 的目录发送检索式,从而检索经过主题标引的 Web 页面内容。

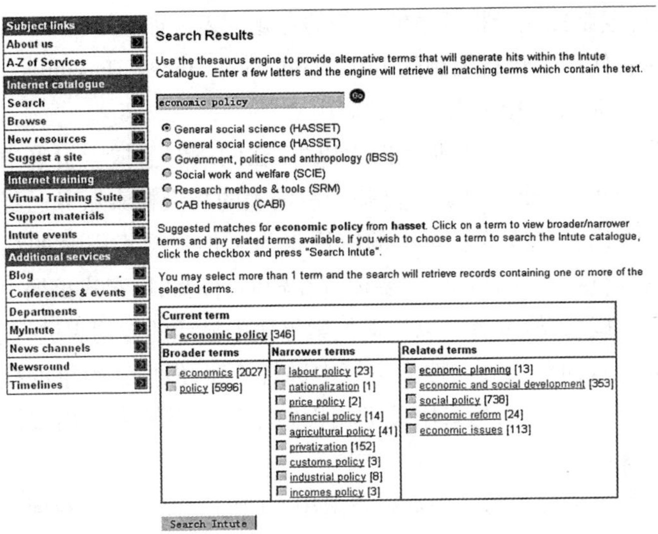

图 10-11　SOSIG 叙词表检索界面

而网络数据库是传统文献数据库的网络服务，这些数据库资源往往都采用分类表或主题词表进行过人工标引或自动标引。如工程索引数据库中的《EI 叙词表》、INSPEC 数据库中的《科学文摘叙词表》和《INSPEC 叙词表》、美国国家航空航天局的科技信息数据库 STI 中使用《NASA 主题词表》、UMI 数据库中使用的《ProQuest 受控主题词表》等。Free Medline（http://www.ncbi.nlm.nih.gov/PubMed/）是一种基于互联网的医学数据库检索系统，它不仅提供《医学主题词表》（MeSH）的浏览及检索功能，还提供主题词表自动转换功能，用户在检索时可以不必查主题词表，只要直接将检索词或语句输入检索框，系统就会自动将其翻译成主题词或副主题词进行检索。此外，该系统还采用菜单方式，进行检索词间的逻辑组配，并进行字段、语种、日期等检索限定。美国国家医学院的标引人员都严格按照 Mesh 词表标引每篇文献的主题词，这样检索者就能够在 Mesh 主题词表的指引下使用规范化的医学术语来进行有效检索。

在这些网络检索系统中，还有一部分是在参考已有词表的基础上,自行编制独立于检索系统之外的主题词表。如Education-Line数字文库就使用了自行编制的British Education Index Thesaurus。

3. 叙词表在搜索引擎中的应用

除了主题网关和专业数据库以外,在网络专业搜索引擎中也融入了叙词表,为搜索引擎提供基于叙词表的高级检索服务已经投入使用。叙词表在搜索引擎中的应用是为了加强搜索引擎的词汇控制,提高信息检索的质量,主要体现在辅助选词和检索式扩展上。针对某一个概念,检索者可以根据检索界面中显示的叙词表进行选词,把选取的叙词分别放入搜索引擎中进行检索,但搜索引擎的检索机制并没有改变,仍然是采用关键词检索。搜索引擎中应用叙词主要有以下特点:

①资源集合中的文档资料不采用专门的受控词——叙词进行赋词标引,而是采用全文标引或文档部分标引。由于全文自动标引技术已经很成熟,对文档资料集的处理基本上是可以自动完成,标引不需要由情报界专业领域内的专家们来完成,甚至不需要人工参与,这可以节约大量的人力,同时也提高了文档资料集的处理速度和处理量。

②检索时不管输入的是叙词还是其他词,搜索引擎把输入的词当成是关键词。

③叙词和检索系统一般是各自独立的,叙词表的维护对检索机制并不产生直接影响。

现在基于网络应用开发的叙词表软件在国外已广泛应用,叙词表的编制效率得到大幅度的提高,词表也更为精确,词表规模也得以合理的控制,这都为网络搜索引擎的应用提供了条件。

4. 叙词表在多媒体信息组织中的应用

图像、音频、视频等非文本信息日益增多,但对于这些多媒体信息的内容描述不够导致检索效率低下,有学者提出将叙词表引入到对多媒体信息的标引中,以提高其标引质量和检索效率。如美国加州大学的亚历山大数字图书馆(ADL)项目中就采用《ADL地貌特征叙词表》、《ADL物件类型叙词表》、《地理主题词表》等来描述地理图像信息。

三、本体在网络信息组织中的应用

1998 年,万维网之父 Tim Berners-Lee 在万维网基础上提出了语义网的概念,语义网是对当前万维网的扩展,使计算机能够“看懂”网页的内容,成为智能的网络资源导航工具,使计算机和人之间、计算机和计算机之间能够更好地彼此合作。实现这个目的需要按照一定的体系架构语义网的结构(见 10-12)。

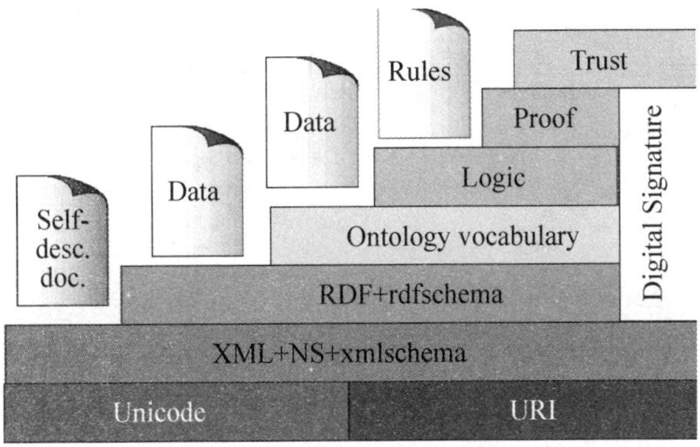

图 10-12　语义网标准体系架构

资料来源:Tim Berners - Lee. Semantic Web - XML2000. http://www.w3.org/2000/Talks/1206 - xml2k - tbl/slide10 - 0. html

在语义网七层架构体系中,从信息组织的意义上说,本体词表是其关键层次,如同情报检索语言之于传统文献信息的作用和地位。本体是从语义层面深入组织网络信息资源组织的一种 KOS。

1. 本体的构成

本体中的对象以及它们之间的关系是通过知识表达语言的词汇来描述的。因此,可以通过定义一套知识表达的专门术语来定义一个本体,来描述领域世界的实体、对象、关系以及过程等,并通过形式化的公理来限制和规范这些术语的解释和使用。

根据 Perez 等人对本体建模的研究,本体可由以下五部分构成(见图 10-13)。

①类(Class):类也称为概念,一般用于描述领域内具有相同属性或行为的一类对象的概念,如图 10-13 中“person”是一个类,“manager”和“technician”是“person”的子类,也是一个类。通过类的这种层级关系将本体中的概念组织成一个系统结构。

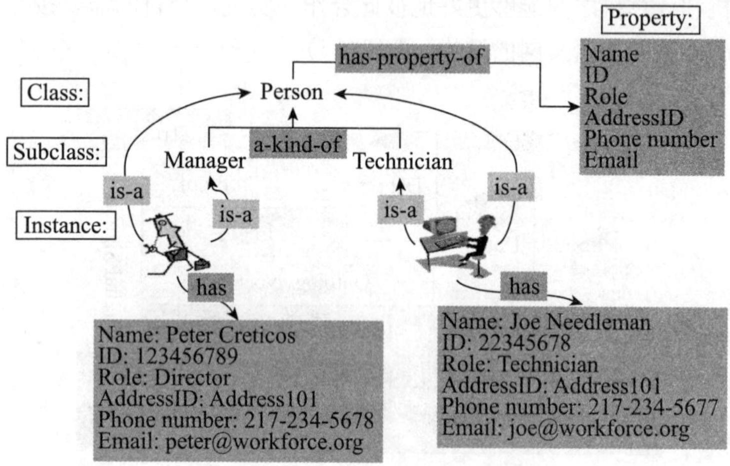

图 10-13　本体组成示例

②关系(Relation):关系是领域中类与类、实例与实例之间的联系,表示了领域中概念或实例之间的交互作用,如 Is-a、a-kind-of 等关系。

③实例(Instance):实例是领域内某一特定的对象,根据本体的颗粒度的不同,对实例的界定也不同。图 10-13 中“Peter Creticos”是“manager”的实例,“Joe Needleman”是“technician”的实例,同时他们也都是“person”的实例,所以继承了“person”的所有属性。

④函数(Function):一种特殊的关系,如 Mother - of 关系就是一个函数,其中 Mother - of (x, y) 表示 y 是 x 的母亲,显然 x 可以惟一确定他的母亲 y。

⑤公理(Axiom)。公理是领域内一些常识性知识的描述,是永真事实的描述。在应用本体的语义关系来进行逻辑推理的时候,这些规则能够发挥一定的作用。如“人是动物”就是公理。

此外,属性有时可以归于类,作为用来描述对象所具备性质的概念,有时可与关系划分到一起,是对概念内在特征和外在联系的揭示。函数和公理也可作为特殊的关系与关系归为一类。由上述描述可以看出,类、关系和实例是本体概念体系的基本构成,是领域对象概念化的主要元素。函数和公理的引入丰富了本体表达的内容,使得领域知识的表达变得更加严密和准确,并可通过推理发掘得出潜在的知识。

2. 本体的类型

根据不同的分类标准,可以将本体分成多种类型。按照具体的应用可以把本体分为以下几种:

①领域本体(Domain Ontology):领域本体是包含着特定领域概念、术语以及关系的本体。该本体主要是用于特定领域的应用。比如,电子类本体或者经济类本体等。

②通用本体(Generic Ontology):它覆盖了若干个领域或者具有通用性,通常也被称为核心本体(Core Ontology)。它包括的是关于世界的一般性知识和概念,比如时间、空间等等。因此,通用本体可以跨学科领域使用,比较有代表性的通用本体当数CYC。

③应用本体(Application Ontology)或任务本体(Task Ontology):应用本体是为某一特定的应用或任务而建立的本体。比如,在某数字图书馆的构建过程中,可以建立该图书馆的数字资源的本体,应用于该图书馆的信息表示与检索中。

④知识表示本体(Representational Ontology):表示本体定义的是一些表示的实体。比较著名的表示本体是Frame Ontology,定义了一些类似于框架(Frame)、属性(Slot)以及属性限定(Slot Constraints)。

⑤术语本体(Terminology Ontology):术语本体是那些其类目不需要完全描述公理和定义的一种本体。目前最著名的术语本体当数

WordNet,还有一些科技用的术语词典也可以称得上是术语本体。

另外,按照本体的形式化程度来说,可以将本体分为以下几种:①完全非形式化本体。②结构非形式化本体。③半形式化本体。④严格形式化本体。

3. 本体与传统情报检索语言的比较

本体是一种 KOS,是一种知识表示的手段,是知识库也是概念间的关系表。本体与传统情报检索语言有许多相同之处。下文将结合情报语言学和本体的相关理论,对两者进行全面的比较。

(1)从定义来比较

本体是共享的概念模型明确的形式化的规范说明,而检索语言指的是能够标引和检索某领域信息的概念的集合。一般来说,它们都需要一定的规范化,即控制的过程。两者在概念上有以下几点相同:

首先,两者都是某一领域知识的概念的集合。无论是本体还是检索语言,都必须确定一定的范围,即相关的领域。可以说,任何表示知识的工具都有其应用的范围。根据范围的不同,本体和检索语言都有其自己的分类:如本体可以分为通用本体、领域本体、任务本体等,而检索语言有专业性和综合性的区别。另外,本体和检索语言都包括了领域内所需的概念,并且都采取一定的方式来表示这些概念,作为该领域知识表示的基础。

其次,检索语言和本体都讲究控制。本体中选择的概念以及概念之间关系的选择都是经过了详细、严格的审订。这一点与主题语言的选词以及词间关系的建立是有相同之处的。为实现本体约定(ontological commitment),本体在选取概念以及概念模型时,必须选定大家熟悉的、公认的,这样概念才能够在具体应用中得到普及。一样的标准必然导致两者选择的词也一致,通常来说,某一领域的本体在对概念选词时,均要参考该领域的术语表,而某一领域的主题词表则可以看作是该领域的术语表。

同时,两者在概念上也存在一些差别:

首先，两者的差别主要表现在概念模型即认识世界的方法上。本体与检索语言的最大区别就是两者有着不同的认识世界的思想：本体的分析方法是一种面向对象的分析方法，即将事物作为一个个整体的对象、对象的属性和过程进行处理，检索语言则是将概念的独立的部分进行处理。比如说，在描述一个桌子的时候，本体就会生成一个桌子的对象，它包含桌子的长、高等属性信息，同时可能含有桌子的修理、桌子的采购等操作函数；而叙词表在描述这些概念时，会出现多个概念或用多个概念进行组配完成，比如，可能有桌子的高度、桌子的长度以及用桌子加物品修理组配完成；分类法在描述上述概念时，则会按照学科将上述概念进行归类。比如，桌子的采购可能放入经济类，而桌子的长度、高度等可能分在工业测量类，修理等可能放在工业类等。很显然，本体的分析方法在描述世界的对象时，将对象的一些重要属性和操作与对象本身紧密联系，因此其表示方法更形象、准确、自然一些。由于检索语言本身具有的概念之间的关系比较少，因此检索语言的描述方法则显得较为粗略、松散。总的来说，本体可看作是面向对象的知识表示工具，词表可以看作是面向概念的知识表示工具，而分类法则可以看作是面向学科的知识表示工具。

其次，本体与检索语言的区别还表现在形式化程度即机器的理解能力方面。尽管存在完全非形式化本体，但一般来说，由于本体是用来在计算机软件代理之间以及代理与人之间相互通信，因此需要形式化程度较高的本体。由于计算机无法理解完全非形式化的本体，因此完全非形式化的本体在计算机处理中作用不大，它的设立一般是为了方便用户的理解。检索语言，包括词表和分类法，尽管也都存在一定符号来描述概念之间的关系，但基本都是采用自然语言来描述，其形式化水平不是很高。在词表中，用、代、属、分、参能够表达一定的关系，在等级分类法中，根据分类号的构成一般也能够表达类目之间的等级关系，但是两者的形式化程度毕竟有限。这种形式化的差异实际上是不难理解的，检索语言的主要用户是具有一定专业检索知识的人,而本体的设计主要是为了软件代理中使用。

(2)从建立过程来比较

从两者的建立过程来看,本体和检索语言的建立基本是一致的。本体的建立首先需要领域专家以本体的分析方法提出本领域的概念模型,然后根据建立的模型对本领域感兴趣的一些词汇和概念进行选择,将这些概念和词汇进行一定的筛选和控制,最后请计算机专家或者领域专家使用一些形式化语言或工具建立本体。检索语言的建立步骤也需要领域专家提出分类体系、对概念进行筛选、对概念间的关系进行识别,最后编表。

(3)从两者的形式来比较

本体与检索语言中的分类语言在形式上有共同之处。本体中存在层次体系,并且正是依据这个层次体系将概念进行组织,这个层次体系本身就可以看作是分类学的一种应用。正如 Dagobert Soergel 所言,本体也应用了分类学,它只不过是分类学在人工智能领域所起的一个新的名字而已。[①] 而且,目前本体发展的一个难点问题就是还没有提出一种统一的分类标准,得到大家的肯定。因此,本体与分类法在形式上是相关的。两者的不同主要体现在分类体系的选择上。检索语言的分类法主要是以学科为主的、科学的、严密的分类体系,而本体的分类体系则比较随意,正如上文所讲,目前还没有形成一个本体的分类的统一标准。因此 Dagobert Soergel 呼吁应该加强不同学科间的合作,应用分类学的一些知识建立本体的分类标准。

尽管两者概念间都存在着联系,本体的语义关系比较复杂,而词表的联系则较为简单。在词表中,只存在用、代、属、分、参等简单联系;而由于本体要应用于知识的推理中,因此它的语义联系则要复杂的多。另外,本体存在一些推理规则、函数等,这些是检索语言所不包括的。

① Dagobert Soergel. The many uses of classification: Enriched thesauri, ontologies, and taxonomies as knowledge sources. SIRCR,2001

(4)从面向的用户来比较

本体的建立主要为了软件代理之间进行通信,或者人与软件之间进行通信。检索语言的用户主要是用来实现手工的标引和检索。从这点看,两者区别很大,也导致了两者在形式化等其他方面的不同。

(5)从描述信息的角度来比较

秦健指出,本体与检索语言的不同主要表现在本体可以描述信息的多个方面(如主题、格式、创建日期等),而检索语言只能描述信息的主题内容,因此,在表示信息时,本体比检索语言更加灵活。传统的分类法、叙词表在表示信息时,只是表示信息的主题内容,而很少能够揭示信息的一些外在特征,如作者、创作时间、出版社等。而本体则需要给所表示信息的概念加一个属性,就可以完成某一个方面的表示,因此具有很大的灵活性。如在斯坦福大学给出的书目本体中,概念“书本”(bibli - Text)下设立了概念“书目名称”(bibli - Name),在这个概念里设立了作者姓名(author Name)、出版社名称(publisher - Name)等属性,可以将这些相关联的概念紧密的联系起来,而检索语言则不能够实现。基本上,本体能够起到与元数据相同的作用,但由于它具有可扩充性,因此在实现上比检索语言要灵活。

对于本体来说,描述信息的不同特征,只需建立多个不同的概念树即可,而这些概念树通过本体中的概念、属性、操作等可以建立联系。这与检索语言的分面思想是一致的。只不过本体将分面组配应用于信息的非主题方面,而使用分面思想的检索语言,如分面分类法等将组配应用于描述信息的主题,而没有应用到表示信息的其他方面。

(6)从功能上来比较

两者都可以作为信息表示和检索的工具。但是,两者提供的检索方式也有区别:两者的差异主要是本体不仅能够提供基于字面的检索,而且,它还能够实现基于语义的知识检索。而检索语言一般只能实现简单的语义匹配检索。由于本体存在丰富的概念联系,而且还有一定的推理规则与函数等,能够实现语义推理,因此能够进行知识检索(事实检索)。尽管在主题词表中,可以根据用、代、属、分、参等实现简单的扩检、缩检等,但它无法实现语义推理检索。

另外,本体的应用比情报检索语言要宽泛得多,除了在信息管理领域中应用外,在知识工程、人工智能、企业知识管理等领域都有所应用。

通过上述六个方面的对比,基本可以看出情报检索语言和本体之间的异同。表10–2列出了本体与检索语言的一些主要的不同之处:

表10–2 本体与检索语言的主要差异比较

比较指标	本体	情报检索语言	
		叙词表	分类法
概念模型	是面向对象的认识世界的方法	面向概念的信息表示与检索方法	面向学科的信息表示与检索方法
概念关系表达	多达几十种、上百种关系	等同、等级、相关三种关系	包含、并列、交替、相关等关系
形式化程度	一般较高	较低	较低
分类体系	存在,较为混乱,没有统一标准	有的存在,基本采用学科分类	存在,存在学科分类
使用对象	软件代理系统	人	人
应用	提供语义检索和事实检索	主要用于信息主题表示与检索	用于信息的分类表示与检索
描述对象	较全面,可以包括信息主题的内部特征和外部特征;并且可以表示一些具体存在的事物	基本只描述信息的主题	基本只描述信息的学科、专业属性

4. 本体的功能

本体对领域知识进行了一种表述,统一了领域内的术语和概念,从而增加了知识共享、知识重用的程度。本体的功能主要体现在以下几个方面:

①交流:主要为人与人、机器与机器或人与机器之间的交流提供共同的词汇。通过公认的概念集来减少因对概念理解的不一致,以及表达习惯不同而带来的交流障碍。

②共享与复用。本体能够实现一定程度的领域知识的共享和复用,这一点与检索语言在领域中的作用是基本相同的。假设在某一领域内,一个权威机构设立了本领域的本体,将该本体应用于本领域之中,那么如果有新的机构要在该领域进行知识表示等行为,则只需引入已建立的本体到自己的应用即可。如果对于一些概念有不相同的理解或需要增加、删除一些内容,也只需在已建立的本体基础上做一些修订,而不需再重建一个本体。

③互操作。本体是领域知识表示的标准和形式化,建立领域本体就能够在不同的系统、模型之间进行通讯,实现互操作。

从信息组织的角度来理解本体的作用,本体的功能可以表述如下:

①本体是关于领域知识的共同理解和描述,这使得基于本体的网络信息资源组织是建立在语义层面而非语法层面,是以信息或知识的内容和本质特征为依据进行的组织。

②信息组织或知识组织的目的是建立有效的信息系统,从而便于获取和利用。本体对于概念及其关系的精确描述可以大大提高信息系统的效率。

③本体面向计算机和网络的特点及其形式化的描述使其能够更好地满足网络信息资源组织的需要,尤其是语义网信息组织的需要,所以它成为语义网体系框架中一个主要的层次。

5. 本体的构建

(1)本体的表示语言与工具

一般来说,由于本体具有机器可读和推理等特性,因此一些主要的形式本体都是采用基于谓词演算的语言和工具表示的。比较出名的本体表示语言有基于一阶逻辑的本体表示语言 Ontolingua、CycL 和基于描述逻辑的本体语言 OIL、DAML 及网络本体语言 OWL(web ontology language)等。

其中,OWL 是 W3C 推荐的国际通用的标准语义 Web 语言,是最通用的一种本体表示语言。它通过关联描述逻辑,对概念、概念属性以及相互关系的描述,构建概念的复杂关系网络。OWL 语言提供了三种表示能力递增的子语言,OWL Lite、OWL DL 和 OWL Full 来分别满足不同组织机构的本体建设者和使用者的需要。

除了上述语言之外,还有一些本体构建和表示工具,如斯坦福大学使用 Java 编写的 Protégé 本体编辑平台,德国 Ontoprise 开发的 OntoEdit,提供了本体开发和维护的可视化环境。

(2)叙词表向本体的转化

检索语言作为信息检索领域中的信息表示与检索的工具,对各个领域的信息的组织和检索起了很大的作用。本体作为一种新兴的知识表示工具也在信息表示和检索中发挥其作用,而且,本体的分析方法较之检索语言有一定的优势,因此,目前一些图书馆学情报学专家开始尝试将传统的叙词表和分类法转化为本体,作为信息组织和检索的工具。

(3)本体构建实例

例一 《艺术与建筑叙词表》(AAT)向本体的转化项目

该项目是荷兰政府资助的"多媒体信息分析"的一个子项目。阿姆斯特丹大学社会情报学系将 AAT 改造为本体,使之能够提供可扩展的结构化的知识表示工具,用来表示现实中存在的具体的古代艺术品。①

B. J. Wielinga 等人认为,在艺术品的表示与检索中,结构化的信息能够提高检索效率。结构化的描述方式(比如,描述艺术品的主题、色彩、形状等)一方面可以限定用户的检索范围,提高检索效率,另一方面可以满足一些特殊要求的检索(比如要查找形状为圆形的艺术品)。在结构化的信息表示方法——元数据中,DC 元数据

① B. J. Wielinga, etc.. From thesaurus to ontology. Proceedings of the 1st International Conference on Knowledge Capture, NY:ACM,2001:194-201

是目前业界公认的标准，而 VRA(Visual Resource Association Core Categories)则是艺术类的元数据标准，同时它与 DC 元数据是兼容的。因此，研究人员采用 VRA 作为描述信息的结构。VRA3.0 版本中共包括 17 个对象，如创作者(creator)、时间(date)、文化(culture)、描述(description)等。这 17 个描述对象都作为本体中的属性，同时，由于等级结构化的表示方法易于扩充表示，他们采用了等级结构化的表示方式，而不是如普通元数据那样的平面的字段表示形式。通过研究发现，VRA 的 17 个元素中绝大部分都可以使用 AAT 词表填充。

研究人员认为，叙词表能够在结构化检索中使用有三个条件：①叙词表在结构上要具有等级层次结构，在词汇描述上具有准确性和稳定性；②词表能够跟结构化表示的相关节点联系起来；③词表能够起到一定的限制和推理作用，简化标引人员的工作。比如，如果一个艺术品是明朝的花瓶，那么的它的生产时间和材料等基本都可以确定了。

通过研究，他们得出 AAT 符合上述的要求，可以向本体转换。在 AAT 叙词表中包括了 28 000 个正式词，加上同义词和相关概念，共 12 万个词，并且还提供范围说明和概念的详细定义；该词表具有等级结构，共由 33 个概念树组成，并且每个正式词只在一个等级树中出现。

为了将词表转变为本体，需要对词表进行一定的修订。修改词表的过程如下：

首先，将词表的等级概念转化为概念的等级层次。每一节点都至少有两个属性：属性 label，即该节点代表的正式叙词；属性 synonyms，即该叙词的一些同义词；其次，增加一些概念，使得词表在表达一些概念的时候更加专指；最后，加入一些领域性的知识。

在修订好词表以后，研究人员以古代器具为研究对象，建立了一个该领域的本体，步骤如下：

第一，确立一个古代艺术器具的描述模型。在实践中，除了上述 17 个 VRA 属性外，还采用了另外 8 个描述对象，共 25 个描述对象来描述古代器具。另外,这 25 个描述对象被分为产品相关描述词、物理描述词、功能描述词和管理描述词。

第二,将一些属性和 AAT 词表中能够填充该属性相关集合建立连接。在实际应用中,9 个要描述的属性(可以说是比较重要的几个属性)可以用上面已建好的词表中的受控词的等级体系标引。

最后,应加入一些领域信息,特别是一些能够对器具和属性值起到限制作用的领域知识。

这个项目的实现是以 Protégé 2000 为编辑工具、以 RDF/RDFS 为表示语言来实现了词表向本体的转化,来表示艺术品的信息。与传统的知识表示方法相比,该方法表示的是现实生活中具体存在的事物,而不是传统的一些信息源。

例二　GEM(Gateway to Education Materials)项目本体的建立

GEM 是美国教育部为了方便教师和学生查找有关教学的网络信息资源而设立的一个主题网关。GEM 定义了一套自己的元数据方案和受控词表。学者秦健等人在研究中实现了将 GEM 的元数据和词表向本体转换。

在研究中,秦健认为,除了 Tom Gruber 给出的 5 条设计本体的基本原则外,将已存在的词表转化为本体时,词表应具有下面的 4 条性质:①

①高层次的概念:在 GEM 中,受控词汇在表达数字信息的时候采用了将其作为一个整体的方法描述的。但是经过用户的检索调查发现,用户其实只关心某个部分。因此,需要将表示的范围扩大,将其置于高层次。

②加深类与其下位类以及交替类的语义关系:将已有的受控词汇转变为本体不只是简单地添加一些类,更重要的是应该建立不同的类之间的详细的语义联系。

③概念和概念之间关系的描述语言:正式的描述语言是基于描

① Jian Qin, Stephen Paling. Converting a controlled vocabulary into an ontology: the case of GEM. Information Research, 2001,6(2)

述逻辑的。

④本体的可重用能力和可共享能力:在不同的老师、学生之间对不同的词有相同的理解能力。

在 GEM 设计的本体中,其顶级类就是资源,资源包括了 GEM 自己开发的元数据元素,如读者对象、教育程度、年级、语言、教学方法、关系类型和主题等,将他们作为资源的属性。这些属性又包括了 isChildOf、isParentOf 等 16 种语义关系。

将词表转变为本体后,秦健等学者发现本体在描述数字物体时,比以前的词表具有更深层次的语义关联。

除以上将检索语言(受控语言)向本体转化的例子外,还有一体化医学语言系统(UMLS)向本体转化的项目等。

6. 本体在信息组织领域的应用

基于关键词的信息检索不能满足用户在语义上和知识上的需求,本体具有良好的概念层次结构和对逻辑推理的支持,通过概念之间的关系来表达概念语义的能力,所以能够提高检索效率,因而在信息检索,特别是在基于知识的检索中受到了广泛的关注。但由于本体的实用化还处在探索阶段,真正成型的应用并不多。目前,采用本体实现知识检索的系统主要有 OntoBroker、SHOE 等。在 OntoBroker 中,OntoCrawler 将自动采集的 HTML 页面按照标记语言对页面进行一定的标注,比如,在一个介绍某人的页面中,能够抽取出某人,其姓名为 A,职业为 B 等,然后将其按照本体的结构存于事实数据库中,如姓名、职业等放在本体中某人的实例 A 中的姓名属性和职业属性中。在检索过程中,再按照本体要求重新构造检索式,同时,推理引擎将进行推理,将检索到的知识返回给用户。其返回给用户的结果不只是单纯的页面,而是一种知识了。比如,用户输入"比尔盖茨的职业",系统可以返回"微软总裁"这样的知识。

采用本体来组织检索系统里信息资源,可以避免全文检索系统检准率低的缺点,并且返回给用户的是相关知识,这实际上是一种知识检索或事实检索。但目前这种方法还不是很成熟,有待完善。

第三节　知识组织系统的互操作及其实现

一、知识组织系统互操作的概念

1. 知识组织系统互操作的性质和功能

各种KOS都是为特定目的而设计的,均有其总体结构、范围及目的,各有长处也存在不足。因此,任何一种KOS无论它的体系有多么完善,所采用的方法有多么先进,一般说来它是不可能适用于一切检索系统、满足一切知识表示和信息检索要求的。因此,在KOS构建研究中,单一KOS的完善已不再是主流方向,重点已经转移到如何将多类型、多语种、多学科的KOS通过互操作实现交换、共享和集成整合,并被运用于多个信息系统,实现跨系统互操作。

早在情报检索语言发展的初期,就有学者提出了情报检索语言应具有兼容性,并开始了不同检索语言之间的兼容互换研究。在近年的KOS互操作的研究中,不仅研究提高不同叙词表和分类体系之间的互操作,也进行了自然语言和受控语言之间、不同KOS之间、不同语种自然语言之间的KOS的互操作问题。

一般说来,KOS的互操作,具有如下功能:

①提高标引的效率;

②实现一站式浏览和检索;

③通过集成创建新的KOS;

④便于KOS维护和更新;

⑤提供术语服务。

2. 知识组织系统互操作的类型

KOS互操作是为了解决异构、跨领域和多语言问题,可把KOS互操作分为跨领域、跨结构和跨语言三种:

①按照参与互操作的KOS类型的异同,KOS互操作可以分为同构KOS互操作和异构KOS互操作,前者如多个主题词表的互操作,

后者如主题词表与分类法、术语表的集成等；

②按照参与互操作的 KOS 领域范围，可以分为综合性 KOS 互操作和专业性 KOS 互操作；

③按照参与互操作的 KOS 语种，可以分为单语种 KOS 互操作和多语种 KOS 互操作。

其实，从 KOS 互操作实现的层次，还可以划分为词汇层、概念层、语义层和结构层的互操作。

二、知识组织系统互操作的模式

KOS 的互操作问题并不是新提出来的，早在网络时代到来之前，图书馆和信息领域就在研究各种方法来减少在同一系统中使用不同叙词表的冲突问题。但早期的方法过多的依赖智力劳动，随着计算机技术的发展，改进了互操作的方法，为互操作建立了自动化基础。

著名学者曾蕾和 Lois Mai Chan 两位学者总结了 KOS 互操作的 8 种实现方式并给以图示：[①]

(1)继承/仿建模式，也称为派生法。它以现有的复杂完整的词表为原型，创建专业的或简单的词表，如 MeSH 之于 LCSH(见图 10-14)。

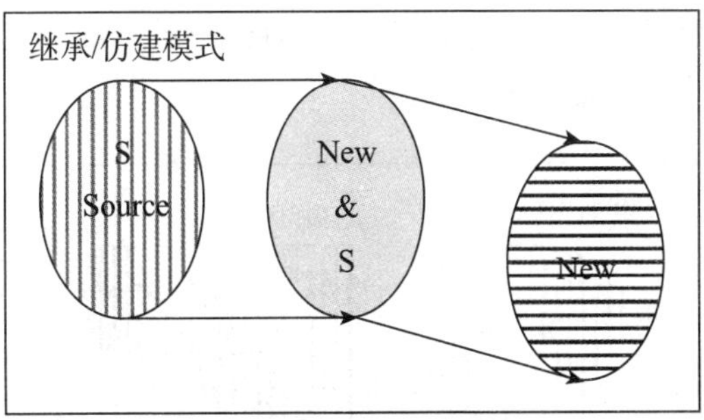

图 10-14 继承/仿建模式

① Marcia Lei Zeng, Lois Mai Chan. Trends and issues in establishing interoperability among knowledge organization systems. Journal of the American Society for Information Science and Technology, 2004,55(5):377-395

(2)翻译/改编模式。将其他语言词表翻译、改编形成自己的词表,许多非英语标题表都是从 LCSH 翻译而来的(见图 10-15)。

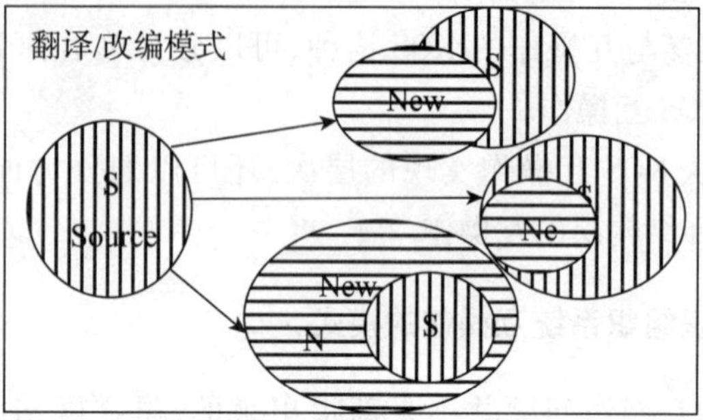

图 10-15 翻译/改编模式

(3)卫星表模式。也称微词表模式,对现有词表的某个主题进行扩展,形成新的子表,也被称为原表的卫星表。通常是对综合性的 KOS 的某个学科,在其基础上添加相对专业化、具体化的术语,并细化术语间的关系,形成针对专业领域的比较详尽的 KOS,如《中图法》与一系列专业分类表(《〈中国图书馆分类法〉教育专业分类表》等)。这种新建的目标 KOS 与源 KOS,如同子表与母表,两者的内在结构有机联系在一起,子表与母表兼容性较好,能够完全被容纳在母表的等级结构中(见图 10-16)。

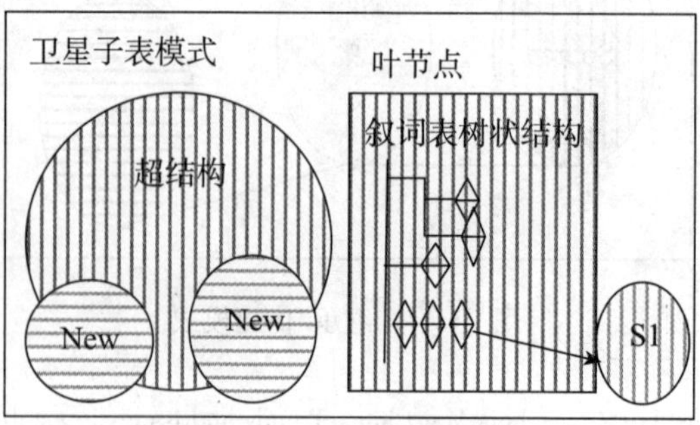

图 10-16 卫星表模式

(4)直接映射模式。直接在不同 KOS 的语词之间或者语词与分类号之间建立等价关系,需要相当大的人工参与,如《中国分类主题词表》即为《中图法》类目与《汉表》语词及词串之间的直接对应(见图 10-17)。

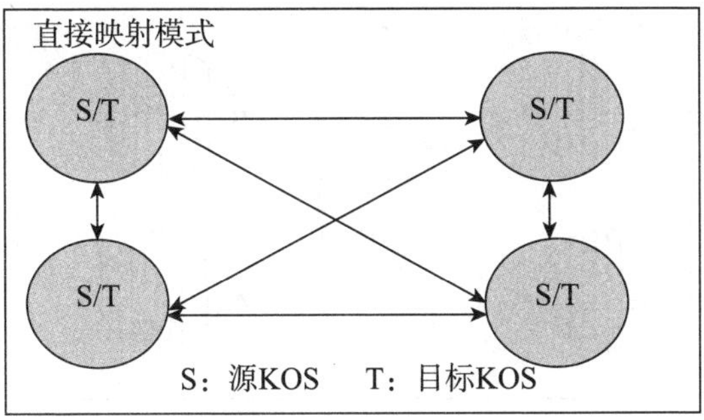

图 10-17　直接映射模式

(5)共现映射模式。通过 KOS 中的语词或类号在文献元数据记录中的共现关系建立语词之间、类目之间或者语词与类目之间的映射,如国内有研究尝试利用 MARC 记录中 690 字段(《中图法》)和 692 字段(《科图法》)的同现建立《中图法》与《科图法》的对应(见图 10-18)。

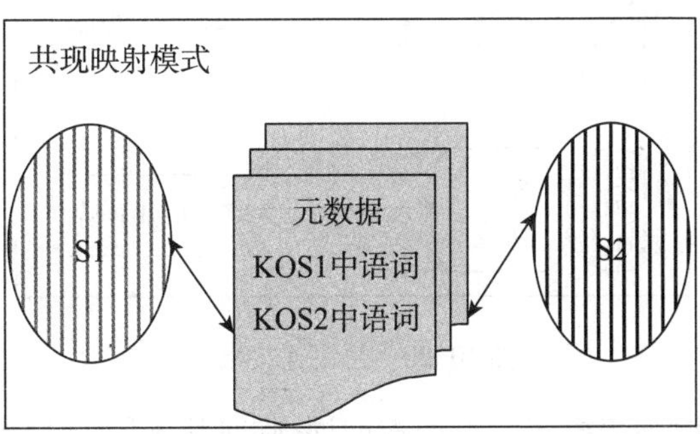

图 10-18　共现映射模式

(6)中介词典模式。也称中心转换模式,将参与互操作的多个

KOS 映射到一个共同选定的中介 KOS 上。这样,任何两个 KOS 之间的互操作可以通过中心 KOS 的转换实现,如 Renardus、UMLS。FAO 正在进行的一个计划,让各国农业叙词表通过其与 AGROVOC 的对应在相互之间建立关联(见图 10-19)。

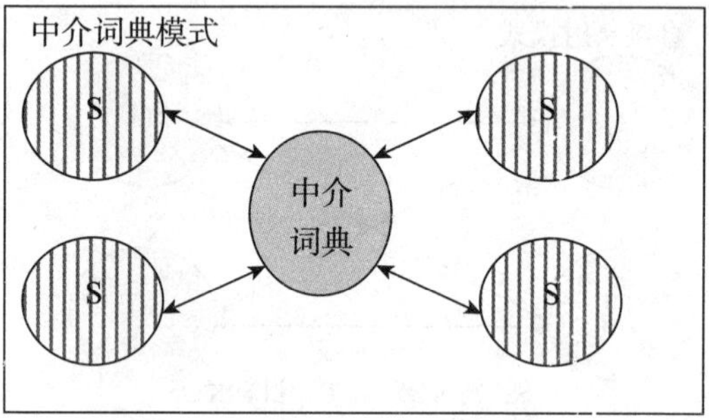

图 10-19　中介词典模式

(7)协议连接模式。通过建立 KOS 服务协议供其他应用程序访问,创建连接环境,实现 KOS 的互操作,如加州大学的 ADL 项目(见图 10-20)。

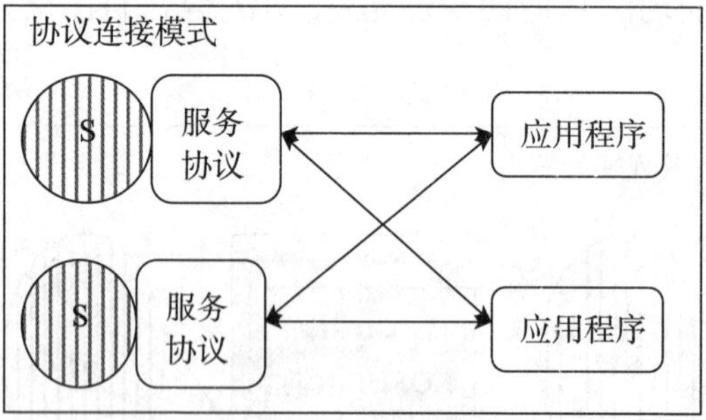

图 10-20　协议连接模式

(8)临时列表模式。根据查询词,临时从不同的 KOS 中提取相匹配的对象,组建临时对应列表。这种映射方法是一种散点式的映射方案,如 CAMed、MACS、Merimee(见图 10-21)。

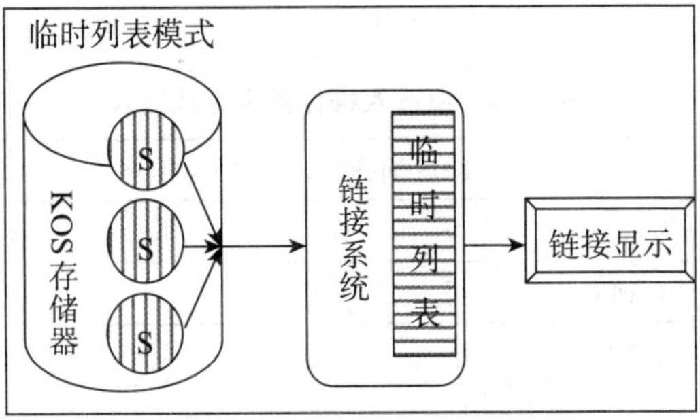

图 10-21　临时列表模式

北京大学王军等学者将这 8 种 KOS 互操作方式进行比较，归并出演化、映射、服务协议和临时连接四种类型（见图 10-22）。它将卫星表模式看成是一种以原 KOS 一部分为基础的扩展的基础；而共现映射是直接映射模式和中介词典模式的一种方法，无论是直接映射模式还是中介词典模式具体到每两个 KOS 之间的映射时都可以采取共现映射的方式或基于自身体系结构的映射方式。①

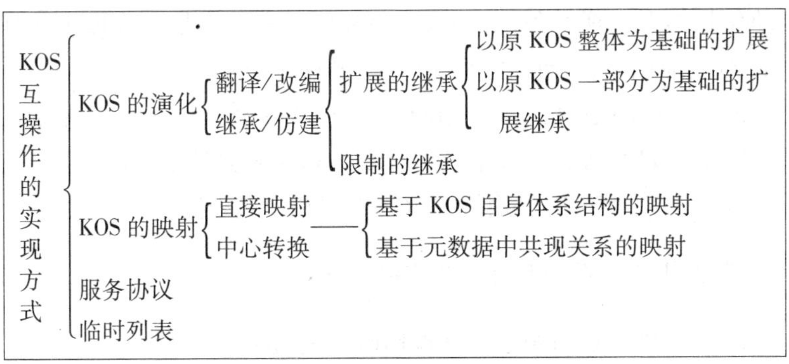

图 10-22　KOS 互操作方式分类比较

资料来源：同注释①

王军等人对这些互操作方式从实现方式、实现目的、适用范围等

① 王军，张丽．网络 KOS 的研究现状和发展趋势．中国图书馆学报，2008（1）：65-69

多个方面进行了比较(见表10-3)。

表10-3 KOS互操作实现方式比较

实现方式	KOS演化	KOS映射	服务协议	临时连接
以实现互操作为目的	否	是	是	是
参与的KOS是否独立生成	否	是	是	是
是否保存映射或连接	是	是	是	否
参与的KOS个数是否固定	是	是	否	否
实现的自动化程度	手工	人机	协议	机器
适用范围	KOS改造和利用	互操作	知识组织服务	简单联合检索

资料来源:王军,张丽. 网络KOS的研究现状和发展趋势. 中国图书馆学报,2008(1):65-69

由此可见,KOS演化主要是在已有KOS的基础上主要以人工方式构建新的KOS;KOS映射是主要的互操作方式,具备进行人工与自动化相结合实现的条件;而基于服务协议和建立临时连接主要是在KOS的应用上,并且对于源KOS提出较高的要求。

值得一提的是,在实际的KOS互操作实践中,往往是多种模式结合使用。如美国加州大学的CERES/BRD研究计划,在构建集成环境叙词表时,就同时采用了继承派生法和卫星表法。

三、知识组织系统互操作的实例

1. 国内外知识组织系统互操作研究现状

KOS互操作能够解决KOS应用中面临的多语言、异构、跨领域三个问题。跨语言的互操作在欧洲很受重视,这源于它的多语言、多文化的背景,相关的研究项目有MACS、Merimee、Renardus等。我国也有一些关于双语KOS互操作的研究,例如《汉语主题词表》与《美国国会图书馆标题表》之间的转换研究、《中国图书馆分类法》与《杜威十进分类法》类目的对应、《农业科学叙词表》与AGROVOC的对应等。异构 KOS 间的互操作是为了实现不同 KOS 间的知识交换、共享和复用。例如 OCLC 通过人工和统计方法建立 LCSH 主题词与 DDC 类号之间的映射;我国国家图书馆通过专家方法建立《中图法》与《汉表》之间的对应。跨领域 KOS 的互操作是为了满足交叉学科信息标引的要求。大量跨语言、异构、多领域 KOS 集成的研究项目已经启动,如 UMLS、HILT、GEMEN 等。传统 KOS 经过小型化、专业化的发展阶段之后,跨领域、多来源的兼容化、集成化和网络服务化已经成为 KOS 研究和发展的主流。①

美国学者曾蕾早在 2003 年就曾撰文总结国际上 KOS 互操作的研究项目,并总结出前述 KOS 互操作的 8 种方法②。武汉大学司莉于 2007 年也撰文总结国内外 KOS 互操作研究项目③。表 10-4为根据曾蕾、司莉等人的统计总结出的国内外正在展开的各种 KOS 互操作研究项目。

由表 10-4罗列出的众多项目可知,KOS 互操作已成为网络环境中不可回避的重要议题。从不同的角度可以把 KOS 互操作的类型划分为:同构 KOS 互操作与异构 KOS 互操作;双系统互操作与多系统互操作;单语种互操作与多语种互操作等。但实际上,在大多数互操作研究中采取的都是混合类型。由表 10-4还可知,KOS 互操作研究多由欧美等资源丰富的国家在进行。由此可见,随着资源的日益丰富,深度标引和一站式检索对知识组织工具的集成化也提出了要求。

---

① 朱礼军,赵新力,乔晓东. 跨领域多来源主题词表集成与服务研究. 现代图书情报技术,2007(1):20-24

② Marcia Lei Zeng, Lois Mai Chan. Trends and issues in establishing interoperability among knowledge organization systems. Journal of the American Society for Information and Technology, 2004,55(5):377-395

③ 司莉. KOS 的互操作及其实现. 现代图书情报技术,2007(3):29-34

表 10-4 KOS 互操作研究项目一览

	研究计划	KOS 类型			语种	主题领域	数量	国家地区
		分类法	叙词表	标题表等				
基于不同结构的KOS集成研究项目	CARMEN	×××	×××		英、德	数学、物理、社会科学	6	德国
	Classification web	×		×	英语	综合	2	美国
	DDC/LCSH	×		×	英语	综合	2	美国
	DDC/MeSH	×		×	英语	医学	2	美国
	ERIC/LCSH		×	×	英语	教育	2	美国
	Finnish Project	×		×	芬兰语	综合	2	芬兰
	HILT	×××	×××	×	多语	综合	5	英国
	Megathesaurus, H. W. Wilson		×××	×××	英语	综合		美国
	Polish Project	×××	×	×	英语、波兰语	综合	4	波兰
	Web Dewey	×		×	英语	综合	2	美国
	SKOS Mapping	×××	×××	×××	多语	综合		W3C
	UC Berkeley DARPA Unfamiliar Metadata project	×××	×××		多语	科学、工程	5	美国
	UMLS	×××	×××	×××	多语	医学、生物	140	美国
	高等教育分类主题词表	×	×		中文	高等教育	2	中国
	计算机文献标引对照系统	×××	×		中文	计算机	4	中国
	中图法·教育专业分类表	×	×		中文	教育	2	中国
	中国财经报刊数据库	×	×		中文	财经	2	中国
	中国分类主题词表	×	×		中文	综合	2	中国

（续表）

研究计划		KOS 类型			语种	主题领域	数量	国家地区
		分类法	叙词表	标题表等				
基于相似结构的KOS集成研究项目	ADL Project		×××		英语	综合		美国
	AGROVOC		×××		多语	农业		FAO
	CAMed		×××		英语、法语	医学	4	美国
	CAT/AGROVOC		×××		中文、英语	农业	2	中国
	CERES/BRD		×××		英语	环境	2	美国
	CLC4/DDC21	×××			中文、英语	综合	2	中国
	DDC/LCC	×××			英语	综合	2	美国
	DDC/NLMC	×××			英语	医学	2	美国
	FAT—HUM Classification	×××			英语	人文科学	2	英国
	HEREIN		×××		英语、法语西班牙语	文化遗产	3	欧盟
	LCSH/MeSH			×××	英语	医学	2	美国
	MSC/DDC	×××			英语	数学	2	美国
	GEMET		×××		多语	环境		欧洲
	GEMET/AGROVOC/NALT		×××		多语	环境	3	FAO
	LCSH/GASFD			×××	英语	文学作品	2	美国
	MARCS			×××	德语、法语、英语	综合	3	欧洲
	Merimee		×××		英语、法语	建筑、艺术	3	法国
	SAB/DDC	×××			英语、瑞典语	综合	2	瑞典
	Renardus	×××			多语	综合		欧洲
	中医药学主题词表		×××		中文、英语	中医药学	2	中国

（注：×××表示互操作中该类型的 KOS 不止一种，×表示仅一种）

随着中文资源的日益丰富和需求的日益膨胀,信息资源的深度标引和一站式检索也要求中文 KOS 能够实现互操作、集成化。国内中文 KOS 的发展相对滞后,主要以《中图法》和《汉表》两部综合性 KOS 为中心,形成了《中分表》(前已详述),各专业领域也发展各自的领域 KOS。其他的一些 KOS 集成研究也都是围绕《中图法》或者《汉表》展开。但总体说来,我国 KOS 的建设尚存在着一些问题,如数字化程度低、资源共享性差、自动化水平低等。

2. UMLS——集成式互操作模式

1986 年,美国国家医学图书馆(NLM)开始着手一项长期的研究项目,即统一医学语言系统(UMLS)。UMLS 研究项目的产生基于这样一个需求前提:"及时检索正确而新颖的信息,将有助于决策的制定,并能够提升研究及病人医护质量。"由于生物医学信息不断的增加,且分散于各个数据库系统,因此想要检索获取完整而新颖的信息殊为不易,是故 UMLS 应运而生。其目的在于提升系统能力,使系统能够了解用户在生物医学方面的问题内涵,并进而帮助用户检索及整合相关信息。UMLS 不仅是语言翻译、自然语言处理及语言规范化的工具,而且是实现跨库检索的词汇转换系统,能够帮助用户从数字病案系统、书目数据库、图像数据库、事实数据库、专家系统等各种联机信息源中检索和获取综合性或特定性的信息,克服了由于不同系统语言的差异性和不同数据库相关信息源的分散性所造成的各类检索问题。

(1)UMLS 的构成

UMLS 由超级叙词表(Meta Thesaurus)、语义网络(Semantic Networks)和信息源图谱(Information Sources Map)以及专家词典工具(Specialist Lexicon & Tools)四个相互关联的部分组成。

①超级叙词表是生物医学概念、术语、词汇及其等级范畴的广泛集成,2008 版共有 17 种不同语言,收录了 1 553 638 个概念,词串 7 781 500个。这些概念和词汇来自约 140 多种生物医学受控词表、术语表、分类表,专家系统中的词汇、词典及工具性词表等,超级叙词

表是按照概念语义予以组织，同一概念的不同名称被链接在一起。超级叙词表是 UMLS 的核心部分。

②语义网络是为建立概念、术语间错综复杂的关系而设计的，它为超级叙词表中所有概念提供了语义类型、语义关系和语义结构。2007 年版的语义网络包括了 135 种语义类型和 54 种语义关系。100 多种语义类型为超级叙词表中所有概念提供了一个统一的分类体系，54 种语义关系则展示了语义网络结构，并显示出生物医学领域内的重要关系。UMLS 的语义网络不仅运用了常规的语义控制手段，如等同关系控制、等级控制和相关关系控制，而且在语义规范和语义关系分析、延伸等多方面有许多创新。语义网络试图建立一种语义类型及其相互关系的权威规则，用以标引每一个超级叙词概念，或表达概念之间可能存在的相互关系。

③信息源图谱是一个关于生物医学数字资源的数据库，其目的是利用超级叙词表和语义网络实现以下功能：理解信息源与用户特定提问的相关性，以便选取最合适的信息源；为用户提供特定信息源的范围、功能和检索条件等人工可读的信息；自动链接相关信息源；在一个或多个信息源中自动检索并自动组织检索的结果。

④专家词典工具是包含普通的英语词汇与众多生物医学词汇的英语词典，旨在为自然语言处理专家系统提供词汇信息。每个词汇条目包含有专家自然语言处理系统所需要的句法、词法和字法信息。专家词典还包括一组词典程序，用以确定英语词汇的范围，识别生物医学术语和文本词的词形变换。

(2)UMLS 互操作的实现技术

UMLS 集成了 140 多个不同类型的 KOS，其互操作类型可以划分为：同构 KOS 的互操作、同一类型不同版本 KOS 的互操作、异构 KOS 间的互操作、综合性和专业性 KOS 的互操作、多语种 KOS 的互

操作等。UMLS 的互操作通过以下途径来实现:①

①通过三级模式表达概念及其相关形式

超级叙词表是依据概念或涵义为中心组织起来的,是“一种将概念转换成词,将词扩展成概念的工具”,“概念”是超级叙词表组织系统的核心。超级叙词表的目的是要将同一概念的各种名称和形式联系在一起,并标识不同概念之间的关系。

超级叙词表中采用了三级模式来表达概念及其相关形式:第一级为概念,其唯一标识符为 CUI(Concept Unique Identifiers);第二级为术语,表达同一概念的不同术语,其唯一标识符为 LUI(Lexical Unique Identifiers);第三级是词串,同一术语的多种变异形式,如复数及其他变形,其唯一标识符为 SUI(String Unique Identifiers)。由概念→术语→词串,通过这些唯一表示码将一个概念的多种不同术语连同多个变异词串有序地联结在一起,从而实现超级叙词表中不同来源词汇的互操作。

如字符串“Addison's disease”(艾迪生病)和字符串“Addison's Disease”由系统分别给予不同的 SUI 编码,但两者仅是大小写上的区别,所以就会被指引到相同的术语标识码 LUI;字符串“Primary Adrenal Insufficiency”和“Primary Hypoadreanlism”其标识 SUI 不同,但意义相同,也会被指引到另一个相同的术语标识码 LUIs;而当系统检测术语标识码时会发现“Addison's disease”和“Primary Adrenal Insufficiency”意义一致时,两个 LUIs 会被指引到相同的概念标识码 CUIs,从而使表达相同概念的术语集成在一个概念之下。

②通过语义网络建立概念及术语间的关系

UMLS 通过 135 种语义类型,为在超级词表中的所有概念提供一种目录组织结构。语义类型可以看成是有层次结构的“节点”,其高层分为“物”和“事”两大类,并由此层层展开形成“树形结构”。

① 司莉. KOS 在网络信息组织中的应用与发展. 武汉:武汉大学出版社,2007:193-194

将节点联成网的连接，则通过"链"，即通过语义类型之间的"关系"，由54种语义关系为这种组织结构提供框架，通过两种主要语义关系链，即等级关系链和相关关系链（除等级关系链以外的各种语义关系），将语义类型连接成为语义网络。从而将不同的KOS的概念集成、整合在一起，实现互操作。

（3）UMLS互操作的特点①

①范围的广泛性。从来源看，UMLS不仅兼容了各种叙词表和词典，还兼容了各种分类表和专家系统。从语言看，它不仅兼容了主题检索语言、分类检索语言，还兼容了自然语言；从语种看，它兼容了英语、葡萄牙语、西班牙语、法语、德语、俄语等17种语言。因此，UMLS互操作的范围非常广。

②多水平、多层次性。UMLS实现了词汇层面、概念层面、语义层面、结构层面的多种互操作，并且集成了多种不同的互操作模式。它针对不同的对象、不同的范围，使互操作在不同水平、不同层次上实现。

③动态性。UMLS互操作的来源，各种叙词表、分类表、词典、数据库和专家系统是在不断地进行修订、改编的。如MeSH每年都要进行修订，增补新的主题词和删除过时的主题词，《国际疾病分类》每隔几年就修订一次。这就要求UMLS必须随之改变；来源KOS发生变化，UMLS就要跟着更新。同时UMLS本身也是不断完善和更新的，如错误记录的更正、更新、补充和删除等。

④依赖性。UMLS并没有脱离现行的主题检索语言和分类检索语言，而是利用各种现成的信息技术和包括现成词表、分类表、数据库、专家系统在内的各种结构化"知识"。因此，UMLS对它所集成的词表、分类表、数据库和专家系统具有很强的依赖性。

⑤不平衡性。体现在对来源词表收词的不平衡性。如UMLS的超级叙词表第八版收录了MeSH表（1997年英文版）的词串多

① 胡德华，方平．试论一体化医学语言系统的兼容性．中华医学图书馆杂志，2000（1）：2-5

达284 856个,收录《国际疾病分类》(修订第九版)的词串为41 256个,而收录《(人类)疾病流行病学方法学专业词汇》的词串只有43个。

⑥转换性强。转换性的强弱能够反映兼容性的强弱、互操作程度的高低,因此,转换性是判别互操作的重要指标之一。UMLS具有很强的转换性,例如《国际疾病分类》修订第9版中有95%的词串可以转换成MeSH词,其中有90%的词串可直接转换成MeSH词。

由此可见,UMLS互操作的效果明显,是非常成功的一个互操作研究项目。目前,UMLS的应用十分广泛,如在建立病人数据库、自然语言处理、信息检索等方面都可以使用。医学术语记忆起来比较困难,并且同一概念经常有同义词,UMLS常被用来自动添加与检索者输入相关的单词,近年来美国国家医学图书馆已将UMLS用于MEDLINE数据库的自动标引。

3. Renardus——以分类法为转换中心的互操作模式

Renardus项目是欧盟主持的信息社会技术项目(欧盟第五框架计划项目),由来自荷兰、丹麦、芬兰、德国、法国、瑞典、英国等七国的国家图书馆、研究中心及主题网关等机构共同参与,由荷兰国家图书馆负责协调的一个合作项目。Renardus开始于2000年1月,试图建立一个基于Web的服务,实现跨主题网络的网络信息资源的组织和检索。参与项目的10多个主题网关采用的分类体系不尽相同,有DDC、LCC以及专业分类法(如Ei分类法)与本地网关自编的分类法(如荷兰基础分类法BC)等。项目的宗旨是开发集成式的网络信息资源门户,使用户通过一个单一界面,能够跨库浏览和检索遍布欧洲的分布式主题网关内的众多网络学术资源,其建立的门户网站选用DDC作为不同分类法的交换语言,将各个网关的分类法映射到DDC上,并将信息资源按DDC的等级显示出来,在每个等级上还用扇形图对所含类目进行形象直观的描述,并选用都柏林核心元数据统一描述信息资源。Renardus 项目成果实现了基于 DDC 的跨库浏览。[①]

(1)分类法映射

Renardus 采用基于中介词典的模式实现不同分类法的映射，从而将各个主题网关进行整合，实现跨库浏览。要实现不同分类法之间的映射，需要克服分类语言相互映射中存在的许多难题。参与 Renardus 项目的主题网关所采用的分类法有通用分类法、国家分类法、学科分类法及自编分类法，不同的分类法在体系结构、列类标准、类目划分和设置等方面存在较大的差异，因此确定不同分类法类目之间的对应关系较为困难。但是，大多数分类法都是对知识世界进行描述和归类，以概念逻辑和知识分类为基础，大类层层展开形成的类目都表达一定的主题概念，类目所表达的概念存在很大程度的相似性，这种相似性是实现不同分类法映射的基础。

因为要实现多部分类法的互操作以及不同主题网关之间的交叉浏览，采用中介词典模式较易实现。DDC 具有用户多、覆盖范围完整、支持多语种等优点当之无愧地成为转换中介。

Renardus 选择 DDC 作为转换中介，由各主题网关分部负责建立本地分类法与 DDC 的类目对照。这种映射是单向的，即从 DDC 类目开始，寻找本地分类法中与其对照的类目。根据本地分类法与 DDC 类目的概念重叠程度，Renardus 定义了 5 种映射关系：完全对等(=)、下位概念关系(>)、上位概念关系(<)、大部分重合概念关系(MJ)、小部分重合概念关系(MN)。

Renardus 采用德国 Carmen 项目开发的映射工具 CarmenX，参与创建映射的每一个主题网关需要提供各自分类法的机读版并英语化。

(2)跨库浏览结果的显示

在 Renardus 的通用界面上，信息资源完全按 DDC 的等级显示，交叉浏览允许用户通过 DDC 的分类导航，跳转到各网关对应的相关

---

① 司莉．知识组织系统的互操作及其实现．现代图书情报技术，2007(3):29-34

类目和资源,从而实现通过统一的浏览结构浏览访问分布存放的数据。用户浏览界面的上半部分显示 DDC 浏览体系的类目,包含上位类目和下位类目;下半部分是不同网关中相关资源的链接,包括本地类目的类名、分类号及各门户的标识。还可以通过 DDC 扇形图显示出所选类周围的所有可用类目,并用突出颜色显示所选类目。

4. HILT & AGROVOC——单语种、多语种的互操作模式

Renardus 是以 DDC 为转换中心的分类法之间的互操作,与之相对应的另一项目是英国 HILT(High - level Thesaurus Project,高层叙词表项目)。HILT 也是以 DDC 作为转换中心的互操作项目。它在英国高等教育基金理事会的资助下于 2000 年启动,2003 年完成。它是把 DDC 作为一个高层的"词表"——映射转换中心,与 LCSH、MeSH、AAT、HASSET 等多部英语叙词表实现互操作,还专门建立了实验性术语服务器,最终达到在网络上提供跨国家、跨学科、跨部门的术语服务和资源共享的目的。它为单语种词表的互操作提供了典范。由于该项目涉及词表范围的广泛性,具有国际前景,有望成为一个世界范围的、交互的服务系统。[①]

AGROVOC(《多语种农业叙词表》)项目是一个以叙词表为转换中心的多语种互操作项目。AGROVOC 是由联合国粮农组织(FAO)和欧盟在 20 世纪 80 年代初开发的,FAO 大约每 3 个月进行一次维护更新。它涵盖了农业、林业、渔业、食物安全及其他相关学科领域。它以 AGROVOC 为转换中心,将各国的农业叙词表与其映射,从而借助于它来实现各国农业叙词表之间的互操作。AGROVOC 包含 FAO 使用的 5 种官方语言——英语、法语、西班牙语、汉语和阿拉伯语,还增加了捷克语、德语、日语、葡萄牙语、斯洛伐克语和泰语。它已经成为多语种词表互操作模式的成功典范,目前 FAO 正在通过 AOS(农业本体服务)项目把 AGROVOC 转换为本体。

---

① 张俊. 情报检索语言在主题网关中的应用——英国高层叙词表项目研究进展. 见:网络时代的信息组织. 北京图书馆出版社,2006:138-143

第四节 结语

各种 KOS 在网络信息组织标引、浏览和检索中仍占据着极其重要地位,具有无可替代的优势。从目前网络环境中的 KOS 的研究和开发状况可以看出,KOS 将向着以下几个方向继续发展:

(1)语义网的应用

一方面,如何将 KOS,尤其是本体、概念地图、语义网络等语义 Web 技术应用于语义网中;另一方面,语义网的技术和标准的发展又将进一步促进新一代 KOS 的发展和应用,KOS 将朝着形式化、集成化、功能多样化、显示多样化和可视化等方向发展。

(2)术语服务

术语服务可以理解为涉及各种类型知识组织资源(包括规范文档、叙词表、网络分类法、文献分类法等)的 Web 服务,其目标是为人和计算机获取、选择和理解知识组织资源中的概念及概念关系提供方便,帮助软件开发者研制语义工具以改进检索系统的性能,提高检索效率。

(3)KOS 的互操作

如何将多类型、多语种的 KOS 通过演化、映射、集成等方法整合在一起,并可被运用于多个不同系统,实现跨系统、跨学科、跨语种的浏览和检索,是 KOS 今后研究的重点。

(4)以用户为中心的 KOS 设计

Web2.0 的基本理念就是用户参与,如何引入 WIKI 方式,对用户参与形成的大众标注、大众分类法等非正式的知识结构进行管理,发挥因特网用户在知识组织中的作用,也是下一代因特网环境中 KOS 发展应该关心的问题。

(5)依赖新技术

KOS 对新技术的依赖越来越强,自然语言处理、网络技术、数据挖掘、可视化等技术成为 KOS 的研究和开发的重要支撑,KOS 的类型、结构和功能也将会继续随之发生相应的变化,更好地适应网络数字环境的变化。

主要参考文献

1 北京大学图书馆学情报学系图书分类编写组．图书分类．书目文献出版社,1990

2 侯汉清,马张华．主题法导论．北京大学出版社,1991

3 张琪玉．情报检索语言基础(增订第二版)．武汉大学出版社,1997

4 白国应．文献分类．中国科学院文献情报中心,1989

5 钱起霖主编．《汉语主题词表》标引手册．科学技术文献出版社,1985

6 刘湘生．主题法理论与标引．书目文献出版社,1985

7 丘峰．情报检索与主题词表．书目文献出版社,1988

8 刘国钧．西方主要图书分类法评述．吉林人民出版社,1980

9 张琪玉,侯汉清主编．情报检索语言实用教程．武汉大学出版社,2003

10 侯汉清．索引法教程．南京农业大学内部教材,1993

11 马张华．信息组织(第三版)．清华大学出版社,2008

12 戴维民．信息组织(第二版)．高等教育出版社,2009

13 中国图书馆学会主编．情报检索语言论文选．书目文献出版社,1990

14 张琪玉．张琪玉情报语言学文集．北京图书馆出版社,1999

15 侯汉清．当代分类法主题法索引法研究．书目文献出版社,1993

16 戴维民．情报检索语言综论．军事谊文出版社,1994

17 侯汉清,王荣授．图书馆分类工作手册．中国科学技术出版社,1992

18 侯汉清主编．索引技术和索引标准．北京图书馆出版社,1997

19 中国图书馆分类法编辑委员会．《中国图书馆分类法》(第四版)使用手册．北京图书馆出版社,1999

20 陈树年主编．《中国分类主题词表》标引手册．北京图书馆出版社,1998

21 丁雅娴主编．学科分类研究与应用．中国标准出版社,1994

22 北京图书馆中国机读目录格式使用手册编委会．中国机读目录格式使用手册．北京华艺出版社,1995

23 中华人民共和国国家标准．GB/T 13190-1991 汉语叙词表编制规则．中国标准出版社,1991

24 中华人民共和国国家标准. GB/T 3680-2008 文献主题标引规则(送审稿)

25 国际标准化组织. ISO 2788-1980 文献工作——单语种叙词表编制与修订准则. 见:国际化组织编. 文献与情报工作国际标准汇编(续集2). 科学技术文献出版社,1992

26 兰开斯特,F. W. 著;侯汉清等译. 情报检索词汇控制(第二版). 同济大学出版社,1980

27 中国科学技术情报研究所,北京图书馆主编. 汉语主题词表. 科学技术文献出版社,1980

28 中国图书馆分类法编辑委员会. 中国分类主题词表(第2版). 北京图书馆出版社,2005

29 中国科学技术信息研究所情报语言研究室,中国索引学会索引技术和索引标准研究室. 汉语主题词表自然科学增订本(第5分册):轮排索引. 科学技术文献出版社,1995

30 刘湘生主编. 通用著者号码. 海洋出版社,1992

31 Foskett, A. C.. The subject approach to information retrieva. 4th ed. London: Clive Bingley, 1982

32 Mills, J.. Broughton, V.. Bliss Bibliographic Classification 2nd ed: Introduction and auxiliary schedules. Butterworths,1977

33 Chan,Mai. Lois Cataloging and classification: A Introduction. 2nd ed. McGraw-Hill, 1994

34 Rita Marcella, Robert Newton. New manual of Classification. Jaico Book House,1997

35 Mills, J. ,Broughton, V.. Bliss Bibliographic Classification:Introduction and auxiliary schedules. Butterworths, 1977

36 Ranganathan,S. R.. Colon Classification 7th ed, depth editionVol. 1:schedules for classification. Revised by M. A. Gopinath. Bangalore: Sarada Ranganathan Endowment for Library Science,1989

37 Lancaster,F. W. Indexing and abstracting in theory and practice 2nd. Library Association Publishing, 1998

38 Gail Hodge. Systems of knowledge organization for digital libraries: beyond traditional authority files. Washington DC: The Digital Library Federation Council on Library and Information Resources,2000

39 ISO TC 46/SC 9/WG 8 N 10. Information and documentation— Thesauri and interoperability with other vocabularies(SO/WD 25964-1).(征求意见稿)2008

40 National Information Standards Organization. ANSI/NISO Z39.19-2005 Guidelines for the construction, format, and management of monolingual controlled vocabularies. http://www.niso.org/standards/resources/Z39-19-2005.pdf

41 Deborah L. McGuinness, Frank Van Harmelen. OWL web ontology language overview. http://www.w3.org/TR/owl-features/

42 LCSH 网络版站点. http://www.loc.gov/cds/classweb.html

43 DDC 站点. http://www.oclc.org/dewey/

44 DDC 网络版. http://connexion.oclc.org/

45 UDC 站点. http://www.udcc.org/

46 LCSH 网络版站点. http://www.loc.gov/cds/classweb.html

47 MeSH 站点. http://www.nlm.nih.gov/mesh/meshhome.html

再版修订说明

本书自1999年出版以来，曾为不少高等院校图书馆学和情报学专业采用为教材或教学参考书。此次修订，根据首版以来专业领域的变化，对全书各章的内容进行了更新和文字修改，增加了引文标注，同时并新增了第十章“知识组织系统及其在网络环境中的应用”，试图概要介绍近十年来，信息组织领域从检索语言到知识组织系统的发展和探索，以及检索语言在网络环境中的应用实践等，以使本书能反映专业领域近年来的发展和变化。

本次修订，第1-4章、6-8章由北京大学马张华负责，第5章、第9章由南京农业大学侯汉清负责，新增的第10章由南京理工大学薛春香与侯汉清共同完成。马张华、侯汉清分别阅读了全书文稿。本书在编写和修订过程中广泛参考了国内外专业文献，谨在此向有关作者表示谢忱。国家图书馆朱芊研究员对本书有关分类和主题实践的章节进行了审校，国家图书馆出版社宋安莉编审、金丽萍编辑、王涛编辑等先后对此书的出版给予了热情支持，顺此一并表示感谢。

著者

2009年1月30日

一版后记

文献分类法与主题法作为从文献内容的角度组织和检索文献信息的方法,是一种有效的开发利用文献信息资源的重要手段,历来是高等院校文献信息管理专业的主干课程之一。有关文献分类法主题法理论、方法的教学和训练,过去通常是按文献分类法、主题法两门课程分别开设的。自20世纪80年代后期以来,现代文献信息资源的急遽增长和信息技术的飞速进步,推动了分类法、主题法领域研究和实践的发展,使得分类法、主题法的编制和使用不断完善,两者的联系进一步被揭示,并且出现了分类法主题法结合的新形式。为了促进对分类法、主题法领域规律和方法的完整把握和了解,目前,许多学校根据前国家教委《文献分类法和主题法教学大纲》的要求,已经逐步将分类法、主题法合并为一门课程开设。本书就是适应这一需要编制的。

本书是一本全面阐述文献分类法、主题法理论和方法的著作。根据分类法、主题法的联系和不同特点,书中一方面从分类法和主题法结合的高度,对其基本理论、方法进行系统的阐述,重视对两者联系和共同规律的揭示;同时,也注意根据两者的不同特点,分别对分类语言、主题语言及其标引方法、检索工具编制等加以剖析和介绍。根据国内外这一专业领域的实践现状,分类法的介绍以等级列举式为中心,结合介绍分面分类的理论方法;主题法以叙词法为中心,并对分类主题高度结合的形式——分类主题一体化词表以及自然语言的使用进行了系统介绍。力求使读者对文献分类法、主题法的理论和方法以及各自特点有一个比较完整的了解。

本书由马张华、侯汉清共同完成。马张华撰写其中的第1—4章、第6—8章;侯汉清撰写第5章、第9章。如何从两者结合的高度系统介绍文献分类法和主题法的理论、方法,是一个仍有待于进一步探索的问题。限于水平，此书肯定存在不少不足之处，希望得到同行批评指正。

本书在编写中广泛参考了国内外专业文献，特别是北京大学《图书分类》编写小组编写的《图书分类》（书目文献出版社出版）和侯汉清、马张华主编的《主题法导论》（北京大学出版社出版），谨在此向有关作者表示谢忱。在本书撰写过程中张涵老师阅读了部分章节，并提供了宝贵意见；北京大学信息管理系资料室石小华、计算机实验室韩仲等老师为本书的撰写提供了便利，北京图书馆出版社叶明芬副编审对此书的出版给予了热情支持，顺此一并表示感谢。

著者

1999 年 2 月

中英文简称缩略语表

AAT Art & Architecture Thesaurus《艺术与建筑叙词表》

ACM ACM Computing Classification System《美国计算机协会计算机分类表》

ACM Association of Computing Machinery 美国计算机协会

ADL Alexandria Digital Library 亚历山大数字图书馆

AGROVOC Multingual Agricultural Thesaurus《多语种农业叙词表》

AOS Agricultural Ontology Service 农业本体服务项目

BC Bibliographic Classification《书目分类法》

BC Bliss Bibliographic Classification《布利斯书目分类法》(BC2)

CA Chemical Abstracts《化学文摘》

CC Colon Classification《冒号分类法》

CIT Construction industry thesaurus《建筑工业叙词表》

CNMARC China MARC Format 中国机读目录格式

CORC Cooperative Online Resource Catalog 协作联机编目系统

CRG Classification Reseach Group 英国伦敦分类法研究小组

DDC Dewey Decimal Classification《杜威十进分类法》

DHSS-DATA Thesaurus of the Department of Health and Social Security Library《卫生与社会安全数据叙词表》

EC Expansive Classification《展开式分类法》

ECOT Education Course and Occupation Thesaurus《教育课程与职业叙词表》

EEC English Electric Classification《英国电气分面分类法》

EELS Engineering Electronic Library, Sweden 瑞典工程电子图书馆

EIC Engineering Index Thesaurus《工程索引分类法》(或译《工程信息分类法》

EIT Engineering Index Thesaurus《工程索引叙词表》

ERIC Educational Resources Information Center 美国教育资源信息中心

ERIC Gateway of Educational Resources Information Center 美国教育资源网关

ERICT Thesaurus of Education Resource Information Centre《教育资源信息中心叙词表》

EURATOM Thesaurus European Atomic Energy Community Thesaurus《欧洲原子能联营叙词表》

GEM Gateway to Educational Materials 教育资料主题网关

GST Geographial Subject Thesaurus《地理主题词表》

HASSET Humanities and Social Science Electronic Thesaurus《人文社会科学电子叙词表》

HILT High-Level Thesaurus 高层叙词表项目

ICD International Classification of Diseases《国际疾病分类法》

INSPEC Information Services in Physics, Electronic technology and Computer & Control 物理学、电子技术及计算机控制技术情报服务

ISI Institute for Scientific Information 科学信息社

KOS knowledge organization system 知识组织系统

LC Library of Congress 美国国会图书馆

LCC Library of Congress Classification《美国国会图书馆图书分类法》

LCSH Library of Congress Subject Headings《美国国会图书馆标题表》

LEC London Education Classification《伦敦教育分类法》

MeSH Medical Subject Headings《医学主题词表》

MSC Mathematics Subject Classification《数学主题分类法》

NASA National Aeronautics & Space Administration Thesaurus《美国航空航天总署叙词表》

NLM National Library of Medicine 美国国家医学图书馆

OCLC Online Computer Library Center 联机图书馆中心

ODP Open Directory Project 开放式主题指南

OWL Web Ontology Language 网络本体语言

PRECIS PREserved Context Indexing System 保留上下文索引系统

RDF Resource Description Framework,资源描述框架

RT Root Thesaurus《基础叙词表》(《标准主题词表》)

SAT Science Abstract Thesaurus《科学文摘叙词表》

SC Subject Classification《主题分类法》

SCI Science Citation Index《科学引文索引》

SHOE Simple HTML Ontology Extension 简略超文本本体语言

SOSIG Social Science Information Gateway 社会科学信息网关

STI(NASASTI) NASA Scientific and Technological Information Database 美国国家航空航天局科技信息数据库

TEST Thesaurus of Engineering and Scientific Terms《工程与科学技术术语叙词表》

TY Thesaurus of Youth《青年叙词表》

UDC Universal Decimal Classification《国际十进分类法》

UMLS Unified Medical Language System 一体化医学语言系统

UNESCOT Thesaurus《联合国教科文组织叙词表》

XML Extensible Markup Language 可扩展的标识语言

汉表《汉语主题词表》(Chinese Thesaurus,CT)

军表《军用主题词表》(Military Thesaurus)

科图法《中国科学院图书馆图书分类法》(Library Classification of the Chinese Academy of Sciences)

人大法《中国人民大学图书馆图书分类法》(Library Classification of People's University of China)

中分表《中国分类主题词表》(Chinese Classified Thesaurus,CCT)

中图法《中国图书馆分类法》(中国图书馆图书分类法)(Chinese Library Classification,CLC)

中小型表《中小型图书馆图书分类表草案》(Draft of Library Classification for Medium and Small Libraries)

资料法《中国图书资料分类法》(Chinese Classification for Monographs and Materials)

名称索引

（本索引包括人名、机构名、网站名、文献名、系统名等）

主题索引

F

G

Y